描かれた行列

武士・異国・祭礼

久留島 浩［編］

東京大学出版会

Pictorialized Parades:
Samurai, Foreign Embassies, Festivals
Hiroshi Kurushima, Editor
University of Tokyo Press, 2015
ISBN 978-4-13-020154-4

口絵１　1892年（明治25）11月12日・13日「仙台招魂祭山鉾図」（仙台市歴史民俗資料館蔵）

口絵２　『年中行事絵巻』朝覲行幸巻・行幸出立場面（個人蔵）

口絵３　江戸一目図屏風（鍬形蕙斎画，津山郷土博物館蔵）

口絵４　江戸城登城風景図屏風（国立歴史民俗博物館蔵）

口絵５　紋章付山水人物蒔絵皿（国立歴史民俗博物館蔵）

口絵６　蝶々踊図屏風（国立歴史民俗博物館蔵）

口絵７　琉球使節道中絵巻（国立歴史民俗博物館蔵）

口絵８　崎陽諏訪明神祭祀図（大阪府立中之島図書館蔵）

口絵10　東海道名所風景　高輪牛ご屋
(河鍋暁斎画，国立歴史民俗博物館蔵)

口絵９　東海道名所風景　亀山
(二代歌川国貞画，国立歴史民俗博物館蔵)

口絵11　大名行列人形（国立歴史民俗博物館企画展示風景，人形は東京国立博物館蔵）

目次

Ⅲ　祭礼の行列

序論　本書の構成と課題について

久留島　浩

一　本書刊行のきっかけ――国立歴史民俗博物館企画展示『行列にみる近世――武士と異国と祭礼と』

本書は、二〇一二年一〇月一六日から一二月九日までの間、国立歴史民俗博物館で開催した企画展示「行列にみる近世――武士と異国と祭礼と」を受けて考案・編集したものである（図録『行列にみる近世――武士と異国と祭礼と』国立歴史民俗博物館、二〇一二年。以下この企画展示は「展示」、図録は「図録」と略）。この「展示」では、武士たちの行列、外国からの使節の行列、祭礼の行列という大きく分けて三種類の行列が、その行程や規模・頻度に違いはあるものの、列島の上を往来していたことに注目して、近世を「行列の時代」としてとらえ、とくにこうした行列を画像史料で示すことによって（描かれた行列というかたちで示すことで）、新しい近世社会像を示そうとした。本書の構成は、この「展示」および「図録」と深く関わっているので、まず、⑴―⑶で、この「展示」について紹介することから始めたい。さらに、⑷では、「展示」で近世を「行列の時代」として示そうとしたことの意義と課題について、⑸では、「描かれた行列」を並べることの意味について、⑹では、「展示」の際に作成した「図録」における「描かれた行列」に関わる小論考およびその後これらを補足するために編集した『歴博』特集号（「行列をおっかける」）の構成について、紹介したい。

(1) 武士たちの行列

武士たちの行列としては、列島上を参勤交代する武士たちの行列が、江戸城を結集核として、定期的に城下町・江戸藩邸の間を往来しただけでなく、日常的にも江戸城内の役所に勤める武士たちが、小規模ではあれ行列を組んで登・下城していることに注目した。身分は低く、したがって江戸城登城などの際には規模の小さい行列しか組むことのできなかった幕府役人の武士たちも、江戸から地方へ出張するときには、幕府の権威を笠に着て、それなりの供回りの行列を立てていた。各城下町でも、城を中心に、決まった日には小さいとはいえ武士たちの行列が往来していた。また、武士の棟梁としての将軍は、寛永一一年（一六三四）から文久三年（一八六三）までの間は行われなかったものの、最大規模の武士たちの大行列を組んで上洛した。これも家光以降は回数が減ったとはいえ、日光東照宮社参のときにも最大規模の行列を組んで行進し、吉宗以降四回しかなかったとはいえ、小金原の鹿狩に向かう時にもかなりの規模の行列を立てて向かった。このような行列は、「見せない」「見られない」のではなく、「見せるもの」「見られるもの」として、「行粧」を整えるなどの演出をしており、武士たちの行列は、その規模や構成によって、武士のなかでの自らの位置を可視化できる機会でもあった。したがって、その行列を応接したり、拝見したりする（「見せられる」）側には、それなりのもてなし（「馳走」）や拝見の作法が求められたのである。（この点で、黒田日出男・ロナルド＝トビが指摘した「四見の関係」、すなわち「見る」「見せる」「見られる」「見せられる」の持つ意味は行列を考えるときに重要である〔黒田・トビ　一九九四〕。たとえば将軍の行列を迎えるときには、表1のような「馳走」が行われている）。

(2) 外国の使節の行列

次に、外国の使節の行列については、「通信の国」とされた朝鮮からは、当初は捕虜返還、のちには新将軍の襲職

表 1　道筋・宿所近辺の町々での「馳走」一覧

「馳走」の分類	内容
道筋の町々での「馳走」	
A 道筋の町並み （家並みの整備）	①道筋の町家の修繕など ②通行の妨害物の除去(囲置)
B 道・橋の整備	①道直し ②水道さらい(雨のとき，雨水が道に流出せぬよう)・溝さらい ③橋の修繕
C 道路の掃除 （= キヨメ）	①道筋の掃除(川筋では，川筋・浜の掃除) ②盛砂 ③蒔砂 ④飾り手桶 ⑤飾り箒 ⑥不浄物・目障りなものの除去(囲置)
D 各町での出迎え	①「町々境目」へ，年寄は麻上下・帯刀，「月行事・町人其外罷出候者」は羽織袴・無刀 ②町境の札に町名を明示すること
E 道筋での「拝見」 （= 見物）の作法	①不作法・不礼・不行儀の禁止→前提！ ②二階からの「見物」の禁止 = 見おろすことの禁止 （= 道筋の二階窓の戸，出格子類を閉めておくこと，二階へ人を上げぬこと） ③道筋に面した町家での「拝見」の作法 男は土間に平伏，女子供は「床上」(「其儘差置」)→「見世先・格子窓」からの「見物」の禁止 ④見通しになる横小路・横町での「拝見」の作法 （通行時には，横小路へ片寄り，下座すること，辻々に出て見物することの禁止など）
F 道筋の往来に係わること	①道筋の辻固め ②通行時の往来留め(川筋での船留め，橋の往来留め) ③道筋の牛馬・車の往来留め ④道筋の路地を通行時に閉めておくこと
G 道筋の夜の作法	道筋の町々は，提灯《ちょうちん》(挑灯，但行灯《あんどん》の場合もある)を出すこと →家ごとの場合と町々で「間配《まくばり》」して出す場合 →前夜・当日の両方ともに出す場合とどちらかだけの場合
H 防火体制をとる	①火の用心の徹底 ②火消人足の動員体制をとる
I その他	町人の諸商売・職人の作業についての規制
宿所近辺の町々での「馳走」	
J 防火体制をとる	①滞在中の火の用心の徹底 ②自身番 ③薪を高く積むことの禁止
K 宿所近辺の往来の規制	牛馬・車

を慶賀し、琉球からは新将軍襲職の慶賀のためだけでなく、琉球国王自身の襲職のお礼に、それぞれの国王から将軍にあてた書簡を持った使節が派遣され、将軍の側でもそれにふさわしい応接をした。これに対し、オランダは「通商の国」とされ、オランダ商館長は貿易のお礼のために江戸へ向かった。朝鮮からは、近世を通して一二回、琉球からは一八回の使節が派遣されたが、この両国王の使節に対しては、それぞれ外交交渉を「課役」として担う代わりに貿易の独占を認められた対馬藩と薩摩藩が、その威信をかけ、江戸城まで「目立つ」かたちで通行させた。「異国」であることがわかる服装で、各要所では「異国の音楽」(路次楽)を演奏させるなど、まさに「鳴り物入り」で、しかも警固する藩主あるいは家老以下の武士たちの人数の方が多くなるという大行列を組んで、江戸との間を往復した。幕府も、江戸城で会見の儀式や饗応を執り行ったほか、沿道の諸大名や幕府代官を「馳走役」に任じ、人馬や船の提供・手配をさせた(「御馳走船」「御馳走人馬」)。通行あるいは休・宿泊する城下や宿場などでも、この行列を丁重に迎える準備をさせた。沿道の人びとには、指さし笑いや高声を禁じるなど、一定の「作法」を守ったうえでの見物は許可したので、人びとはあらかじめそれぞれ両藩の許可を得て作成・販売された「行列附」「行列記」など行列の構成や歴史などが書かれた刷物や冊子を購入し、それを手に見物を楽しんだ。両藩では、幕府の命だけでなく、独自にこの行列を描いた絵巻をつくらせ、幕府などへの贈答に利用したので、その写しも含めると少なくない行列の記録画が残ることになった。一方、オランダ長崎出島商館長は、寛永一〇年(一六三三)以降、寛政二年(一七九〇)に四年に一回になるまでは、毎年江戸城との間を往復したので、その回数は一六〇回を超える。しかし、オランダ商館員は三人程度で、長崎奉行所役人以下、下検使・通詞などの日本人を含めせいぜい数十名の行列で、しかも朝鮮・琉球使節とは異なりその経費は商館で負担させられたので、オランダ人はできるかぎり「見世物」となることを避けようとし、節約しようともした。とくに九州などでは、長崎奉行の権威を背景に(「長崎御用」という札を使う)通行するところの領主からの「馳走」があり、沿道での「見物」がなかったというわけではないが、必要以上に目立つこともなく、したがって、「行列附」が作成されたり頒布されたりすることもなく、また国内の需要によって行列が描かれることもなかった。

(3)　祭礼の行列

江戸・京都・大坂でも各城下町でも、毎年決まった日に行われた中心的な神社（その都市全体の鎮守や東照宮）の祭礼のときには、神社と御旅所との間を往復する神幸行列とそれに供奉する行列が、町のなかを賑々しく通行した。こうした近世の城下町祭礼の原型は京都の祇園祭りにあると考えられるが、近世に「創られた」城下町では、新しい城主が城下町の鎮守を設定することが多かった。そこで、その祭礼を主催する城主以下の支配集団のもとで、城下町住民が町ごとに出し物を出して供奉行列を構成することによって、「城下町」という、新たに創られた共同体としての紐帯を強める（定期的に確かめ合う）という機会が必要とされたのだと思われる。どのような神を祀るかによってその性格は異なるが、東照宮を新たに勧請した名古屋・和歌山・水戸・岡山・仙台・鳥取などでは、城主自らが関わる盛大な祭礼を実施させており、近世の城下町祭礼の中心的位置を占めている。この祭礼は、神輿が御旅所へ移動する（その間に再生し、あるいは新鮮な神力を身につける）行列とそれに供奉する行列（出し物を伴う町からの行列と藩主が派遣する警固の武士たちの行列）とから構成され、藩主が「上覧」する城内なども含めて、沿道では多くの見物人が、とくに供奉する町々が趣向を凝らしてつくった出し物や歌舞・音曲を楽しんだ。

(4)　「行列の時代」としての日本近世

このように考えると、いわば列島上をこうした大小の規模の行列が始終往来していたことになる。もちろん、中世後期でも、たとえば「洛中洛外図屏風」（上杉本）には「公方様」（花の御所）に向かう行列がいくつか見られる。戦国時代には武装した集団が、近世の大名行列のようには行列を整えていなかったにせよ、あちらこちらで行進しており、信長は「馬揃え」という武士たちの力を誇示する大行列で権力の所在を見せつけた。秀吉は、後陽成天皇に聚楽第へ向かう行幸行列を仕立てさせるとともに、弟秀長らに迎えに行かせて供奉する様子をも含めて沿道の人びとに見せた。また、古代以来高貴な者や祭礼の特別な行列は沿道で多くの貴賤の人びとの目に触れ、画像にも描かれてきたこともたしかである。たとえば、奈良の春日神社祭礼（おん祭）でも、中世以来大和の国の「士」や「国民」たちが神幸行列を構成した。京都の祇園祭りでは、中世以来、三つの神輿に多くの町から出した鉾や山が供奉して行進する様子が「洛中洛外図屏風」に描かれている。

しかし、これらの行列は、近世に比べるとその頻度はきわめて少ないだけでなく、ほぼ都などに限られていたと言ってもよい。戦闘集団がどの程度列を整えて行動したのかについても疑問である。本書の近藤論文に学ぶならば、武器そのものやその携行の仕方から、武具を持った者たちを兵仗と儀仗の二側面で捉える必要があり、少なくとも近世の武士たちの行列は、本来兵仗用の武器であっても携行の仕方は儀仗用でしかないという特徴を持つ「平和の時代」の軍隊（武士）の行列のありかたである。参勤交代の行列でも、一般的に鉄炮・弓・鎗という順番をとるなど、戦闘集団の体をなし続け、宿場では「本陣」という、戦場で主君などが陣を張る場所を示す名称が残っていた。しかし、主君が「本陣」に宿泊・休憩したとしても、全体として実際の戦闘を想像させることはもはやほとんどなくなっていた。一七世紀半ば以降は、国内外の戦争がなくなったことによって武士の有様が変化したことを反映しており、このような事態は言わば「徳川の平和」とセットで捉えることもできよう。それでも、武士たちが、行列を立てて通行することは、少なくとも参勤交代が緩和される文久三年（一八六三）まではごく当たり前のように行われ、それ以降は将軍自らの大行列が江戸と京都との間を往復した。この幕末の大行列や、京都から和宮が将軍家茂に嫁いできたときの大行列を、久しぶりの大行列の人気を当て込んで大量に作成された錦絵や刷物を手に見物した人びとは、近世の行

図1　「式日大手登城の図」（『徳川盛世録』より，国立歴史民俗博物館蔵）

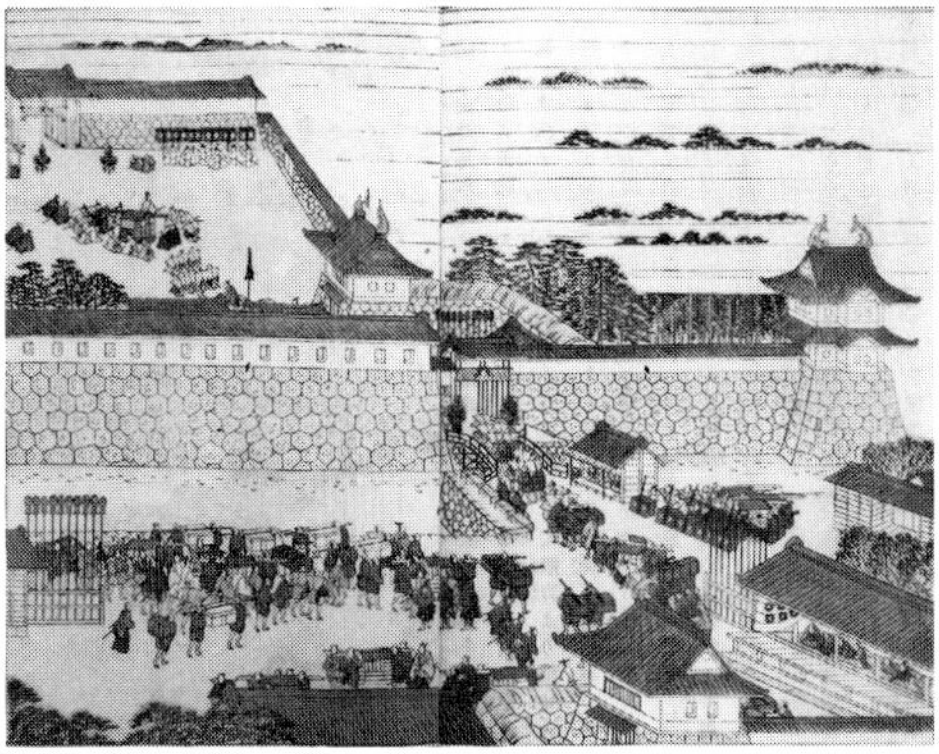

図2　「大手内二の門内外下乗の図」（同上）

列のイメージを明治以降も持ち続けることになった。明治二〇年代ごろから、とくに明治憲法体制が確立し始めるころから、前代の江戸幕府の支配する武士の時代を懐かしむ風潮も生まれ、江戸開府三〇〇年を記念して旧幕臣が編集した『徳川盛世録』（明治二二年〔一八八九〕）では、旧幕府の支配する世の中が秩序ある平和な時代であったことを、粛々と進む武士たちの行列や儀式の様子を描いた挿絵で示すのである。とくに、江戸城登城の光景は、集まってくる諸侯の行列と下馬先あるいは下乗札の前で主君の帰りを整然と待つ供の者たちの様子で描かれている（図1「式日大手登城の図」、図2「大手内二の門内外下乗の図」『徳川盛世録』〕。

このように、江戸城を結集核として列島上を往来した行列は、「徳川の平和」を象徴していたともいえるが〔渡辺一九九七、高木 一九九〇〕、こうした行列の多くは沿道の人びとに「見られる」ことに意味があったことの持つ意味も重要である。「見られる」側には行装を整えること、「見る」側には行列を迎えたり見物したりする際には作法をまもることが求められ、行列からはその社会的関係を窺うこともできる。上述したように、「鳶米黒和三」（黒田日出男、ロナルド＝トビ）は、こうした行列をはさんで交錯する視線を「四見」の関係（見る、見せる、見られる、見せられる）と「読み」とったが、こうした関係に注意しながら近世において「描かれた」行列が持った意味について、もう少し考えることができよう。さらに、「見る」際には一定の作法があり、表1で示したように、こうした行列を迎えるにあたってのもてなしの作法（これを総体として「馳走」と呼ぶ）が見る側には強制されているわけである。「見せられる」側に課された馳走の義務が持つ意味についても、行列を考える際には不可欠だということになる。

そして、この時代は、庶民も自ら行列を組んで行進するようになったことも重要である。おもに城下町を中心としてではあるが、都市全体におよぶ祭礼が催されるようになり、祭礼時には神輿の渡御に供奉する出し物などを含めた行列が特に城下町の住民たちを中心に構成され、町中を練り歩いた。朝鮮・琉球という外国からの使節は、途中で路次楽を演奏するなど、沿道の人びとの耳目を楽しませるパフォーマンスをくりひろげた（一種の見世物）ので、それを見聞きした人びとは、自分たちの町の出し物にこの外国使節の行列（「異人」の仮装行列）を組み込むことにもなった。そこからは、近世の庶民の外国人観（の変化）をも窺うことができる。同時に、定期的に自らの城下町を通行する大名行列（自分の城下町の主＝領主だけでなく、他の大名も含めて）を「見せられ」て、言わば見慣れている町人たちにとって、その行列を模倣することは、領主による規制がなければ容易だった。そこで、いくつかの都市祭礼のなかには、武士たちの行列（大名行列だったり、狩に赴く行列だったりする）を仮装行列のテーマにするものもあった。奴のように、鎗を振りながら練り歩く所作（「奴振り」）も含め、祭礼の行列のなかでは、武士たちを装うこともできたのである。

さらに、行列の中を見ると、その編成のされ方は、行列を構成する集団内の身分や格式によって決められており、たとえば参勤交代の行列の中をのぞくと、その武士がその大名の家中で占める位置がわかるのである。外交使節の行列でも、朝鮮通信使一行の前後を固める対馬藩士たちの行列が、琉球国王の使節には薩摩藩士たちの行列が、さらにオランダ商館長の行列には長崎奉行所の役人の指示のもと通詞たちが、多くの人馬に担われた多くの荷物とともに、沿道の人びとが興味津々のまなざしで見つめるなかを行進した。こうした「見られる」側の行列のなかには、藩内・奉行所内（武士団内部）での序列が反映されていることにも留意する必要がある。

以上のような課題が、近世社会を「行列の時代」という観点から捉え直す「展示」を企画するなかで、明確になってきた。それでもやはり、百聞は一見にしかず。「行列」の図像を実際に並べると、また異なった課題が見つかるようになる。

(5)「描かれた行列」を並べてみるという試み

参勤交代（大名行列）そのものに焦点を絞ったり、あるいは朝鮮通信使や琉球国王の使節の行列や祭礼行列など、行列を描いた画像史料を展示したりすることは、これまでにもしばしば行われている。たとえば、大名の行列については、もっとも詳細な展示であった「参勤交代――巨大都市江戸のなりたち」（江戸東京博物館、一九九七年）以降、「大名の旅――本陣と街道」（松戸市立博物館、二〇〇七年）までの間に限っても、街道や宿場のある博物館でしばしば企画展示のモティーフとなった。また、朝鮮通信使・琉球国王の使節の行列や都市の祭礼行列も、異国情緒にあふれる、あるいは創意工夫したものだったので、この言わば「綺羅を飾った」行列を描いた、多くの絵画史料が作成された。そこで、折に触れてこうした行列に関する絵画が並べられる機会も少なくなかった。朝鮮通信使や琉球国王の使節についての展示も、佐賀・長崎（対馬）や沖縄・鹿児島など、直接に関わったところのほか、その行列が通行した町の博物館でテーマとされ、「こころの交流　朝鮮通信使」（京都文化博物館、二〇〇一年）、「4つの窓と釜山――東アジアの中の日韓交流」（佐賀県立名護屋城博物館、二〇〇三年）、「知られざる琉球使節――国際都市・鞆の浦」（福山市鞆の浦歴史民俗資料館、二〇〇六年）、「朝鮮通信使と下関」（下関市立長府博物館、二〇〇八年）、「琉球使節　江戸へ行く！」（沖縄県立博物館・美術館、二〇〇九年）をはじめとする企画展示が開催された。オランダ商館長の行列についても、日蘭関係を示す展示では、ケンペルの『日本誌』やシーボルトの『日本』からの引用も含めて、「日蘭交流のかけ橋」（神戸市立博物館、一九九八年）、「秘蔵　カピタンの江戸コレクション」（江戸東京博物館、二〇〇〇年）などで紹介されている。都市祭礼行列に関わる展示は、それこそ城下町祭礼を取り上げた展示では定番であった。「描かれた祭礼」（国立歴史民俗博物館、一九九四年）、「川越氷川祭礼の展開」（川越市立博物館、一九九七年）など、枚挙にいとまがない。

しかし、企画展示としては当然のことながら、参勤交代（大名行列）、朝鮮・琉球・オランダの使節、都市祭礼が、それぞれ独立したテーマで実施されたこともあって、とりあえず分類した三種類の行列に共通する問題群について考えるという機会はなかった。大名行列を描いたものは、大名行列展に限定されていたし、外国人使節の行列を描いたものは、それぞれの国との交流展示のなかで示されるに留まり、朝鮮・琉球・オランダの三者の行列図像を並べることはなかった。祭礼行列も、独立した都市祭礼展示のなかで、江戸や京都などの祭礼図と並べられることはあっても、大名行列や外国使節の行列を描いたものと一緒に並べられることはなく、外国の使節の行列が様々な形で日本の祭礼文化に取り込まれていったことは指摘されたが、行列の図像史料を比較して示すような展示の機会は少なかった。その意味では、こうしたさまざまな「描かれた行列」を一堂に並べ、比較できるようにすることで、新しい発見があるのではないかと期待したのである。

(6)「図録」のなかで示した「描かれた行列」をめぐる論点と『歴博』一八一号の特集「行列を追っかける」での論点

この「展示」を企画・実施する際、「図録」のなかに、「行列の時代」としての近世社会を考える（比較して考えることも含め）ことができるような工夫をした。まず、ポイントになる「行列を描いた（行列を表現した）」資料を一二点選び、「行列を読む」として、画像から読み取ることのできる論点を示した。また、近世の行列を研究する際の論点を一二設定した。本書の論文のなかには、ここでの叙述をもとに展開したものも含まれており、内容に深く関わるので、以下、少し煩雑にはなるが、示しておきたい。

〈1〉「行列を読む」

①「江戸一目図屏風」（鍬形蕙斎画、文化六年〔一八〇九〕　津山郷土博物館蔵）　［大久保純一］

②「江戸城登城風景図屏風」（大須賀清光画、弘化四年〔一八四七〕　国立歴史民俗博物館蔵）　［岩淵令治］

③「加賀藩大名行列図屏風」（四井芦雪・巌如春他画、昭和一五年〔一九四〇〕頃　石川県立歴史博物館蔵）　［深井甚三］

④「朝鮮通信使歓待図屏風」（狩野益信画、明暦元年〔一六五五〕　御寺泉涌寺蔵）　［ロナルド・トビ］

⑤「朝鮮通信使行列図屏風」（久隅守景画、天和二年〔一六八二〕頃　Lee Family Collection）　［ロナルド・トビ］

⑥「朝鮮通信使淀城下到着図」（渡辺善右衛門守業画、延享五年〔一七四八〕頃　個人蔵：京都市歴史資料館寄託）　［久留島浩］

⑦「琉球使者金武王子出仕之行列」（作者未詳、寛文一一年〔一六七一〕頃　ハワイ大学マノア校図書館蔵）　［横山學］

⑧「阿蘭陀人江戸参府蒔絵箪笥」（作者未詳、一七世紀後半　個人蔵）　［日高薫］

⑨「オランダ商館長江戸参府行列図」（川原慶賀画か、一八二〇年頃　ライデン国立民族学博物館蔵）［松井洋子］
⑩「祇園祭礼図屏風」（作者不明、寛永前半期　京都国立博物館蔵）［八反裕太郎］
⑪「江戸天下祭図屏風」（江戸日枝山王社祭図屏風）（作者未詳、制作年未詳　個人蔵）［岩崎均史］
⑫「江戸天下祭図屏風」（文政七年江戸山王祭礼新場附祭図屏風）（作者未詳、文政七年〔一八二四〕神田神社蔵）［福原敏男］

〈2〉「行列を識る」

①「回顧される行列」［木下直之］
②「参勤交代の旅」［深井甚三］
③「大名行列人形の軌跡――雛形から「温古」の見世物へ」［岩淵令治］
④「行列を迎え、見る作法」［久留島浩］
⑤「東海道物の錦絵と大名行列」［大久保純一］
⑥「武具から見た行列図」［近藤好和］
⑦「天保の琉球ブーム」［横山學］
⑧「沖縄八重山のミルク（弥勒）行列――海上彼方から〝世〟をもたらす来訪神」［松尾恒一］
⑨「国芳が描いた江戸山王祭駿河町踊台」［福原敏男］
⑩「描かれた蝶々踊」［八反裕太郎］
⑪「朝比奈大人形興行差止め」［岩崎均史］
⑫「軍楽隊のいる行列」［木下直之］

〈3〉『歴博』の特集「行列を追っかける」（二〇一三年一一月、以下「歴博特集」と略）の構成

この「歴博特集」も、本書の構成と深く関わるので、そもそもこの特集を編集した意図と構成について簡単に紹介したい。

まず、この「歴博特集」は、「展示」では、「行列」の持つ「政治性」について十分に触れることができなかった点に鑑み、新たに企画したものである。「展示」では、日本近世における武士の行列・外国の使節の行列・祭礼行列ということに限定した。改めて言うまでもなく、「行列」そのものは古今東西、どこにでもみられた人間の行動様式の一つであって日本に限ったものではないので、「行列」そのものが持つ魅力やその歴史的・政治的な意味にまではテーマを広げることができなかった。とくに、今なお「行列」は、「見（観）られ」なければならないという属性を持つのであって、だれも見ないものは行列にはならない。行列をする側とそれを見る側の間には視線が交錯しており、そこには「政治性」が存在する。そして、そのことによって、その行列が性格づけられるのだとも言える。さらに、行列に参加し、見られた人びとは、見られるに足る作法や行動をとり、それにふさわしい格好をする（わざわざふさわしくない言動・格好をして、見られていることを意識する場合も含めて）。同時に、見られるがゆえに、他の行列との差異化も始まる。また、近代以降の「デモ」などの行列や軍隊の行進（パレード）なども含めた歴史的な展開や比較、外国の行列との比較など、「展示」で示せなかったことは多い。

そこで、この「歴博特集」では、大きく分けて二つのテーマを掲げ、もう少し「行列を追っかける」ことにした。一つめは、行列に付随するパフォーマンスに注目するというものである。その典型が、大名行列を先導する奴たちの「鎗を振り振り」練り歩く姿（「奴振り」）である。この点では、コンスタンチン・ヴァポリス「パフォーマンスとしての参勤交代」を用意した。開港後、江戸に滞在したイギリス人ミットフォードが見て驚いた大名行列は、「下に下

に」と声をかけて粛々と進む行列の張り詰めた空間を、突如鎗を振ったり、投げ合ったりする奴たちのパフォーマンスとその息づかいが引き裂くというものであった。この一見矛盾するようなパフォーマンスに注目して大名行列を追いかけるというもので、本書の久留島論文はこの「矛盾」についてさらに考えてみようとしたものである。なお、参勤交代をテーマにしたヴァポリスの著書『日本人と参勤交代』（柏書房、二〇一〇年）は、本書に関わる論点を含んでおり、今後の参勤交代研究のうえでは必読文献の一つであろう。

次に、近代以降も、各地の祭のなかには大名行列のような祭礼行列が継承されているものもある。その見所の一つが、奴の格好をした参加者が、鎗や挟箱などまで振ったり投げ合ったりするところである。この点について精緻な研究を進めてきた福持昌之（「祭りと葬式を行き交う身体――奴振りを担う人々と葬祭業」『国立歴史民俗博物館研究報告』第一四二集、二〇〇八年）に、現在も大阪の葬送行列のなかに残る「奴振り」について紹介していただいたのが「葬式の奴振り――葬列と僧列」である。こうした「奴振り」は一見すると葬送行列には不似合いのようだが、葬礼行列を構成する僧列の一部として行われるという点に注目すると、その源流である「奴振り」が、ヴァポリスの指摘するように、近世の大名行列そのものに組み込まれていたこと、そして、祭礼行列の出し物の一つとして大名行列そのものが仮装行列として行われるようになると、町人たちが行う「奴振り」が近世の都市祭礼文化のなかに組み込まれていくということ、との関係についての福持の指摘は重要である。この点は、本書でも組み込むことができなかった点であり、福持の論文を参考にされたい。

この特集のもう一つのテーマは、近代以降の行列に焦点を絞ることで、近世との比較を試みようというものである。行列が権威や権力を象徴すると同時に、祝祭性をも有し、路上のパフォーマンスともなるという点に注目すると、ヴァポリスや福持の研究ともつながってくる。現代日本の「デモ」を対象とした木下ちがや「デモを追いかけて」では、二〇一一年三月一一日の東日本大震災によって引き起こされた原発問題に対する街頭運動を取り上げ、一九六〇年代、少なくとも七〇年代までは政治的主張を明確にして盛んに行われていたデモ行進や集会との関係を改めて問うている。また、ドイツにおける事例については、相馬保夫「街路をめぐる闘い――メーデー行進から「民族共同体」へ」で、帝政ドイツ、ヴァイマル共和国、ナチス政権と変化するドイツで、労働者の国際的な示威運動の日として知られるメーデーでの行進や集会がどのように様相を変えていくのかについて論じていただいた。ネットやチャットなどで気楽に意見を述べることで他人と交流できているという錯覚や呪縛から解き放され、自らの肉体や声を使って抗議をしたり自分たちの意見を表明する貴重な場として、こうした街頭でのデモ行進（示威行進）そのものが持つ「政治性」について改めて考えておく必要があるのではないか。本書では、近代以降の、とくに外国の事例まではくみこむことができなかったし、近世の行列からどのようにつながっていくのかという見通しを示すこともできてはいないが、都市民衆が、祭礼のときに、支配者である武士たちに仮装し、大名行列を演じることで、「政治性」をどこまで自覚しているかには制約があるものの、彼らなりの自己主張をしている側面に注目することはできよう。さらに、このような都市祭礼行列が藩主の上覧を得るなかでは、城下町の主とその住民の間の「麗しい」関係から自由にはなれないが、本書で八反が紹介する蝶々踊やその系譜をひく側面を持つええじゃないかなどの民衆的乱舞と行進とを間に入れて考えると、祝祭空間における今ひとつの「政治性」も見えてくるのではないか。

二　本書の読み方――各章の位置づけと新たな論点について

以上のように、実際に「描かれた行列」を一堂に集め、一緒にならべることで相互に比較しようという「展示」と、論点を補った「図録」や「歴博特集」を公開してきたが、さらに、もう少し論点を展開し、行列、しかも同時代の朝鮮や中国の「描かれた行列」も含めてから、おもに日本の近世社会を照射しようという意図のもと、以下のような四部構成で本書を編むことにした。

（1）第一部　武士の行列

第一部は、近世の行列のなかで、もっともよく知られた武士の行列に関する論文を集めた。このうち、深井論文は、加賀藩前田家の行列を描いたものとして、一般書・教科書などでも使われることの多い「加賀藩大名行列図屛風」（石川県立博物館蔵）を分析したものである。この屛風が、大正期に作成された「大名行列図」（金沢美術工芸大学蔵）と「前田公参勤帰国図」（石川県立博物館蔵）を「直接の下絵として」、昭和一五年（一九四〇）ごろに完成したことをふまえ、この屛風での行列の描き方について検討している。明治三年（一八七〇）の写しではあるが画像史料としては記録性・信頼性に富む「安政三年斉泰公江戸より御帰国行列附」（金沢市立玉川図書館近世史料館蔵）という冊子体の行列図および、幕府が参勤交代行列の簡素化を命じた享保五年（一七二〇）の「木曽路御帰国御道中御行列」、嘉永七年（一八五四）の「御帰国御道中御行列附」、安政三年（一八五六）の行列帳などの行列構成図（行列附）の記載と下絵となったものとの比較、下絵と屛風との比較を行うことで、屛風の画像の持つ意味やその特色を明確にしたことは大きな成果である。屛風は、出迎えに出た金沢町役人の案内で金沢へ入るところが描かれるが、鉄炮・弓・鎗（長柄）という「御先三品」本来の順序を、行列のなかではもっとも目立ちやすい「長柄」を先に描く点、足軽にも両刀を描く点など、加賀百万石前田家の武威を強調していること、藩主を中心とする「御前御供行列」は比較的正確であるにしても、行列帳（行列附）などのような記録的なものから想定される「実態」とは違いがあること、などの貴重な指摘も含め、今後この屛風を近世の大名行列の典型として使用するときの留意点が示される。

岩淵論文は、直接には、現在は東京国立博物館に所蔵されている大名行列人形の来歴調査に端を発している。代々幕府の鎗師で、明治以降も宮内省御用鎗師を務めた山田幾右衛門は、こつこつと各大名家の特徴ある鎗・長刀のひな形を作製していたが、明治二一年に、国持大名では最高位の格式を持たせた行列を四〇〇体近い人形で再現した（「昔しの諸侯行列の雛形」）。とくに、殿《しんがり》を務める家老の行列に一〇万石格の大名の格式を付与したところに特徴がある。その精巧さが評判を生んだためか山田は、二九年には、団子坂の通称「御成屋敷」で開いた温故展覧会に五組の「旧諸侯の行列」人形を出展している。岩淵は、こののち明治三四年くらいまでは、山田の製作した精度の高い大名行列人形が「温故の見世物」として使われていく過程をていねいに追い、こうした武士たちの行列が近世の格式や秩序を示す（回顧する）ものとして位置づけられることについて検討した。この後、「明治武士道」の影響が強まって、武士が「男の国民」＝兵士と読み替えられるようになると、こうした近世の武士たちを「温故」するという大名行列人形の役割も変化し、「江戸の各種の風俗」を示すもののなかに埋没するようになるのである。

久留島論文は、まず「江戸登城風景図屛風」から、登城・下城あるいは参勤交代する数多くの武士たちの行列を読み取ることができるという、大久保純一がすでに「図録」などで指摘した点を前提に、武士の行列が「鎗を立てた」姿で描かれることに注目した。そのうえで、いくつかの事例を集めて検討し、「江戸図屛風」でも、登城する大名行列をはじめ、馬上の武士を中心とする数名規模の行列が描かれていることを確認した。「行列を立てる」ことが、このように「鎗を立て」て行進する様子を示すという点については、すでに根岸茂夫などの研究でも明らかだが（根岸二〇〇九）、実際に描かれて普及することの持つ意味は大きく、鎗を立てた行列は描く側の絵師も含めて、社会的に共有されていた（「記号」化していた）近世の武士たちの表象だったのではないかという仮説を提示する。

近藤論文は、武具から行列図を読み取ろうというもので、近世の武士の行列としては「赤穂城請取脇坂淡路守行列図」を取り上げて分析する。平安貴族社会の天皇の行列に供奉する武官たちの武具については「年中行事絵巻」から、室町後期の祭礼行列における「随兵」のありかたを「祭礼草紙」から、さらに武官あるいは武士の武具（武装のありかた）を儀仗と兵仗という観点から分析したうえで比較をする点に特徴がある。「年中行事絵巻」からは、儀仗として形骸化していくとは言え、弓箭を佩帯するという点ではむき出しの武力を象徴する武官の姿を、「祭礼草紙」からは、祭礼の神幸に従う随兵でさえ抜き身の大長刀や鑓を持ち、空穂を佩帯するなど、むき出しの武力を示すことを示したうえで、近世の描かれた武士たちの行列を読み解くのである。近世の武家行列図で描かれる武具はすべてが兵仗で、鉄炮・弓箭・長柄鑓の「御先三品」が重要な位置を占めるにもかかわらず、侍身分の者が大小二本の打刀を佩帯する以外は、甲冑は具足櫃や箱に入れ、鎗や長刀・太刀は抜き身ではなく、鉄炮や弾薬は筒や箱へ、弓箭は束ねられるなど、臨戦態勢にはない。参勤交代の行列などが、いかに、かつての備と押という戦闘態勢の形態をとろうとも、また、ここで取り上げる「赤穂城請取脇坂淡路守行列図」が、城を請け取りに行くという意味では戦闘を想定した武士の行列であったとはいえ、やはり本質的には儀仗と変わらない象徴的な武士の姿の描き方になっているとする。今後、近世の描かれた武士の行列を読むときの前提となる指摘である。

(2)　第二部　異国の行列

ここでは、描かれた朝鮮通信使、琉球国王の使節、オランダ商館長一行の行列を取り上げる。

まず、トビ論文では、朝鮮通信使の行列やそれを接待したり見物したりする人びとを主題として描いた「最古の絵画」である「朝鮮通信使歓待図屛風」を取り上げ、本格的な分析を行う。この屛風は、四代将軍家綱が、その将軍職襲職を祝賀するために来日した通信使一行を狩野益信に描かせ、叔母の東福門院（徳川和子）に献上したことがわかっているが、家綱が一一歳で襲職したこの時期の政治的緊張のなかで作製された点に注目する。本論文ではこの屛風を、①江戸市中の見物人の前を通り登城する場面（右隻中央部）、②通信使が国書を将軍に渡し、御三家と対面する様子を「異時同図」的に統合した場面（左隻中央部）、③大広間の行事が終わり門内で一行がホッとする場面（左隻右部）、④門を出て大名屋敷を通り帰る場面（右隻上部）にわけ、ストーリーを持たせて読み込む。これまで別々に取りあげられることの多かった両隻を、一つのストーリーでつないだところに特色があり、説得力もある。③の場面は、大広間での儀式の間、外で待ちくたびれた従者の姿と見ることができるようにも思われるが、トビの貴重な指摘をふまえて、さらにこの屏風から読み取れることは少なくない。

横山論文では、江戸時代に一八回渡来した琉球国からの使節を描いた絵巻史料のうち、寛文・宝永・明和期の登城行列絵巻を比較分析する。なかでも、琉球使節の行列を描いたものとしてはもっとも古い寛文一一年（一六七一）の「琉球使者金武王子出仕之行列」（ハワイ大学マノア図書館「坂巻宝玲コレクション」）をはじめて本格的に読み解いており、近世初期の琉球使節のありかたを知るうえで重要である。さらに、宝永七年（一七一〇）のもの（「宝永七年寅十一月十八日琉球中山王両使者登城行列（内題）」（同前「坂巻宝玲コレクション」））については、内閣文庫収蔵品と大英博物館収蔵品との比較を行ったうえで、明和元年（一七六四）の「明和元年申十一月二十一日琉球中山王使者登城行列」（沖縄県立博物館・美術館蔵）との比較も行っている。正徳期の琉球国王使節を描いた多くの絵巻との関係については、すでに田代和生によって研究されているが（田代 一九八二）、宝永七年の渡来時になされた多くの改変（使者の構成・衣装・持ち道具（旗）・城中の諸儀礼など）との関係も含めて検討した点（比較表）は、永年にわたって琉球使節に関わる資料を蒐集・刊行してきた横山ならではの成果である。

松井論文は、一六三三年以降およそ一六〇回にわたって江戸参府したオランダ商館長の行列のうちそれが描かれた希有な事例を対象としている。江戸あるいは京都まで来た朝鮮通信使が一一回、琉球使節が一八回であるから、オランダ商館長の江戸参府の回数はきわめて多いが、これらの使節に比べるとほとんど描かれなかった点に特徴がある。そのなかで、一六四九年、盛岡藩領内に上陸して捕縛されたブレスケンス号乗員を赦免したことに謝意を表する使節が、トランペットという鳴り物が入り、「阿蘭陀屋形」にふさわしい服装と人数で参府しており、このときには朝鮮や琉球の使節同様に、沿道に多くの見物人が集まっていたという。また、その後はオランダ出島商館長が、貿易のお礼に、数名の商館員と長崎奉行所役人以下の数十名の日本人とともに参府するものではあったが、大坂・京都では数日滞在して幕府の責任者に面会して贈り物を渡しており、京都からの東海道中はそれなりの人馬を擁したかなりの規模になったはずである。にもかかわらず、その行列を明確に描いた画像史料は日本には残っておらず、現在確認できているのは、商館付医師として二回参府したケンペルが描いた行列図（ケンペルの『日本誌』）、書記として一回、商館長として二回参府した経験を持つ商館長ブロムホフの蒐集品のなかの行列図（ライデン国立民族学博物館蔵）、およびシーボルトが描かせた行列図（『日本』で利用。原画はライデン国立民族学博物館蔵）の三点である。松井は、このうち、ブロムホフ蒐集の行列図をていねいに分析して、その構成上の特色を明らかにするだけでなく、フィッセルなど江戸参府旅行を経験した商館員たちの記録をも読み込んで、この商館長の参府行列（「通商の国」の行列）が、他の公的行列との関係でどのように位置づけられたのかについても検討している。費用が自己負担ということもあり、できる限り規模を小さくして、またキリスト教徒であることへの慮りもあって、沿道ではその姿を見せることもなく通行したが、長崎奉行が奉行所役人を付属させ、「長崎御用」という札を立てさせたので、九州の諸藩領内ではかなり丁重に扱われ、東海道でも少なくとも城下町や宿場町では、「大名行列の端くれ、あるいは茶壺（道中）に準ずるもの」として遇された。後期になると「蘭癖の人びとの好意と厚遇」を得て、大名や上級武士との文化的交流のなかに身をおくようになるなかで、自らの経験を伝えるときの挿絵として、あるいはお土産の漆器のデザインとして、自らの行列を描かせることにもなった。こうした指摘ははじめてで、かつきわめて重要である。

(3)　第三部　祭礼の行列

ここでは、近世の江戸と京都の祭礼と近代の仙台の祭礼を取り上げた。

福原論文は、まず近世の行列が持つ「権力性」に注目して近世の行列の特色を抽出する。さらに、これまでの近世城下町祭礼研究について、とくに「官祭」とされた江戸山王・神田両祭礼という天下祭やいくつかの城下町に勧請された東照宮の祭礼などの祭礼行列が持つ「政治性」をあらためて確認する。そのうえで、江戸に住む人びと（江戸っ子）が身近に感じている神社の祭礼行列から、こうした「権力性」や「政治性」がどのように見えてくるのかという問いをなげかけ、城下町全体を総括する大規模祭礼ではない江戸の中小規模の祭礼を取り上げる。具体的には、麻布氷川神社の祭礼行列を記した絵番付（天保三年〔一八三二〕「麻布氷川大明神祭番附」国立歴史民俗博物館蔵）をていねいに読み込むことで、その行列のありようと性格について検討する。結論としては、祭礼の「趣向」をこらすという点で特色は持つが、それを超えた独自性はなく、「天下祭の縮小版」のような祭礼であったとする。少しは自由度があったのではないかとも思われる、こうした江戸の地域神社祭礼も一度公道を行列で練り歩くとなると、その規制から逃れることはできなかったということでもある。しかし、福原が近年精力的に進めている祭礼行列のていねいな読み解き（都市と祭礼研究会編『天下祭読本――幕末の神田明神祭礼を読み解く』二〇〇七年、雄山閣出版、福原『江戸最盛期の神田祭絵巻――文政六年　御雇祭と附祭』二〇一二年、渡辺出版）などを傍らに置いてみると、太鼓・榊・鉾を持つ人や神輿の駕輿丁を務める氏子町人あるいは周辺からの雇い人や世話役や、上下姿で「警固」を務めたりする町人、仮装して行列に参加する子どもなど、多様な参加者が織りなす行列のありようについて、これまた多様な見物人も含めたさらに詳細な検討を進めることで、「権力性」から逸脱しようという人びとの動きもみえてきそうである。この点では、八反論文が、天保一〇年（一八三九）春、京都で突如始まった「蝶々踊」という新たな都市祭礼のあり方を検討していることが参考になるはずである。

その八反論文では、それこそ城下町で藩主が上覧するような祭礼行列ではなく、こうした行列を存分に見物してきた平戸藩主松浦静山が「世直の踊り」と意識するような性格をもつ「蝶々踊」を描いた画像史料を取り上げ、京都の民衆が人間を含むさまざまなものに仮装して乱舞するという特徴に注目して読み解く。これまで、とくに民衆運動史研究などで、「砂持ち」と並んで取り上げられ、新しい都市民衆の動きとして高く評価されてきたにもかかわらず、少なからず残っている蝶々踊図が美術史で見落とされてきたことに鑑み、蝶々踊を描いた絵師たちとその蝶々踊図についてのていねいな考察を行う。そのうえで、一酔斎泉蛙筆「蝶々踊図屛風」（国立歴史民俗博物館蔵）の読み解きと新出の刷物の分析や幕末の「御札降り騒動絵巻」（ニューヨーク・パブリックライブラリー蔵）の紹介を行い、仮装の集団乱舞である蝶々踊に新たな光を当てている。編者は、この踊りが「赤」で彩られたので赤踊りとも呼ばれており、天保期の百姓一揆（甲州天保騒動）の主導者が同じく赤色の着物を装っていたことを想起すると、両者の関係は興味深いと考えているが、この民衆的乱舞が刷り物の画題として受容されるような広がりをもっていたという八反の指摘は、この時期の民衆の志向性を考えるうえで重要である。

佐藤論文は、近代における都市祭礼と行列の持つ意味について、旧仙台藩時代の東照宮祭礼とそれを継承する仙台祭における渡物（渡物屋台）を対象として、その行列のありかたや道筋の変化から検討しようとする。旧藩時代には、東照宮祭礼が藩主主催の「官祭」として百回以上も行われ、そのたびに祭礼の行列が繰り出されたのに対し、安政年間を最後に渡物と行列が消滅すること、明治四年（一八七一）旧暦九月二二日の天長節（天皇の誕生日）祭礼、皇室の祖神天照大神を勧請して新設された皇太神宮（のち桜岡大神宮）の明治五年の祭礼、同一〇年の天長節祭礼のときに、町衆の手によって渡物と行列が再興されること、その一方で明治六年から翌年にかけて藩祖伊達政宗を祀る青葉神社（県社）が創建され、同一一年の祭礼では鎧兜を身にまとい馬に乗った武士三〇人などの行列が神輿行列に供奉し、同一五年には武士行列と各町の練物とが神輿渡御行列に加わったことを、近世の権力者主体の祭りから町人・町衆主体の祭りへの変化として跡づける。そして、明治一八年には「藩祖伊達政宗二五〇年祭」が青葉神社で、神輿渡御行列・武者行列・渡物行列をともなって盛大に催され、二〇年までは続くが、その後青葉神社祭礼での渡物行列は中断するという。そののち、渡物と行列は、甲申事変の際、仙台歩兵第四連隊の兵士が戦死したことをきっかけに、明治二〇年一〇月に仙台で始まった戦死者招魂祭で復活され、仙台駅の開業後には行列の経路に仙台駅が加わり、各部隊が出す作り物や参詣する軍隊の行列も意味を持つようになること、さらに、旧藩主や藩士などの賛同を得て明治三二年には「仙台開設三百年紀念祭」が行われ、盛大な渡物と行列が出されるが、日清戦争の勝利を反映して「朝鮮征伐凱旋」など朝鮮への出兵を誇るような出し物が演出され、これを最後に練物は仙台の祭礼から姿を消すこと、などに注目する。結局、近代国民国家の祭礼としては市民（国民）の祭りへと転換できなかったとするのである。そして、「近代仙台の軍官民統合の象徴的役割を果たした渡物と行列が結果的には地域文化としては近代の仙台市民に継承されなかった」と結論づける。担い手の問題とも関わらせながら、近世から近代、さらにそれ以降の都市祭礼行列の変化をていねいに追った貴重な成果であるが、昭和六二年（一九八七）になって渡物が山鉾として再興されるきっかけがその二年前の「藩祖伊達政宗三五〇年祭」だったこと（藩主の記念祭をきっかけとせざるをえなかったこと）の持つ意味の解明を新たな課題として残したようにも思われる。

（4）第四部　行列の比較

ここでは、「武士の行列」「外国使節の行列」「祭礼行列」という分類から自由に、中世に描かれた宗教的儀式のなかでの行列、幕末の開港後横浜で開催された祭礼行列、同時期の中国・朝鮮で「描かれた」行列などを取り上げることで、「描かれた行列を比較する」視点を設定する。

まず、藤原論文は、中世の絵巻に行列を主題とする長大な画面が見られることの持つ意味とその経緯について、それまでの自身の鹵簿図や行列指図に関する研究をふまえて検討する。実際に行列を編成するときや見物するときに不可欠な鹵簿図や行列指図は、近世まで継承されるという点では実務性と記録性とを持つが、宮廷や寺院の儀式のための故実・規範となる記録・儀式書から人物の肖像性を意識した中世の絵巻制作につながる流れを、南北朝期の「弘法大師行状絵巻」(東寺所蔵)のとくに巻一一第一段「東寺灌頂」の形成過程をめぐる研究史をふまえつつ、草稿本や東寺の記録である『東宝記』および『真紹僧都伝法灌頂記』(『東寺最初具支灌頂記』)などの詳細な書誌学的検討をも含めて跡づけようとする。その結果、絵本草稿本の形成過程に関して、『東寺最初具支灌頂記』を参照することで、行列の位置関係を平面でかつ文字で表現した「行列指図」がつくられ、それに基づいて進行方向を左右反転してその行列全体の隊列構成を把握したうえで、「交名」によって人名があてはめられるという作業を経、さらに「式次第」などから注記を加えることで草稿本が作成されることを仮説として提示することに成功している。そのうえで、行列次第、交名・指図がセットで利用されていくだけでなく、その記録間の齟齬(ここでは楽人の配置を巡る絵巻と記録との違い、実際に行列に並ぶ順番と臈次順に基づく序列で記される交名における序列との違い)などから、絵巻が制作されたときのあるべき姿が先行する絵画を参考にしていることについても注意をうながす。肖像性の付与の問題については、個人を特定する描き方だという判断が難しいこと、見物人の描写はそこで起こっていることを目撃している者がいるという点で意味をもつことについて指摘する。そして、今後の近世の行列図の研究にとって、絵画史料と文字史料とを事実復元のために照合するだけでは不十分で、両方の史料の「動的な関係、実態や史料そのものに即した分析」が不可欠であるという貴重な提言を行う。きわめて慎重でていねいな分析と結論に終始しているのも、指図も記録も大量に残され、画像史料との安易な照合という「絵解き」に陥りがちな近世行列研究への警句であるといえようか。

木下論文は、「図録」で木下自身が行なったペリー上陸の軍隊行列の分析を前提にして、開港場横浜を舞台に催された祭礼行列について解明しようとする。まず、開港一周年を記念し万延元年(一八六〇)に行われた横浜洲干弁天の祭礼行列に注目し、外国人も含めた見物人の記録などから、この祭礼行列をていねいに復元する。幕府・神奈川奉行所によって急遽造営された開港場で、そこに集められた遊郭関係者を含む商人(町の中心的住人)の力を借りつつ開催された祭礼であり、寄せ集められた者たちにとっては「共同性」を確認する貴重な機会となったはずだが、それがどこまで成功したのかについては疑問を呈する。神輿の巡幸に山車・踊屋台・地車屋台・練物が供奉し、そこに芸人が加わるという江戸の山王・神田祭をまねた盛大な祭は、幕府・神奈川奉行が巨額の資金を提供して実施させただけでなく、この行列を神奈川奉行以下の役人が見物する（上覧する）場所を定め、実際に見物（上覧）したことから、外国人殺傷事件が相次いで起こった「この新興都市（横浜）の繁栄と安全とを盛大な祭によって内外に示す」という意図があったとする。その効果はあったが、この祭礼行列がいつまで継続したのかは疑問であり、急速な開発が、かつての名所としての洲干の景観を変えたことだけはたしかだった。こののち、横浜の祭礼らしきものは、「どんたく」に取って代わられ、今度は居留地の外国人たちが、国旗を立て、楽器を鳴らして行列をつくって行進することになった。軍隊調練のための行列も含め、楽隊を伴うことで、美しく整然と歩くさまを日本人たちに見せつけることになったが、その典型的な先例はペリーの上陸時の行列にあった。こののち、前年の大火で大きな被害を受けた横浜が復興したことを記念して、慶応三年（一八六七）六月二日に、開港一周年のときの一〇倍の規模の洲干弁天祭礼が行われたが、明治三年（一八七〇）四月一四日には、横浜の鎮守の座を洲干弁天から奪うようにして野毛山に建立された伊勢皇大神宮の祭礼が最大に行われた。こののち、明治四二年には開港五〇年祭が開催されるが、この慶応三年の洲干弁天と明治三年の伊勢皇大神宮の祭礼の比較および、五〇年祭との関係についての検討が新たな課題として提示される。

村上論文は、中国皇帝の節目の長寿を慶賀して行われた万寿盛典について描かれた行列画像を読み解くものである。具体的には、一七一三年に康熙帝のために催された万寿盛典を記録した『万寿盛典図』の版画と関連史料とを編さんした『万寿盛典初集』、さらには乾隆帝のときの『万寿盛典図』や一七六一年の『崇慶皇太后聖寿慶典図巻』なども踏まえつつ、関連する記録や書簡などの文献史料を参考にして、北京における行列を考察しようとするものである。康熙の万寿盛典は、過剰な警備はなかったとされるが、輿に乗った康熙帝と皇太后が后や皇子・皇孫を伴って故宮へ戻る、象をも伴った盛大な行列で、この『万寿盛典図』には皇帝の輿を中心とする行列の様子と、飾り立てられた道のり、芝居や芸能が演じられている舞台、見物する人びとなどからなる祝祭的な空間の様子とが描かれる。このとき多くの劇団が北京に集められ、沿道では趣向を凝らした舞台がつくられ劇が演じられた。乾隆帝のときには女性が見物する特別な日も設けられ、往来の通行を管理させながら、膨大な予算をかけて皇帝の行列通行を多くの人びとに見せるための祝祭空間が演出されていた。こうした劇場空間を一時的にせよ設定したことが一因となって、北京における演劇が盛んになり、本来武芸や質朴さを求められる旗人たちが、劇場に出入りしたり劇団に入るようになったりして、風俗が乱れることにもなったため、康熙帝を継いだ雍正帝は厳しくこれを取り締まるが、その跡を継いだ乾隆帝は万寿盛典を大規模に行う。次の嘉慶帝はまた厳しく取り締まる。その意味では、康熙・乾隆帝の時期に行われた万寿盛典は、こうした皇帝の行列が贅を尽くした祝祭空間のなかを通るところを官吏や沿道の人びとに見せることで、一八世紀後半の清朝の繁栄を祝うものであり、清（北京）における「行列の時代」を象徴するものでもあった。そのため、当日の行列が通行する様子を『万寿盛典図』として版画にし、四庫全書にも収録することで長く伝えようとしたのであるが、旗人が居住する内城の劇場経営を全面的に禁止し、万寿盛典のときの芝居上演も禁止した嘉慶帝によって、この北京における行列の時代は終わりを告げることになる。以上の村上の論証はていねいな分析に裏付けられており、同時代のアジアのなかでの支配者の行列が通行する際に劇場空間が設定されると同時に、たとえば道の両側で皇帝が見て自らの戒めとしたとされる耕織図が皇帝の目に触れるように掲げられていたこと、沿道で官吏や人びとは跪いて迎えていることなど、皇帝の行列そのものは「見る」「見せられる」側にも一定の迎える作法が強制されたことを想定させる。同時に、こうした祝祭空間がつくられることは、日本の近世都市祭礼にも似ているだけでなく、たとえば一四、五世紀のベルギーのブルージュで、新しく支配者となった王侯がはじめて入市するときに「入市式」が催され、沿道で劇や見世物が演じられているなかを通行したように、他の時代・他の地域でも見いだすことができるという点で、さらに新しい行列研究の論点となりそうである。

六反田論文は、美術的価値の点で日本では詳しく紹介されることがなかった前近代の朝鮮の行列図を扱う。前近代の朝鮮では、国家的な行事に際して「儀軌」という官撰の記録物がつくられ、行事のための行列を組み立てるに際して作成された「班次図」という行列図が附図とされる。六反田は、(A)一七六八年、新任の安州牧使を迎えるために安州官衙から派遣された者たちと一緒に薪牧使が任地に赴くところを描いた「安陵新迎図」、(B)一七五九年、英祖が貞純王后金氏を継妃に迎えた婚礼の行事記録『英祖貞純后嘉礼都監儀軌』の班次図、(C)一七九五年閏二月、正祖が母恵慶宮洪氏を伴って、非業の死をとげた父の荘献世子の墓所がある水原の華城に行幸したときの記録『園幸乙卯整理儀軌』の班次図の三つを取り上げ、その描き方を比較する。(A)は、有名な画家金弘道の手になるもので美術史的にも見応えがあるが、任地を目前にして行列が迎えの人びとを加えて荘厳化される点など、日本の坂迎えとも共通する。描き方の特徴は、行列を構成する人物や馬などの立つ方向と天地とがすべて一致している点にある。(B)は、一二〇〇人近くの人物や旗幟・馬・車駕などが細かく彩色され注記も付して描かれるが、行列を描く際に左・右・後方の三つの視点が設定され、行列内の位置に応じてそれが切り替えられ、表情や動きも見られず、画一的ないしは単調である。そもそも班次図が、行事の挙行に先立ち、行列参加者が各自の役割や位置を確認するために作成されるもので、そこでは行列に参加する人物や馬の位置、あるいは各人の衣装・装束や旗幟などの情報を正確に描くことが求められたので、これはまさにその典型ということになる。これに対して(C)も班次図であり、父の生誕六〇年、母の還暦の年、自身の即位二〇年目を記念して漢城と華城行宮との間を往復したときの行列を一七〇〇人の供と八〇〇頭の馬や正祖・恵慶宮の輿で描くが、(B)との決定的な違いは、行列を構成する人・もの・馬がすべて図の天地と同じ方向で描かれ（行列を描く視点が固定されている）、人物・馬などの描写が画一的ではない（顔の表情や手の位置が異なる）ことである。班次図としては(C)の方が異例であるが、(A)を描いた金弘道の指揮の下、かれの影響を受けた画家たちによって描かれた、より絵画的側面の強いものであり、事前に行列に並ぶ位置を確認するために作成されたのではない。本来の機能は有しつつも、この時の記念すべき行事をその行列を荘厳に描くことで後世に伝える記録画としての機能を持ったのである。しかも、このときの行事の主要場面については、図画書画員に命じて八曲の屏風絵「正祖大王陵幸図」（華城陵幸図）に描かせ、その二扇には「始興還御行列図」「鷺梁舟橋渡渉図」という行列図が描かれる。この図では、上部から下部へ向けて行列の進むさまが鳥瞰され、かつ見物する庶民の姿も描かれるなど、興味深い画像になっていることを指摘するなど、村上論文と並び、今後近世日本の行列や行列図と比較するうえで有意義である。

以上のような構成になっているが、「図録」のなかの小論考をもとにさらに展開した論文、「展示」や「図録」とはまったく異なる新稿も含まれている。「歴博特集号」も含めて、一つのまとまりをもっていると考えているので、その構成についてあえて詳しく紹介した。もとより、本書に寄せられた個々の論文は、ここで編者が行った拙いまとめを超えた多くの論点を有している。それもあわせて、「描かれた」近世の行列についてのイメージを豊かなものにしていただければ幸いである。

参考文献

黒田日出男、ロナルド＝トビ編『行列と見世物』朝日新聞社、一九九四年
高木昭作「『秀吉の平和』と武士の変質」『日本近世国家史の研究』岩波書店、一九九〇年
田代和生『近世日朝通交貿易史の研究』創文社、一九八一年
根岸茂夫『大名行列を解剖する』吉川弘文館、二〇〇九年
渡辺浩「「御威光」と象徴――徳川政治体制の一側面」『東アジアの王権と思想』東京大学出版会、一九九七年

Ⅰ　武士たちの行列

1 加賀藩大名行列図屏風

深井甚三

一 大名行列図の代表

加賀藩は最大の外様藩であり、藩の代表的事例でもあった。それゆえに加賀藩の大名行列を描いた石川県立歴史博物館蔵「加賀藩大名行列図屏風」（図1-1、2、以下、屏風図と略記）は江戸期を取り上げた一般書も、さらには小中高の社会科・日本史の教科書の多くにも取り上げられている。[1]この屏風図は明治以降に作成されたものであることが知られていながら、このような扱いを受けた。それは前田家の大名行列図としては最も大型で美麗な屏風図として作成されていたものであり、また加賀藩の大名行列を描く絵画の代表的作品として把握できるものであったためである。

屏風図を所蔵する石川県立歴史博物館は、この作成着手が大正元年（一九一二）で、終わったのが昭和一五年（一九四〇）頃であったこと、当初は四井芦雪が、その後彼の弟子の島野春彰・中村友勝・池上隆三らも関わって作成したことを明らかにしている。[2]すなわち、大正元年に金沢美術工芸大学所蔵の「大名行列図」（以下、美大本と略）、同四年七月に石川県立歴史博物館所蔵の「前田公参勤帰国図」（以下、博物館本と略）の両絵巻がまず作成された。屏風はこれらを直接の下絵として作成されたが、注記のない屏風図と異なって、ともに詳しく人物・道具・武具類を注記

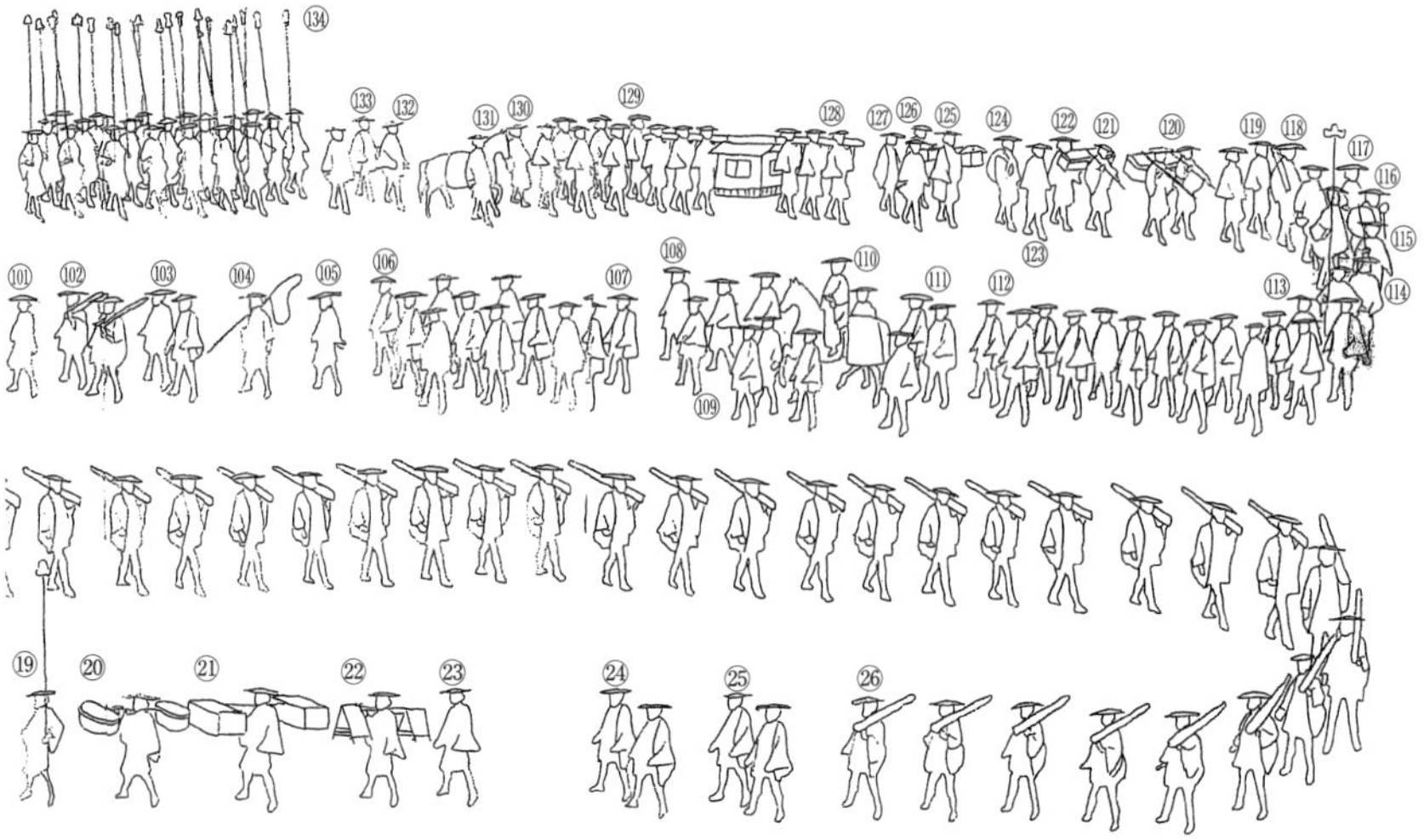
134
133
132
131
130
129
128
127
126
125
124
122
121
120
119
118
117
116
115
114
101
102
103
104
105
106
107
108
110
111
112
123
113
109
19
20
21
22
23
24
25
26

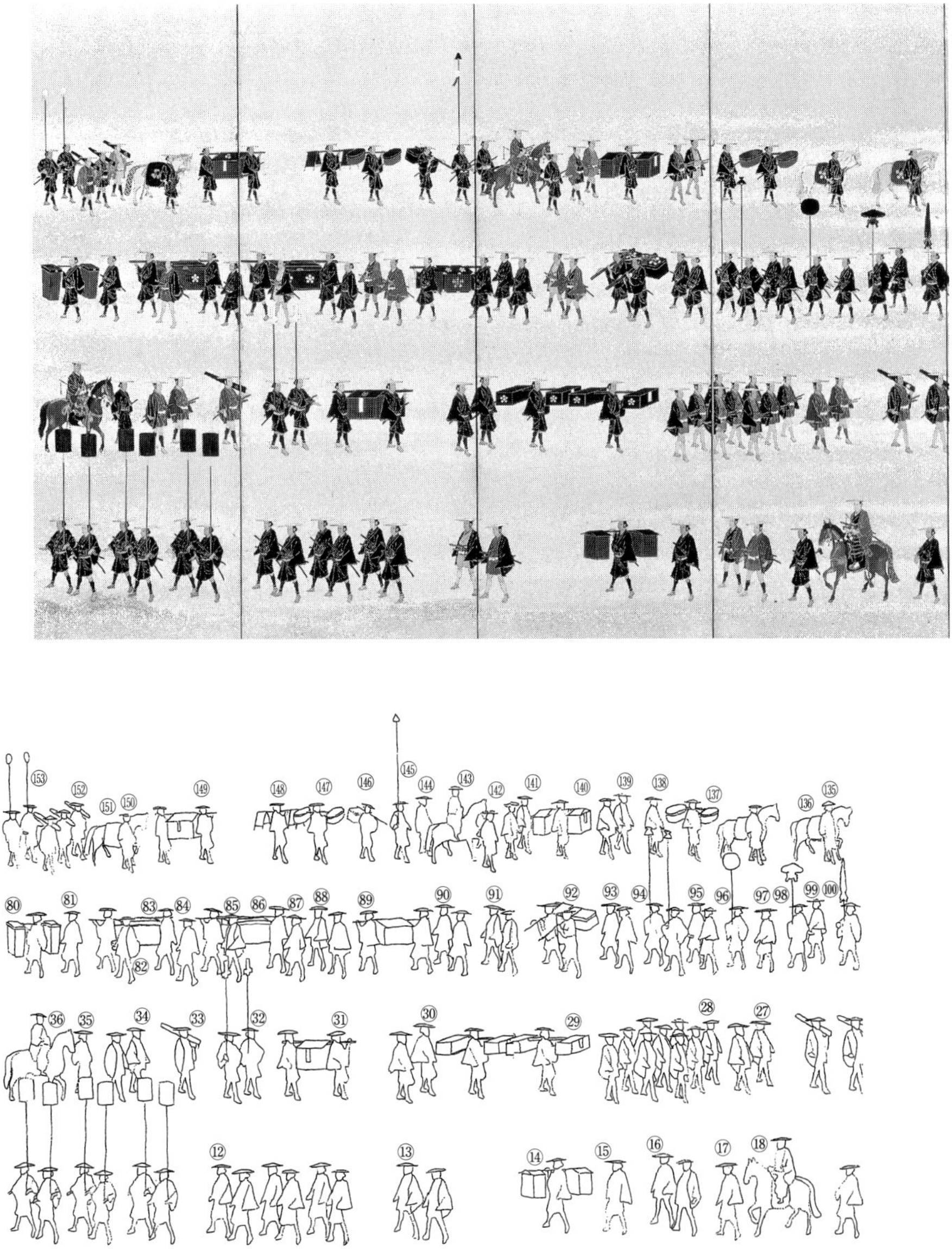

図 1-1　加賀藩大名行列図屏風（右隻，石川県立歴史博物館蔵）

174 173 172 171 170 169 168 167 166 165 164 163 162 161 160 159 157 156 155 154 158
67 68 69 70 71 72 73 74 75 76 77 78 79
46 45 44 43 42 41 40 39 38 37
7 8 9 10 11

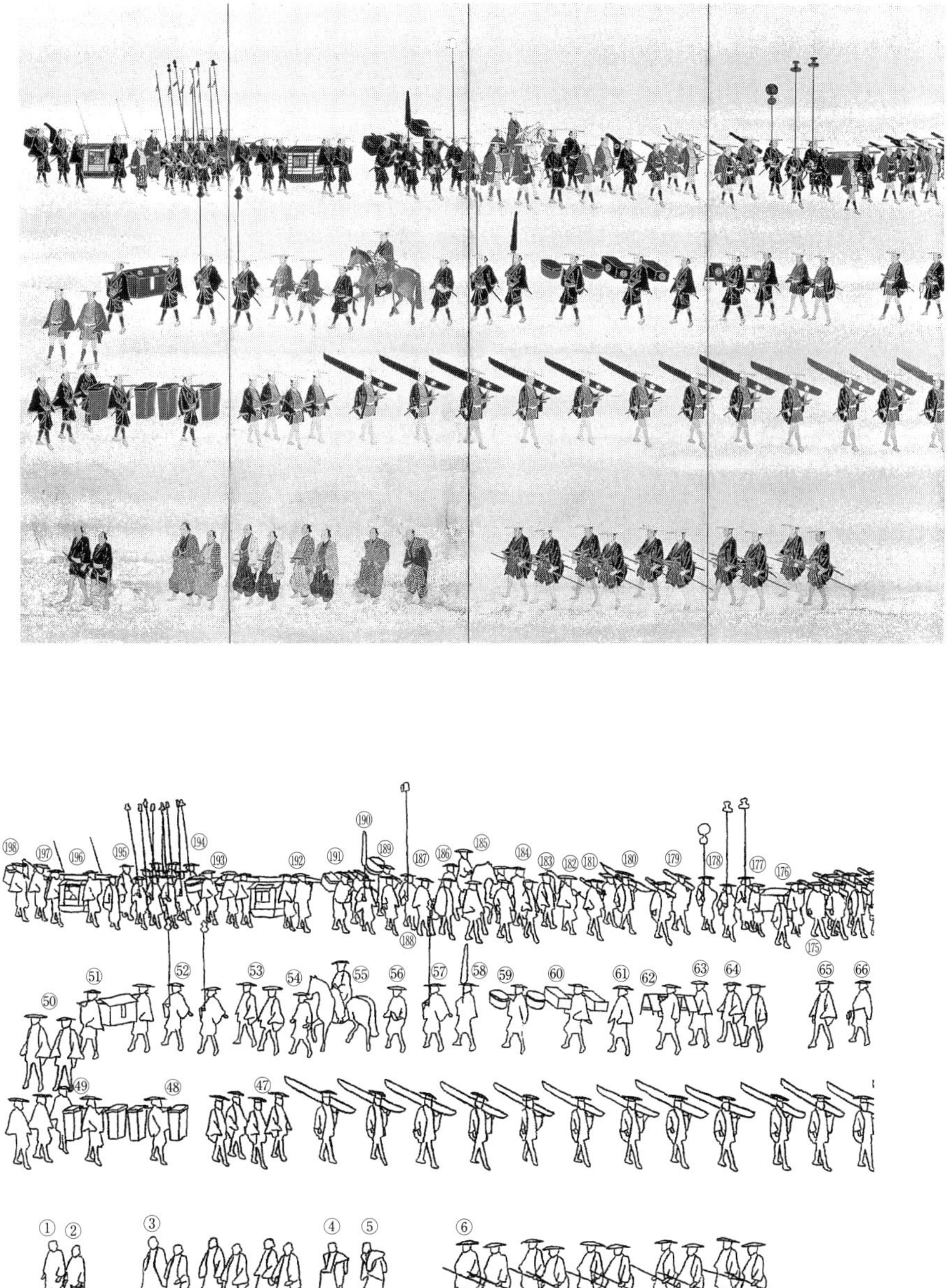

図 1-2　加賀藩大名行列図屏風（左隻，石川県立歴史博物館蔵）

しているので、屏風の解読にも大いに参考となる。巌や四井らは幕末の参勤交代を見ている古老の話を参考にしたことは間違いないと思うが、参考にした直接の資料や情報などについては残念ながら不明のままである。

なお、旧華族によりつくられている霞会が作成した大名行列の絵画集では、(3)前田家の行列ではこの屏風がやはり対象となった。解説では、大名行列図としての解説の枠であるが、実際は前田家による参勤交代行列の解説として行われている。そして、そこでは後期の参勤交代と異なった順番で御先三品が描かれていることが指摘されている。

近年、明治以降における大名行列図の作成上の問題が久留島浩・木下直之らに注意されるようになり、明治二、三〇年代（一八八七―一八九六）が大名行列発見の時期と指摘されている。(4)金沢では明治二四年に開市三〇〇年祭として前田利家入城を再現する、武具をまとった軍事パレードの大名行列が行われ、「金沢開市三百年祭ニ付御備押行列之図」「金沢開始三百年祭ニ付前田家旗本備略式模擬行列一覧絵図」の行列図が出版されている。(5)金沢で武具を着さない、屏風の下絵となった絵巻や屏風の江戸期における平時の大名行列の図は次の段階のものとして生み出されたことになる。

ここでは利家入城の再現は取り上げず、この次の段階に作成された屏風図を検討することにしたい。この理解のために、平時の大名行列を考証して導き出された大名行列と対応するものか、そうではなく前記のような長柄部隊の順番変更が行われているなら、どこが描き替えられていくのかをみていきたい。このためには、江戸期の行列に対応する正確度の点では構成を記した行列帳との比較が必要である。当然ながらこの姿・形を考えることも検討しなければならないが、参考となる大名行列図も残されている。すなわち、幕末の安政の入国行列を描いた金沢市立玉川図書館近世史料館蔵の「安政三年斉泰公江戸より御帰国行列附」（袋綴。以下、冊子と略）などがある。これは無彩色であるが、「明治三年午二月写」の記載があり、作成が近い時期であり、また描かれた人物その他の注記もあり内容が把握しやすく、通行に「伝馬負申」す村民が観察し描き、基本的に実態を描写しているので、これも検討対象に加えたい。

二　行列帳にみる大名行列の構成

幕府による享保の参勤交代規制前の同五年（一七二〇）の帰国行列帳があるので、これに加えて、幕末の化政以降の行列帳で、帰国時、藩主入国の行列帳の内容を表1に整理した。ここでは屏風など絵画資料の分析を主にするためと、紙幅の関係で詳しく分析できないので、規制が行われる以前の享保五年とその後にどのような変化があったかについてのみ、しかも作成時期に近い幕末のみ取り上げるにとどめたい。

さて、参勤交代の行列はすでに指摘されているように三つの集団により構成されている。最前列が御先三品の長柄・弓・鉄砲の部隊である。そのあとに本隊の藩主の御供行列があり、最後つまり殿《しんがり》が行列全体を統括する重臣らの部隊となるが、御先三品も殿の行列も行列の外との位置づけがされているものである。(6) この行列の大枠である三区分のあり方については変化がみられない。

御先三品の先頭の行列をみると、持筒、持弓、長柄の部隊の順序は享保五年と嘉永七年（一八五四）、安政三年（一八五六）のいずれも共通している。(7) この御先三品の各々の数であるが、これも嘉永・安政のいずれも変わっていない。結局、御先三品については享保五年以降大きな変更はなかったといえる。御先三品の各部隊の構成については、各奉行・頭の従者については不定や無記載であるように、時代によって彼らが引き連れる家臣には変動があってもおかしくない。従者外であるが、これは幕末もほぼ同じである。

御先三品に続いて本隊となる。冊子はこの本隊を「御前御供行列」と呼んでいた。この御前御供行列の本隊の構成については、享保五年の場合は、御先三品の長柄の前に馬三疋と鉄砲五挺が入れられているなど若干異なる部分もあるが、基本的構成は同じである。最後の殿の行列であるが、享保五年行列帳は押者の後は「当日御供之頭分」と略さ

表1　帰国の行列帳

［享保5年4月「木曽路御帰国御道中御行列」（加越能文庫蔵）］

（押足軽2）＋**御持筒30挺**・小頭3・手替6＋玉薬箱2荷＋御持筒頭・従者数不定＋合羽3荷＋／押者2＋**御持弓20張**・小頭2・手替6＋矢箱2荷＋御馬3疋・手替2＋沓籠1荷＋本御持筒＋小頭＋御鉄砲5・手替3＋本御持弓小頭＋矢籠立御弓2＋御持弓頭・従者数不定＋合羽2荷＋押者＋**御長柄20本**・小頭4・手替6＋御長柄奉行・従者数不定＋合羽2荷＋押者2＋

御中間小頭＋御馬（福山と白波〈政隣記〉）・手替2＋玉薬箱1荷＋矢箱1荷＋御長持1棹＋足軽1・御長持1棹＋足軽1・御具足櫃＋御歩者2＋合羽9荷＋／押者2＋二（三）十人組小頭代2＋御挟箱2・手替2＋御持鑓3・手替3＋御立傘＋御着笠・手替2＋御刀筒3＋二十人組小頭代3＋御長刀・手替1＋御歩者13・御歩者小頭・新番2＋［御乗物］＋御右両組御小頭4並新番1・御左両組御小頭4＋御近習御歩横目2＋御持鎗・手替＋御床机・手替＋坊主頭支配足軽2＋御草履取2＋御六尺・手替＋挟箱2・手替2＋御合羽箱・手替＋唐油箱・手替＋二十人組小頭代2＋御茶弁当・手替・御歩者＋御小人頭＋御小人4＋御中間小頭＋御馬2疋・手替2＋沓籠1荷＋押者2＋歩御供之者共＋草履取＋騎馬＋押者2＋若党＋鑓＋挟箱＋合羽5荷＋押者2＋

御使馬2疋＋沓籠1荷＋押者2＋当日御供之頭分＋御医師＋御家老役＋御歩横目3

［嘉永7年「御帰国御道中御行列附」（加越能文庫蔵）］

押足軽3＋**御持筒30挺**＋小頭3・手替9＋玉薬箱2持物手替4＋御持筒頭・従者不定＋合羽2荷＋押者2＋**御持弓20張**＋小頭2・手替6＋矢箱2荷持者手替4＋御持弓頭・従者数不定＋合羽2荷＋押者2＋**御長柄20本**持・小頭4・手替6＋御長柄奉行・従者数不定＋合羽2荷＋押者2＋

御中間小頭＋○御馬2疋・手替2＋沓籠1荷＋○本御持筒＋小頭＋御鉄砲5・手替2＋○本御持弓＋小頭＋矢籠立御弓2・手替2＋玉薬箱1荷・持者手替2＋矢箱1荷・持者手替2＋御長持2棹・持者手替2・足軽2＋御具足櫃＋御歩者2＋合羽7荷＋／押者2＋○三十人組小頭2＋御挟箱2・手替2＋御持鎗3・手替5＋○御立傘＋御着笠・手替2＋御刀筒2＋三十人組小頭3＋御長刀＋○御歩者8＋御歩小頭＋御先角新番2＋○［御乗物］＋御右御小将3・御左御小将3＋○御先角代新番・三十人頭＋御歩横目2

御持鎗・御菅笠籠・手替2＋御火縄持之三拾人組小頭2＋御草履取2＋○御六尺・手替＋御合羽箱・手替＋御挟箱＋手替＋唐油箱・手替＋三十人組小頭＋○御茶弁当・手替＋御歩者1＋荷挟箱1＋御小人頭＋御中間小頭＋○御馬2疋・手替2＋沓籠1荷＋御小人小頭＋御小人4＋／押者2＋○不御供之者草履取＋騎馬＋若党1・押者1（文政12年之通減少）＋○鑓＋○挟箱＋○合羽7荷＋／○押者2＋△○御使馬2疋＋沓籠1荷＋歩御供之平侍＋乗馬＋沓籠＋押者2〈「此所一丁斗間ヲ置」〉＋

御横目（大小将横目替之）＋御番頭＋（御行列奉行＜召し連れず）＋年寄＋御歩横目2＋御道中奉行＋且又，御近習＋組頭＋物頭＋御番頭＋御横目＋当日御用有之面々並御医師

［安政3年行列帳（『稿本金沢市史』風俗編第一，48–51頁）］

押足軽3＋**御持筒30挺**＋小頭3・手替9＋玉薬箱2手替共4＋御持筒頭＋合羽3荷・押者2＋**御持弓20挺**・小頭2・手替6＋矢箱2荷・手替4＋御持弓頭＋合羽2荷・押者2＋**御長柄20本**持・小頭4・手替6＋御長柄奉行＋合羽2荷・押者2＋

御中間小頭＋御馬2疋・手替2＋沓籠1荷＋本御持筒＋小頭＋御鉄砲5・手替2＋本御持弓・小頭・矢籠立・御弓2・手替2＋玉薬箱1荷・手替共2＋矢箱1荷・手替共2＋御長持1棹・手替共4＋足軽1＋御長持1棹・手替共4＋足軽1＋御具足櫃・御歩者2＋合羽7荷・押者2＋三十人組小頭2・御挟箱2・手替2・御持鎗3・手替5＋御立傘＋御着笠・手替2＋御刀筒3＋三十人組小頭3＋御長刀・手替＋○御歩者15・新番2・御先角新番2＋［御乗物］＋右御小将3・左御小将3＋御先角新番・三十人頭・御歩横目2・

御持槍2・手替2御菅笠籠・手替2・御草履取2＋御六尺・手替＋御合羽箱・手替＋御挟箱・手替（「御馬上ノ時ハ三十人組小頭ノ次其次御六尺」）＋御合羽箱・手替・唐油箱・手替＋三十人組小頭2＋御茶弁当・手替・御歩者＋荷挟箱1＋御小人頭＋御中間小頭＋御馬2疋・手替2＋沓籠1荷＋御小人小頭＋御小人6・押者2＋／騎馬＋若党1・押者2＋鑓＋挟箱＋合羽7荷・押者2＋御使馬2疋＋沓籠1荷・歩御供ノ平侍＋乗馬＋沓籠・押者2＋

御横目＋御書頭＋御行列奉行＋若年寄＋年寄・御歩横目3＋御道中奉行

備考）加越能文庫は金沢市立玉川図書館近世史料館蔵．

れており、また安政も簡略となっているために比較しにくい。

いずれにしても表1の行列帳をみると、藩主の入国行列の構成は享保五年以降に大きな変化はないといえる。屛風が行列帳を参考とし、しかもそれが古くさかのぼったとしても、元禄・享保以降の行列帳を典拠としてみてよいので、現実には作成された時期に近い安政ないし嘉永の行列帳のような内容になっていたろう。

三　屛風の描く大名行列

1　冊子と下絵絵巻

屛風仕立ての加賀藩大名行列図は他に知られておらず、この屛風（八曲一双、一七二・五×四八二センチ）が直接参考にしたものはない。近世のこの行列を描いたもので、内容が正確に把握しやすい「安政三年斉泰公江戸より御帰国行列附」（袋綴）がある。これは作成時期からみて近世の大名行列作画の事例とみてよく、また越中から加賀へ特別に二俣越をし、この時観察された行列を描いているために取り上げ、表2にその注記を整理した。

表にみるように、これは行列帳に記載されない村領案内人と村役人を先頭に描き、彼らの後ろ、つまり行列の始めに御提灯組を描く。そして、鉄砲・弓・長柄の行列後ろに裸人足の担ぐ表会所の御金長持と御道中水桶も描く。また、安政三年以外の行列帳が省く各奉行の従者も描写する。

行列の内容を詳しく取り上げるゆとりがないので、表からわかる結論のみを示すと、行列帳と部分的に異なるところはあるとはいっても、御先三品の順が鉄砲・弓・長柄となっているなど、大枠はほぼ対応しているので想像の絵ではないことになる。もっとも行列帳と順番が変わっているものもみるが、これは実際の道中の際に臨機応変に対処して替えられたものであろう。

表 2　屏風ほか絵画資料の行列構成

[「安政三年斉泰公江戸より御帰国行列附」(金沢市立玉川図書館近世史料館蔵)]
注記載のみ概要……「村役領案内」「組才許十村」「御桃灯行列之始」「御提灯壱番組」「御提灯弐番組」「御提灯四番組」「御提灯五番組」「御提灯六番組」「御提灯七番組」「御提灯方竹馬」「御提灯才許」「御提灯方御用長持」 「是より御鉄砲行列」「御射風壱番組」「御射風弐番組」「御射風三番組」「御射風四番組」「御射風頭御人持」「御射手壱番組」「御射手弐番組」「御射手三番組」「御射手四番組」「御射手五番組」「御矢箱」「御射手頭人持」「是より御鳥毛御鎗」「御鳥毛壱番組」「御鳥毛弐番組」「御鳥毛三番組」「御鳥毛四番組」「御鳥毛五番組」「御鳥毛頭平士」「御金長持表会所壱番」「同弐番」「同三番」「御道中御水桶」「御膳所附御歩組」 「是より御前御供行列」「御具足櫃」「御替具足」「御手箱」「御ソバ筒」「御ソバ弓」「御先箱」「立笠」「台笠」「御打物」「御手廻り竹馬」「御太刀筒」「御前様」(乗物)「御近習衆」「御持鑓」「御長柄」「御蓑箱」「御近習御供鑓」「御茶瓶」「御坊主衆」「御近習頭」「御乗馬」「御引馬」「御典薬衆」「御典薬」「御てこ衆」「七手御供之行列」
[「加賀藩大名行列図屏風」(石川県立歴史博物館蔵)]
①②掃除人・③町役人④町年寄⑤肝煎＋⑥町付足軽＋⑦提灯組小頭・⑧提灯持組 10 ＋⑨押足軽・⑩御長柄小頭・⑪長柄組 20・⑫手替 6 ＋⑬御長柄小頭 2 ＋⑭長柄奉行具足・⑮手替＋⑯若党 2 ＋⑰口取り・⑱長柄奉行(騎馬)・⑲持鑓・⑳沓籠・㉑担挟箱・㉒合羽掛・㉓手替＋(空間)㉔押足軽＋㉕大組小頭 2 ＋㉖御筒足軽 31・㉗大組小頭 2・㉘手替 9・㉙玉薬 2・㉚手替 2・㉛大組頭具足長持・㉜同先道具・㉝持筒・㉞若党 2・㉟馬口取・㊱御筒大組頭(騎馬)・㊲草履取・㊳持鑓・㊴長柄傘・㊵馬糧篭・㊶担挟箱・㊷合羽掛・㊸手替＋㊹大組小頭 2・㊺押足軽 2・㊻弓・㊼手替・㊽矢箱 2・㊾手替 3 ＋㊿若党 2・(51)大組頭具足長持(2)・(52)同先道具 2・(53)若党 2・(54)馬口取・(55)御弓大組頭(騎馬)・(56)草履取・(57)持鑓・(58)長柄傘・(59)馬糧篭・(60)担挟箱・(61)手替・(62)合羽掛・(63)手替・(64)押足軽 2 ＋ (65)押足軽・(66)馬口取 2・(67)御鼻馬(黒馬・白馬)2・(68)馬口取 4・(69)手替 4・(70)御持筒足軽小頭・(71)持筒(朱)4・(72)手替 2・(73)御持弓足軽小頭・(74)御持弓 2・(75)手替 2・(76)馬糧篭・(77)手替・(78)玉薬・(79)手替・(80)矢箱・(81)手替・(82)足軽・(83)長持(仲間 2)・(84)手替・(85)足軽・(86)長持(仲間 2)・(87)手替・(88)御具足付御歩 2・(89)御具足長持・(90)手替り 2 ＋(91)御具足付御歩 2・(92)御先箱 2・(93)手替 2・(94)対道具・(95)手替 2・(96)御中道具・(97)手替・(98)台笠・(99)手替り・(100)立傘・(101)手替・(102)刀筒 2・(103)手替 2・(104)長刀・(105)手替 2 ＋(106)六組御歩 9・(107)六組御歩小頭 (108)御先角 3・(109)馬口取り 2・(110)藩主(騎馬)・(111)御先角 2・(112)御小姓 14・(113)持鑓・(114)手替・(115)御笠・(116)火縄三十人小頭 2・(117)草履取 2・(118)刀筒持・(119)手替 2・(120)合羽箱 2・(121)御蓑箱・(122)手替・(123)手替・(124)御笠・(125)御茶弁当御小人・(126)手替小人・(127)御歩 2・(128)乗物(6)・(129)手替 4・(130)馬口取 2・(131)御使馬(茶色)・(132)御小人小頭・(133)押足軽 2・(134)諸士鑓 21・(135)馬口取・(136)御使馬 2(灰白色・白馬)・(137)馬糧篭・(138)手替・(139)押足軽 2・(140)御横目具足・(141)若党 2・(142)馬口取・(143)横目騎馬(茶色馬)・(144)草履取・(145)持鑓・(146)挟箱・(147)馬糧篭・(148)合羽掛＋(149)具足長持・(150)馬口取・(151)御使馬(白馬)・(152)中押先筒 3・(153)対道具・(154)持筒(朱)2・(155)持弓・(156)長刀・(157)中押家来徒 2・(158)馬口取 2・(159)中押騎馬(灰白色)・(160)家来徒 4・(161)草履取・(162)持鑓・(163)長柄・(164)挟箱・(165)中押乗物(4)・(166)馬糧篭・(167)中押家中之鎗 6・(168)担挟箱 2・(169)合羽掛 2・(170)若党 2・(171)馬口取 2・(172)大押使馬(茶色)・(173)大押家来・(174)大押先筒 10・(175)大押家来・(176)大押具足長持(2)・(177)対道具・(178)中之道具・(179)持筒 2・(180)弓・(181)刀筒 2・(182)長刀・(183)大押家来・(184)馬口取 2・(185)大押騎馬(灰白色)・(186)大押家来 4・(187)持鑓・(188)草履取・(189)笠箱・(190)長柄・(191)挟箱＋(192)大押乗物(4)・(193)馬糧籠・(194)大押家中之鑓 9・(195)大押用人 2・(196)御医者乗物(2)・(197)長刀・(198)薬籠
[大正元年「大名行列図」(金沢美術工芸大学蔵)]
「御手木」・「同小頭」・人足 4・「御荷物」2 ＋掃除人 2・「町役人」(「町役人」6「町年寄」「肝煎」)・「町付足軽」＋「御提灯」2・「押足軽」2・「大組小頭」2・提灯・「御先三品之内御筒三拾挺」10 ＋「大組小頭」2・「御筒手習九人」6・「御提灯」・「玉薬」「小□」・「手替」＋「御提灯」「大組頭具足」2・「対之道具」2・「持筒」「若党」2・「御提灯」2・口取り・騎馬「大組頭」・「草履取」・「持鎗」・「長柄」・「馬糧篭」・「担挟箱両掛」・「合羽掛竹馬」・「手替」＋「御提灯」2・「押足軽」2・「大組小頭」2・「御提灯」2・「御先三品ノ内御弓弐拾挺」・「矢箱」・「手替」＋「御提灯」・「大組頭具足」・「同先道具」・「持筒」・「若党」・「御提灯」・「御弓大組頭」(騎馬)・馬口取・「草履取」「持鎗」「長柄」「馬糧篭」「担挟箱」「合羽掛」「手替」＋「御提灯」・「押足軽」・「御長柄小頭」・提灯 2・「御先三品之内御長柄　弐拾本」・「手替六人」・「御長柄小頭」＋「御提灯」・「御長柄奉行具足」・「同先道具」・「持筒」・「若党」・「御提灯」・馬口取・「御長柄奉行」(騎馬)・「草履取」・「長柄傘」・「担挟箱」・「合羽掛」・「手替」＋ 「押足軽」・「御仲間小頭」・提灯・口取 4・「御鼻馬」・「手替」2 ＋「馬糧篭」「御持筒足軽小頭」・「御持筒(朱塗)」3・「手替」2 ＋「御持弓足軽小頭」「御持弓」2・「手替」2・「御提灯」「玉薬」・「手替」「矢箱」「手替」「提灯」＋「御長持二箇」「足軽」・「手替」2・「御具足附御歩」2・「御具足」長持・仲間 2・「手替」2 ＋「合羽掛七箇」「御提灯」2「押足軽」2 ＋ 提灯・「三十人小頭」2 ＋「先箱　三十人」2・「手替」2・提灯「対ノ御道具」2・手替 2・「御中道具」・手替り 2・「御提灯」「立傘(朱色)」手替・「台笠(朱色)」手替 2・「御提灯」「御刀筒」2・「手替」2・「御長刀」「手替り」「御提灯」「六組御歩九人」9・「六組御歩小頭」・御提灯＋「御先角」3・馬口取り 2・「御」(藩主騎馬〈灰色斑模

様〉）・「御先角」2・「御小姓十八人計」16・「御提灯」2・「御笠」「手替り」3「御提灯」2・「火縄・三十人小頭」2・「御提灯」2 ＋「御乗物」6・「手替」6・「御提灯」「御草履取二人」2「手替 2」＋「御合羽箱〈後箱の間違い〉」2・「手替」2・「御簑箱」・「手替」・「三十人小頭」「御提灯」・「御茶辯当御小人」・「御歩」・「担御挟箱」「手替」・「御小人小頭」「仲間小頭」「御提灯」2・「御馬」2 口取 2・「馬糧篭」2・手替 2・「御小人小頭」・「御提灯」5・「押足軽」2・「諸士鎗　数十筋」10・「諸士草履取」4・「押足軽」+

「御横目具足」（仲間 2）・「若党」2・「御横目」騎馬（薄茶色馬）・口取・「草履取」・「持鎗」・「挟箱」・「馬糧篭」・「手替」・「合羽掛」「手替」・「押足軽」2・「御提灯」・「御使馬」2・口取 2・「馬糧篭」2・「手替」2・「御提灯」2・「御医者」（乗物）仲間 4・「長刀」・「薬籠」・「御医者（乗物）」「薬篭」・「平士」・「若党」・持鎗・「担挟箱」「御提灯」・「平士」「若党」持鎗「担挟箱」「御提灯」＋「平士（騎馬）」口取・「草履取」「持鎗」「若党」「担挟箱」「手替」「御提灯」＋「平士（騎馬）」口取・「草履取」「持鎗」「若党」「担挟箱」「手替」「御提灯」・「中押持筒」3・「具足」（仲間 2）・若党・「対道具」2・「中道具」・「持筒（朱色）」2・持弓・「中押家来徒」2・「長刀」・「御提灯」2・手替 2・「中押（騎馬）」（薄茶色馬）・家来 6・「草履取」「持鎗」「長柄」・「笠」・「挟箱」・「御提灯」・「乗物」仲間 4・「馬糧篭」・「中押家中鎗」6・「担挟箱」2・「合羽掛」・「押」2・「御提灯」・「家老」・「若党」・持鎗・「家老担挟箱」「同合羽掛」「中押医者（駕籠）」（仲間 2）・「薬篭」「大押家来」2・「御提灯」2・「大押使馬」口取り・「馬糧篭」・若党 2・「大押先筒十挺」10・「玉薬」・「御提灯」2・若党・「中押具足」（仲間 2）・「対道具」2・「中道具」家来 2「刀筒」・「持弓」・若党 2 ＋「長刀」・大押家来 2・口取 2・「大押（騎馬）」（薄茶色馬）・家来 6・「持鎗」「草履取」馬糧篭・「長柄」「挟箱」「乗物」（仲間 4）・「家中鎗」6・「担挟箱」2・「合羽掛」2・押 2 ＋口取・「家老」騎馬・持鎗・手替り・「用人」・若党・持鎗・「馬糧篭」「担挟箱」「乗物」（仲間 2）「中押医者」・「長刀」・「薬篭」・「大押医者」乗物（仲間 4）・「長刀」・「薬篭」

［大正 4 年「前田公参勤帰国図一巻」石川県立歴史博物館蔵］

「町付足軽」10 ＋「御提灯」14 ＋「御長柄小頭」2 ＋「御先三品ノ内長柄弐拾本」20+「手替り」6 ＋「御長柄小頭」2・「御長柄奉行具足」・手替・「御長柄奉行（騎馬）」・「若党」2・「草履取」・「持槍」・「沓籠」・「担挟箱」・「合羽掛」＋「大組小頭」2・「御先三品之内御筒三拾挺」＋「大組小頭」2・「手替」9・「玉薬」（背負い箱）2・玉薬（両掛け）・「手替」＋「大組頭具足」（長持）2・「同先道具」2・「持筒」「若党」2・口取＋騎馬「御筒大組頭」・「草履取」・「持鎗」・「沓篭」・「担挟箱」・「合羽掛」＋「大組小頭」＋「御先三品之内御弓弐拾張」・「手替」6・「大組小頭」・「矢箱」2・「手替」・「大組頭具足」（長持）・「持筒」・「若党」2・口取・「御弓大組頭（騎馬）」・「草履取」・「持槍」・「沓篭」・「担挟箱」・「合羽掛」＋手替 2・「押足軽」2 ＋

掃除人 2・「町役人」6・「町年寄」「肝煎」＋「押足軽」・「御仲間小頭」・口取 4・「御馬」（黒馬・白馬）2・「御仲間手替」2 ＋「御持筒足軽小頭」・「御持筒（朱塗り）」4・「手替」2 ＋「御持弓足軽小頭」「御持弓」2・「手替」2・「玉薬」（仲間背担い）・「矢箱」「手替」＋「御長持」2 箇仲間 2・足軽各 1・「手替」2・「御具足附御歩」2・「御具足」長持・仲間 2・「手替」2 ＋「三十人小頭」2 ＋「先箱」2・「手替」2・「対ノ御道具」2・手替 2・「御中道具」・手替・「立傘」手替・「台笠」手替・「御刀筒」2・「手替三十人小頭」2 ＋「御長刀」「手替」＋「六組御歩」9・「六組御歩小頭」＋「御先角」8 ＋口取 2・「御」（騎馬）（黒毛馬）・＊＊3・御先角＊・「御小姓等」12 ＋御持槍・手替・「火縄」2「手替三十人小頭」2・「御笠」（着物が異なる）「手替　三十人」＋「御笠箱」・手替・「御杖」手替・「御草履取」2・手替 2・「御合羽箱」2・「手替」・「御蓑箱」・手替・「三十人小頭」＋「御茶弁当」「手替御小人」・「御歩」「御茶坊主」＋「御小人小頭」「御仲間小頭」＋「御乗物」6 人・「手替」6

「御使馬」口取・「沓篭」・手替・「押足軽」・「諸士鎗　数十筋」20・「押足軽」＋「御横目具足」（仲間 2）・「若党」2・「御横目」騎馬（茶色馬）・口取・「草履取」・「持鎗」・「挟箱」・「沓篭」・「合羽掛」「手替」・「押足軽」2・「御馬」2（口取 4）・「沓篭」・手替・「平士」・「若党」・「持槍」・「担挟箱」＋「平士」・「若党」・「持槍」・「担挟箱」＋「平士」・「若党」・「持槍」・「担挟箱」＋「平士」・「若党」・「持槍」・「担挟箱」・「中押先筒」3・「同具足」（仲間 2）・若党・「対之道具」2・「中道具」・「持筒（朱色）」2・「持弓」・「中押家来徒」2・「長刀」・「中押（騎馬）」（茶色馬）・口取 2 カ・家来 5・「草履取」・「持鎗」・「長柄」・「挟箱」・手替り＋「中押乗物」仲間 4・「沓篭」・「中押家中之鎗」6・「担挟箱」2・「合羽掛」2・「押足軽」2・「中押家老」・「若党」「持鎗」・「担挟箱」「合羽掛」＋「大押家来」2・「大押使馬」口取り 2・「沓篭」・若党 2・「大押先筒拾挺」10・「玉薬」・若党・「大押具足」（仲間 2）・「対之道具」2・「中道具」家来 2「刀筒」・「持弓」・「持筒（朱）」2・長刀・若党 2 ＋「大押（騎馬）」（茶色馬）口取 2・若党 7・「大押持鎗」「草履取」「笠箱」「長柄」「挟箱」「沓篭」＋「大押乗物」（仲間 4）・「大押家中之鎗」6・「担挟箱」2・「合羽掛」2・「押足軽」2 ＋「大押家老」・「若党」・「持鎗」・「草履取」「担挟箱」・「大押用人」・若党・持鎗・「担挟箱」「御医者（乗物）」仲間 4・長刀・「草履取」「薬篭」「御医者（乗物）」仲間 2・長刀・「薬籠」・「御医者」手替・「中押医者（乗物）」仲間 2・「薬籠」＋「大押医者（乗物）」仲間 2・「長刀」「薬籠」「大押医者」・「薬籠」+「御手木」「御荷物」人足 3・「御手木小頭」「御荷物」人足 3

四井芦雪により描かれた「大名行列図」（以下、美大本）は絵巻の淡彩本（二三×二四四二センチ）で大正元年（一九一二）九月に作成されたことが巻末に記載されている。また、「前田公参勤帰国図」（以下、県博本）も絵巻の彩色本（三〇・四×三一一三センチ）で、大正四年七月に作成されたことが巻末に記されている。この両絵巻の構成とともに、これらにより比定できる屏風に描かれた人物と道具・武具類の名称もあわせて表2に記し、またこれにはその位置がわかるように番号を概略図に記し、この図を屏風写真の下に付した。

両本は荷物を担ぐ裸人足らを描くが屏風はこれをカットし、実質の行列のみ描写している。その描く人数も紙面の制約の為に減らしている。美大本はこの荷物運びの人足らを先頭に描いてから、行列を案内する町役人そして町付足軽を描くが、県博本は人足らは最後に、町役人らも中程に描き、町付足軽を冒頭に描写する。この後ろからは、県博本は参勤交代の最初の行列となる提灯行列を描くが、美大本は描かずに行列の各所に提灯持ちを配置している。行列帳に提灯行列は出ないが、これは提灯が行列内の各所に配置されているためである。

この後から続く御先三品は美大本は鉄砲、弓、長柄の部隊となり行列帳に対応するが、後に描かれた博物館本は長柄・鉄砲・弓と直し、屏風がこれに対応する。なぜ下絵の博物館本より長柄を初めに選んだかは不明であるが、いずれにしろ御先三品の順序の正確な描写よりも、先頭に長柄部隊がきたほうが絵画として好ましいとの判断によるものである。

藩主の位置した本隊は、両下書本はほぼ同内容の描写となっている。異なるのは若干にすぎない。美大本は騎馬の藩主の後方にいる小姓らの後ろの持槍と御杖・茶坊主を欠いているだけであるが、歴博本は諸士草履取りを欠くのと御乗物の位置が大きく後ろにずれているにすぎない。殿の行列は美大本が描かなかった大押の後ろにつく医者を歴博本が数多く描く点が異なっている。

2　屛　風

(1)　帯刀および服装、道具・武具類

屛風に描かれる御供の武家ら人物はパターン化して描かれているのがこの屛風の欠点といえる。しかし、大型の絵画となるため、冊子に比べ明瞭に描かれているので行列を理解するにはこのパターン化した描写も参考になるところが多い。

屛風と下絵の描く行列の人物は、屛風には注記がないが、下絵にはあるので、これに描かれた足軽・若党などを整理すると図2-1～3のようになる。中間・小者については、注記がないものの、道具・武具類を運ぶ彼らの姿も当然に多数描かれるので、道具・武具類をみればわかる。

帯刀についてみると、中間・小人は脇差のみであるが、足軽以上は両刀差で描かれている。長柄を担う長柄小者も両刀を帯びている。屛風の他の荷や道具・武具を担う、また馬の口取りを行う仲間・小者をみると、ほぼ一刀にて描かれているものの長柄奉行や鉄砲奉行・弓奉行の供の槍持、さらに藩主の槍持、長刀持、供槍ほかの槍持の小者がみな両刀にて描かれている。なお、乗物の駕籠かきの小者はみな無刀にて描写されるが、これはその働きの関係であろう。これに対して、冊子では槍持ちはみな一刀のみにて描かれ、長持などの一部には裸姿の人足を描いている点も屛風と異なるが、後期のものであれば冊子のように裸の人足が交じるのが普通であり、この点で屛風の描写が違うのである。

加賀藩では足軽や中間・小者は脇差のみとされている。中間・小者は公式の場合には脇差をつけるというが、[8]参勤交代の際はさらに大刀も帯びていたように描かれている。これは前田家の武威を示すために、そのハレの姿として特にとられた措置となるのであろう。足軽は一刀のみで、通常袴は着さないというが、[9]『金沢市史』は両刀を差すのもあることを記す。[10]これは長柄小人らと同じ理由であろうか。

次に服装であるが、供人の服装は布羽織、股引、脚絆、甲掛、草鞋、笠を着したとされ、ただ羽織は仲間・足軽は紺色の布羽織で、中小将は絹羽織であったとも指摘されている(11)。屏風は下書きの絵巻にならって、この羽織・脚絆・草鞋・笠については明瞭に描いている。

服装で目立つのは笠であるが、屏風とその下絵は藩主も含めて全員が笠を着して描く。これは冊子でも同様に描かれている。着衣については、屏風その下絵の仲間・小者は皆黒色の着物を着している。ただ前記のように彼らの羽織が紺ということであれば、この黒は濃紺なのかもしれない。屏風と下絵ではやはり長柄の小者に羽織を描いておらず、鉄砲・弓の足軽など黒色の羽織を各所に描いている。屏風と下絵では藩主やその側近を始め諸士の羽織は青色に描かれている。また、御茶弁当を持つ御小人は屏風と下絵は長い上着を着用しているが、これは薄い茶色に描かれている。なお、下絵の博物館本には藩主を警護する小姓の後ろに位置して御笠を持っている小者の着物だけが白地に青の花をデザインしたものとなっていて特別である。この理由については残念ながら不明である。

（2）道具・武具類

道具・武具類は図2-1～3に示している。これについては、当時残されたものや職人らへの聞き取りで間違って描くことはないと考える。ただ、後年の記録「昔の十二ヶ月」は加賀藩の挟箱は黒塗りの御紋のない箱で蓋の上の皮覆に金御紋を一つ付けていることを記すので(12)、金紋が直接に箱に描かれたものではなかったことに注意はすべきである。

屏風と下絵の描く道具類はみな仕立ての良さそうな黒漆の道具ばかりでなく、赤塗りの物も多い。これらは特別な紋様などを施さず、梅鉢の家紋などを描いたにすぎない。しかし、まず黒塗り外の赤色は特別な色であり、藩主用の道具類に施される。そして、この紋が金色彩色であるところに、特別な意味があった。文政一三年版『掌中武家覧要』（加越能文庫蔵）という武鑑の「諸家格供立之事」によると、描かれている爪折立傘や長刀などとともにこれは特

図 2-1　「大名行列図」より（「大名行列図巻物」金沢美術工芸大学蔵）

図 2-2　「大名行列図」より

図 2-3　「大名行列図」より

別の大名に許されていた。引き連れる馬の掛布もこの金色の紋が描かれ、しかもこの場合は地の色が多彩なので、馬の飾りとして映え、行列を引き立たせている。なお、後に記すように殿の中押を務める若年寄、大押の年寄の御使馬も彼らの紋所を金色で描いている。

鎗は家臣も持つが、これは通常のようにお供に携えさせる一本にすぎない。藩主用など対の鎗となると格式の高い家であり、特別な大名しか許されなかったことは指摘されているところである(13)。屏風には各所に対の鎗が配置されている。

なお、道具・武具類でも藩主前の挟箱の御先箱から長刀までの対の鎗に加え飾りの傘なども含むこれらの道具・武具類は、藩主の存在を示すものでもあり、特に重要なので屏風のこの部分を図3に示しておきたい。

（3）　行列先頭と御先三品

こうした人物や道具・武具描写により描かれる屏風の行列であるが、これには注の記載がないので、下絵を参考にして、表2にその行列を整理している。

屏風では行列の先頭に箒と塵取りを持った掃除人二名がまず描かれている。この掃除人は冊子には描かれていないが、冊子では村役人の前に笠を持たず、代わりに杖を持った男、杖払い役が一名描かれている。屏風の両名はこの行列の長持ほか荷物持ちの者と同じ黒の上着を着しているが、彼

図3　「大名行列図」より

らと異なり尻端折りで描かれ、また彼らが同行の武家とともに皆笠を着していているのに、掃除人はその後ろに続く町村役人とともに笠をかぶっていない。このため町村役人とともにこの大名行列に途中から加わった者となる。この掃除人は行列が往来する道筋を初めて掃き清めるためにいるのではなく、すでに掃除の終わった道筋を行列が通行する前に落ちた塵などを取り除くために配置された者であろう。

この掃除人と少しの間を置いて羽織姿とこれに上下を着した計八名の者が描かれるが、彼らは皆脇差を着し、笠もかぶっていないが金沢の町役人である。上下を着した二名は彼らの上位にある町年寄と町肝煎であった。先の冊子では杖払いの後ろに「村役領案内人」つまり村役人の案内人二名を描いていたが、彼らは笠を持つもののかぶってはいない。その後ろに描かれた「組才許十村」は笠をかぶるが、その供とみられる脇差を差す、小柄の人物を描く。

屏風では案内をする町役人から若干間を空けて、笠を着した行列の一行が描かれるが、その先頭は丈を持った杖払い役の金沢町奉行配下の町附足軽が十名描かれている。彼らだけが下半分をたくし上げたとみられる袴を何故か着しているが、その理由はわからない。町附足軽は行列が金沢に入ったためにその案内として加わっている。

屏風ではこの町附足軽から少し空間を空けて、押足軽に引き連れられて十人の提灯持ちの中間らが続く。冊子はこの提灯行列については詳しく描くのであるが、下絵とともに屏風は簡略に提灯を肩にかける中間を描くだけである。屏風や冊子が行列先頭に提灯持ちを配置するのは、帰国行列でも領内での行列で、しかも村役人や町役人により案内されて往来する行列のためであろう。各所に配置されていた提灯持ちがこの時には先頭に集められることになる。

御先三品の各大組頭・奉行は屏風ではいずれも騎馬をし、供の者らを描くが、冊子では異風頭は騎馬をするものの、射手頭・鳥毛頭ともに乗物にて、槍持ちや玉薬箱・矢箱など荷持ちの家臣・中間を召し連れている。当然に乗物利用よりも騎馬の方が絵が栄えるし、行列を立てた様子を描くなら騎馬を描写することになる。

屏風は長柄小頭の後ろから道具・武具や供を描くことになるが、騎馬の長柄奉行の前に両掛けの具足入れ、彼の家臣の若党を、後ろに持槍と馬糧篭・担挟箱・合羽掛を描いている。これは家臣の同奉行自身が抱えるその家臣の供となる。鉄砲の筒大組頭にはさらに前に対の鎗の先道具・持筒、後ろに長柄傘、弓大組頭は前に先道具、後ろに長柄傘が加わっている。これに前者は弾薬となる玉薬を入れる両掛の箱を、後者は弓矢箱を当然に加えて描いている。また、長柄の「鳥毛頭」に続いて冊子が描く「御金長持」と「水桶」は前記のように省いている。なお、冊子では「鳥毛御用頭」と記載して乗物を描いており、乗物以外はほぼ屏風に対応しているものの簡略となっていた。

（4）　行列本隊

行列の本隊となるのは当然に藩主が位置した集団となる。屏風はこの本隊の名称を記さないが、冊子では「御前御供行列」と記載している。

屏風ではこの御前御供行列の始めとなる押の後に黒馬・白馬の二頭の馬が引かれている。冊子ではこの引馬の「鼻」（花・端カ）馬は描かれていないが、行列帳には記載されるものであり、冊子が省略しているにすぎない。なお、下絵でも後年作成の博物館本は白馬と黒馬を描いていたが、屏風もこれに従っている。これは特別な藩主用の馬であることを示すためとみられる。

花馬の後ろからは四挺の御持筒と二挺の御持弓とこれらの玉薬箱と矢箱、そして二棹の黒の長持と赤色の具足長持が続く。これらは皆、直接の藩主用のものである。

この部分は行列帳と若干異なるところもあるが、挟箱の御先箱の後から直接に騎馬の藩主の間はほぼ行列帳とも対応する。冊子は対道具・中道具の注記を欠くがともに描かれており、この部分は長柄傘や筒を欠く以外は対応する。この藩主の前の部分は、藩主の存在を誇示するような道具・武具類で、前掲図3の御先箱・対道具・台傘・立傘・刀筒・長刀である。御先箱は挟箱のことであるが、鑓の対道具、中道具などは遠くからみても、前田家のものとわかる鞘の形や材質となっていた。大名を紹介する武鑑にはこれらが記載されていて、流布していたこれらの武鑑を見ている武家や町人らは前田家の道具・武具であることを知ることができるようになっていた。なお、下絵の美大本は朱色に立傘・台傘を描いたが、屏風は博物館本で直した黒色にしている。

右の長刀に続いて藩主の直接の警護を担う家臣の行列となる。屏風では六組御歩・同小頭・御先角、そして騎上の藩主となるが、冊子では行列帳のように乗物を描いていた。屏風としては前記のように行列を立てた際の藩主のハレの姿を描くために、乗物よりも直接藩主を描ける騎馬姿を選択し、また乗馬する馬も、下絵と異なって特に白馬を描いている。

藩主後ろの警護の小姓らに続き持鎗・御笠・火縄・刀筒、そして後箱に続き、簑箱・笠箱を描く。笠箱を持つ小者は前記のように他の中間・小者と着物が異なっていた。冊子では持槍と屏風にはない長柄、そして御跡箱に御近習御供槍を描き、この後ろに「茶瓶」や屏風に描かない坊主衆を描く。茶瓶は行列帳では茶瓶ではなく、御茶弁当として記載されているが、屏風はこの御茶弁当は他と色違いの羽織を着る小者を描いていた。

屏風は茶弁当の後ろに乗物と御使馬、諸士供槍を描くが、冊子の場合は御近習頭と御乗馬一頭へと続く。行列帳には諸士供槍についての記載はない。そして、嘉永の行列帳は、本隊と殿の部隊の間に「此所壱丁斗間ヲ置」くと記載する。殿は本隊から一町という相当の間隔が置かれているわけである。

屛風では供槍の後ろを少し開けて御使馬二匹を描く。ここからが殿の部隊となる。下絵と異なりこれも白馬と灰色ぎみの白馬にしたこの馬の後ろに描かれているのが沓籠・押足軽、そして横目の具足から騎馬する横目へと続く。冊子では御使馬二疋の後ろに、御典薬衆と御典薬の駕籠が続き、御てこ衆と七手御供の行列となって持槍・鉄砲二丁・弓一張・長刀、さらに騎馬の武家が描かれ、その後ろに押の武家が描かれて終わっている。行列帳は安政以外は横目・番頭・年寄など重臣らの記載のみ、安政の場合も横目・番（御書）頭・行列奉行・若年寄・年寄・御歩横目・道中奉行のみの記載である。いずれもお供の家臣らの構成についてはふれていない。この点、屛風は詳しく描いている。

屛風は騎馬の横目に続き、いずれも騎馬の中押、そして大押が中心となって殿集団の主を構成している。安政の行列帳によればこの中押が若年寄、大押が年寄に当たることになる。

中押・大押の騎馬する馬も下絵と違って白馬として描かれており、年寄・若年寄の加賀藩重臣らの威容を示すように描写されている。そして、屛風は多数引き連れた彼らのお供についても詳しく描くが、行列奉行・道中奉行についでは取り上げていないことになる。屛風は大押の部隊の後、殿行列の最後に行列帳のように医者を描いて描写を終えている。

行列帳にみるように横目は大小将横目から、中押が若年寄、大押が年寄より選任されるので、横目と若年寄・年寄の引き連れる家臣らには違いがみられることになる。すなわち、横目と異なって、中押・大押は鉄砲・弓・長刀、鎗の対道具・長柄笠・乗物なども引き連れるが、大押はこの他に鎗の中道具や用人なども伴っていた。

四　冊子から屏風の行列作画へ

本章では、いわゆる大名行列発見期とされる時期に金沢で作成された利家の入城行列図ではなく、それが見直しされ成立した屏風の描く行列図を、その下絵となった絵巻とともに読解するために、江戸期の入国に際しての行列を描く信頼度の高い絵画資料と、屏風の絵師らが参照しやすい幕末の帰国、入国行列帳をもとに検討してみた。

屏風の描く行列は、江戸期に出迎えの金沢町役人の案内で金沢へ入る藩主の行列を描いたものとなっていたが、冊子の絵画資料「安政三年斉泰公江戸より御帰国行列附」と異なって、歴史家のように正確に行列を再現して描くことを作成目的にしていたわけではなかったために対応しないところがやはりかなりみられる。

屏風を作成する場合にもっとも参考となるのが文献資料では行列帳で、しかも後期・幕末期のものとみられるが、享保以降には行列の構成に大きな変化はなく、屏風が行列帳に必ずしもすべて従っていたわけではなかったことを確認した。また、右の冊子を見る限り、実際の行列では現地やその場に対応して、行列の構成に部分的変更は行われたと考えられる。しかしながら、利家の入城行列図の見直しがされた屏風の描く構成や参加する人、また道具・武具類については、やはりそれと異なった変更が行われた。

これまで知られているように御先三品の順番が、屏風では行列帳と異なる順序で描かれていた。屏風の場合は長柄をまっ先に描く点で不正確といえるが、足軽の両刀描写など単に正確に考証して描くことにこだわっていたわけではない。さらに藩主の乗馬する馬や随行する殿の重臣らの馬も下絵と意図的に違えて白馬にし、これに加えて藩主用の引馬の花馬も白馬と黒馬を描いているなど、平時での前田家加賀藩の武威を一段と示せるように描き直していたのである。この屏風図成立がまさに日中戦争期であれば、その影響を受けるのは自然であるが、このような近代における大名行列の絵画作成自体の問題については論じ始められている点でもあり、またこの屛風自体については直接の作成記録などの検討がさらに必要である。そして、今回は直接の検討対象としなかった江戸期作成の大名行列図自体の作成目的などの問題も今後は当然に考えなければならない。

なお、藩主の位置する本隊の行列についてはこの屛風の描写は比較的正確であった。とはいえ右のような点からすれば、一般的に近世の代表的な大名行列図として使用されているこの屛風を加賀藩の大名行列の資料として使用する場合に、実態と対応するものとして扱うことは当然に慎重でなければならない。しかし、屛風の紙面に行列全体を適切に収め、また美麗で人物・道具・武具など明瞭に描いたこの資料は、やはり加賀藩の大名行列を一般的に紹介する目的で使用することや、前記の作画目的に関する点から利用するのは問題がない。ただし、それでも注記できるならば、厳密に正確にその行列を描いているわけではないことは触れなければならない。もっとも、江戸期の参勤交代など大名行列の実態を示すものとして使用するのに、行列帳に対応する部分など適切なその部分を利用するならば、該当部分の写真を使用するのは妥当である。

(1) 浜岡伸也「『加賀藩大名行列図』の研究」『石川県立博物館紀要』一九号、二〇〇七年。
(2) 大門哲「巌如春と史壇会」石川県立博物館編刊・図録『風俗画伯巌如春』二〇〇三年。
(3) 霞会館・公家と武家文化調査会編『参勤交代行列絵図』霞会館、二〇〇〇年。
(4) 久留島浩「近代に思い起こされた大名行列」、木下直之「回顧される行列」久留島監修『企画展示　行列にみる近世』国立歴史民俗博物館、二〇一二年。
(5) 金沢市立玉川図書館近世史料館大鋸文庫・加越能文庫蔵。
(6) 忠田敏男『参勤交代道中記』平凡社、一九九三年、八六―九三頁、九九頁、一〇六頁。
(7) 幕末でも慶応二年「筑前守様御道中御行列帳」(加越能文庫)の行列では、軍事的に意味をなさない弓の部隊に代わって鉄砲の部隊が連続して続くことになった。

（8）注（6）と同じ。

（9）注（6）と同じ。

（10）『金沢市史』通史編2、二八二頁。

（11）注（6）と同じ。

（12）金沢市立玉川図書館「藩政文書を読む会」編『昔の十二ヶ月』能登印刷出版部、一九九九年。

（13）注（6）と同じ。

2　描かれた「武士の行列」

久留島　浩

はじめに

近世の武士の行列というと、多くの人が思い浮かべるのは、参勤交代をする大名たちの行列であろう。それは、「下に下に」と先払いをしながら、沿道の人びとが下座あるいは蹲踞するなかを行列が粛々と進んでいく、といったイメージなのではあるまいか。図1（『徳川盛世録』）は、参勤交代の行列そのものではなく、江戸城内紅葉山の日光東照宮に予参のために向かう紀州徳川家の行列であるが、行列の様子とそれを沿道で迎える人びとの様子などがそのイメージに近いと思われる。現在では、テレビ時代劇の人気がなくなり、一部の映画を除くと大がかりな時代劇がつくられなくなっているせいかもしれないが、とくにテレビで大仰な大名行列を目にする機会はほとんどなくなった。

一方、かつての城下町や宿場町では、いまなお、「大名行列」をイベントとして再現しているところも多く、自治体の首長が殿様に扮する行列を目にする機会も少なくない。「古式ゆかしい」武者行列や、「あでやかな」姫行列のようなものも含めると、そもそもイベントなので当たり前のことかもしれないが、こうした行列は実に楽しく陽気である。なかには、奴に扮した人が、鎗などを振ったり投げ渡したりする「奴振り」といわれるパフォーマンスをしている場

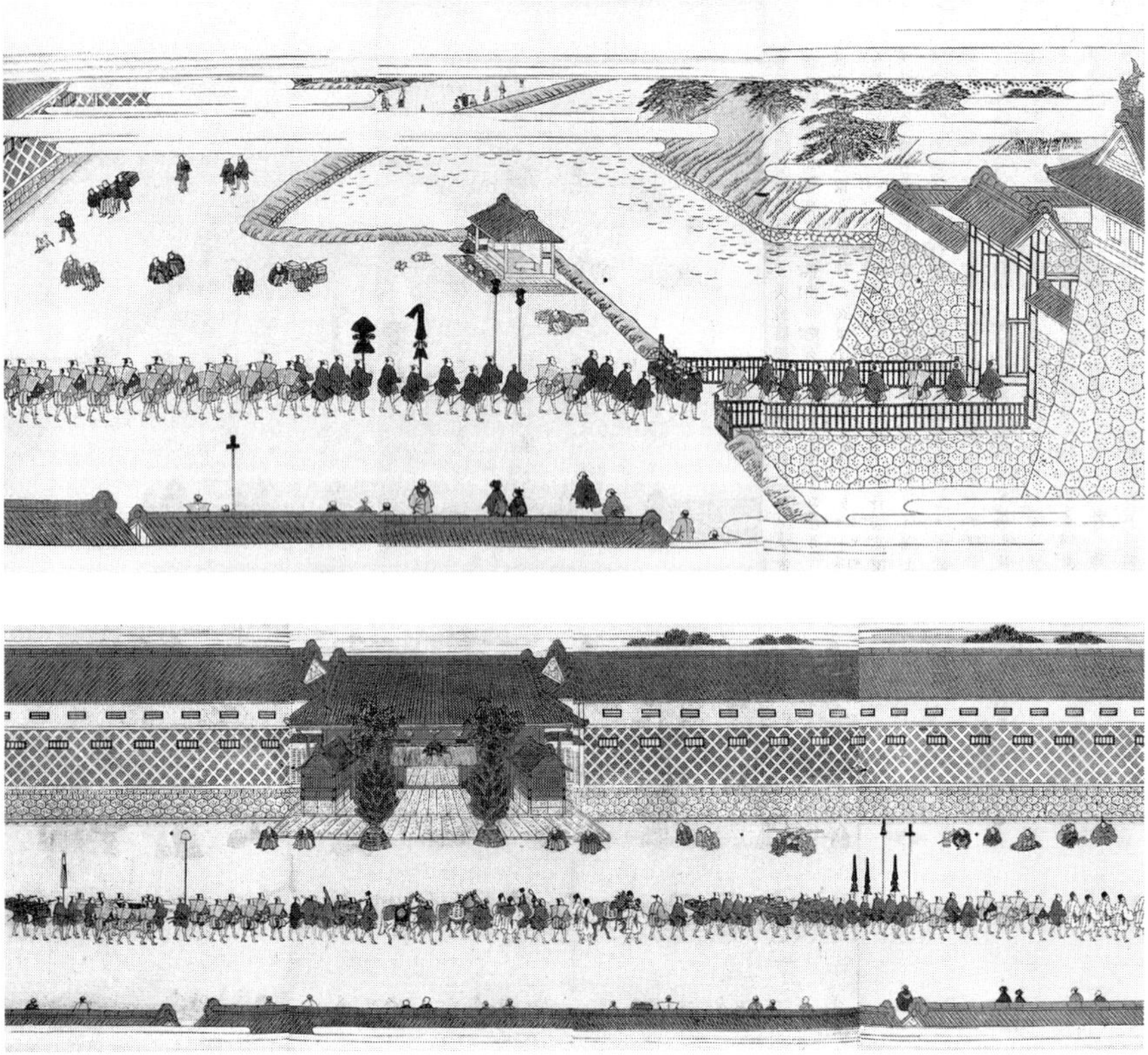

合もある（図2、岡山県矢掛の大名行列）。城下町・宿場町に限らず、祭礼行列も含めて、この「奴振り」に注目した福持昌之によれば、現在では江戸時代の行列を模した多くのイベントの行列がこの「奴振り」というパフォーマンスを伴っているという（福持 二〇〇八）。ここには「粛々」といった雰囲気はみじんもない。しかし、福持をはじめとしてすでに多くの論者によって指摘されているように、江戸時代においても、大名行列が進むときに、こうした「奴振り」というパフォーマンスが行われるという場面があったのである（図3）。

　武士たちの行列が粛々と威儀を正して進むときには、政治と軍事を独占した武士たちの示威的な行進という意味をはっきりと示そうとしていたはずで、とくに将軍の上洛や日光社参、あるいは下総小金原への鹿狩りの行列などは、多くの武士たちを従え

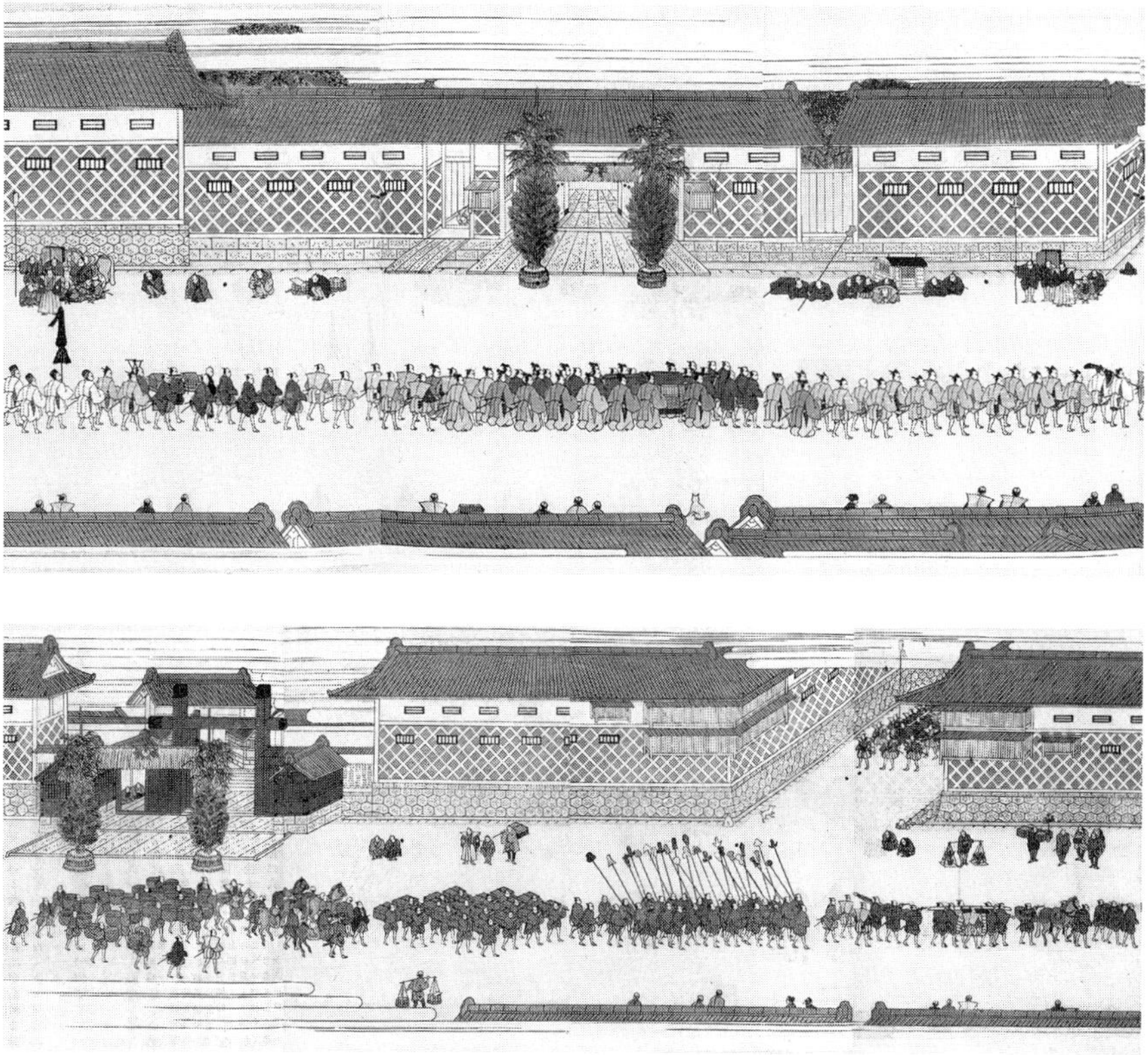

図１　『徳川盛世録』（国立歴史民俗博物館蔵）

図２　岡山県矢掛の大名行列

図3　「水戸中納言斉昭卿初御入部行列之図」（土浦市立博物館蔵）

た大行列を構成し、将軍の権威を広く知らしめるというものだった。また、規模こそは将軍の行列には及びもしないが、基本的な構成が相似している武士たちの行列が定期的に将軍の住む江戸城を目指したことで、その行列が威儀を正せば正すほど、その目指す先、江戸城内の将軍のご威光がいかばかりのものかを象徴的に示すことになったのである〔渡辺 一九九七、岩淵 二〇一二〕。これに対し、しばしば江戸あるいは江戸藩邸に入るとき、自らの城下町を発着するときなどに、さきに紹介した「奴振り」はまるで「見世物」のように行われ、祭礼的な要素さえ有していた。もちろん、江戸時代では、「見世物」とはいえ、見る側には一定の「作法」が求められたのではあるが、少なくともすでに江戸時代に存在していたこのギャップについてどのように考えればよいのだろうか。

実は、この点については、近世を「行列の時代」だとうまく言い当てた黒田日出男とロナルド・トビによってすでに重要な指摘がなされている〔黒田・トビ 一九九四〕。黒田によれば、「近世の〈行列〉は、軍隊の行軍としての大名行列と祭りの行列を両極として、近世政治文化史の特質を表現して」おり、「大名行列でさえ、祭りの行列の異装（位相）にとりこまれた」という。そして、「朝鮮通信使などの外交行列も、祭りの行列と同一視された」ことから、「日本近世の行列の特質（本質）は〈祭り〉の行列にこそ、鮮明に現れてくる」とした。その意味では、祭礼行列にこそ近世の行列の持つ特質が集約されるというのである。

ここでは、この黒田の興味深い指摘に学びながら、描かれた行列、とりわけ描かれた武士たちの行列に注目することで、近世の武士たちの行列がどのように描かれたのかについて検討したい。もちろん、そこに描かれたものの持つ意味について評価する際には、その絵が何のために、あるいは誰のために描かれたものであるのかについての検討が不可欠であることは改めて言うまでもない。また、絵師の間での粉本をもとにした共通理解が存在するので、それが必ずしも事実をそのまま反映していないことも常識に属することであろう。さらに、描かれた武士たちについても、とくに彼ら自身が注文主である場合などには、ある種の誇張（理想化や荘厳化）が施され、事実との関係については検証が必要となろう。また、明治二〇年以降になって描かれた武士の様態も、「懐古」という視線で描かれるため、やはり理想化した姿であることは疑いない。しかし、それでも、絵を描く側と絵を見る側、そして描かれた武士たちも含めて、ある了解事項が成立しているのではないかと考えている。その了解事項を拾い集め、描かれた武士たちの行列画像をいくつか読み解くことで、当時の武士たちにとって、行列を組むことがどのような意味をもっていたのかについて考えてみたい。同時に、「奴振り」などのパフォーマンスをする武士の行列と祭礼行列との関係についても検討したい。

一　表象される武士の行列——見える行列・見せる行列

1　鑓を立てる

まず、いくつかの画像から、描かれた近世後期の武士の行列をみておこう。図4は、一八〇九年（文化六）に津山藩のお抱え絵師であった鍬形蕙斎（北尾政美）によって描かれた「江戸一目図屏風」で、江戸を俯瞰的に描いたものとしてよく知られたものである。お抱え絵師とはいえ、江戸浜町の畳屋に生まれた彼は、藩主に従って津山へ行ったのは一度きりであり、むしろ江戸にいて江戸の名所と職人や庶民の生活を活き活きと描いたことで知られる。この絵は、もっとも詳細な肉筆の名所絵であるが〔井田 二〇一二〕、子細に見ると、いたるところに武士たちの行列が描かれている。江戸城に登城あるいは下城するところ、内桜田門前の下馬先の広場でお供たちが主人を待つ場面などが描

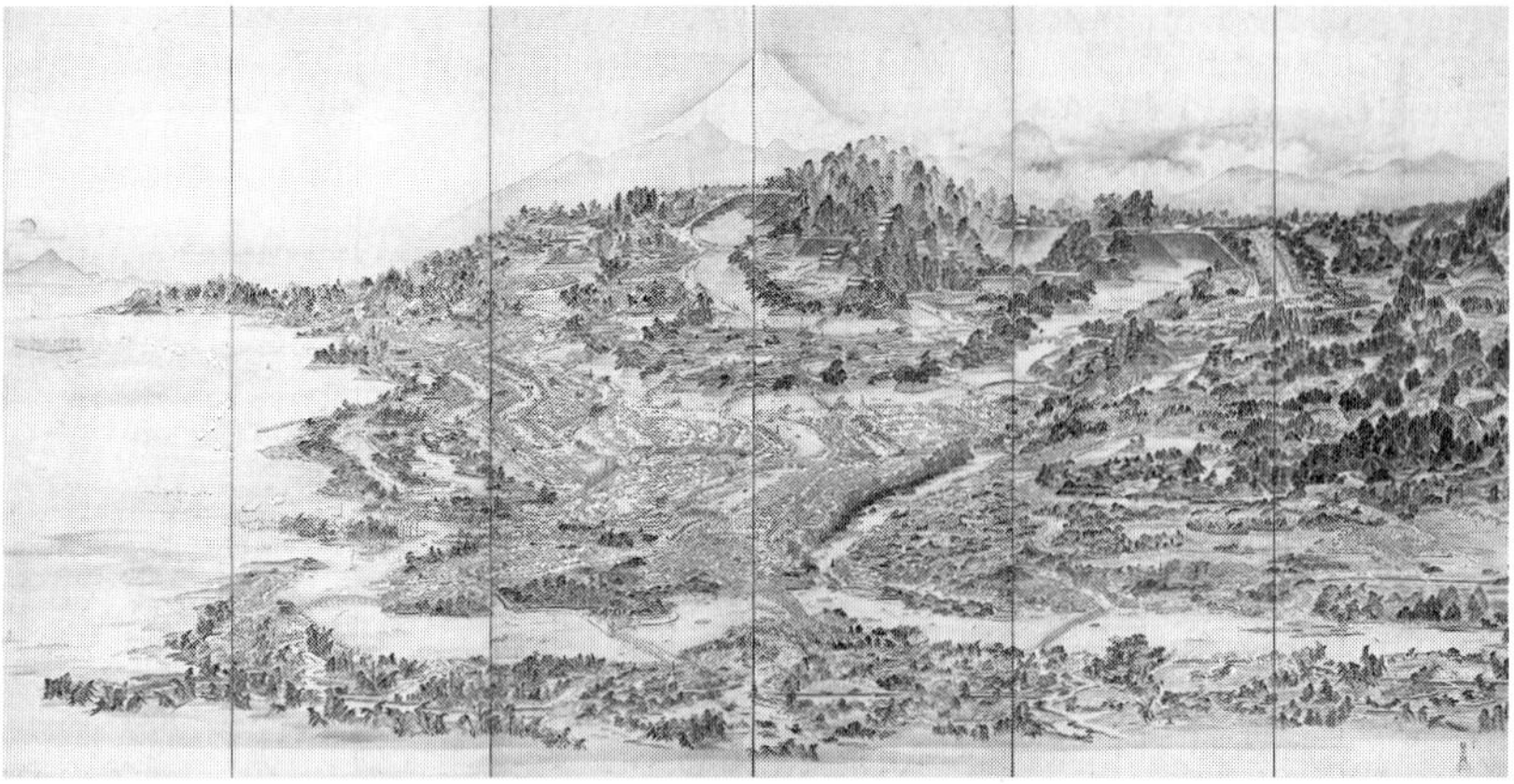

図 4　「江戸一目図屏風」(津山郷土博物館蔵)

図 4-1　内桜田門前
(「江戸一目図屏風」より)

図 4-2　行列のすれ違い
(「江戸一目図屏風」より)

かれているが（図4-1、口絵3）、興味深いのは東海道の尾張町あたりの木戸ですれ違う二つの行列である。このあと、どちらかの行列が道を譲るのではないかと考えられるが、大久保純一は参勤交代で国元へ帰る行列と江戸へ入る行列がすれ違う点に、江戸の中の東海道という表象を読み取っている（［大久保 二〇一二］、図4-2）。いずれも先箱を先頭に特徴のある毛鎗などを立てて通行しており、この鎗を立てて通行するところが（傘を持つことが認められている場合は傘も立てる）、絵師にとっても、この絵を見る者にとっても、江戸における武士たちの行列の特徴だと考えられていることを示す。「東都繁昌図巻」（図5）でも日本橋の上と高札場から出てくる二つの行列を描き、広重も東海道の起点である「日本橋」から国元へ朝立ちをする大名行列を描く（図7）が、いずれも毛鎗を立て先箱を先頭に通行する。また、「両岸一覧」（図6、鶴岡盧水画）のように、隅田川西岸を武士の行列が通るところを遠景として描く際、立った鎗だけで武士たちの行列であることを示す場合もある。

このような描き方は、実は枚挙にいとまがない。というのも、供に鎗を立てさせて通行するというのが、武士たる者のあるべき姿であり、したがって、絵師たちはそのように描くことで「武士の行列」を表象したのであった。実際は、鎗を立てることに武士の行列の特徴があるのではなく、後述するように、その供連れ全体でその武士の役職や家の格式などを表現していたのだが、ここではまず「鎗を立てる」ことに注目してみよう。大名行列そのものについてのわかりやすくまとまった研究成果である、根岸茂夫『大名行列を解剖する』でも以下のように的確に指摘されている。根岸によれば、「世界に稀な平和な世を達成しながら」も、軍事政権としての「武威を誇ること」によって「支配者としての正統性を保っていた」近世の武家たちにとって、「登城や出仕・外出には出陣に準じた姿で供を連れ、ことに鎗を立てるのが徒士以上の武家としての表象であり、鎗を立て馬上で若党や手廻りを率いるのが一人前の武家の外出姿であった」（［根岸 二〇〇九、二三頁］）。日常的な登城・出仕と儀礼的な機会での登城・出仕とでは様相が異なるし、それぞれ役を負った者として幕府や藩を代表して外出するときとでは行列の規模なども異なる。そこにはある基

図 5　「東都繁昌図巻」（千葉市美術館蔵）

図 6　「両岸一覧」（大倉集古館蔵）

図7　「東海道五拾三次之内　日本橋　行列振出」
（国立歴史民俗博物館蔵）

本のかたちが、軍役の規定に準じて決められた供連れの内容であることが前提にあり、「道具」と言えばまず鎗を指すようになっていくように、「鎗を立てる」ことが一人前の武家の標識だったのである。

2　描かれる武士の行列

では、この点は、いつ頃の画像から確認できるのか。これについてもすでに根岸が本音を述懐しているのだが、画像資料からこの行列そのものの構成について解釈することは難しい〔根岸 二〇〇九〕。平時の武家の行列を描くようになるもので多くの読者を想定したものとしては、たとえば、天和年間のものとされる菱川師宣の「大名行列」（組物、シカゴ美術館蔵）や「私可多咄」（図8）をあげることができるが、ここでは鎗を立てる奴の姿が描かれる。同時に、「四供」（侍・鎗持ち・草履取り・挟箱持ち）が描かれている。根岸が使っている元禄期の『大和耕作絵抄』もほぼこの延長線上にあり、遅くとも一七世紀後半には、こうした構図で描けばよいという、武家の行列に関する共通の認識が生まれていたことが想定される。

この観点で、初期の都市図屏風を観察すると、たとえば寛永期に作成されたものと推定されている「江戸図屏風」にも、江戸城を中心にたくさんの武家の行列が描かれていることがわかる。三代将軍家光の「御代始め」を祝して描かれたと思われる箇所が散見されるので、この時期に始まった参勤交代を象徴するような、江戸城へ向かう武士の行列が描かれること自体は当然だと言える。たとえば、図9-1のように、どこの大名かはわからないが、先箱、鎗の順番で仕立てた行列（この屏風では家光の行列以外ではもっとも規模が大きい）が描かれており、このこの形式がほぼ継承されることを考えると、江戸城に登城する整った大名行列としてはもっとも早い画像ということになる。また、図9-2のような、馬に乗った主人を囲んで、鎗持ち・挟箱持ちと、草履取りかどうかの確認はできないが若衆らしき者、馬の口取り、家来の侍などのユニットからなる行列はたくさん描かれている。描き方に微妙な差異はあるものの、基本的には同じ構図であり、すでに江戸城へ登城・出仕（あるいは下城）する「一人前の武家」の描き方ができあがっていたことを想像させる〔根岸 二〇〇九〕。さらに、この屏風で興味深いのは、浅草や吉原あたりへ行く武家たちは、この構図では描かれないことである。私的な、しかも「悪所」と呼ばれるところへの外出だからなのか、笠などで顔を隠し、供も描かれない。当然鎗は見えない。

図8 「私可多咄」

風俗画や都市図のなかでどのように描かれるのかなど、詳細な画像の検討は今後の課題として残さざるをえないが、少なくとも「洛中洛外図屏風」のうち、とくに第一定型のなかでも、もっとも古い「歴博甲本」では、鎗はあるがこのような挟箱持ちとセットになった集団は描かれてはいない。主君と挟箱持ち・鎗持ち・草履取りと家来の侍という集団は近世になってからのものであることを示す根拠となる可能性はある。また、鎗を担ぐ（長刀と手鎗、あるいは長刀だけを担ぐ）供を連れた武家の行列をいくつか見いだすことはできるが（図10-1・2）[1]、近世のように、わざわざ意識して鎗を「立て」ているようには見えない。もっとも、

図 9-1 「江戸図屛風」(国立歴史民俗博物館蔵)

図 9-2 「江戸図屛風」(国立歴史民俗博物館蔵)

図 9(参考) 「江戸図屛風」(国立歴史民俗博物館蔵)

図 10-1　「洛中洛外図屏風」（歴博甲本，国立歴史民俗博物館蔵）

図 10-2　「洛中洛外図屏風」（歴博甲本，国立歴史民俗博物館蔵）

鎗・長刀だけでなく、傘や弓、主君の太刀も目立つように持つので、こうしたものが行列を見せるときには必要な要素であったことは想定できる[2]。また、一六世紀前半に作成されたものと考えられている「月次祭礼図屏風模本」でも、たとえば、右隻第二扇蛸薬師前の一団などのように、馬上の主人に弓取り、鎗持ち、長刀持ちが従うように描かれる。「上杉本」に描かれる行列では、幕府に向かう行列（上杉謙信の行列だという説もあるが）は、駕籠を中心としており、長刀はあるが鎗を立てているようには見えない。逆に反対側から来る行列は、最後尾に鎗を立てている。このあとの「洛中洛外図屏風」のなかの行列は、和子の入内の行列や二条城への後水尾天皇の行幸、朝鮮通信使の行列など、行列そのものの分析という点で興味深いものが多いうえ、武士の行列の「描き方」の変化を考えるうえでも重要だと考えるが、紙幅の関係から後考を待ちたい。

むしろ、ここでは、都市図、なかんずく都市風俗図で多くの人間を描くときに、鎗だけを見せるという描き方をするだけで、そこに武士の行列が存在していることを示すという了解事項が存在していることに注目しておこう。絵師たちもその絵を見る者たちも、都市の平和と繁栄を多くの人々の日常の姿で描くとき、鎗を立てた一団を描けば正式な武士身分の者たちを描いたことになったのである(3)。

3　鎗を立てるということ

では、このように、鎗や傘などを立ててやってきた行列は、目的地ではどのようにするのか。紙幅の許す限りではあるが検討しておこう。旅先や出張先で、たしかにそこにいることを象徴するのは、図11のように、鎗を立てて並べているところである。長崎諏訪神社祭礼（長崎くんち）を監督・総覧する立場にいる長崎奉行は、神輿の還御後、新しくなった神に神事能を奉納するところに同席することになっていた。しかも、ちょうどこの祭礼に合わせるかのように二人の長崎奉行が交代のために揃い、二人並んで能を見物するところである。二人の奉行が臨席すること、それ故に秩序だった祭礼のフィナーレを飾る場面では、二人の供が携えてきた飾り鎗が二〇本、二人分きれいに並んでいる。鎗を立て並べることで「武威」を示すことについては、「追鳥狩絵図屏風」（図12）でも同様である。この屏風は、外国船の接近・到来に危機感をもった水戸藩主徳川斉昭が、天保一一年（一八四〇）に千束原で実施した、軍事演習としての狩猟の様子を描かせたものである。ここでは、大砲など新たな軍備による新しい「武威」が強調されているが、それでも幟や旗とともに毛鎗

図11　2人の長崎奉行による神事能奉納の見物
（「長崎諏訪神社祭礼図屏風」，国立歴史民俗博物館蔵）

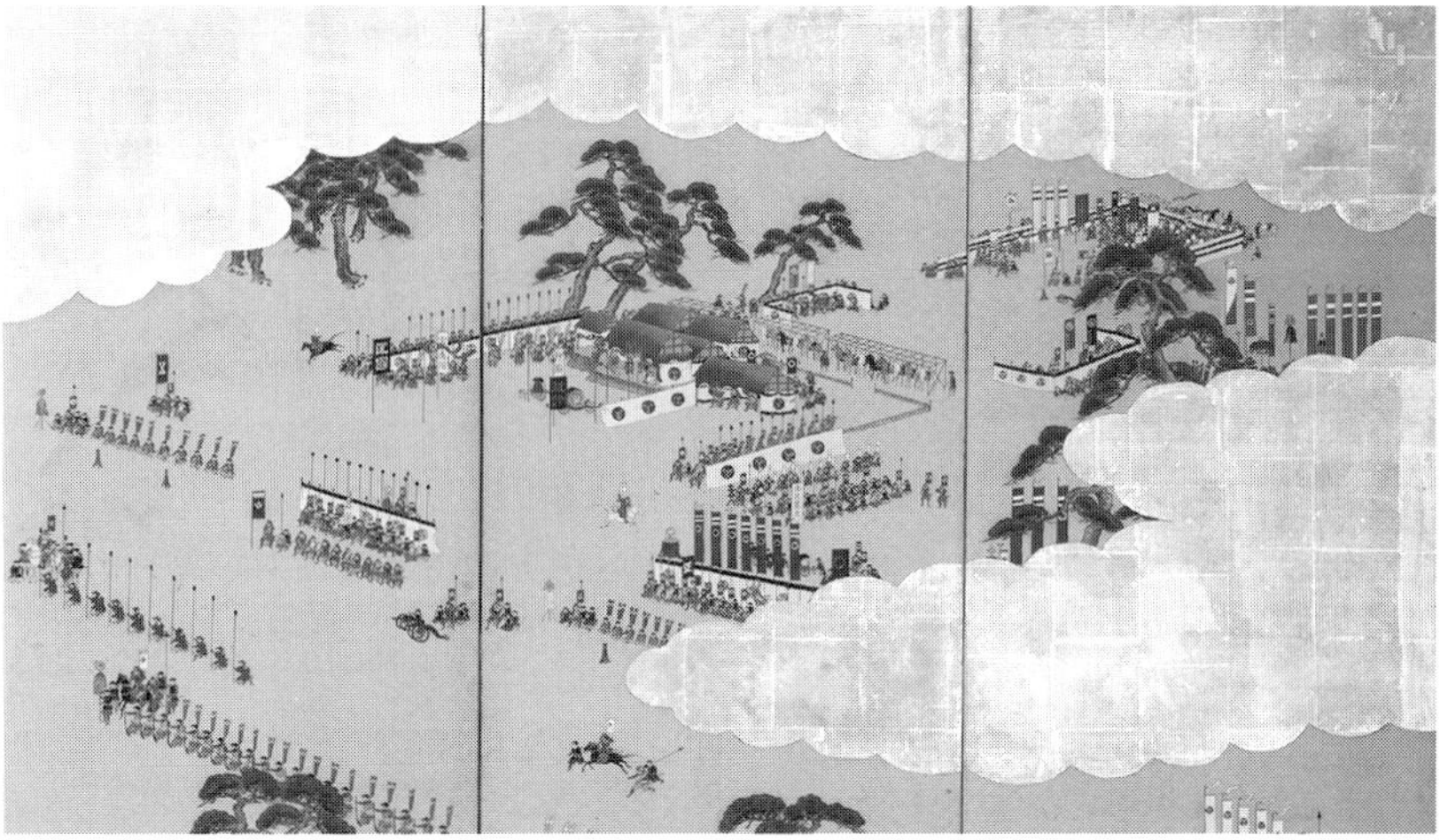

図12　「追鳥狩絵図屏風」（個人蔵／茨城県立歴史館寄託）

を立て並べることで、そこに斉昭の本陣があることを明示しているのである。武士が供を整えて行進する姿は「立った鎗」で表現し、たしかにその一行がそこに在駐していることを示すのは「鎗を立てて並べている」場面で表象するのであるといえよう。

ところで、こうした武士の姿が鎗と結びつけられているという通念は、武士身分が解体されるまではあったはずで、ここでは一つの事例をあげよう。文字で記録されたものでしかないが、長州戦争のとき、奇兵隊と戦いこれに負けてしまった幕府側の武士の言い分である（浜田藩士）。「敵方ニテハ賤キ戦、一同黒装束ニテ、ミニエールヲ持、アチコチニ五人六人ト隠レ居リ打出、勢ヲ揃候テ戦候義ハ無之、賊徒同様之振舞致候趣、鎗持更ニ無之、旗馬等モ無之、具足着用不致由、麻畑或ハ藪之中へ隠レ居候テ之戦争ニ有之候」と書き留めており、自分たち正規の武士たちは戦時であっても鎗を立てるなど身分に応じた行装をとるのに、奇兵隊はそもそも鎗持ちもおらず、旗印をつけた馬もない状態で奇襲を行うなどその戦術は泥棒まがいであるとなじるわけである。接近戦で鎗を揃えることには一定の効果があったにせよ、奇兵隊がとる散兵戦をまったく理解できておらず、実際の接近戦の前にはその肝心の鎗持ちが逃亡するという事態だった。この事例を紹介した三宅紹宣によれば、「封建身分制軍隊は、戦士と従者が一単位を構成することを原則としているが、いざ戦闘という時には、鎗持ちが逃亡してしまい、戦術以前の大きな欠陥を持っていた」〔三宅 二〇一三、一八二頁〕としている。武士身分を自覚する者たちにとっては、旗馬・具足と並んで鎗持ちが武士の軍隊の要素だったのであり、ここではとりあえず鎗持ちを従えることに固執する武士たちの自意識に注目しておきたい。

4　外国人がみた武士の行列

長崎のオランダ出島商館員のなかには、江戸参府旅行の往来の途中で見たことを記録した者がいる。たとえば、一七世紀の商館付の医師ケンペルは、紀州藩主の行列に遭遇したときの感想を「押し合い圧し合いし合っていたが、粛々と静かに行進していた」〔ヴァポリス 二〇一〇〕と記している。このような行列が粛々と通行する様子は、一九世紀の商館員フィッセルによっても記録されており、彼は、長崎奉行が「公式の牧狩」に赴くときの行列を「荘厳な祭り」と評し、「できる限り静粛を守るよう気を配り、そうすることによって、行進も最大限の秩序を保ちながら過ぎていった」という〔フィッセル 一九七八（1883）〕。このように行列そのものは、荘厳に粛々と行進していたようだが、同時に町中を通行するときにパフォーマンスも行っていることがヴァポリスによって紹介されている。それによれば、「槍持や乗物担ぎの人足らが、尻端折りして褌一張り尻までも丸出しにして平気なのは、おかしな格好であるし、さらに滑稽なのは、行列が人家の立ち並ぶ町中を通る時とか他藩の行列と行き交う場合……笠持・傘持・槍持・箱持などが、道化た踊り足で歩調をとって進む格好である。彼らは歩を運ぶたびに、踵が尾骶骨に届くほど高く膝を折り曲げ、同時に片手を前へ突き出し、さながら空中を泳ぐような格好をし、歩調をとる毎に二―三回、飾り槍・笠・傘をあちらこちらに振り動かす。挟箱持ちも同じように調子を合わせる。乗物を担いでいる人夫は、両そでに紐を通してたくし上げ、両腕を丸出しにし、乗物を肩だけで担いだり、頭よりも高く上げた片手で持ち上げ、もう一方の手を横に伸ばし、歩調を縮め、膝を硬直させて、乗物を担ぎ外さぬよう、滑稽な仕種で緊張を装う」という。こうした、「空中を泳ぐような」所作は、歌舞伎の「六方」と酷似しており（福持 二〇〇八）、城下町や主な宿駅の入り口や関所を通行するときなど、「行列を立てた」ときに同時に演じられたものであった。

こののちも、外国との緊張関係が高まり、実際の役には立たなかったにせよ鎧甲を櫃のなかから出した幕末の武士たちは、少なくとも精一杯の「武威」を示そうと（軍事動員なので当たり前ではあるが）こうした鎗を立て、傘・挟み箱

図 13　「ペリー上陸図」（ハイネ画，国立歴史民俗博物館蔵）

図 14　「江戸登城」（ベルク画，東京大学史料編纂所蔵）

図 15　「首里那覇港図屛風」（沖縄県立博物館・美術館蔵）

を持たせた行列で描かれる。幕末に来日した外国人の絵師ハイネも、この特徴を見逃してはいない。ペリー一行が、上陸して交渉の場へ向かうときに、軍楽隊を伴い、体格のよい者で銃隊を編成して、いわば示威行進をしたが〔木下 二〇一二〕、その上陸を迎える武士たちの姿は、図13のように、鎗を立てて迎える姿で描かれる。ハイネとともに、幕末にプロイセンのオイレンブルク使節団に同行した画家のベルクも、江戸城前で登城する行列を描いているが、やはりその特徴を的確に捉えている（図14）。トロイの遺跡の発掘で知られるシュリーマンは、一八六七年（慶応三）、将軍家茂が上洛するときの行列を見物しており、その「行列を立てて」通行するさまを印象深く記している〔シュリーマン 一九九八（1869）〕。

少し観点は異なるが、「首里那覇港図屛風」など首里城と那覇港を描いたものでは、首里城へ登城する薩摩の在番奉行の一行が鎗を立てた行列で描かれ（図15）、「琉球貿易図屛風」では、清から朝貢船が戻る様子なのか、ハーリー船競争なのかは不明だが、それを薩摩の武士一行が「迎恩亭」で鎗を立てて見物する様子が描かれている（図16）。琉球の士族がこのような鎗などの武器を携行しないこととの対比であるにせよ、少なくとも日本のしかるべき武士は鎗を持つ者として描かれているということになる。

二　行列を「立てる」ということ

1　加賀藩と佐賀藩の行列から

図 16　「琉球貿易図屛風」（滋賀大学経済学部附属史料館蔵）

ここでは参勤交代の制度史的な検討はできないが、大名のなかではもっとも規模の大きな行列を仕立てたことで知られる加賀藩について見ておこう〔忠田　一九九三〕。

第一に注目すべきは、「行列を建（立）てる」時や場所が決まっていることである。金沢城を発駕するときは、藩主は馬上のまま、金沢の町端の総門（「松門」）まで、さらに森下あたりまで行列を立てている。また、江戸に入るときには、板橋の下屋敷で旅装束を改めてから本郷の上屋敷に入る。当然行列を立てている。道中の城下や宿場でも、わざわざ「行列を建て」、装束・道具を整え（鎗を立て）、歩調をゆっくり揃えて通行するところと、「建てない」でそのまま通行するところとがあった。この「行列建申宿々」を通るとき、あるいは宿泊・昼休みをとる宿では、「下にい」という「警蹕の声と共に、乱していた隊列を整え、笠は被り直し、足並みを揃え、騎馬の定位置にいる士は騎乗し、肩にかけていた鎗を立て」ている〔忠田　一九九三〕。しかも、宿泊・休憩する宿場では、関札の立つ宿の入り口（枡形）から行列を立て、休憩しないところでは、本町から立てることになっていた（「御参勤御帰国御行列方留帳」、忠田前掲書）。なお、この行列を立てる時、すなわち、「御発駕の刻・御昼休・御中休・城下（糸魚川・高田・上田・小諸・安中・高崎）・御関所（境・市振・関川・碓氷）・行列を建てる宿々・御着の刻・御前御馬上の刻」に馬に乗ることになっていた。

第二に注目すべきは、初入国のときは、さらに荘厳になったことである。六代吉徳が初入国（一七四一年）したときには、国境（信濃と上野）の碓氷峠の坂本宿まで、「お迎え人」が出張し、一部は江戸まで来ている。行列の側でも、城下から一里半も離れた森下というところから「行列を建てて入城」している。お供の総勢は三五〇〇人だったという。当日と翌日は「盆正月」といって城下をあげての祝祭となった。

第三に注目すべきは、行列は大きく、藩主を護衛する本隊（「行列の内」と呼ぶ）とそれ以外の「行列の外」に分かれていたことについてである（詳しくは〔深井 二〇一二〕および本書深井論文）。「行列の内」には、殿《しんがり》を務めた（「殿を押す」）供家老の一団に象徴されるような、騎馬の家臣を中心とする一団がところどころに配置され、いざとなったときにはそれぞれが戦闘部隊に編成できるようにはなっていたが、実際にはたとえば、「一、騎馬にて御供の面々、若党並びに鎗一筋、挟箱一、沓籠一荷、馬の際に持たせ、その外は惣供の所へ下げ申すべく候」（「御長柄奉行勤方覚」、〔忠田 一九九三〕）とあるから、「行列の内」は、馬上の家臣と若党・鎗持ち・挟箱持ち・沓籠持ちで構成される。家臣が召し連れる従者は「前々の通り若党弐人或は三人四人五人限り召連れ申すべく候。その外は鎗壱筋・挟箱壱荷・草履取・合羽持・提灯持召連れ申すべく候」（「御道中奉行等触留」、〔忠田 一九九三〕）とあり、数名の若党と、鎗一筋・挟箱一荷・草履取りに旅行用として合羽持ち・提灯持ちが付随することになっていた。それ以外の家臣の従者は、「物供」へまわされるので、基本的には、家臣の一団は、先に見たような「四供」あるいはそれに準じた構成になっていることがわかる。

第四に注目すべきは、加賀藩主の行列を特徴づけた「お先三品」という先頭集団についてである。鉄砲・弓・鎗という「三品」からなり、当番と非番に分かれていた。非番は、本隊の先頭（「お先牽馬三匹」）の四キロ前、当番は二キロ前を行くが、ともに「行列の内」ではないので沿道の人びとは蹲踞する必要はないとされたが、それでも当番は、城下・関所では長柄を立てて通ることになっていた（非番は担いで通ることを許された）。厳密には、行列を立てるところでは、この当番の「お先三品」から殿の供家老までが、行列を整えたことになる。

このような「立てた」大名行列のうち、とくに佐賀藩主の夜の行列についてみておこう。『幕末百話』（篠田一九九六、ただし底本は一九二九）では、「昼と違いまして、またなかなか立派な美事なものでござんした。御大名の行列といえば、金紋づくし先箱に、二本道具一対と来た日には、実に大したもんで、ソレに三百人内外の御供が添いましょう。ソレで静かさといったらシンとしたもので、唯響きますのは、馬の轡の音のみでございます」とあり、「夜商い」をしていたこの話者を含め拝見（見物）する者が少ないなかでは、「奴振り」などはせず粛々と通っていたのである。しかし、拝見する者がほとんどいないからといって手を抜いていたわけではないようで、彼の印象に残っている、この佐賀の鍋島氏の夜の行列も「夢のような」静かさで「品のよいもの」だった。「御定紋の抱茗荷」が入った箱提灯を「九尺置に御小人が掲げて、片側二十七、八、両側で五十上という綺羅星のような行列が人の丈を揃えたものか、一分一厘も上り下りがありません。二十七、八を一本の棒へ串《くしざ》したかと疑われたくらいなんです」、「その行儀のよさ、シトシトと御通りになるのに咳一つしやしません」という。駕籠脇を固める武士たちの刀はみな黒蠟で揃えており、「小じわのついたものは一つもなく」、衣服も「裾は高端折りに福草履」で統一していた。観る者が少ないところでも、少なくとも江戸城から上屋敷に戻るときの行列はこのような整然としたものであった可能性は高い。

2　供連れの規模で差異化される武士の行列

この「行列」を組んだ武士のありようは、「四供」と言われるような、主人である武士本人のほかに、「家来（人）」である侍と挟箱持ち・鎗持ち・草履取りの四人の供がいることが前提となっている。これが近世の武士が平時に、公的に行動するときの最低のユニットであり、「行列」に値するのは一応このユニットからではないかと考えられる。

では、武士にとって「行列を立てる」とはいかなる意味をもったのだろうか。この点について、幕府に仕える武士としての自身の出世を行列で描かせた川路聖謨の「一代明細書」から考えてみたい。寛政期以降に進む新たな官僚登用策は、幕末期にかけて新しい幕府官僚たちを生み出すことになり、その一人が川路聖謨（一八〇一―一八六八）である。川路聖謨は、実父が豊後日田代官所の手代・江戸城西の丸の「御徒」という、いわば最下級の武士（周縁的武士身分）に属する家の出身である。養子先の川路家も六代続いてはいるが下級の御家人であった。彼も川路家を相続すると、まず小普請組からスタートするが、学問・武芸の研鑽に努めるとともに、早朝から小普請組上司やこれといった役職の家に日参（これを「登城前」と呼ぶ）するなど厳しい就職活動を行い、一八一七年（文化一四）に勘定所の「筆算吟味」に合格すると勘定所の下役に職を得る。その後、一八二三年（文政六）には将軍家斉へのお目見えを許されて旗本の身分を獲得し、評定所留役、勘定吟味役、佐渡奉行、奈良奉行、大坂町奉行、勘定奉行などと順調に出世する。海防掛にも任じられ、一八五三年（嘉永六）、一八五四年（安政元）には、ロシアのプチャーチンとの交渉を行い、日露和親条約の締結に尽力したが、井伊直弼が大老になると左遷され、いったんは隠居する。一八六三年（文久三）、一時は外国奉行に任じられるが、中風を患って隠居し、一八六七年（慶応三）三月一五日、江戸城が官軍の手に渡る予定日の翌朝、自由にならない手で「古へ武士の式例」どおりに切腹したのち、ピストルで自殺した。「譜代衆」であり「忠義豪烈」であるとする三河武士の事績を学び、鎗・剣・馬・鉄砲・水練などの「武士の芸」（武芸）を鍛錬しつつ「武士道をみがくための」朱子学を学ぶこと、質素倹約をしつつ武器を整えること、などが彼の考える「武士道」だった。このように、努力して旗本となり、官僚として出世したわけであり、自ら獲得した旗本という「武士」身分とその後の出世の様子を「一代明細書」にまとめ、その出世のありさまを挿絵としても描かせたのである（「川路聖謨一代明細書」）。

この明細書から第一に注目すべきは、はじめてお目見えが許され、寺社奉行吟味物御調役に就任して登城するときの様子である（図17-1）。川路と武士の格好をした（大小を指した）家来、挟箱持ち・鎗持ち・草履取りの四人が供をする。お目見えが許される旗本になり、相応の役職が与えられたことで、はじめて「四供」が描かれるわけである。職を求めて行動するときには一人であって供は描かれない（図17-2）。一八一八年（文政元）三月八日、評定所書物方当分出役に命じられ、「当分出役」という臨時の役職ではあれ、職にありついて登城するときには中間を一人連れている。よく見ると、一人で鎗を抱え、荷物（後には挟み箱になる）を背負う。絵では判然としないが草履は手に持っているのではなかろうか。次に、一応正規の職（御勘定として評定所留役を務める）に就くと、今度は二刀を携えた家来に荷物を持たせ、小者に鎗と草履を持たせている（図17-3）。とにかく、正式に出仕するときには、鎗が必要であるが、出勤の時の「四供」はお目見えになってからということだったのではないかと思われる。こののちも、「出世」を象徴するのは、まず職場に出かけるときの正式な供連れの内容・人数である。行列の規模で幕臣として出世していく様子が表現されていることになる。彼は武術の鍛錬も怠らず、文武両方に秀でた武士として、いわば自分の実力で出世したはずなのに、武士としての出世が儀式の時の服装や座席だけでなく、「立てる」ことのできる行列の規模や構成によって表現されるものだと考えていたことを示す。

第二に指摘したいのは、日常的に役所に出勤するときと、幕府から派遣された役人として任地に赴くときとでは行列の規模、人数が異なるということである。実は、江戸での役所への出勤は図17-3のような供連れしか認められていないが、ひとたび幕府の役人として境争論の検分のために任地へ赴いた時には、図17-4のような行列を仕立てることができたということである。こののち佐渡奉行として任地へ赴くときと、奈良奉行に任じられ夫婦で奈良へ向かうときとでは、奉行の格の違いで後者の供連れが増えること（出世すると供連れが増えること）とがやはり描き分けられるとともに、このように他国へ公務で出張するときと江戸市中を出勤するときとでは供の立て方が異なる。（図

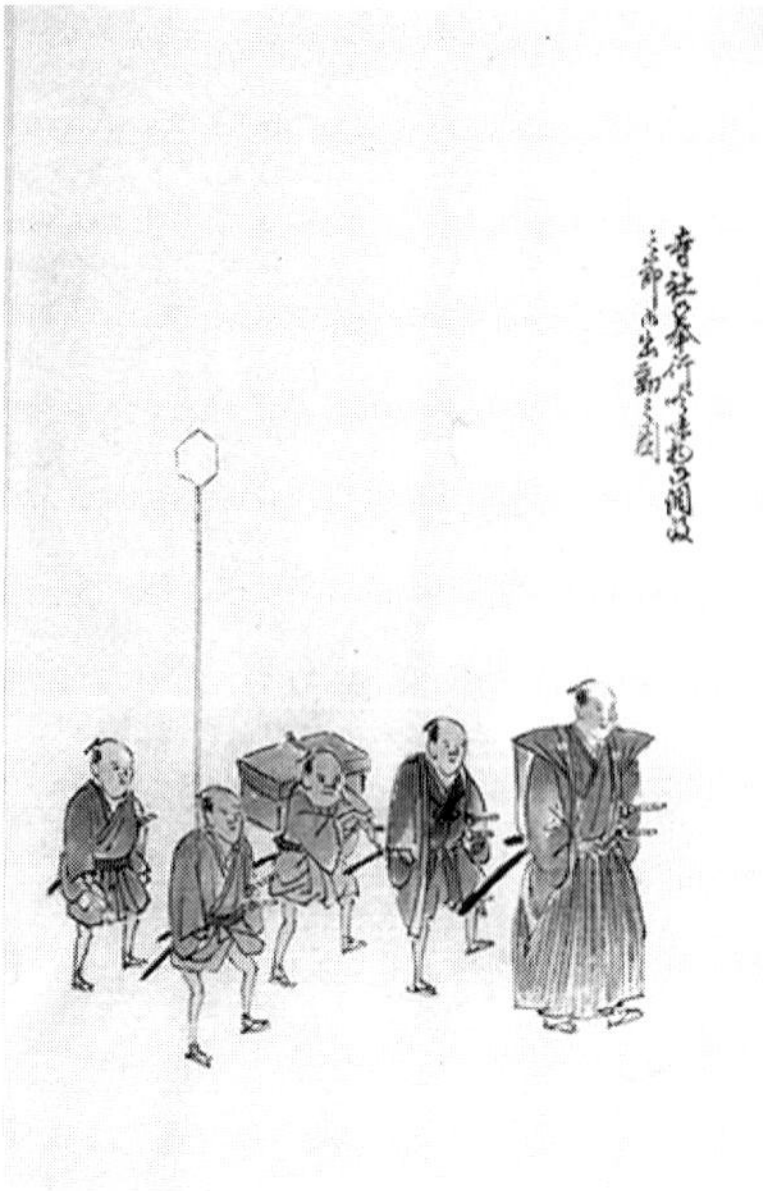

図 17-1　寺社奉行吟味物御調役就任
(「川路聖謨一代明細書」宮内庁書陵部蔵)

図 17-2　職を求めて
(「川路聖謨一代明細書」宮内庁書陵部蔵)

図 17-3　評定所留役就任
(「川路聖謨一代明細書」宮内庁書陵部蔵)

図 17-4　境争論の検分（「川路聖謨一代明細書」宮内庁書陵部蔵）

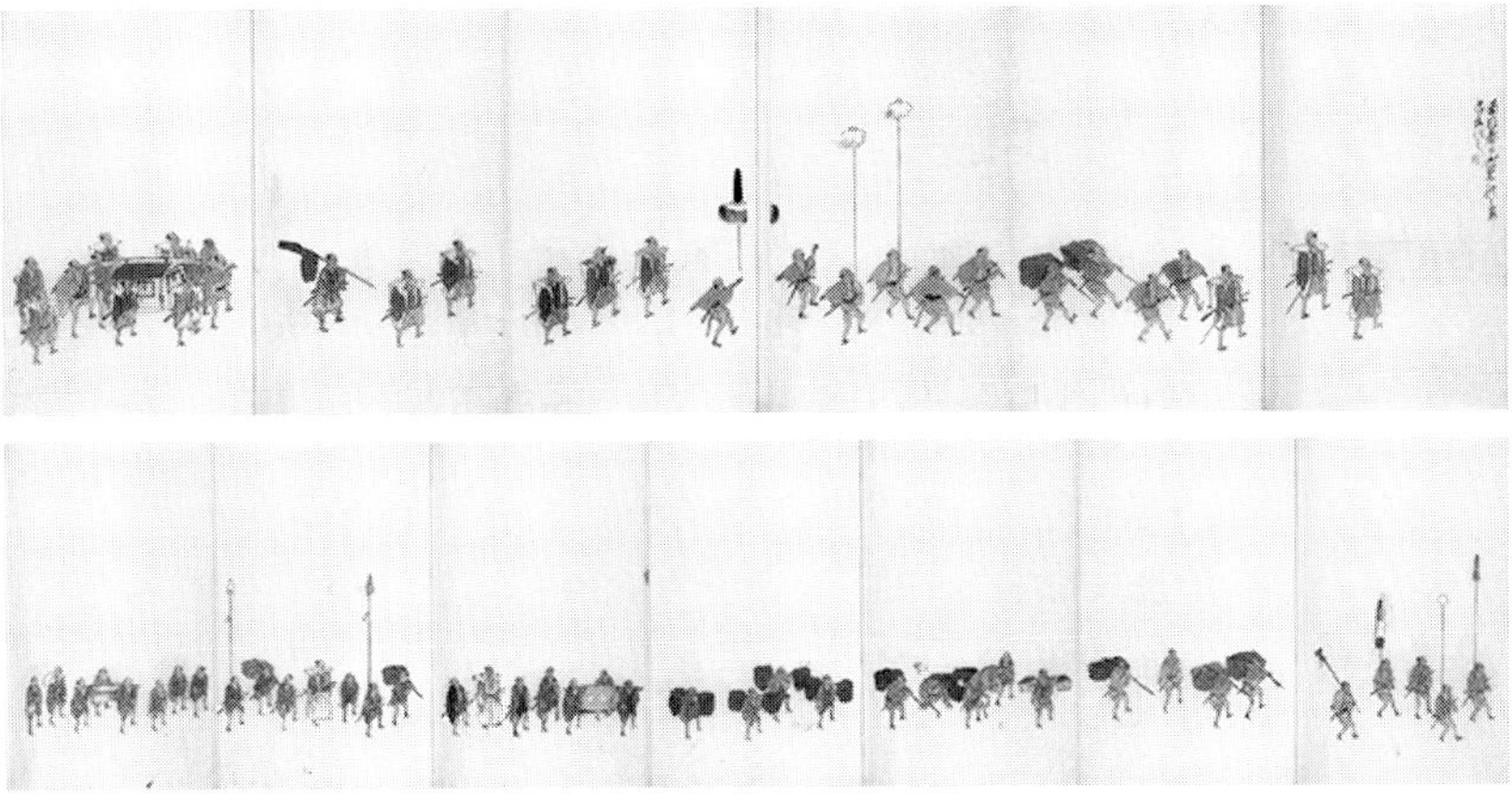

図 17-5　奈良奉行として春日神社祭礼に出仕（「川路聖謨一代明細書」宮内庁書陵部蔵）

17-5）今でいうところの「公務出張」となると、本来の行列の規模よりも大きくすることが認められており、明らかに威勢をはった行列になるということである。同時に最初に出仕したときの様子とくらべるとその栄達する様子が行列の規模で明示される。そして、それを一人眺めて悦に入っている川路聖謨の様子も想像することができそうである。

三　大名行列の祭礼化、もしくは祭礼行列との類似化

1　大名行列を見世物化する人びと――実際に鎗を投げ合う者たち

参勤交代で江戸に来ている諸大名は、毎月朔日・一五日・二八日（式日）には江戸城へ登城し、それぞれ江戸城内の決まった場（「間」）に詰めていなければならなかった。その登城行列は、それぞれの格式に応じて供の構成や人数、使える駕籠や道具などが決められていたので、そうした行列を立てて登城することは、江戸城内での控えの間や儀式のときの正装や座順とともに、大名をはじめ家臣たちにとっては、武士社会のなかでの自らの位置を誇示し確認する重要な機会でもあった。徳川の世がいかに平和で繁栄していたかを、その秩序が安定していたことに求める『徳川盛世録』では、この式日の大手門前の登城光景を描くが、どの行列も整然としており、門外で主人の下城を長時間待たざるをえなかった供の者たちも、それぞれ何か敷物の上にまるで正座をしているかのように描かれている（図1）。むろん、立ってけんかをしている者など一人もいない。ましてや見物人もまったくいない。

しかし、少なくとも一九世紀になってからの江戸城大手前の実際の様子はどうもこれとは異なるようである。「江戸城登城風景図屏風」を見てみよう。江戸城へ向かう大名たちはたしかに鎗を立て、整然と列をなして進んでくるように描かれるので、この点では先ほど検討した武士の行列の描き方はまもられていることになる。実際にもここでは

整然と威厳をもって通行することになっていた。しかし、よく見ると、まず広場は多くの見物人やそれが目当ての商売人であふれている。主人を待っている供たちの様子はとうていじっと座っているようには見えない〔岩淵　二〇一二〕。行列を構成した日雇いの武家奉公人たちのけんかなど逸脱した行動も見られ、実態は騒然とした雰囲気であったものと想像される。こうした江戸登城の光景を描いたものは他にも存在しており、多くの文学作品のなかでも猥雑な空間として描かれる。下馬先に集まったこうした見物人たちのなかには、地方から出訴などのために出てきた百姓などもふくまれ、江戸見物のルートの一つにもなっていた。自分の藩の殿様が江戸城に登る場面は、それが他の錚錚たる行列と並んで通行するがゆえに十分に拝見（見物）の対象になり得たのであった〔鈴木　二〇〇一、山本　二〇〇五〕。行列の側でも、その行列を荘厳化するために、江戸でそれなりの武家奉公人を揃えることになり、拝見（見物）する人が見守るなか、ある種の祭礼空間に似た雰囲気も生まれることになったのであろう。行列を荘厳化する鎗持ちなどの武家奉公人には背丈や見てくれの良い者を揃えたほか、武家奉公人たちの方でも、鎗を振ったりすることができるだけの技術や能力が必要になった。実際に、加賀藩では、参勤交代の日程が決まると、鎗を振る練習を始めたという〔忠田　一九九三〕。こうして、行列のなかに彼らの見せ場ができあがることになり、ひとたび行列が解かれ、主人を待つだけの下馬先では、酒を飲みばくちを打ち、けんかをすることにもなったのである。しかも、藩を越えた奉公人たちが入り交ってばくちを打つなど、その存在は江戸社会の武家奉公人存在として通底するところがあり、同時に彼らなしには江戸の大名行列は動かなかったともいえる〔吉田　一九九八、松本　一九九四〕。

2　祭礼空間との類似性

最後にいくつか祭礼に関する行列図像をとりあげよう。一八一二年（文化九）の土浦八幡八坂神社祭礼行列を描いた折本（図18-1）には、横町の出し物である仮装の「大名行列」が描かれている。大名には「米積大蔵太輔」と名も

図 18-1　横町の出しもの「米積大蔵太輔の行列」（「土浦御祭礼之図」土浦市立博物館蔵）

図 18-2　中町の出しもの「朝鮮通信使の行列」のなかの賄い唐人
（「土浦御祭礼之図」土浦市立博物館蔵）

図 18-3　水戸様御入国行列図の先頭（「水戸中納言斉昭初御入部行列之図」土浦市立博物館蔵）

図 18-4　後部の行列の乱れ（「水戸中納言斉昭初御入部行列之図」土浦市立博物館蔵）

付けられて、祭礼であるのに整然と行進する姿が描かれる。このとき、中町からは朝鮮通信使の仮装行列が出されており、祭礼の仮装行列らしく、馬に乗ったまま鶏を食べるまねをする「賄い唐人」を加えるなどパフォーマンスに富んでいるが、この大名行列も鎗を振るなど、整然としたなかでも見せ場はつくっている。ところが、実はこの折本の正式なタイトルは「水戸様御入国写」であり、水戸の徳川斉昭の初入国のときの行列を描いた行列図像が、折本の一方の側から、祭礼図が描かれた側にかけて描かれている。言わば裏表が二つの行列図像になっているのである。この斉昭の初入国の行列は実に盛大に描かれており、鎗を振りながら粛々と進んでいく。ところが、斉昭の駕籠の後ろを固める鎗の一団のあとから様相が異なる。人足の顔が赤く、飲酒していることがわかるようになっており、行列も乱れ始める。そして、殿の家老の一団は本隊から遅れて小走りになるだけでなく、最後のところでは馬が糞をまき散らしたり、荷崩れを起こしたりする場面も描かれるなど、とても粛々と初入国をする行列には見えない。片方は、城下町土浦の祭礼行列のなかに組み込まれた、仮装だが整然とした大名行列であり、片方はもっとも重要なはずの初入国の行列が後半乱れるさまを描く。この二つをわざわざ表裏に貼り付けた意図については今後の課題だが、大名行列が祭礼のなかに取り込まれるとともに、実際の行列を戯画化し始めており、見世物化しやすい鎗を振って練り歩く所作を中心に、こうすれば大名行列を構成できる程度の相対化も始まっていることになる。

今ひとつの図像は、すでに掲げた川路聖謨が奈良奉行として春日神社祭礼の見分に赴く場面である（図17-5）。奈良に赴任するときの行列を描いたものには、特別に鎗を振ったり道具を投げたりする場面はないが、ここでは奴たちによって傘が投げ渡されている。この春日神社祭礼（おん祭り）では、中世以来、大和国内の武士たちが神輿を供奉する役割りを果たしたが、近世でも国内に所領を持つ大名・旗本が家臣を派遣して、鎗のほか野太刀・長刀・小太刀などを持たせて供奉することになっていた。この大和国内の領主たちが出した供奉行列は、整然と歩くように描いたものから、鎗などがばらばらで、楽しげに歩くものまで、描き方に差がある。実際の祭礼供奉行列がどのようになっていたのかについては今後の課題とせざるを得ないが、少なくとも、川路聖謨の行列もこのときばかりは、パフォーマンスを行い、この祭礼に溶け込んでいることはたしかである。川路聖謨自身もそのように描かせたのであろう。

家光の上洛以来二百三十年余を経て再開された（させられた）将軍家茂の一八六三年（文久三）の上洛は、東海道を通る久しぶりの大行列であり、あらかじめ予告もされたので前評判になって、沿道に多くの拝見（見物）人を集めた。先に述べたシュリーマンも、この行列を見物しており、外国人が見物する姿もモティーフとして使われている。いくつかのシリーズ（「東海道名所風景」）も出され、一一九〇年（建久元）、平家を滅ぼしたあとで上洛する源頼朝の故事になぞらえているものや、光源氏のイメージを重ねた「偐紫田舎源氏」の主人公足利光氏に見立てたようなものが多く出された。一八六五年（慶応元）の上洛の前には、それを当て込んであらかじめ作成したシリーズものも出されたが、鎗を立て整然と行進する行列が描かれているものが多く見られる（口絵9）。絵師にとっても購入する側にとっても、このように描けば武威を誇る武士のなかの武士の行列だ、ということは理解できたはずだが、河鍋暁斎の「高輪牛ご屋」は少し様相が異なる（口絵10）。この「東海道名所風景」に寄せた彼の絵は何れも将軍の上洛そのものを戯画化しようという意図が見えるが、ここでは表向きは大人たちが下座して将軍の行列を見送っているのに対し、ふりちんのこどもたちが上から覗いているのである。このような行列は祭礼のときの行列と何一つ変わらない、すでに権威が失われつつあるものだということを庶民も知っていたということである。

（1）　たとえば、左隻第一扇の幕府（花の御所）の門前に二組の集団、第五扇の小川通りに馬乗を中心とする一団、右隻第一扇の室町通りを歩く主人・傘を差し掛ける従者・長刀持ち・鎗持ちの四人、などである。なお、長刀は僧侶の供も手にしており、弁慶など僧兵の得物としても知られる長刀が近世にはあるクラス以上の武士の行列、とくに駕籠に乗ることの出来る武士あるいは医師の駕籠の前か後ろに描かれることの持つ意味など、検討すべき課題は多い。また、戦闘に赴く場合には、旗・幟や長柄などを見せており、目立つように「立てる」のは、戦場での「作法」に属するのかもしれない。

（2）　こうした出で立ちは、それこそ本来的な戦闘集団としての基本的なユニットを構成しているわけであるが、一七世紀半ば過ぎ、戦争がなくなり、武士たちの行列が形式化する過程については、これまでの研究によれば、軍役が参勤交代や城門の警護・お手伝い普請などの課役に限定されるようになり、武士のありようとしては、番方から役方へと比重が移るようになるなかで、逆に、かつての戦闘者としての武士の表象が、鎗を立てた行列で示されるようになるのではないかととりあえず考えている。なお、祇園祭礼の行列では、山鉾を鎗・長刀・弓・刀などを持った一団が護衛する。「月次祭礼図屏風模本」（東京国立博物館）の藤森祭で神輿に供奉する武者行列は、馬乗の武者を中心に長刀・弓を持つ従者が従う。近世になってからの城下町祭礼で、神輿を供奉するために領主から派遣された武士たちも基本的には同様である。

（3）　こうした武者や武士の描き方が、「洛中洛外図」から始まるのか、「月次図」などの都市風俗図からの系譜を引くのか、などについての検討はここではとうてい不可能であるが、都市の現実の「平和」と繁栄を強く意識し始めた近世期以降の、武士たちが集住する城下町を描いた都市図では共通する描き方となるはずである。たとえば、近世前期のものと想定されている「大坂市街図屏風」（京都・林家蔵）では、馬に乗った武士が供侍のほか長刀を担いだ中間らしき者と挟箱持ちを従えて城へ急ぐ姿が描かれるほか、天満橋上では、長刀持ちと太刀持ちを従えた武士が通る姿が描かれる。「金沢城下図屏風」（石川県立歴史博物館蔵）でも犀川大橋を渡る武士の一団は、徒歩の主人を先頭に、供侍（若党）・鎗持ち・挟箱持ち・太刀持ち（草履取りは不明）で描かれるほか、馬に乗った主人と供侍（若党）、鎗持ち・草履取り（か）・挟箱持ちと手代わりの小者五人が描かれる（左隻）。

参考文献

井田太郎『企画展示　都市を描く』国立歴史民俗博物館、二〇一二年

岩淵令治「江戸城登城風景をめぐる二つの表象」『別冊都市史研究　江戸とロンドン』山川出版社、二〇〇七年

岩淵令治「旧幕臣と武士道」小島道裕編『武士と騎士』思文閣出版、二〇一〇年

岩淵令治「江戸城警衛と都市」『日本史研究』五三八号、二〇一一年

岩淵令治「行列を読む2　江戸城登城風景図屏風」『企画展示　行列にみる近世――武士と異国と祭礼と』国立歴史民俗博物館、二〇一二年

大久保純一「行列を読む1　江戸一目図屏風」『企画展示　行列にみる近世――武士と異国と祭礼と』国立歴史民俗博物館、

二〇一二年
木下直之「行列を識る12　軍楽隊のいる行列」『企画展示　行列にみる近世――武士と異国と祭礼と』国立歴史民俗博物館、二〇一二年
黒田日出男、ロナルド・トビ編『行列と見世物』朝日新聞社、一九九四年
コンスタンチン・ヴァポリス（Constantine Vaporis）『日本人と参勤交代』柏書房、二〇一〇年
篠田鉱造『増補　幕末百話』岩波文庫、一九九六年
鈴木章生『江戸の名所と都市文化』吉川弘文館、二〇〇一年
忠田敏男『参勤交代道中記――加賀藩史料を読む』平凡社、一九九三年
根岸茂夫『大名行列を解剖する――江戸の人材派遣』吉川弘文館、二〇〇九年
根岸茂夫「大名行列はなぜ奴が鎗を投げるのか」『本郷』二〇〇九年
ハインリッヒ・シュリーマン（石井和子訳）『シュリーマン旅行記――清国・日本』講談社、一九九八年（*La chine et le Japan au temps présent*, 1869）
フィッセル（庄司三男・沼田次郎訳注）『日本風俗備考2』平凡社、一九七八年（*Bijdrage tot de Kennis van het Japansche Rijk*, 1833）
深井甚三「行列を読む3　加賀藩大名行列図屏風」『企画展示　行列にみる近世――武士と異国と祭礼と』国立歴史民俗博物館、二〇一二年
福持昌之編『岩滝の大祭礼――岩滝町大名行列の歴史と現況』京都府与謝郡岩滝町、二〇〇二年
福持昌之「祭りと葬式を行き交う身体」『国立歴史民俗博物館研究報告』第一四二集、二〇〇八年
松本良太「藩邸社会と都市下層社会――労働力供給の問題を中心に」『人民の歴史学』一二一号、一九九四年
三宅紹宣『幕長戦争』吉川弘文館、二〇一三年
吉田伸之『近世都市社会の身分構造』東京大学出版会、一九九八年
山本光正「江戸見物と東京観光」臨川書店、二〇〇五年
渡辺浩「「御威光」と象徴――徳川政治体制の一側面」『思想』七四〇、一九八六年（のち『東アジアの王権と思想』東京大学出版会、一九九七年に再録）

3 大名行列人形の軌跡

岩淵令治

はじめに

明治二九年（一八九六）一〇月二五日、『読売新聞』に以下のような催しの開催予告記事が掲載された（史料中の読点および〈 〉内は筆者による。以下同じ）。

「●昔大名行列人形の展覧
駒込団子坂なる旧松葉楼の別荘ハ、往昔徳川家斉公の御成りありし処なるが、曩《さきに》其半ばを譲り受たる三間某氏ハ今度御成りの座敷に修繕を加へ、其縁故に依て予《かね》て宮内省御用鎗師山田幾右衛門翁が三十年来辛苦を以て製造したる昔大名諸侯の行列五組の人形五百余を陳列し、来廿八日より向三十日間衆人の縦覧に供するよしなるが、其大名ハ第一長州侯（此行列長七間斗り）、第二鍋島侯、第三柳生侯、第四秋元侯、第五松平侯等《ら》にて、行列ハ金紋挟箱を初として其定紋より大名格式の諸道具、鎗、曳馬等一切又駕籠中の主人公、駕籠供武士より中間小者に至る迄、衣服大小（中身も抜けると云）等総て本式にして其面体迄も悉く異にし、一見恰《あたか》も其実物に接近するの想ひありと、人形ハ高さ総て七寸ばかり、此経費ハ仕入のみにて昔の金にて九百六十両を要し、山田翁が大切に保存しありしを持出たるもの、由なるが、近頃珍らしき展覧会なりといふ」

この「近頃珍らしき展覧会」は、同年一〇月二八日より三〇日間、菊見でにぎわう近世以来の郊外の逍遙地団子坂（現文京区千駄木）の御成座敷の伝承を持つ建物で開催された。「宮内省御用錦師山田幾右衛門翁」が三十年苦心して作成した一体七寸の精巧な大名行列人形五組（藩）分を公開するという、大がかりな興行であった。開催中は数度にわたり、朝日新聞・読売新聞の両紙に広告が掲載されている（図1）。

大名行列を人形にすること──「大名行列」が祭りの出し物に、戦国武将がフィギュアになり、〝サムライ〟のイメージが氾濫する現代においては、違和感はないかもしれない。

たしかに大名行列は、近世後期から雛人形や伏見人形の題材としてとりあげられてはいる[1]。しかし、それはあくまで〝見立て〟である。行列の当事者である武士は、配置図さえあれば、精巧な行列の人形は必要ない。兵学における陣立で兜や旗などの駒が作られることもあるが、道具の表現のみで事は済む[2]（図2）。一方、江戸時代の人びとにとって、大名行列自体は権力者の権威や序列を見せられるものであり、見物こそすれ、精巧な行列人形を手元におき、鑑賞することはなかったのである。

大名行列を忠実に縮小して表現する試みは、大名行列人形よりも、大名行列の模型といった方がふさわしい。管見の限り、現代の博物館の展示を除けば、絵画資料と同様、それは基本的には大名行列消滅後の近代の〝再現〟であった。旧大名家の作製と伝えられる水戸徳川家の七代藩主の行列の再現（「水戸藩主徳川治紀行列模型」、伝徳川昭武作　松戸市立博物館寄託）、年不詳の紀伊家大名行列人形（京都鳩居堂蔵）、そして本稿でとりあげる幾右衛門作の大名行列人形があげられよう[3]。

では、いかなる経過をたどって、見世物の大名行列人形は作られたのか。そして、どのように社会に受容されたのであろうか。以下、幾右衛門作の人形の軌跡を追ってみたい。

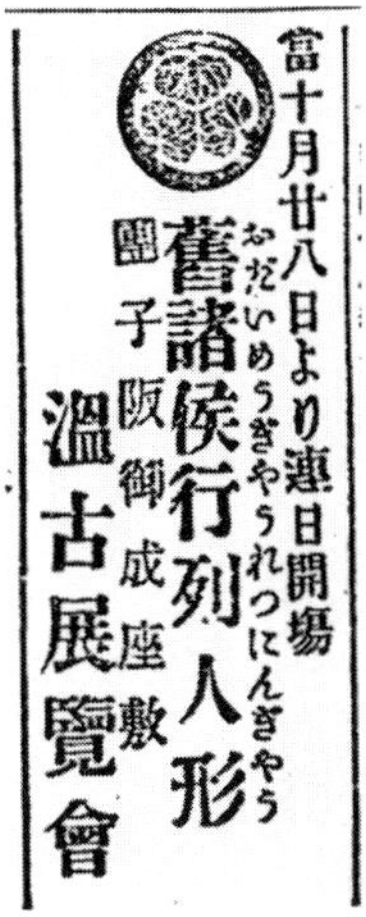

図1　温古展覧会の広告
（『読売新聞』明治29年11月2日掲載）

図2　鳥取藩陣立模型
（鳥取県立博物館蔵，武士は人形ではなく，このような兜や武具などで表現され，上級の者は名前が記されている）

一　「雛形」としての大名行列人形——王の調度品

人形の作者山田幾右衛門の出自について、新聞記者は以下のように記している（『読売新聞』明治二九年（一八九六）一一月七日）。

（前略）製作者なる翁に面し、親しく聞く處に依れバ、そも翁の祖先ハ加藤伊兵衛と称し、東照神君入国の際、駿府より随行して江戸に来り、京橋の畔りに居所を賜はりて、子孫世々幕府の御鎗師を勤め居りしが、現今京橋区に鎗屋町の名あるは翁の家職に縁《ちな》みて名付けたるなりといへり、翁ハ其何代かの孫にて、本年六十六歳なり。矢張鎗屋町に住し、幕府瓦解の後は更に宮内省の御用掛を命ぜられて、現に御鎗の修復其他の御用を勤め居れり、（後略）

右に従えば、幾右衛門は天保元年（一八三〇）生まれ[4]。家康に伴って駿府より入国した加藤伊兵衛の子孫で「子孫世々幕府の御鎗師を勤め居り」、維新後は「宮内省の御用掛を命ぜられて、現に御鎗の修復其他の御用を勤め居」る「宮内省御用御鎗師」であった。江戸幕府の役人・御用商人・職人を記したいわゆる

『役職武鑑』、宮内省の『職員録』では、幾右衛門は未掲載である。[5] ただし後述するように、幾右衛門が主殿寮（明治一九年（一八八六）に設置された宮殿の清掃・器具や防火・警戒にあたる宮内省の一部局）で最初に人形の展覧を実施しており、また「伊勢神宮式年の際造神宮使〈伊勢神宮の造営や神宝・装束の調達を行う造神宮使庁の職員〉よりの命に依り」「武蔵国秩父山の梓」で神宮の神宝を作り、その余木で神宝の「真形模造」（「弓二張・鉾二本・猿田彦神鉾一本」）を作製して日枝神社に納めていることから（『読売新聞』明治二四年（一八九一）六月一日）、維新政府の仕事を受けていたことは確かであろう。また、「幕府内外六十餘大名の御鎗御用達として専ら諸侯に出入」したという記事もみられる（後掲図7）。

さらに幾右衛門は、明治九年より同一七年まで各大名の槍・長刀の雛形を作り、これが天覧を経て宮中の「御用品」となった（『読売新聞』明治二九年（一八九六）一一月七日「明治九年より同十七年まで三百諸侯の槍、長刀を作りしが、是等は当時天覧に入りて直に御用品と成り、現に宮中に保存しあり」）。現在、この大名の行列道具の雛形は、「旧諸大名槍雛形」二七六家四七四点として宮内庁三の丸尚蔵館の所蔵となっている。[6]

そして、幾右衛門は大名行列人形の作製に至る。明治二一年（一八八八）一〇月三〇日の『毎日新聞』には以下の記事がある。

○大名行列の雛形　京橋区鎗屋町六番地山田幾右衛門氏（四十余年）は先祖代々鎗職を業とし、今の代に至りても昔日の如く大小名の鎗こそ作らざれ、之に類する製作を為せり、氏は五年前より丹精を籠めて昔しの諸侯行列の雛形を造り、此度麹町区有楽町の神宝製造場に陳列し、望みの人に縦覧を許せるが、之を見るに卅万石以上国守の行列の如く、人形の丈は凡六七寸、真先に雲助裸躰にて荷物を荷ひ、夫れ〻杖払ひ、替馬三頭、騎馬徒歩の供人順序を正し中央に主公駕籠に乗り、供頭、刀番左右に扣へ近習の面々之を護す、茶道、医師其他供廻の人々徒士、足軽、小人、人足に至る迄衣裳、被り物、大小は勿論其容貌まで頗る綿密の出来なり、少し間を置き家老供廻りの行列あり、人員の総数三百八十余人、馬匹十一頭なり、外に諸流鎗の雛形数十本を列し、昔しを今に見るの心地せらるゝと云ふ

右によれば、鎗に続き、幾右衛門は五年前より丹精をこめて「昔しの諸侯行列の雛形」を作成し、「麴町区有楽町の神宝製造場」にて「陳列」し、「望みの人」に見せたのである。そして、この人形も薩摩藩出身の「宮内次官吉井友実[7]」が「天覧」に入れ、鎗に続いて「宮内省の御用品」となったという（『読売新聞』一一月七日）。すでに紹介されているように、宮内省がこの人形を明治二二年に幾右衛門より買い上げ、昭和六年までに東京国立博物館に移管された。現状で一七枚の板に固定された三四六体は、大名行列を可視化した資料として、また行列道具の技術を伝える工芸品として評価されている（図3・4）[8]。

本章で注目したいのは、幾右衛門の製作意図とこの人形の性格である。同じく明治二一年一〇月三〇日の『読売新聞』には藩主の行列が「五十万石の格式」、家老の行列は「十万石の格式にて是又前と同じく唯人数少く持物疎になるまでにて」陳列し、同二九年一一月七日の『読売新聞』では「二十三年〈二一年の誤記か〉、国持大名道中の行列を製作して七日間日比谷大神宮の傍なる主殿寮の作事場」で人々（「諸人」）に公開したとある。石高や格式には若干の誤差があるが、重要なのは、国持大名の最高位の格式で藩主の行列を、一〇万石の格式で家老の行列をそれぞれ表現した「昔しの諸侯行列の雛形」（前掲『毎日新聞』）である点であろう。

たしかに、現存する人形は、藩主の行列の乗物が将軍家・紀州家の「溜塗総網代黒塗長棒」で日覆が「黒羅紗」、乗物の前に長刀を持ち、また御三家のみが用いる「台傘」をそなえ、挟箱は「金紋対挟箱」、藩主の牽馬の鞍覆は「虎皮鞍覆」、家老の乗物は打揚より格下の「腰黒塗引戸」で日覆が「黒羅紗」、牽馬の鞍覆は「白玉毛皮鞍覆」となっている[9]。注目したいのは家紋と道具である。菊輪の中に日足紋のような形が入った家紋（図5）は、枠のみを示しているように思える。また、藩主の牽馬が二疋、挟箱が先箱・跡箱の両方、槍が乗物の前に四本・後に一本と道具が

図3　大名行列人形（東京国立博物館蔵，Image: TMN Image Archives）

図4　大名行列人形（東京国立博物館蔵，Image: TMN Image Archives）

図5　大名行列人形の金紋

過大になっている。さらに「金箔置三重傘に緋切下」の馬印は、熊本藩の金の三段傘に類似するものの、近世大名の行列道具としては実在しない。

幾右衛門は人形の作製の意図を記していないが、鎗の作製理由については「能く故実に通じ、殊に幕府時代諸大名の故事に明かなれバ、諸家に用ふる刀槍の具を雛形に製作し、之を後世に伝へんと思立ち」と語ったという（『読売新聞』明治二九年一一月七日）。行列に最高の格式を選びつつも大名家を特定せず、多様な道具を盛り込んだのも、消えゆく運命となった自身の技術やその使用例を世に遺そうとしたためであろう。

その後、大正九年（一九二〇）二月段階には、赤坂離宮に「大名行列人形陳列棚」が設けられていたことが確認できる(10)。こうして、雛形としての大名行列人形は、現用の王の調度品として機能していった。近代の君主たる天皇家は、華族という序列と別に、前代の権力者の秩序―幕藩関係の儀礼の象徴であった大名行列を人形として手中に収めたのである。

二　「温古」の見世物――大名登城行列人形

1　明治二九年一〇月の東京団子坂の興行

一方、「神宝製造場」で幾右衛門の「雛形」を見た観客は、大名行列人形を「昔しを今に見るの心地せらるゝ」（『毎日新聞』明治二一年（一八八八）一〇月三〇日）と、過去を回顧するものとして受けとめた。翌年には東京開市三〇〇年祭開催、旧幕臣市岡正一の『徳川盛世録』（博文社）刊行、史談会の設立と『史談会速記録』の刊行が開始されるなど、折しも時代は「復古」ブームに向かっていた。こうした中で、幾右衛門の精密な「雛形」は、見世物として受容されていったのである。管見の限り、文献で確認できる幾右衛門の人形の見世物興行は、五回にわたる（表

表1　大名行列人形の興行一覧

開催期間	場所	内容	出典
①明治29年（1896）10月28日より30日間	（東京）団子坂下旧御成座敷	温故展覧会　山田作「旧諸侯の行列」（登城行列）	『読売新聞』明治29年10月25日・28日・11月2日・7日・15日，『朝日新聞』明治29年10月28日・11月2日・3日，『風俗画報』130号（明治29年12月10日発行），入場割引券（国立歴史民俗博物館蔵），引札（吉徳これくしょん蔵）
②明治30年（1897）1月1日より（期間不明）	大阪千日前第二井筒席	「大阪千日前の見世物（中略）大名行列の生人形（第二井筒席）」，「新年の興行もの（中略）井筒席は温古展覧会（おだいみやうのぎやうれつ）	『大阪朝日新聞』明治30年1月1日・2日
③明治30年2月10日より28日まで	横浜市にぎわい町	温故展覧会　日本一の美術旧諸侯の行列	（『東京朝日新聞』明治30年2月10日・11日）
④明治30年4月5日より（期間不明）	東京浅草公園第五号地（浅草奥山）	温故展覧会　山田作「旧諸侯の行列」（登城行列）	『読売新聞』明治30年4月5日・『東京朝日新聞』4月3日・7日，『都新聞』4月6日，『旧諸侯の行列』（パンフレット　江戸東京博物館蔵）
⑤明治34年（1901）11月（期間不明）	（東京）団子坂藪蕎麦の奥庭内	故山田作「将軍宣下の行列を模したるもの」	『読売新聞』明治34年11月9日，『東京朝日新聞』11月9日，『時事新報』11月5日

1）。基本的には①〜④は同じ人形が団子坂・大阪・横浜・浅草と場を変えて公開されたものであるが、④は異なる演示方法をとる（後述）。⑤は幾右衛門没後の興行であり、遺作「将軍宣下の行列を模したるもの」の構成は不詳である。

では、冒頭で紹介した①から検討していこう。幾右衛門は、明治二一年の「雛形」に続き、さらに次の作品に取り組んだ（『読売新聞』明治二九年（一八九六）一一月七日）。

〈前略〉翁は尚大諸侯登城の模様を写さんと思立ちし折柄、故北白川宮の御言《ことば》さへありて、充分勤むべき旨御諭しありけれバ、翁ハ同年〈明治二三年〉より刻苦経営六年の星霜を積みて、昨年〈明治二八年〉に至りて漸く工を了れり、即ち今回旧諸侯の行列と唱ふるもの〈表1①の公開の人形〉是なり。
其の諸侯ハ先づ大広間を始め、柳の間、帝鑑の間、雁の間、菊の間詰の五ヶ諸侯にして、大広間ハ周防長門二ケ国々司三十六万石毛利大膳大夫、柳の間ハ肥前小木の城司格七万石鍋島紀伊守、帝鑑の間ハ信州松本城主六万石松平丹波守（戸田の松平）、雁の間ハ上州館林城主六万石秋元但馬守、菊の間ハ大和柳生一万石柳生但馬守にして、何れも格式たる馬印、槍、背旗等悉く当時の式に叶ひて、毫も実際と違ふ所なし。然れば其筋に於ても疾《と》くより御上覧あるべき筈なりしも、故ありて御延引と相成りしが、故北白川宮殿下にハ一時御内覧に入れし事なりと云。其大さハ総て十分一に宛て、、即ち六尺の人物ハ六寸に縮め、二尺三寸の佩刀ハ二寸三分に縮めたるものなるが、今回余儀なき人の求めに応じ、数千円にて譲り渡せしといふ。（後略）

幾右衛門自身からの取材による右の記事によれば、幾右衛門は明治二二年の「雛形」の買い上げ後、大名の江戸城登城の行列の作成を構想した。そして、北白川宮の評価も受け、前回と同じ十分の一の寸法で、六年をかけて完成にこぎつけた。しかし、天皇の内覧は実現せず、理由は不明だが数千円で売却したという。幾右衛門の製作意図は、あくまでも明治二一年と同じ精巧な雛形であったが、今回はこの人形が見世物として公開されることとなったのである。ちなみに、後掲の「引札」（図7）では「三十有幾余年の歳月と多くの財費とを投じて製作した」とあり、この記述に従えば、製作は江戸時代からとなるが、動機が想定できず、やはり前作を作成した後の製作とみた方がよいだろう。また、本稿冒頭に示した『読売新聞』一〇月二五日の記事「此経費ハ仕入のみにて昔の金にて九百六十両を要し山田翁が大切に保存ありしを持出たるもの」に従えば幾右衛門所蔵品の借用品となるが、幾右衛門自身の聞き取りによる売却の記事の方が信憑性が高いと考えたい。

かくして冒頭で紹介したように、明治二九年の秋、「温古展覧会」と題して幾右衛門作の行列人形が「日本唯一美術品」として展示された。開催期間は一〇月二八日より三〇日間、場所は団子坂（現・文京区千駄木）の徳川家斉が

「御成」したという旧松葉楼別邸（旧御成屋敷）である。この屋敷を三間氏（藪蕎麦店主）が譲り受けて改装したもので、訪問した山下重民は「此の別荘《べつそう》は。あまり闊《ひろ》からされども。池《いけ》あり。其の回《まは》りに亭あり。池には舟を繋《つな》きあるなど。自《おのず》ら雅趣を帯《を》ぶ。」と賞している。この将軍が「御成」した御殿に人形の大名の行列が登城のいでたちでやってくる、という趣向になろうか。とすれば、登城する大名行列の見物場所として江戸名所・名物となり、明治二〇年代に〈歴史画〉の題材となった、江戸城と外界との最後の接点である大手三門（大手門・内桜田門・西丸大手門）前の広場（「下馬先」）の再現といえよう[(11)]〔岩淵 二〇〇七・二〇一一・二〇一三〕。

この季節の団子坂が選ばれたのは、「目今菊見の人出多きを機とし」（『朝日新聞』明治二九年一一月三日）とあるように、菊見の見物客で賑わっていたためである。山下は、「秋露方に濃《こまや》かにして。菊花香を放つの時季に至れは。駒込《こまごめ》團子《たんご》阪は。先つ都人屈指《くつし》の先頭に上る。而《しか》して團子阪といへは。菊細工《きくさいく》の觀覽《くわんらん》を主とするは。從來の慣例《くわんれい》なりしに。今年は此の間に於て。別に美術《びじゆつ》の一寰區を開きたるこそ目《め》新《あたら》しけれ。」と述べている。入場割引券（図6）によれば、入場料一〇銭を徴収していた。明治二一年の展示が作業場での有志者の無償の提供であったのに対し、「温古展覧会」は菊細工の興行地で行われた見世物なのであった。次にあげるのは、当日の引札（図7）の本文である。

宮内省御用御鎗師
山田幾右衛門翁が作
旧諸侯の行列

此行列人形は山田幾右衛門翁か三十有幾余年の歳月と多くの財費とを投じて製作したるものにして、其丹精実に驚くに堪たり、翁今年六十六歳往時幕府内外六十余大名の御鎗御用達として専ら諸侯に出入し親しく其格式制度を観察して、自然磨すべからざるの記憶となりぬ、然るに王政復古の今日となり、旧幕府の事漸く世に忘れられんとするを惜み、切めて我記憶に存するだけも後世に伝へんが為め、遂に此行列人形を製作したるものなり、一

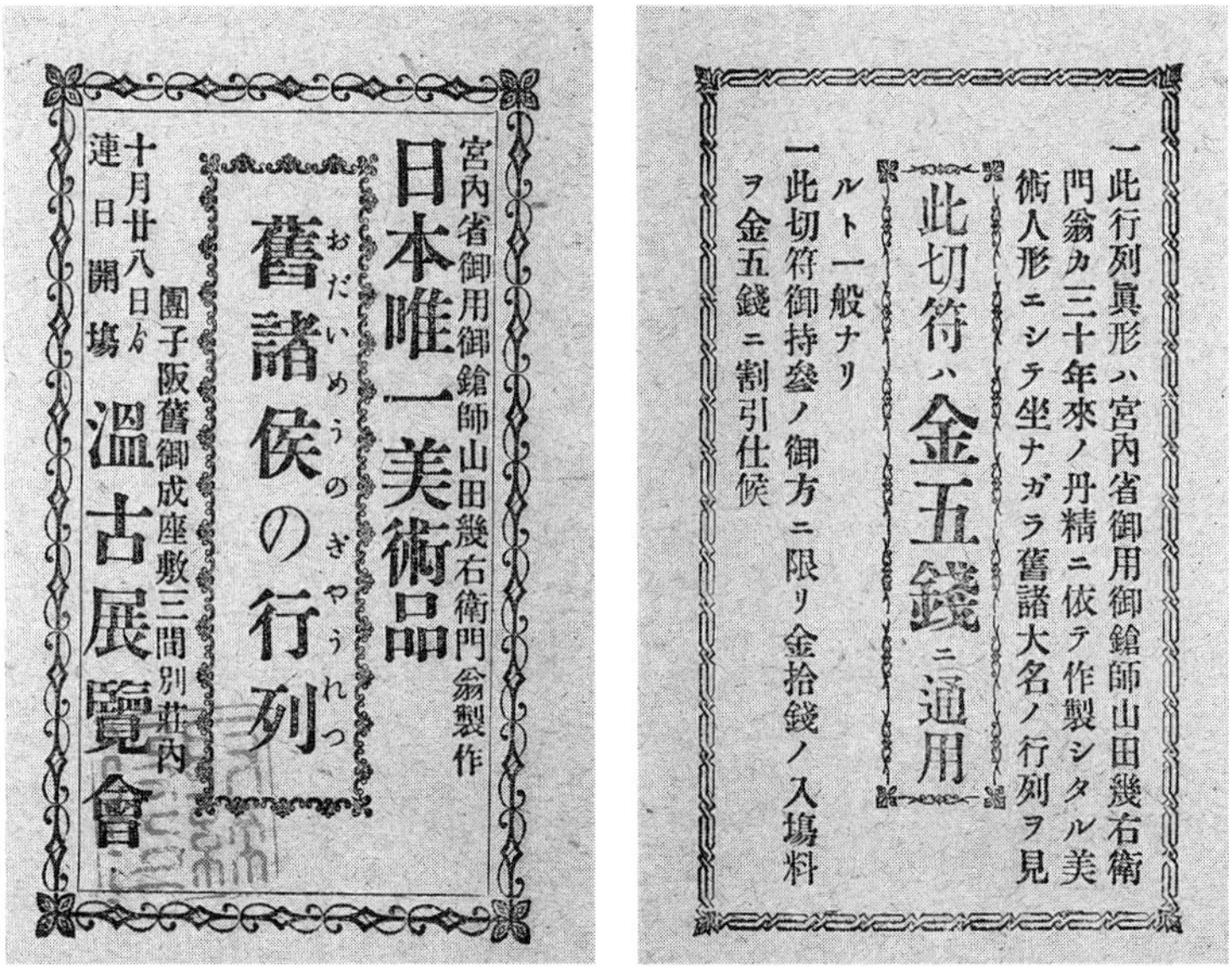
宮内省御用御鎗師山田幾右衛門翁製作
日本唯一美術品
舊諸侯《おだいめう》の行列《ぎやうれつ》
十月廿八日ヨリ　團子阪舊御成座敷三間別荘内
連日開場　温古展覧會

一此行列眞形ハ宮内省御用御鎗師山田幾右衛門翁ガ三十年來ノ丹精ニ依テ作製シタル美術人形ニシテ坐ナガラ舊諸大名ノ行列ヲ見ルト一般ナリ
此切符ハ金五錢ニ通用
一此切符御持參ノ御方ニ限リ金拾錢ノ入場料ヲ金五錢ニ割引仕候

図 6　明治 29 年 10 月の入場割引券（国立歴史民俗博物館蔵）

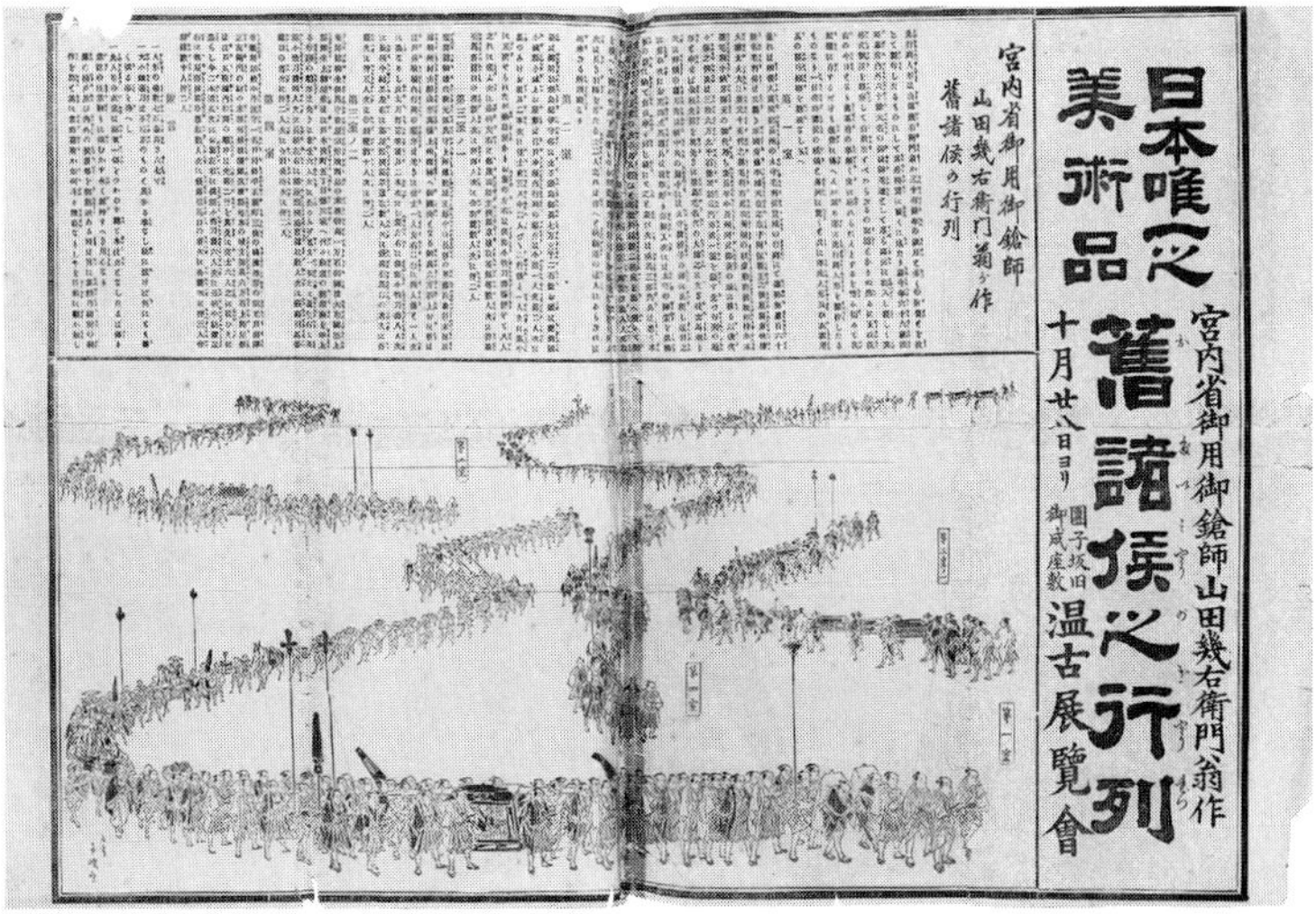

図 7　明治 29 年 10 月温古展覧会の引札（吉徳資料室蔵）

目往時諸侯の威儀と勇列に驚くと共に、亦此人形及ひ衣装用具の精巧細緻を熱視なし玉へ

第一室

是れは柳営大広間詰長州の太守毛利侯登城の行列にて、総勢無慮百六十余名、毛利侯は其曩き本国安芸平城天皇之皇子阿保親王之後胤関東執権大膳太夫大江廣元十五代之孫毛利右馬頭菊桐の紋蒙勅許被加相伴衆、末孫毛利中納言輝元の御代乃ち慶長年中長州阿武郡萩の城に移る、以後代々領之、御高は三拾六万九千石余周防長門両国一円を領す、先づ行列の順序と申せば金紋先箱を真先きに黒鳥毛名代の大鎗、之に次ぎ徒士馬廻り、次に拝領の薙刀青貝柄、中央の駕中には太守紫緞子の褥に正座し、近習之に従ひ、次にお茶坊主、茶道具は唐草彫り銀細工、次には太守の陣笠を黒鵝絨の袋に納て負ひ、傘も同じ袋にて之と並び、次は乗馬三頭、馬具は悉く本職の作にて拝領虎の皮の馬具蔽ひと馬柄杓・秣籠二組宛を添へ、続ひて御家老二名何れも二本槍を立てゝ馬に跨り、次に倍臣一列及び出入人足取締の町人縞の羽織にて加はり、次に合羽籠数対、次に御使番二名、之は鎗を横へて担がせ以下黒塗りの合羽籠数十となく紺看板の仲間之を荷ふ、次は長き羽織を着たる士二人、之れは押へと称、剣道の達人にあらざれば出来ざる所謂殿《しんがり》なり

第二室

是は柳間詰鍋島紀伊守、俗に土手鍋島御高七万三千二(ママ)石余、お国は肥前国小城郡小城、上お屋敷は江戸幸橋内、行列の順序は小頭一人・先箱二人、次に黒つみけお道具二本、次に徒士前三人中二人づゝ二行後と一人、次に駕中に正座せられたが鍋島侯なり、お駕の左右は供頭・小性・刀番等併せて八人之れに従ふ、次に長柄左右に部屋頭・坊主・挟箱・草履取・茶瓶等数人、次に簑箱・引馬・沓籠口の者数人、次に押四人、次に合羽籠数人、次に押二人

第三室ノ一

雁間詰御譜代秋元但馬守、上州総社城主越中守長朝の男藤原秦朝末孫、居城羽州村山郡山形其後上州館林へ御国換となる、御高六万石、上お屋敷は江戸呉服橋内、行列の順序は先きに徒士一人左右二行に四人後と一人、次に黒なめし皮太刀打笛巻道具二本、次にお駕左右に供頭・小性・刀番八人、次に長柄中結黒、左右に部屋頭挟箱・草履取数人、次に簑箱・引馬口の者、次に沓籠、次に押三人、次に合羽籠数十人、次に押二人

第三室ノ二

菊間詰柳生但馬守菅原宗矩贈四品の末孫、御高一万石、御国は大和国添上郡柳生、上御屋敷は江戸木挽町五丁目、徳川家へ代々剣道の御指南を申上る、行列の順序は先きに徒士六人、次に黒つみげ道具一本、次に駕、左右に供頭・小性・刀番四人、次に長柄左右に部屋頭・挟箱・草履取数人、次に簑箱・引馬・沓籠口の者、次に押二人、次に合羽長持、次に押二人

第四室

帝鑑間詰松平丹波守一名戸田松平、正親町三條の嫡流藤原の宗光戸田弾正左衛門の尉の末孫、居城信濃国筑摩郡松本の城主、御高六万石、上御屋敷は江戸呉服橋内、行列の順序は先箱二行を真先に徒士六人、之に従ひ次に黒らしや二本道具、次にお駕、左右に供頭・小性・刀番六人、次に長柄中結紫、左右に部屋頭・挟箱・草履取数人、次に簑箱・引馬口の者、次に沓籠、次に押三人合羽籠数十人、押二人

附言

一　人形の総数七百余、高さ六七寸

一　大小鎗薙刀は不残正のものより異なる事なし、故に抜けば何にても善く切る事を得へし

一　此人形の衣装は糊気一切をつかわず総て本仕立となしたるは、独り意匠の注意計りに傾むかず永く維持すへ

右より第1室から第4室まで，独立した建物にそれぞれ家紋の幕を飾って演示している．

図8 明治29年10月の展示風景（「団子坂旧御成座敷温古展覧会の図」『風俗画報』130号）

き用心なり、駕の抽戸及び内外の装置等を御熟視ある時は、実に其精巧緻密の製作を思と共に、当時幕府か如何斗り隆盛なりしやを目前に観か如し

会場では、萩藩毛利家（大広間＝四位以上の外様大名）・小城藩鍋島家（柳間＝五位の外様大名）・松本藩戸田家（帝鑑間＝譜代大名・一門大名の一部）・館林藩秋元家（雁間＝城持の譜代大名）・柳生藩柳生家（菊間＝無城の譜代大名）と家格ごとに選ばれた五つの大名行列が三つの部屋に並べられた。毛利家のほか、館林藩秋元家の幕末の当主秋本志朝の実家が徳山藩毛利家であるものの（禁門の変直後に幕府から内通を疑われて隠居）、他の三家はとくに明治維新政府への恭順が早かったわけではない。山田自身の元出入先という関係もありうるが、選択の基準は不詳である。引札では、各家は天皇・公家の「末孫」とされ、居城と上屋敷・石高に続き、行列の構成が紹介されている。具体的には、行列の先供・道具、駕籠周りの供の数、駕籠の後ろの道具と後続の供の人数となる。五家の人形の総数は七〇〇体で、さきの雛形から考えると少ないが、これは江戸城への登城行列を再現したものだったからである。その目玉は、刃まで再現した武器類、駕籠の引戸など糊を用いずにすべて本物同様に仕立てたという、「人形及び衣装用具の精巧細緻」や「其精巧緻密の製作」であった。図8は、『風俗画報』に掲載された当日の会場の様子である。観客はこの引札の解説を読み、武士風に見える笠をかぶった説明者（画面右）の説明を聞きながら、この精密な行列人形を観覧したのであろう。同書によれば、中でも長州藩の行列の展示はおよそ七間（約一三メートル）におよび、最長のものであった。長州藩の詳細については、さらに以下の新聞記事がある（『読売新聞』明治二九年（一八九六）一一月一五日）。

●昔大名行列の光景

目下団子坂なる旧御成屋敷に陳列しある昔大名行列人形に就て其製作者山田幾右衛門氏の談話ハ前号の紙上に記す処ありしが、今其行列中最重なるもの即ち大広間詰毛利家の行列を記して其光景の一班を報ぜんに、先づ第一番先手ハ先箱手代り二人鼠小紋の着流し一本差し草鞋穿きにて、是に続いて道案内一人（会津ハ二人）、徒士格の

服装にて黒の絹羽織に袴の股立を取り大小二本差し、次に抱澤潟の金紋、黄の長皮掛りし先箱一対、次に先槍一本柄黒総千段巻、鞘初茸形の黒鳥毛、次に徒士十四人二人宛七側に並ぶ、服装ハ黒絹羽織袴の股立を取り二本差しなり、次に近侍十六人銘々紋付羽織其中央に京都拝領の長刀を立つ、次に籠、陸尺十二人永楽通宝の形七つ背に着きたる紺看板を着す、次に上下を着けたる供頭一人、次に草履取、次に日傘、次に雨傘、何れも紺看板の仲間之を持つ、次に左右槍二本柄総青貝鞘黒羅紗なり、中央に天鵞絨袋入の立傘を置き、跡より徒士目付二人之に従ふ、次に徒士に準する下目付二人、次に跡鋏箱一対、次に蓑箱一個、何れも金紋黄の長皮掛りて鼠返しの小紋を着せし、手代り銘々に附く、次に茶道坊主二人十徳着流し、次に茶弁当一荷中に銀の水差し火袋格子枠入、次にお水番と云る徒士一人、次に紺看板を着せし手代り一人、先に引馬三頭、最初のものハ鞍負虎の皮鞍鐙金紋付、中なるハ鞍負黒羅紗澤潟紋付、鞍鐙梨地金紋付、最後ハ鞍負あふり共白毛、鞍鐙ハ朱の金模様付にて、各頭に口取追綱を持たる馬丁二人宛附添ひ、其側に馬柄杓、馬胴籠、沓籠を持添ひ、別に夫と並びて供小使二人、一つ巴の紋付たる柿色の羽織を着して之に随ふ、次に押へ二人一ツ巴の紋付きたる浅黄の割羽織を着す（此間三間明く）、次に番頭二人馬乗麻上下にて口取り二人近侍二人槍持、箱持、長柄持、草履取り、何れも仲間にて之に随ふ、次に以上同断のもの一組（跡乗りと云ふ）、次に鋏（ママ 挟カ）箱十六荷黒塗にて紺看板を着せし仲間一個宛之を担ぐ、次に両掛十六荷紺油桐掛り、同じく紺看板の仲間之を担ぐ、次に供槍、次供用心馬二匹、鞍負黒熟皮、次に押へ二人浅黄一ツ巴の印着きたる割羽織を着す、次合羽籠殿様の分十六荷、馬上家来の分二荷、何れも笊目黒塗りにて紺看板の仲間担ぐ、次に最後の押へ二人浅黄の法被一ツ巴の印付きたる割羽織を着す、これ毛利家全体の行列なり、他は余りくだ〳〵しければ之を略しぬ

このほか、a挟箱二つ・長刀・駕籠、b挟箱三つ・槍・馬[12]、c長持一つ・合羽籠六つをそれぞれ収めた近代の大名行列人形の絵葉書三点（東京神田浪華屋製）が存在する（図9）。このうちbの馬柄杓の紋が沢瀉紋である。官製絵葉書の

使用承認は明治三三年であるため、展示から作成まで数年が経過していることになるが、おそらく表1①〜④の大名登城行列人形のうち長州藩分の一部を並べて撮影したものと考えられる。

2　観客の視線

団子坂の登城行列人形は話題を呼び、多くの観客が訪れた。まず、観客の様子は、『風俗画報』の挿図（前掲図8）

図9　長州藩分の行列人形絵はがき
（東北芸術工科大学東北文化研究センター蔵）

でうかがうことができる。この中には、「同行列ハ諸華族を始め俳優、講談師、画工、写真師等皆芸道の参考に供せんとて観覧に赴くもの多く、一両日前は団洲〈九代目市川團十郎〉も妻子を連れて赴きたりと云ふ」（『読売新聞』明治二九年一一月七日）と、行列の当事者であった旧大名家も含む華族や、いわば資料として見に行く芝居関係者や文化人の姿もあった。江戸時代生まれの能楽師梅若実（一八二八―一九〇九年）も、一一月一二日の日記に、家族と団子坂の菊細工見物と合わせて訪れたと記している(13)。

一、団子坂造リ菊并長州殿　秋元家　柳生家　鍋嶋家ノ昔ノ登城ノ処ノ人形ヲ見ニ参。おつる〈長女〉　竹若〈次男〉　花〈次女〉　千代　下女はな六人。

また、『風俗画報』の編者山下重民（安政四年〔一八五七〕生）をはじめ、旧幕臣も会場に足を運んだ。杉原家（二〇〇俵　幕末の当主は湯島聖堂の儒者）の史料中には、入場割引券（前掲図6）が含まれ、同年一〇月二五日からの団子坂の菊細工の引札も確認されることから（「菊細工生人形」）、見物している可能性は高い(14)。

大名行列人形が人びとを惹き付けたのはなぜか。一つは、その「精巧」さと「正確」さである。『都新聞』（明治二九年一〇月二八日）は、各人形が「十分の一」のスケール（七寸）で、「衣服・大小（中身も抜けると云）等総て本式にして其面体迄も悉く異にし一見恰も其実物を見るの思ひあり」としている。山下も『風俗画報』で「何れも其の格式たる馬印、槍、背旗等悉く当時の式に叶ひて、毫も実際と違ふ所なし。」としている。そして、次のように述べる。

又望蜀の心もて考《かんご》ふれは。御三家等の行列は。格別《かくべつ》なるに。之を欠《か》きしは遺憾《ゐかん》といふべし。若し更《さら》に規式《きしき》装束《しようぞく》の行列ありたらむには。一層《いつそう》の光彩《こうさい》を添《そ》ゆるならむ。余は資本家《しほんか》のありて。新《あらた》に山田翁《おう》に之を嘱製《ぞくせい》するを望《のぞ》む者なり。

旧幕臣が、御三家についても行列人形を望むほどの出来映えだったのである。

また、『文芸倶楽部』では次のように述べている(15)。

●旧諸侯の行列（中略）実に威儀堂々幕末（弘化嘉永頃）諸侯の盛粧に驚ろくと共に亦此人形及び衣装用具の精巧細緻を見るべし（中略）孰れも家々の権式、役儀の格制に従がつて行列に多少の差異あれば、我記憶の及ばざる所は一々之を諸家の記録に正したる最も精確のものたれば、単に美術上の価値あるのみならず斯くの如くにして初めて後世に貽すに足るべく、決して尋常観物《みせもの》的人形と同一視すべきものにあらず

後世に残すべきもので、通常の見世物とは異なるとまで述べている。引札で「日本唯一之美術品」とも謳っていたように、その「精巧」さと「精確」さが話題となったのである。

もう一つは、直近の過去である「江戸」への関心である。『風俗画報』は、「都人の評判《へうばん》甚た高し。されは老人《ろうじん》はむかしをしのぶのあまり。少年は見ぬ世の様《さま》を窺はむとて。日《ひゞ》に群集《ぐんしう》し。殆《ほと》むと菊細工を壓せむばかりの景況《けいきやう》なり。」としている。また、『都新聞』は、「昔しの事を知らぬ人は見て以て其の旧状を想《おもひ》やるべく、当時の景況を知れる人ハ、見て以て懐旧の情を発すべく」としている（『都新聞』明治三〇年四月三日）。同時代人の回顧と若い世代の異文化の発見という二通りの視線が「江戸」に向けられたのである。そして、展覧会に冠された「温古」として交差した。「温古（故）」は「論語」以来の言葉であるが、回顧ブームの中、とくに明治二〇年代の刊行物の書名で好んで使用された(16)。そして、楊州（橋本）周延の揃物「温故東の花」（明治二一―二三年「旧諸侯江戸入行列之図」、「旧正月元日諸侯初登城ノ図」ほか）に象徴されるように、大名行列は重要な表象であった。登城行列人形は、こうした「温古」の見世物となったのである。

3　大名登城行列人形のその後

東京で人気を博した大名登城行列人形は、国内を巡業した。確認できるのは、大阪（表1②）と横浜（表1③）である。大阪については、『大阪朝日新聞』明治三〇年一月一日で、「市中の初興行」として、千日前の「第二井筒席」の

「大名行列の生人形」が確認できる。

ここでは大名行列人形は流行の「生人形」と表記されているが、翌日の記事で「新年の興行もの」の一つとして「井筒席は温古展覧会《おだいみやうのぎやうれつ》」とされていることから、大名行列人形であることは疑いない。展示方法は不詳だが、大阪においては、幾右衛門作の行列人形は単独ではなく、身体芸（石田席の「空中運動」など）や動物の見世物（梅山席の「異形の牛の見世もの」）と並んで、公開されたのである。もはや、「元御成座敷」の興行にあった「場」の演出は失われている。「生人形」と誤記されるように、まさに見世物興行の一つの出し物であった。

さらに新聞記事の広告より、翌三〇年二月一〇日より二八日に劇場・寄席のおかれた横浜市賑町において、「温古展覧会」で「日本一の美術旧諸侯の行列」と題してこの大名登城行列人形が再公開されている（表1③『東京朝日新聞』二月一〇日・一一日の広告）。

　日本一の美術旧諸侯の行列
一　此行列人形ハ宮内省御用御鎗師山田幾右衛門翁が、温故知新の目的を以て二十年間の丹精に依て作製したる美術品にして、坐ながら旧御大名の行列を見ると一般に御座候間、御高覧の程奉願上候
　二月十日より廿八日まで　横浜市にぎわひ町　温古展覧会

図10　明治30年4月パンフレット『旧諸侯之行列』（東京都江戸東京博物館蔵）

大阪と同様、具体的な展示は不明だが、「美術品」「坐ながら旧御大名の行列を見る」という文句が強調されている。(17)

こうして国内を見世物として移動した大名登城行列人形は、翌明治三〇年四月五日より、東京で再登場する（表1④）。興行主は「烏森の俠客櫛徳」で、場所は見世物興行のメッカである

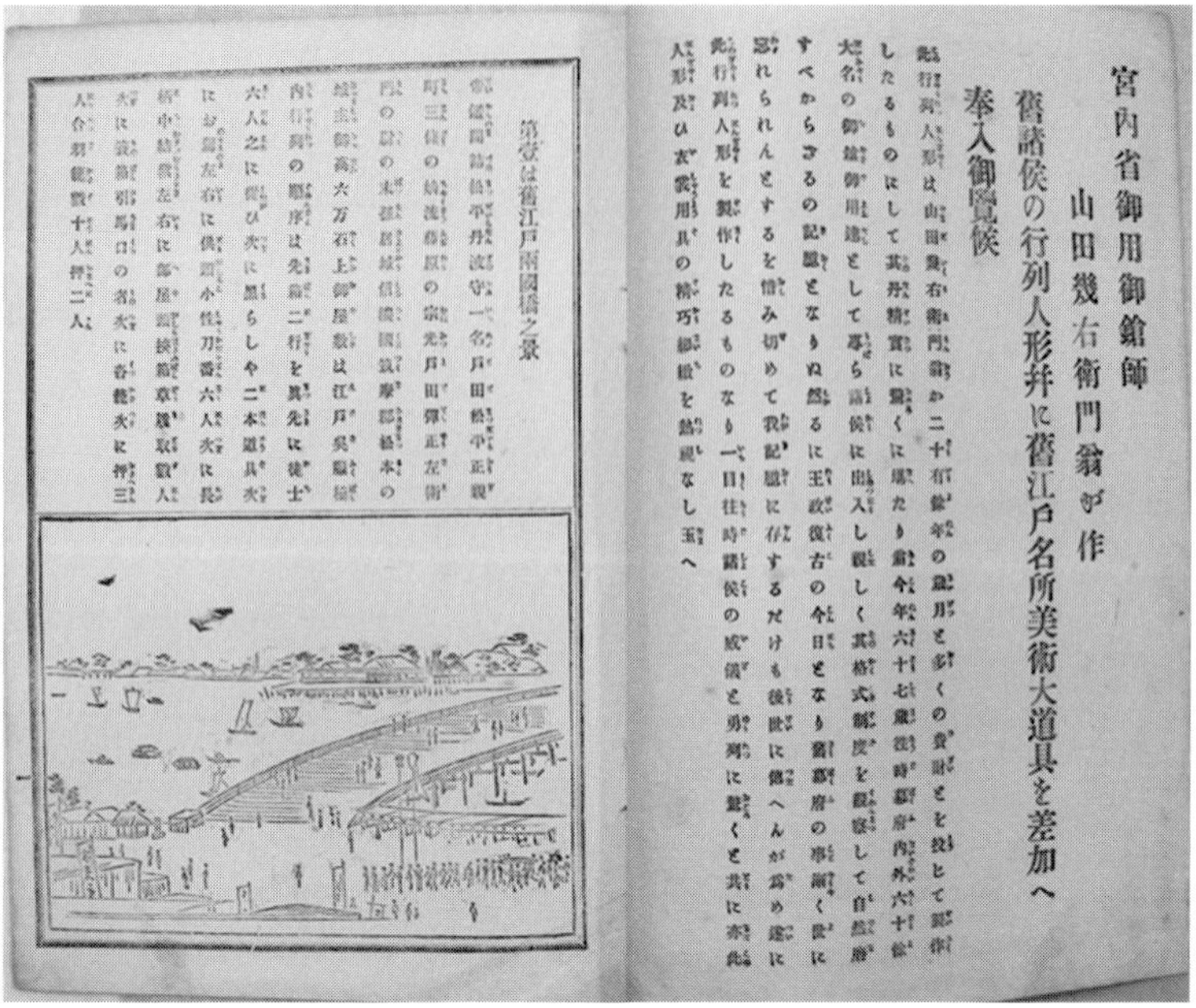
宮内省御用御鎧師
山田幾右衛門翁ヶ作
舊諸侯の行列人形并に舊江戸名所美術大道具を差加へ
奉入御覧候

第壹は舊江戸兩國橋之景

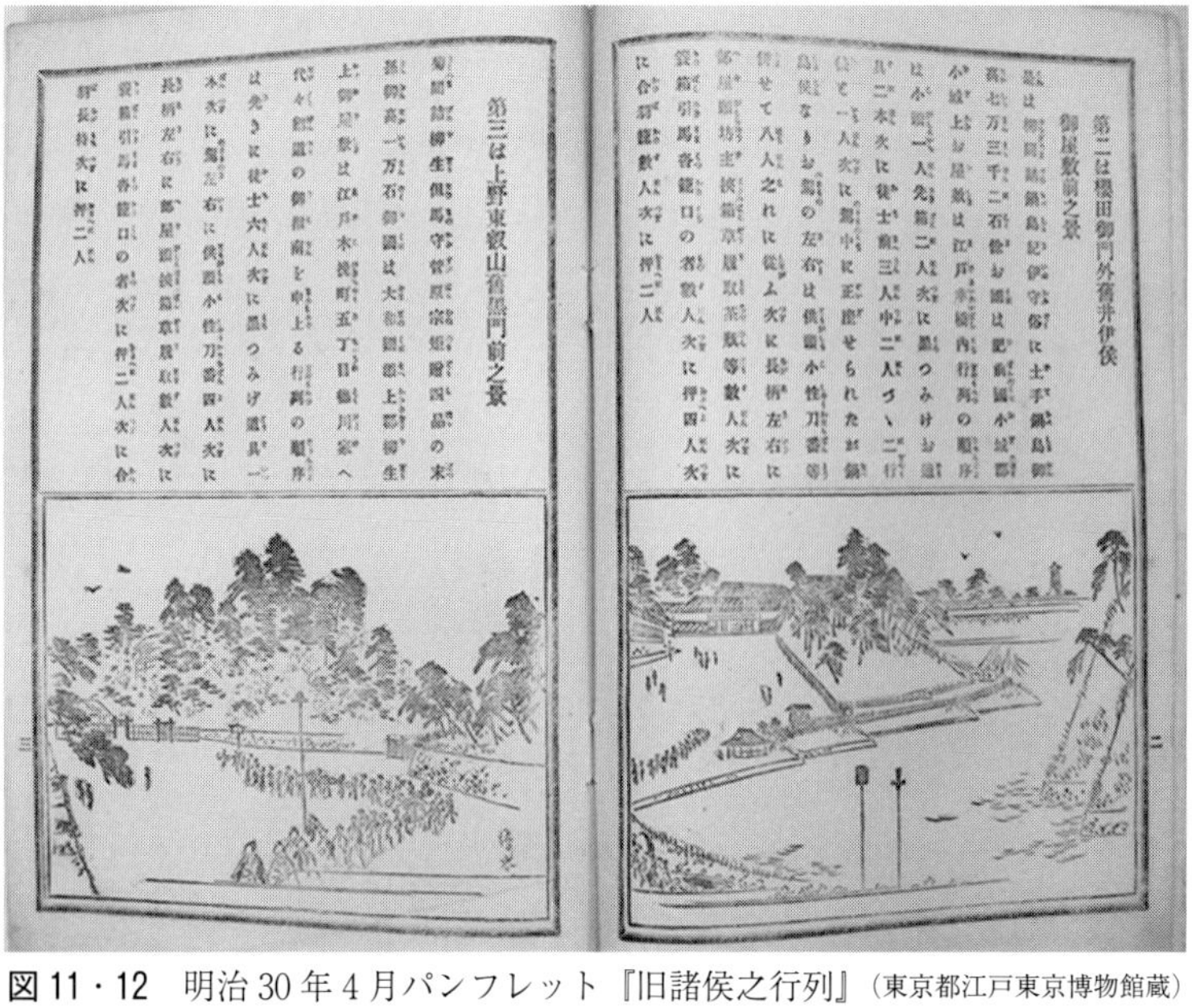
第二は櫻田御門外舊井伊侯御屋敷前之景

第三は上野東叡山舊黒門前之景

図 11・12　明治 30 年 4 月パンフレット『旧諸侯之行列』（東京都江戸東京博物館蔵）

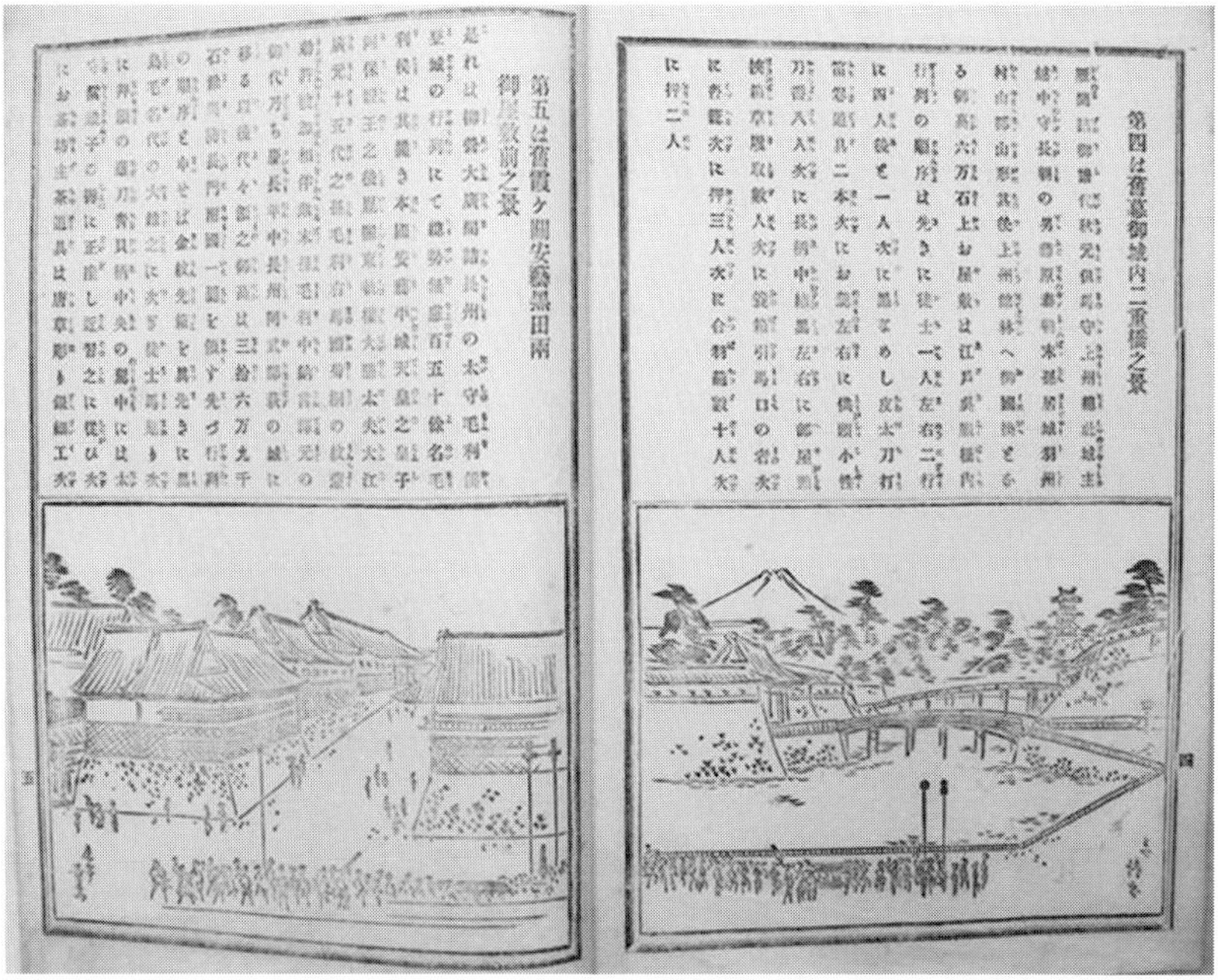

図13　明治30年4月パンフレット『旧諸侯之行列』（東京都江戸東京博物館蔵）

浅草奥山であった（『都新聞』四月六日）。図10～13はこの時のパンフレット『旧諸侯之行列』(18)である。解説文は基本的に前掲の前年の引札と同文であるが(19)、各行列の紹介に絵が付されている。これは、「旧諸侯の行列人形并に旧江戸名所美術大道具を差加へ奉入御覧候」とあるように、展示にあたってそれぞれに付された背景画である。この「真景の書割」は、「行列の様益々真に迫りて見えた」るために、代々歌舞伎の大道具をつとめた長谷川勘兵衛に依頼して加えられたものである（『都新聞』四月六日）。いわば、芝居仕立ての演出がなされたわけである。

五つの行列は、順番も変えて、以下のように配置された。「第壹は旧江戸両国橋の景」と戸田家（表1①では第四室）、「第二は桜田御門外旧井伊侯御屋敷前の景」と鍋島家（同第二室）、「第三は上野東叡山旧黒門の景」と柳生家（同第三室ノ二）、「第四は旧幕御城内二重橋之景」と秋元家（同第三室ノ一）、「第五は旧霞ヶ関安芸黒田両御屋敷前之景」と毛利家（同第一室）という組合せであった。選ばれた場面やその構図は両国橋以外は江戸城や大名小路と寛永寺という幕府にかかわる旧江戸名所であるが、これらの場と各家の登城ルートの関連性はない。こうした意味では、表1①の「御成座敷」の演出とこの背景画はまったく趣向が異なるものであった。各背景画の往来部分にも大名行列が描き込まれていることが物語るように、もはや精巧な大名登城行列人形は、作者幾右衛門の意図を大きく離れ、かつての江戸名所を歩くノスタルジックな風景の一つになってしまったのである。

その後の大名登城行列人形の行方は不詳である。

おわりに――大名行列人形の終焉

明治三四年一一月、再び団子坂の藪蕎麦の奥庭で、山田の行列人形が展示された（表1⑤）。「先年登城行列人形を作りて其名を知られたる故山田幾右衛門の製作たる将軍宣下の行列を模したるもの」（『時事新報』一一月五日）、「文久三年将軍徳川家茂上洛参内の模様」（『東京朝日新聞』一一月九日）とあり、将軍家茂の上洛の行列人形が展示されたことがわかる。山田は将軍の行列の作製に至ったようであるが、これを「絶作」（『読売新聞』一一月九日）として、世を去っていた。そして、「婦人子供は見て面白きが上に、多少昔の風俗を知るのに便宜ともなるべし」（『時事新報』一一月五日）と、行列と同時代人の観客も想定されなくなっていた。やがて武士も明治武士道のもとに「兵士」のイメージに括られ〔岩淵 二〇一〇〕、精度の高い人形も必要がなくなっていく。世上から「温古」という言葉がなりを潜めたためか、興行のタイトルからも「温古」は消えている。

その後、同種の見世物としては、翌三五年三月に、「浅草公園仲店側の中川園主人」が、滝野川に老生していた友人の旧幕臣駒井武左衛門が「此世の置土産」として七年かけて作成した「江戸の各種の風俗を小天地の中に縮めたる人形細工」を盆栽の間に配置して公開している（『時事新報』明治三五年三月二一日）。「幅六尺四方の台に据付け」た精巧なもので、「毎年正月十日諸大名東叡山参詣、三橋広場の景状、嘉永三年四月黒船騒ぎ、護持院ケ原馬揃の状況、小石川大曲り界隈端午佳節の状況、両国広小路の賑ひ、新吉原の夜景、文政十二年三月神田佐久間町の大火、安政二年十月大地震、神田祭等」の場面があった。「毎年正月十日諸大名東叡山参詣」が大名行列に相当すると思われるが、それはあくまで「江戸の各種の風俗」の一つであり、人形としても極小のものであって格式や秩序の表象としての大名行列の人形とは考えられないだろう。そして管見の限り、明治四〇年四月東京浅草六区の「佐々木館　大名行列」が、形態は不詳だが大名行列の見世物の最後である（『都新聞』明治四〇年四月三日）。見世物としての大名行列人形の役目は、終わりを告げたのである。

一方、宮内省に買い上げとなった大名行列人形も、同様に江戸が直近の過去でなくなったことによって、身近で見せる王の調度としての役割を終えたのであろう。具体的な契機は不明であるが、過去の宝として帝室博物館の所蔵品、すなわち王のコレクションとして保管されることとなったのである[20]。

（1）原舟月作の若殿様子供行列五体一組（田中本家博物館蔵）、近衛家（陽明文庫蔵）の御所人形の見立大名行列六体一組（『宮廷のみやび——近衛家一〇〇〇年の名宝』東京国立博物館、二〇〇八年）。

（2）「陣立人形」（鳥取県立博物館蔵）。

（3）「水戸藩主徳川治紀行列模型」は、『大名の旅——本陣と街道』（松戸市立博物館、二〇〇七年）で紹介されている。また、「紀伊家大名行列人形」（京都鳩居堂蔵）は、『新版日本の名槍』（雄山閣出版、一九七四年、一三三頁）、『江戸時代図誌』第一四巻（筑摩書房、一九七六年）、藤井譲治『日本の近世』三、中央公論社、一九九一年）などの書籍や展示でたびたび紹介されている。後者については作成経緯は不明で、江戸時代末期の作とするものもあるが、『南紀徳川史』の記述に基づいて製作された可能性がある。

（4）『毎日新聞』明治二一年（一八八八）一〇月三〇日では年齢を「四十余年」とするが、本章では、本人からの取材とするこちらの年齢を採用する。
（5）『役職武鑑』は深井雅海・藤實久美子編『江戸幕府役職武鑑編年集成』全三六巻（原書房、一九九六―九九年）、『職員録』は国立公文書館所蔵の宮内省の『職員録』を参照した。
（6）『珍品ものがたり』宮内庁三の丸尚蔵館、二〇一二年。五味聖氏による詳細な紹介がある。
（7）吉井は、大坂留守居などを勤めた元薩摩藩士で、維新後は司法、民部、宮内など各省をへて、日本鉄道社長、元老院議官、枢密顧問官をつとめ、明治二四年に死去した（『日本人名大事典』平凡社、一八七九年）。
（8）工芸品としての評価は、小山弓弦葉「東京国立博物館所蔵大名行列人形　近代に遺された、江戸の記憶」『日本人形玩具学会誌』（第一六号、二〇〇五年）、前掲『珍品ものがたり』に拠る。宮内省の買い上げや東京国立博物館への移管時期については、五味氏・小山氏よりご教示いただいた。行列としての検討は井口信久氏が行っているが、後述する「雛形」としての性格については看過されている（『大名行列――描かれた松平大和守の行列』川越市立博物館、二〇〇八年）。
（9）以下、道具の格式については、小川恭一『江戸幕藩大名家事典』（原書房、一九九二年）を参照した。
（10）『黒田清輝日記』第四巻、中央公論美術出版、一九六八年、大正九年（一九二〇）二月五日条。
（11）拙稿「江戸城登城風景をめぐる二つの表象――名所絵と〈歴史画〉のあいだ」（『別冊都市史研究　江戸とロンドン』、二〇〇七年）、同「江戸城警衛と都市」（『日本史研究』五八三、二〇一一年）、同「境界としての江戸城大手三門――門番の職務と実態」『東京大学史料編纂所研究紀要』二二、二〇一二年。
（12）「大名行列（人形編）」（東北芸術工科大学東北文化研究センター蔵 i60092001・i60093001・i60094001）。三点はいずれも消印がないが、同館のご教示によると、同館所蔵の絵葉書の分類から明治四〇年―大正六年（一九〇七―一七）発行のオモテ面デザインに該当する可能性が高い。ただし、大正六年より時期が下ることはないが、明治四〇年以前にさかのぼる可能性はあるとのことである。管見の限り、大正期以前の精巧な大名行列人形は幾右衛門のもののみであり、また紋が長州藩と一致するため、本稿では温故展覧会に対応するものと判断した。
（13）『梅若実日記』第五巻、二〇〇三年、八木書店、四三二頁。
（14）国立歴史民俗博物館蔵儒者杉原平助家文書。割引券が使用されたのかは不明だが、本章ではこのように判断しておく。
（15）前掲『文芸倶楽部』第二巻第一四編。

(16) ほか、小林永濯（鮮斎）画・松崎半造『温古年中行事』初集―三集（明治一七―二二〈一八八四―八九〉年）、温古談話會（長岡）『温古の栞』初篇―三六篇（一九九〇―九五年刊）、宮城三平『会津温故拾要抄』（四冊、千鍾房、一八八九年）、尚古堂主人著・野口竹次郎編『江戸の花――温古知新』（博文館叢書第五回、一八九〇年）など。
(17) この文言は、すでに前年一〇月の団子坂の興行の入場割引券（前掲図6）でも確認できる。
(18)『旧諸侯之行列』（東京都江戸東京博物館蔵 87103062）。
(19) 異なるのは、前文の製作年数が「三十有余年」から「二十有余年」へ、幾右衛門の年齢が「六十六歳」から「六十七歳」へ、毛利の行列の人数が「百六十余名」から「百五十余名」へ、付言の人形の総数が「七百余」から「六百余」となっている点である。幾右衛門の年齢以外、原因は不明であり、すべて減っているのが気になるところである。
(20) なお、前掲小山論文では、大名行列人形がセントルイス万国博覧会（明治三七年）に出品されたとの指摘があったが、本稿では確認できなかった。今後の課題としたい。

〔付記〕本章の執筆にあたり、小山弓弦葉、五味聖、市川寛明、熊谷純三各氏よりご教示いただきました。あつく御礼申し上げます。

参考文献

岩淵令治「江戸城登城風景をめぐる二つの表象――名所絵と〈歴史画〉のあいだ」『別冊都市史研究　江戸とロンドン』山川出版社、二〇〇七年
岩淵令治「江戸城警衛と都市」『日本史研究』五八三、二〇一一年
岩淵令治「境界としての江戸城大手三門――門番の職務と実態」『東京大学史料編纂所研究紀要』二二、二〇一二年

4 武具から見た行列図

近藤好和

一 武具の二面性と行列

本章の課題は、いわゆる「大名行列図」と総称される近世の武家行列図を、それ以前の中世までの行列図と比較して、その武具のあり方の相違を考えることにある。

前近代の行列には概ね武具が伴う。武具とは、弓箭・刀剣等の攻撃具と、甲冑等の防御具を総称した歴史用語である。行列に武具が伴うのは、第一義的には、行列そのものが目立つ存在であり、常に襲撃される危険性を孕んでいるため、行列の主体や行列自体を警護するという現実的な目的があるのはもちろんのこと、それと同時に、行列そのものに荘厳さを加え、また武威を誇示するという目的もあった。

かかる行列に武具が伴う目的の二面性は、そのまま兵仗《ひょうじょう》と儀仗《ぎじょう》という、武具の性格における二面性の反映でもある。兵仗は実戦用の武具、儀仗は威儀用・儀式用の武具をいう。ただし、儀仗には、兵仗をそのまま用いる場合と、兵仗使用できない純粋な儀仗がある。換言すると、儀仗には実戦使用できる儀仗とできない儀仗がある。このうち後者の純粋な儀仗は、摂関期の平安貴族社会で成立し、束帯《そくたい》等の公家男子装束で佩帯された。

以下、本章では、まず中世までの行列図として、平安貴族社会における天皇の行列つまり行幸《ぎょうこう》を描いた『年中《ねんじゅう》行事絵巻《ぎょうじえまき》』朝勤行幸《ちょうきんぎょうこう》巻（個人蔵）、及び室町時代後期の祭礼における随兵《ずいびょう》の行列を描いた『祭礼草紙《さいれいぞうし》』（尊経閣文庫蔵）にみえる武具のあり方を分析。そのうえで、『赤穂城請取脇坂淡路守行列図《あこうじょううけとりわきさかあわじのかみぎょうれつず》』（赤穂大石神社蔵）などをはじめとする近世の武家行列図にみえる武具のあり方と比較し、両者の相違を考えてみたい。

ただし、本稿で各絵画資料にみえるすべての場面の武具を取り上げるのは、紙数の関係もあって到底できない。そこで、『年中行事絵巻』『祭礼草紙』ともに、それぞれの武具のあり方が顕著に表れている各二画面ずつを選んで考察の対象とする。

一方、近世武家行列図は、結論からいえばその武具のあり方には一定のパターンがあって、どれもみな大同小異で画一的であり、各図ごとに大きな相違はない。そこで、近世武家行列図は全体を総体として総合的に扱い、画面としては『赤穂城請取脇坂淡路守行列図』を代表として掲げることにしたい。

二　武具からみた『年中行事絵巻』朝勤行幸巻

1　『年中行事絵巻』朝勤行幸巻について

『年中行事絵巻』は、宮中の恒例・臨時の公事《くじ》（年中行事）を中心に、摂関家の行事や京中の祭礼や法会などを絵画化した絵巻。『古今著聞集』巻一一・画図第一六「後白河院の御時松殿基房年中行事絵に押紙の事」や『民経記』天福元年（一二三三）五月二二日条などの諸史料によれば、後白河法皇（一一二七—一一九二）が描かせ、関白松殿藤原基房（一一四五—一二三一）が誤りの部分に自筆で押紙をし、蓮華王院宝蔵に所蔵されていたという。下って、後水尾上皇（一五九六—一六八〇）は、住吉如慶（一五九九—一六七〇）・具慶（一六三一—一七〇五）父子に命じてこの絵巻の模本を作らせたが、製作途中の一六六一年（寛文元）に御所の焼亡とともに原本は焼失した。

したがって、現存する『年中行事絵巻』は、この住吉父子の模本（住吉本）と、それと別系統の鷹司《たかつかさ》本などの模本が残るだけである。本章では住吉本を使用するが、特に朝勤行幸巻は原本に忠実な模本であり、装束の文様などの一部に略筆もみられるものの、その描写は原本同様に取り扱って大過ないものである。

ところで、朝勤行幸は、天皇が父帝の仙洞《せんとう》御所へ年頭の挨拶に出向く行事。近衛大将以下のすべての武官が武装して供奉した。したがって、『年中行事絵巻』朝勤行幸巻からは、行幸という行列における公家の武官の武具のあり方がよくわかる。

この『年中行事絵巻』朝勤行幸巻は、次の五画面より成り立っている。A 紫宸殿南庭《ししんでんなんてい》から建礼門《けんれいもん》前に至る場面。B 待賢門《たいけんもん》前の場面。C 大路渡御《おおじとぎょ》の後陣の場面。D 仙洞御所到着の場面。E 仙洞御所での舞御覧《まいぎょらん》の場面である。

このうち行幸の行列が描かれているのはCである。しかし、Cは行幸の行列最後尾の後陣だけで、行幸の行列本体はすでに過ぎ去った後の場面である。そこでCには、行幸の主体となる、天皇の正式の乗り物である鳳輦《ほうれん》は描かれていない。

これに対して、鳳輦が描かれているのはAとDであり、そのAの鳳輦部分が図1（口絵2）、Dの鳳輦部分が図2である。図1は鳳輦つまりは天皇が出立直前の場面であり、行列そのものは描かれない。一方、図2は鳳輦到着の場面であり、行列そのものはすでに解かれ、前陣で供奉した公卿以下の人々はすでに列立《れつりつ》の体勢である。

また、図1・2ともに、駕輿丁《がよちょう》が担ぐ鳳輦の周囲を武装した束帯《そくたい》姿の近衛次将《ししょう》達（中将・少将）が徒歩で警固する。このうち駕輿丁が鳳輦を担ぐことは行幸の行列でもそのままだが、行幸の行列では五位以上の人々は騎馬で供奉する規定である。つまり近衛次将達は行幸の行列では騎馬で供奉したはずであり、図1・2のように徒歩で警固するのは行幸の行列とは異なる体勢ということになる。

図１　『年中行事絵巻』朝勤行幸巻・行幸出立場面（個人蔵）

とはいえ、『年中行事絵巻』朝勤行幸巻で鳳輦が描かれているのは、既述のように図1・2だけであり、近衛次将達が佩帯する武具のあり方は、騎馬でも徒歩でも相違はない。また、弓箭と太刀だけで甲冑を着用しないという近衛次将達の武装のあり方は、近衛次将以外でも身分に関わりなく行幸に供奉するすべての武官で同様である。それは図1・2にともに描かれている随身達の武装に明瞭である。

そこで、本節では、図1・2にみえる近衛次将と随身を中心とする武官の武具を取り上げ、『年中行事絵巻』朝勤行幸巻にみえる武具のあり方を探ることとする。

2　行幸出立場面と行幸到着場面

まずは図1。内裏正殿である紫宸殿（南殿《なでん》とも）から南庭を経て承明門《じようめいもん》までが描かれる。画面右端が紫宸殿。建物は屋根を取り外した吹抜屋台《ふきぬきやたい》の形式で描かれ、母屋から廂間を経て南階十八級に続く額間《がくのま》を南面に進む天皇を描く。天皇は「山鳩色也《やまばといろなり》」の註記の通り、縫腋有襴《ほうえきうらん》の青色袍《あおいろほう》に表地が白で躑躅《つつじ》重《がさね》と考えられる下襲《したがさね》の裾《きよ》を背後に長く引き、表袴《うえのはかま》に白襪《しとうず》を履いた束帯姿である。その東西（左右）には、ともに裳《も》と唐衣《からぎぬ》を略した重《かさ》ね袿《うちき》姿で檜《ひ》扇《おうぎ》で顔を覆った内侍《ないし》を従え、内侍は三種の神器のうちの東（左）は宝剱《ほうけん》、西（右）は神爾《しんじ》を掲げている。廂間西奥には縫腋有襴の黒の位袍《いほう》の束帯姿の関白が正笏して座している。

紫宸殿正面（南側）が南庭であり、画面では南庭中央に紫宸殿に近付く鳳輦が描かれる。鳳輦は、近衛府や兵衛府所属の駕輿丁が轅《ながえ》を肩に担いで移動する輦輿《れんよ》のうち、天皇行幸の際の正式の乗り物で、方形造の屋蓋中央に金銅製の鳳凰の意匠を据えたものである。一般的な神輿《みこし》はこの鳳輦の様式の継承である。

この鳳輦を肩に奉舁する駕輿丁は一二名。さらに鳳輦移動の際の動揺を防ぐために、屋蓋の四隅から垂らした御綱《みつな》（緋綱《あけのつな》）を持つ駕輿丁一〇名（前綱三人ずつ、後綱二人ずつ）を加えた。駕輿丁の装束は、頭に平礼烏帽子《へいれいえぼし》を被り、上着である退紅《たいこう》の裾を押折《おしおり》とし、肩に黄地有文の裲襠《りょうとう》を懸け、白の襖袴《おうこ》を上括《しょうくくり》とし、草鞋《わらぐつ》を履く。画面では駕輿丁のなかに、同じく退紅・白襖袴で細纓《さいえい》・緌《おいかけ》の冠を被り、脛に葈脛巾《いちびはばき》を着装した輿長《こしおさ》（画面では四名が確認）も交じる。駕輿丁の統率者である。

駕輿丁の廻りを囲って警固するのが近衛次将であり、画面では一四名（左右七名ずつ）が確認できる。その装束は、巻纓《けんえい》・緌《おいかけ》の冠を被り、闕腋無襴《けつてきむらん》の黒の位袍で、闕腋の隙間から半臂《はんぴ》の襴《らん》と表袴をのぞかせ、靴《かのくつ》を履いた束帯姿である。ただし、画面左（最後尾）の次将のみ、縫腋有襴の黒の位袍で、表地白・裏地濃蘇芳の躑躅重の下襲の裾を背後に長く引く。次将の統率者である上臈の次将である。そして次将達はいずれも弓箭と太刀を佩帯し、その正面が描かれた一名によれば、太刀は平緒《ひらお》で佩く。

紫宸殿南庭南階十八級寄りの東西には、西に左近の桜樹、東に右近の橘樹が植えられ、画面でも下方に桜樹、上方に橘樹が描かれる。両樹のもとには、巻纓・緌の冠を被り、縫腋有襴の黒の位袍で躑躅重の下襲の裾を背後に長く引き、靴を履いた人物が各一名ずつ立つ。この二名は左右近衛大将である。この近衛大将二名もともに弓箭と太刀を佩帯し、画面上方の右大将によれば、やはり太刀は平緒で佩く。

左右近衛大将の背後には、それぞれ五名の随身達が従う。随身の装束は、細纓・緌の冠を被り、上着である褐衣《かちえ》の

裾を押折とし、白襖袴を履き、襖袴の下に着装した行縢《むかばき》を透かし、菓脛巾を着装する。さらにやはり弓箭と太刀を佩帯し、太刀には尻鞘《しりざや》を入れる。

また、橘樹北側には随身同様の装束の四名が紫宸殿側を伺っている。装束が同様でもこの四名は随身ではなく、天皇乗輿後に西階を登って大刀契《たいとけい》の櫃を舁下して行幸に供奉する近衛将監《しょうげん》達である。なお、大刀契は節刀《せっとう》と関契《せきけい》等の符契類であり、三種神器とは別に皇位を象徴する器物である。

南庭西側（画面下方）に列立する、縫腋有襴の黒の位袍で、躑躅重の下襲の裾を背後に長く引き、靴を履いた六名は供奉の公卿達であり、北側（画面右側）が最上位である。六名のうち垂纓《すいえい》の冠を被り、位袍の背後に石帯《せきたい》の上手《うわて》をみせる四名は文官であり、そのうち三名は太刀を佩帯する。この太刀佩帯の三名は勅授帯剣《ちょくじゅたいけん》の文官《もんかん》である。一方、巻纓・緌の冠の二名は武官であり、参議に中将を兼帯した宰相中将や三位中将である。この二名の武官は弓箭と太刀を佩帯する。

ついで図2。画面右から左へ、仙洞御所の西中門廊から西中門前を描く。駕輿丁に奉舁され、下馬した次将に警固された鳳輦が西中門に入ろうとする場面である。中門内北側（画

図2　『年中行事絵巻』朝覲行幸巻・行幸到着場面（個人蔵）

面上方）には、公卿が列立し、その先頭に随身を従えた左近衛大将が立つ。その正面の中門北側に控えるのは随身を従えた関白である。西中門内南側にはやはり随身を従えた右近衛大将が立ち、中門南側には上﨟の次将が立つ。

中門外、中門に入る鳳輦の南北に列立する武官の一群は、北側が左兵衛府の武官達であり、南側が左衛門府の武官達である。行幸の行列において、左兵衛府・左衛門府の武官達は鳳輦の先陣を行くために、仙洞御所には鳳輦よりも先に到着して列立して鳳輦を迎え、一方、右兵衛府・右衛門府の武官達は後陣のために、画面ではまだ仙洞御所に到着していない状況である。なお、図2にみえる人々の装束および武装は、それぞれ図1と同様であり、繰り返さない。

3　『年中行事絵巻』朝覲行幸にみえる武具

さて、こうした行幸における武官の装束（行粧《いでたち》）は、『延喜式』六衛府《ろくえふ》（左右近衛府・左右衛門府・左右兵衛府）各条の行幸条、特にそのうちの「幸近《こうきん》」（内裏に近い平安京内の行幸）の規定に則っているが、改めていえば、武官の身分に拘わらず、その佩帯する武具は弓箭と太刀である。そして、弓箭は弓と矢、さらに矢を収納して携帯する容器から成り立っており、平安期以降の武官ではその容器が特に重要であった。

その状況は図1・2にも明瞭に現れており、近衛大将以下、束帯着用の上級武官は平胡籙《ひらやなぐい》、随身をはじめ褐衣着用の下級武官は狩胡籙《かりやなぐい》である。平胡籙は開扇状に矢を盛った儀仗の容器であり、狩胡籙は兵仗の容器である箙《えびら》に狩猟用の野矢《のや》を収納したもので、平胡籙がまったくの儀仗に対し、兵仗的要素を残したものである。

また、図1・2によれば、平胡籙佩帯の上級武官の弓は金（金泥か）、狩胡籙佩帯の下級武官の弓は黒で描く。これは前者が蒔絵等の漆工装飾を施した弓、後者が黒漆の弓であることを示す。このうち前者がまったくの儀仗、後者がやはり兵仗的要素を残したものである。

一方、武官が佩帯する太刀は、衛府太刀《えふだち》（毛抜型《けぬきがた》太刀とも）を正式とし、上級武官の場合は餝剱《かざりたち》を佩帯することもあった。このうち餝剱は正倉院遺品の金銀鈿荘唐《きんぎんでんそうから》大刀《たち》（北倉38）の様式を継承したまったくの儀仗の太刀であり、外装金物の精粗等により、正式な順に如法《じょほう》餝剱・螺鈿剱《らでんのたち》・細剱《ほそだち》等の種類がある。なお、勅授帯剣の文官公卿が佩帯するのはこの餝剱である。

一方、衛府太刀は、その名称からも武官正式の太刀であることがわかるが、毛抜型太刀の別称があるように、本来は刀身と一体に製作した共鉄造《ともがねづくり》の柄に毛抜型の透彫を入れることを特徴とする兵仗の太刀である。伝源頼朝像等の京都・神護寺所蔵の著名な三画像が佩帯する太刀はこれである。ただし、この衛府太刀も『年中行事絵巻』が描かれた平安末期頃には儀仗化したようで、共鉄造ではなく、通常の茎《なかご》形式の柄に毛抜型の餝目貫《かざりめぬき》を加えた様式さえ成立した。

図1・2の武官が佩帯する太刀が、餝剱か毛抜型太刀かは図からは明瞭には分からないが、行幸であるから、下級武官が衛府太刀であることは確実で、上級武官も衛府太刀であろう。ただし、それは衛府太刀であっても、時代的に儀仗化している可能性があるものとなろう。

このように『年中行事絵巻』朝勤行幸巻にみえる武具は、儀仗あるいは儀仗性の高いものばかりである。武官の任務は天皇および内裏の警固である。まして天皇が内裏を出る行幸では厳重な警固を必要とする。しかし、武官佩帯の武具は儀仗である。

行幸であっても武官佩帯の武具が儀仗で事足りるのは、摂関期以降は王権が安定し、武力で天皇や朝廷を襲撃しての反逆等は起こりえない状況となったからである。そこで武官そのものを含めて、その佩帯武具は儀仗で事足りるようになった。しかし、儀仗ではあっても武官の武具の佩帯が廃れることはなく、武官はその本来の任務の象徴として弓箭と太刀を佩帯し続けた。

特に弓箭は日本の攻撃具の主体である。とりわけ古代～中世前期ではそうである。したがって、弓箭の佩帯は臨戦態勢を示す。儀仗として形骸化したとはいえ、行幸での武官の弓箭佩帯は、剝き出しの武力の象徴なのである。

三　武具からみた『祭礼草紙』

1　『祭礼草紙』について

『祭礼草紙』は通称。箱書には「絵草紙《えぞうし》」とある。そこで『祭礼絵草紙』とも。全一巻。紙本着色。伝土佐光重筆。成立は室町後期。書院での饗応の場面から始まり、祭礼の準備を経て祭礼の行列に至る内容である。しかし、詞書はなくいずれの祭礼かは不明。また、祭礼行列の主体である神輿渡御《みこしとぎょ》つまり神幸《しんこう》は描かれない。祭礼部分は、随兵《ずいびょう》を従えた一物《ひとつもの》の馬上の馬長《うまおさ》の一群、さらに別の馬長の一群が続き、ついで風流物の一群、そしてまた別の馬長の一群が続き、最後は祭礼における子供の行事で終わる。

そのうち本章で取り上げるのは、風流物に先行する馬長の各一群である（図3・4）。もっとも、筆者は遺憾ながら原本拝見の機会を得ず、またカラーの刊本などの存在も知らない。ただし、『尊経閣叢刊』に『祭禮繪草紙』としてモノクロの複製が収録されており（一九二九年刊）、本章ではそれを用いた。もとよりモノクロの複製であるので、色については言及できないことをご了承いただきたい。

2　馬長の行列

まず図3。画面先頭は折烏帽子《おりえぼし》・直垂《ひたたれ》姿の御幣持《ごへいもち》。ついで綾藺笠《あやいがさ》の巾子型《こじがた》に長い鳥の羽を立て、水干上下《すいかんかみしも》姿の馬長が騎馬で続く。馬の左右から差縄《さしなわ》を持つ朧《くとり》の随兵二名（左・右）は、ともに大鎧《おおよろい》姿で鍬形《くわがた》を打った冑《かぶと》を被る。右の冑は星冑《ほしかぶと》らしく、左は筋冑《すじかぶと》で祓立《はらいだて》に笠印《かさじるし》を立てる。小具足《こぐそく》は、両名ともに馬手《めて》（右手）に籠手《こて》がみえ、弓手《ゆんで》（左手）はみえないが、諸籠手《もろごて》であることがわかる。下半身は、両名ともに不明瞭ながら大腿部に佩楯《はいだて》（左は伊予《いよ》佩楯、右は宝《ほう》幢《どう》佩楯か）を着用しているようで、また、脛は脛当《すねあて》はせずに脛巾《はばき》のみ。足は、右は足袋《たび》のみ。左は素足か。攻撃具は、ともに鞘尻《さやじり》しかみえていないが、太刀を佩き、打刀《うちがたな》を差していることがわかる。

これに甲冑姿の随兵三名（左・中・右）が並んで続く。冑は、中は星冑らしく、左・右は不明瞭。右・中は鍬形を打ち、左は大弦月型《だいげんげつがた》の前立《まえたて》を打つ。なお、右は頬当《ほほあて》を着用。甲《よろい》は、左・右は大鎧、中は剝落が激しいが、草摺が細かく分割している点から腹巻《はらまき》であろう。小具足は、右が諸籠手に伊予佩楯を着用していることが明瞭である。また、三名ともに脛巾のみで脛当は着用せず、足は、現状では右は足半《あしなか》、中は草鞋《わらじ》を履き、左は素足にみえる。攻撃具は、右は太刀を二振り佩帯しているらしく、中は打刀の鞘尻だけがみえる。そして、三名ともに大長刀《おおなぎなた》を馬手に掻い込む。

以上の五名の随兵が徒歩ながら騎兵に相当する上位者に対し、続く一群（画面にみえるのは七名）はその行粧から歩兵に相当する下位者の従者と考えられる。

まず前を行く三名。やや先を行く二名は、左は頭を布帛で包み、諸籠手（ただし座盤《ざばん》はみえない）に甲を着用する。

甲は腹巻か胴丸《どうまる》で、どちらであるかは背面がみえないので不明である。ただし、付属具がなにもない点からすれば、胴丸の可能性がある。足は脛巾に素足か。攻撃具は馬手に長柄《ながえ》の鑓《やり》を掻い込む。

一方、右は帽子《ぼうし》冑《かぶと》を被り、籠手はせずに甲を着用する。この甲も腹巻か胴丸で、やはりどちらであるかは不明。しかし、肩に付属具として杏葉《ぎょうよう》がみえ、腹巻の可能性がある。足は脛巾はなく、草鞋を履く。攻撃具は左腰に打刀を差し、右腰に空穂《うつぼ》を佩帯して、弓手に弓を持つ。

この二名にやや遅れる一名は、笠を被り、諸籠手に腹巻か胴丸を着用し、その上に袖を絡げた小袖を着用する。足は脛巾に素足のようである。攻撃具は、先行する一名と同様に、打刀・空穂・弓である。

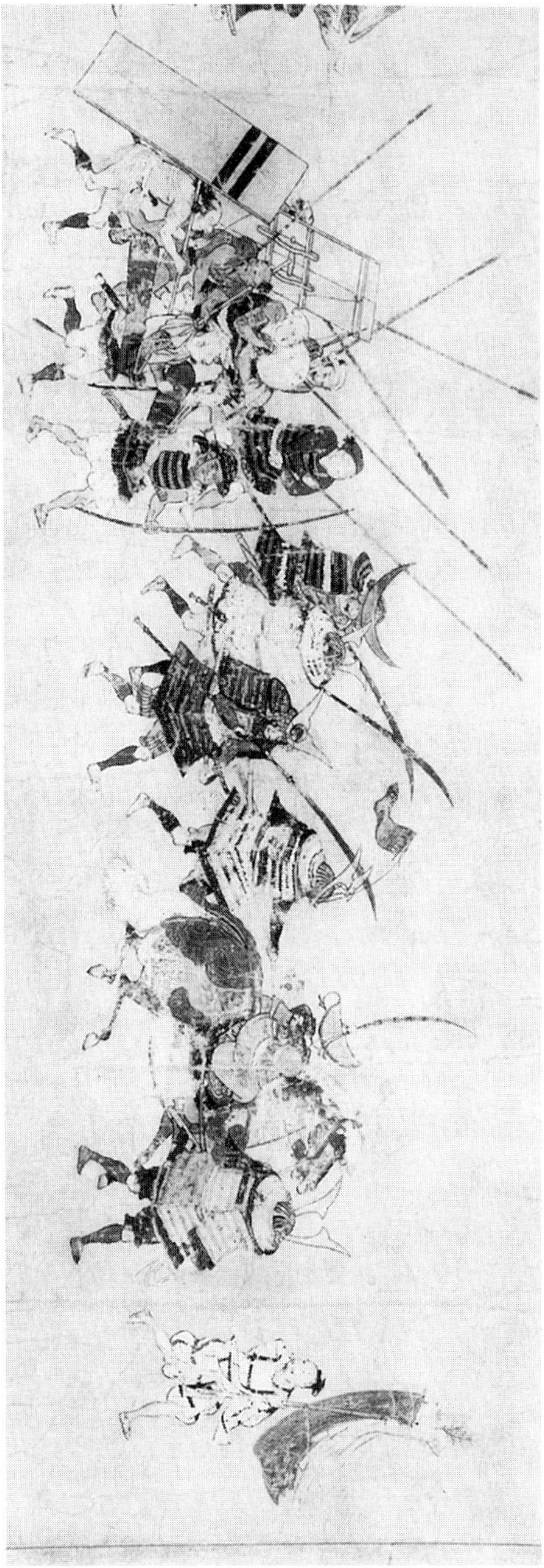

図3　『祭礼草紙』・馬長の行列 a（『祭禮繪草紙』公益財団法人前田育徳会，1929年）

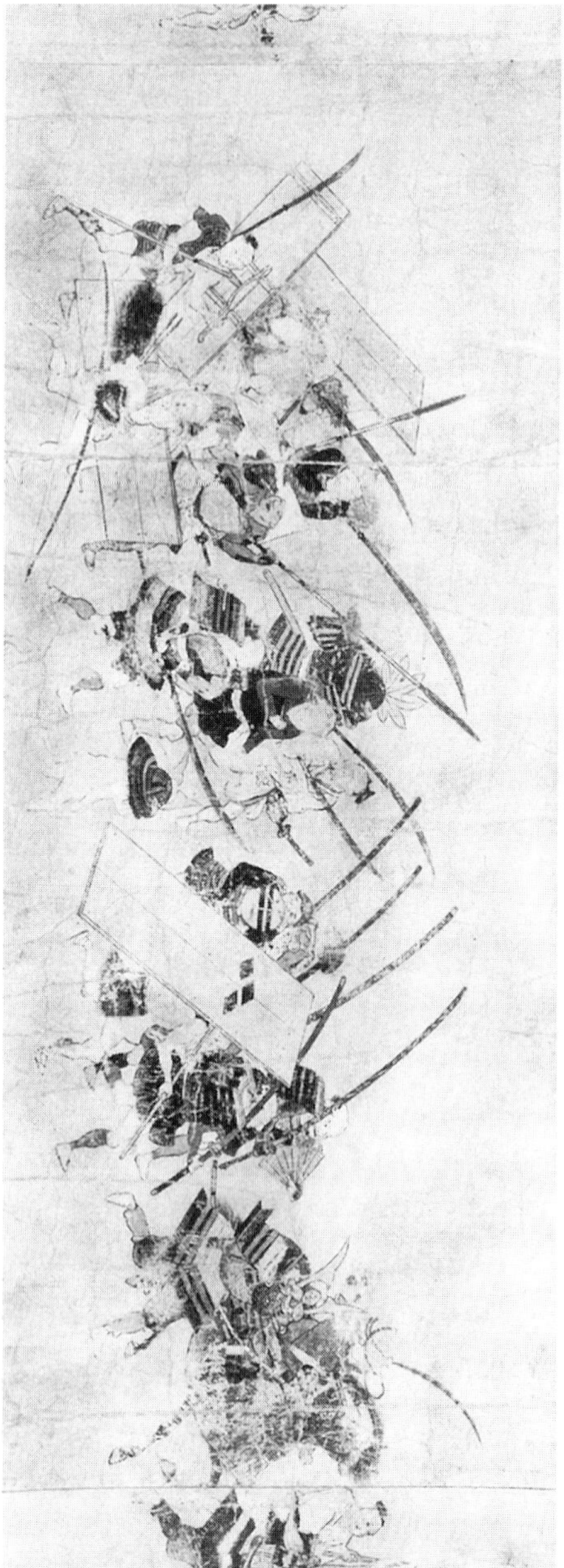

図4　『祭礼草紙』・馬長の行列b（『祭禮繪草紙』公益財団法人前田育徳会，1929年）

この三名に四名が続く。左（奥）から、鉢巻・諸籠手に長柄の鑓を持つ。その右は頭を布帛で包み、諸籠手に甲（腹巻か胴丸）を着用か。攻撃具はやはり長柄の鑓。両名の間に丸い物がみえる。剥落して不明瞭だが、笠または蒲葵《ほき》扇《せん》か。持つのは左か右か。その右の二名はともに置楯《おきだて》を担う楯持《たてもち》。左は露頂《ろちょう》に小袖で長柄の鑓を持つ。右は露頂で腰蓑のみの裸体で打刀を差す。

なお、左の楯の陰から長柄の鑓が二本みえ、さらに布帛で包んだ頭部の一部がみえる。つまり画面にはみえないが、この一群にはほかに二名が従っているらしい。

ついで図4。やはり先頭は御幣持に騎馬の馬長とその朧二名。二名はともに大鎧に冑（星冑か筋冑かは不明）を被る。

冑は三鍬形《みつくわがた》を打ち、左の祓立は日輪《にちりん》、右の祓立は三柏《みつがしわ》。右は頬当、左は目下頬当《めのしたほおあて》を着用。攻撃具は太刀がみえる。

続く一群は五名。前の二名は頭を布帛で包み、左は大鎧、右は両袖付属の腹巻らしく、ともに大太刀を右肩に担う。その右に腰蓑のみの楯持がみえ、後の二名は、ともに頭を布帛で包み、左は腹巻に杏葉か。右は肩に杏葉がみえるため腹巻か。ともに大太刀を担い、右は蒲葵扇を持つ。なお、楯持の楯からは大太刀の鞘がもう一本覗く。画面にはみえないが、さらにもう一名が従っているらしい。

この一群にさらに六名が続く。やや先行する楯持の後は鍬形を打った星冑を被った冑着《かぶとぎ》。着衣等は剥落。続いて三名が並び、左は折烏帽子・直垂で左手に太刀を持つ。中は腹巻か胴丸で右脇に大長刀を掻い込む。右は両袖付属の腹巻にやはり大長刀を右手に持つ。これにやや遅れて背面をみせる一名は、筋冑に大鎧。冑には八手《やつで》の前立を打つ。打刀を腰に差し、やはり大長刀を持つ。

続く一群は剥落が多いが、画面で確認できるのは六名。楯持三名を含む。攻撃具は、大長刀二本、長刀一本、長柄の鑓二本がみえ、右側の一名は空穂を佩帯して弓を持つ。

3　『祭礼草紙』にみえる武具

以上、『祭礼草紙』にみえる武具は、刀剣主体である点をはじめ、甲冑・小具足・攻撃具の細部の様式や空穂の使用等にも室町時代の特徴が顕著である。

そして、小具足は略装だが甲冑を着用した完全武装で、大長刀や鑓の刀身は抜き身のままで剝き出し。また空穂は右腰に佩帯している。まさに臨戦態勢で、軍陣そのままである。このますぐに戦闘に移ることができる。特に刀身剝き出しの大長刀や長柄の鑓の乱立は物々しい。こうした状況は、本章では割愛した後半部分でも同様である。

かかる剝き出しの武力が、神幸の警護という随兵の兵仗としての役割を示すと同時に、儀仗として神幸に荘厳さを加えている。兵仗が儀仗としても機能する一例である。

こうした祭礼の随兵の剝き出しの武力は、中世の祭礼の代表ともいうべき祇園祭にも当然見られる。それは、『祇園祭礼図屛風』（サントリー美術館蔵）や『洛中洛外図屛風』歴博甲本（国立歴史民俗博物館）・上杉本（上杉博物館蔵）等の祇園祭の場面からも確認できる。

他面、祭礼の随兵にさえ剝き出しの武力が見られるところが、中世という時代の特徴といえよう。

四　近世武家行列図にみえる武具

1　近世武家行列図にみえる武具の特徴

一般に大名行列といわれる近世武家の行列は、その武威を誇示するためのもので、それは「備《そなえ》」という戦国時代以来の組織戦の陣形と、「押《おし》」という備に基づく行軍形態を継承したものという〔笠谷 一九八八・根岸 二〇〇九〕。

かかる行列を描いた近世武家行列図に具体的に筆者がふれたのは、国立歴史民俗博物館企画展示『行列にみる近世』展図録（二〇一二）収録のコラム「行列を識る⑥　武具から見た行列図」の執筆を依頼された時が最初である。本書はこの企画展の研究成果であり、また、本章はそのコラムをもととしているが、近世武家行列図についてはまだ不勉強であり、『年中行事絵巻』朝勤行幸巻や『祭礼草紙』のような詳細な分析はできない。

しかし、コラム執筆依頼時に、国立歴史民俗博物館より提供された『赤穂城請取脇坂淡路守行列図』（前出）、『松《まつ》山藩参勤交代絵巻《やまはんさんきんこうたいえまき》』（国立歴史民俗博物館蔵）、『拾万石御加増後初御入国御供立之図《じゅうまんごくごかぞうごはつごにゅうこくおんともだてのず》』（津山郷土博物館蔵）などの各写真データ。また、上記図録掲載の『加賀藩大名行列図屛風《かがはんだいみょうぎょうれつずびょうぶ》』（石川県立歴史博物館蔵）、『幕末将軍上洛図巻』（東京都江戸東京博物館蔵）や、それらとは別に観察した『島原陣図屛風《しまばらじんずびょうぶ》』「出陣図」（秋月郷土館蔵）などを参看すると、近世武家行列図における武具のあり方には一定のパターンがある。

まず上記の近世武家行列図のなかで、甲冑（具足《ぐそく》）姿が描かれているのは『島原陣図屏風』だけである。実際の戦闘に向かう行列を描いたのは『島原陣図屏風』だけであるから当然である。ほかの近世武家行列図では、甲冑は具足《ぐそく》櫃《びつ》や箱に収納して運ぶ。

一方、近世武家行列図にみえる攻撃具は、鉄炮《てっぽう》・弓箭・鑓・打刀・太刀・長刀である。これは、鉄炮伝来・普及以後の日本の攻撃具の総体である。このうち鉄炮・弓箭と柄が長寸の鑓―長柄《ながえ》が近世の攻撃具の代表として「三品《さんぴん》」と称され、行列では藩主の位置する本行列の前に位置するために「御先《おさき》三品」と称されたことは、すでに上記図録のなかに指摘がある〔深井 二〇一二〕。同時にこの三品は、藩主に従う家老などの各家臣団にもそれぞれ配され、また、藩主をはじめ各家臣団の主人の後には、「供鑓《ともやり》」として配下の人々使用の複数の鑓（長柄）が続いている。

ところで、この近世武家行列図にみえる攻撃具は、鉄炮を除けば、『祭礼草紙』にみえるそれとまったく同様の内容である。しかし、近世武家行列図と『祭礼草紙』を比較すると、両者の武具のあり方には大きな相違がある。

それはすでに指摘したように、『祭礼草紙』にみえる武具のあり方は、甲冑を着用し、攻撃具は、長刀・鑓はすべて抜き身のままであり、また、弓箭も右腰に空穂を佩帯し、弓を弓手に持つ。つまりそのまま戦闘に入ることができる臨戦態勢の剝き出しの武力が描かれている。

これに対し、近世武家行列図の武具のあり方は、甲冑は着用せずに具足櫃や箱に収納。三品は、鉄炮は鉄炮筒に収納。筒に火縄《ひなわ》を巻き付け、火薬や玉も櫃や箱に収納。弓箭は、概ねは弓二張または一張を矢を納めた空穂や矢立《やたて》と束ね、矢は佩帯を意図しない土俵《どひょう》空穂という大形の空穂に納める場合もある。一部に弓を弓手に持ち、空穂を右腰に佩帯する場合もみえるが、空穂の矢の取り出し口である竈の口は間塞《まふたぎ》とよぶ蓋で閉じている。また、鑓（長柄）には鞘を被せ、抜き身のままはない。

つまり三品は鉄炮・弓箭・鑓ともに、そのまま戦闘に移れる臨戦態勢にはなく、直接の使用を想定していないことは明らかである。これは太刀でも同様で、太刀筒に納めている。また、長刀も鞘を被せ、抜き身はない。

ちなみに、長刀は近世では「打物《うちもの》」とよび、特定の大名に限って、藩主の乗物《のりもの》（駕籠《かご》）や乗馬に先行して一振のみ所持が許可された。これは幕府と大名との規定であるが、この規定は大名と家臣団との間にも応用されたようで、家老などの家臣の乗物や乗馬に先行して長刀一振がみえる場合もある。いずれにしろ、近世武家行列図では、藩主をはじめ、その行列の主人がどこに描かれているかは、長刀を探せば判断できる。

こうした長刀の状況は、戦国合戦図屛風などによっても確認でき、戦国時代以来の伝統である。その意味については、前掲コラムでは「稿を改めたい」としたが、いまだ的確な解釈はできていない状況である。

このように近世武家行列図では、甲冑・鉄炮・弓箭・鑓・太刀・長刀いずれもが臨戦態勢にない。これに対し、打刀は行列参加者のほぼ全員が、侍身分は大小二本、侍身分に及ばない者は大一本を左腰に佩帯する。

したがって、何か不測の事態が起これば、ひとまずはこの打刀で応戦し、その間に、ほかの攻撃具の準備をすれば良いのかも知れない。しかし、その一方で、打刀の佩帯は、近世の侍身分にとっては、日々の登城などの日常の延長にすぎず、特に武威を示したり、臨戦態勢にあるとは言い難い。

2　『赤穂城請取脇坂淡路守行列図』にみえる武具

こうした近世武家行列図にみえる武具のあり方の具体例が図5・6。『赤穂城請取脇坂淡路守行列図』からである。この『赤穂城請取脇坂淡路守行列図』は全九巻。一七〇一年（元禄一四）、播州赤穂藩主浅野内匠頭長矩が江戸城内で起こした刃傷により、改易のうえ切腹を命じられたいわゆる「赤穂事件」の際に、赤穂城の請取と在番を命じられた播州龍野藩主脇坂淡路守安照が、城地請取に仕立てた行列を描いた絵巻物である。これはいわば記録画に相当する絵巻物で、『行列にみる近世』展図録「資料解説」（二〇一二）によれば、製作年代は一八世紀。城地請取から間もない頃であったらしい。

このうち図5・6は、巻一冒頭の先手《さきて》家老《がろう》脇坂玄番の行列である。まず図5には御先三品が、鉄炮二挺・弓箭一組・長柄三柄の順に描かれている。このうち鉄炮は無文赤漆地の鉄炮筒に納め、筒の上に火縄を巻く。弓箭は、重《しげ》籐弓《とうのゆみ》と、穂先《ほさき》と間塞に金蒔絵の輪違紋《わちがいもん》を入れ、緑色の後緒《うしろを》を筒間《つつあい》に巻き込んだ黒漆塗の空穂（大和空穂か）を束ね、太刀打《たちうち》部分を黒漆塗とした長柄は、黒熊《こぐま》を植毛《うえげ》した黒漆塗の鞘を被せ、鏑巻《かぶらまき》部分に黒い小幡《こばた》を垂らす。

ついで図6。先頭の一名は重籐弓二張に矢を納めた矢立を束ねて担ぎ、次の一名は黒漆塗の鞘を被せ、鏑巻部分に黒い小幡二流と白熊《はぐま》を付設した長刀を担う。なお、画面にはみえないが、図5と6の境部分には、図5から続く赤漆塗の鞘を被せた長柄三柄もみえる。長刀の後には馬印《うまじるし》・差物竿《さしものざお》・冑立《かぶとたて》を担ぐ各一名が続き、それに続く一名は金蒔絵の輪違紋を入れた赤革製の覆いを被せた荷物を担ぐ。これは甲冑を入れた具足櫃である。ついで徒《かち》一〇名が二列で続き、その最後の二名は、金蒔絵で輪違紋と唐草文様を入れた黒漆塗の太刀筒を担う。それに続く騎馬の人物がこの行列の主人脇坂玄番。玄番の背後には、鞘を被せた長柄二柄（一柄は十文字鑓）が続く。

そして、図5・6ともに、行列参加者は二本または一本の打刀を左腰に佩帯。二本ともに鞘尻《さやじり》がみえる脇坂玄番の打刀は、赤漆塗鞘に金地の石突金物《いしづきがなもの》。石突金物は芝引《しばひき》と雨覆《あまおおい》のある太刀様式である。

城地請取は、実際の戦闘はないものの、城を明け渡す側の武士としての面目を立てる作法が取られ、その行列は戦闘態勢が取られ、また、この赤穂城請取の作法はこれ以後の城地請取の作法の先例として継承されたという〔久留島 二〇一二〕。

しかし、戦闘態勢といっても、図5・6からわかる『赤穂城請取脇坂淡路守行列図』の武具のあり方は、『祭礼草紙』にみえる武具のあり方とは異なり、そのまま戦闘に移れる臨戦態勢にはなく、直接の使用を想定したものではな

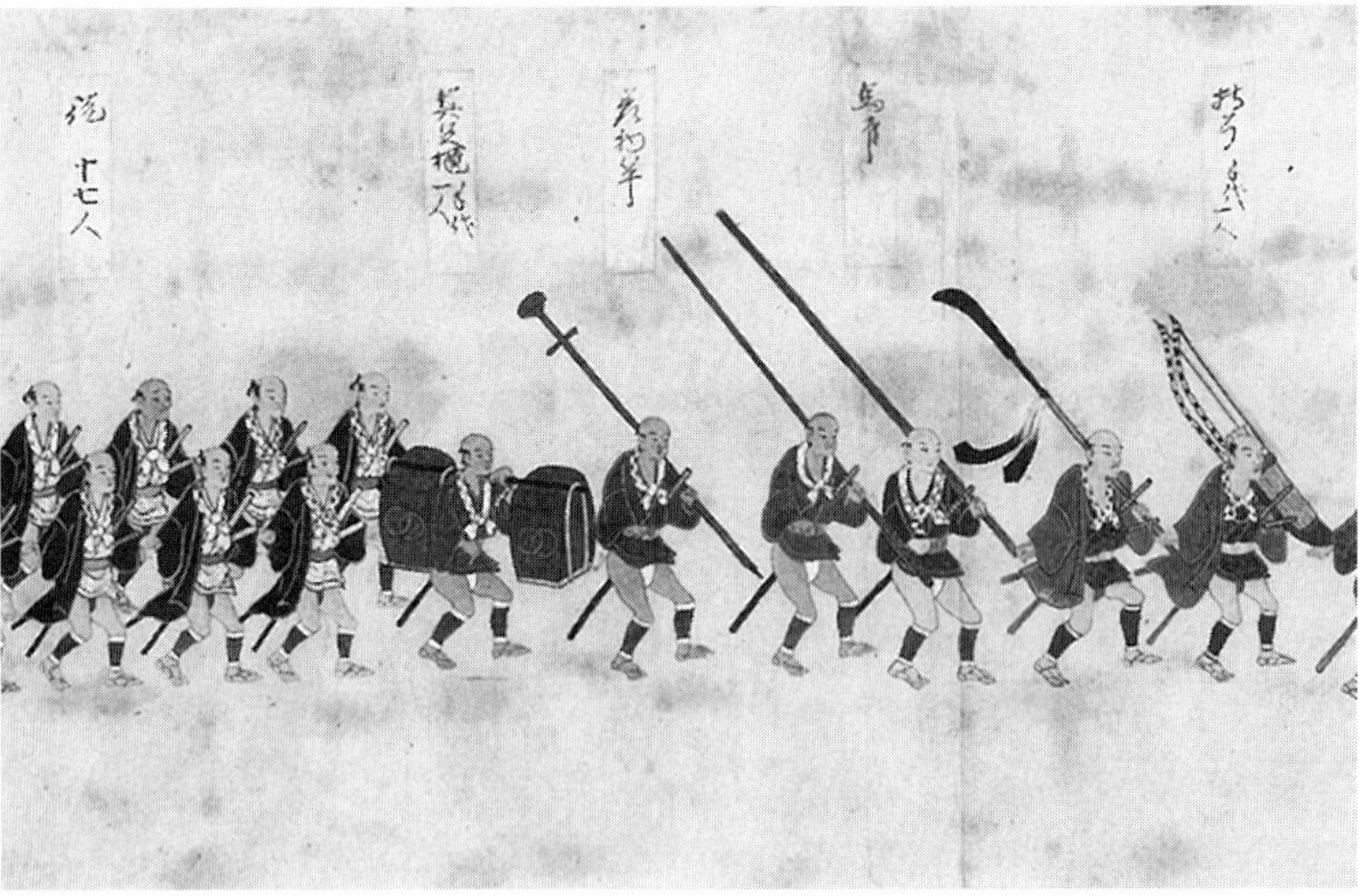

図5　『赤穂城請取脇坂淡路守行列図』・先手家老脇坂玄番の行列ａ（赤穂大石神社蔵）

図6　『赤穂城請取脇坂淡路守行列図』・先手家老脇坂玄番の行列ｂ（赤穂大石神社蔵）

い。それは全九巻を通じて同様である。

3　武具からみた近世武家行列図

以上のような近世武家行列図にみえる武具のあり方は、『島原陣図屏風』「出陣図」でも同様である。甲冑を着用しているが、鉄炮・弓箭・鑓などのあり方は、ほかの近世武家行列図と同様である。

もっとも近世武家行列図は武具のあり方が同様といっても、行列図ごとに御先三品の順番が相違することはすでに指摘されている（深井 二〇一二）。そうしたなかで、『島原陣図屏風』「出陣図」や『赤穂城請取脇坂淡路守行列図』にみえる御先三品の順番は、藩主だけでなく家臣団を含めて、鉄炮・弓箭・長柄の順である（図5）。この順番にこの二図が戦闘態勢であることを見出すことができるかもしれない。

というのも、実際の戦闘において敵軍と遭遇して対峙した場合、お互いの攻撃は、まずは射程距離のある鉄炮から始まろう。この鉄炮の補助として、あるいは敵軍との距離がやや縮まったところでの攻撃として弓箭がある。そして両軍が接近したところで長柄合戦に移る。鉄炮・弓箭・鑓のそれぞれの攻撃具としての性格を考慮すれば、こうした戦闘の流れが想定できるであろう。このように考えると、御先三品は、鉄炮・弓箭・長柄の順番がもっとも戦闘態勢を示すことになり、「備」そのままということができよう。

一方、近世武家行列図における武具のあり方が同様ということでは、各行列図の製作年代も考慮する必要があろう。まず本書で参看した近世武家行列図の製作年代を、『行列にみる近世』展図録「資料解説」（二〇一二）により示そう（『島原陣図屏風』は別）。

・『赤穂城請取脇坂淡路守行列図』・・・一八世紀。
・『松山藩参勤交代絵巻』・・・江戸中期。

・『拾万石御加増後初御入国御供立之図』・・・一八八四年（明治一七）。
・『加賀藩大名行列図屏風』・・・一九四〇年（昭和一五）頃。
・『幕末将軍上洛図巻』・・・江戸末期。
・『島原陣図屏風』・・・一八三七年（天保八）。

江戸中期といった曖昧な場合もあるが、いずれも『赤穂城請取脇坂淡路守行列図』よりも以後と考えられ、明治期はては昭和期までも含まれる。『島原陣図屏風』も天保年間であるが、一六三七年（寛永一四）の島原の乱からは二〇〇年も後の製作である。

つまり『赤穂城請取脇坂淡路守行列図』の題材となった赤穂城請取の作法がのちの城地請取の作法の先例として継承されたことは既述したが、上記の各行列図は、もっとも製作年代の早い『赤穂城請取脇坂淡路守行列図』の描写を参考とした可能性もあるわけで、そうしたなかで、各行列図にみえる武具のあり方が同様となった可能性がないわけではない。

とはいえ、『赤穂城請取脇坂淡路守行列図』は、既述のように記録画に相当する絵巻物でありながら、その武具のあり方は、『祭礼草紙』にみえる武具のあり方とは異なり、そのまま戦闘に移れる臨戦態勢にはなく、直接の使用を想定したものではないのである。

むろん近世武家行列図にみえる武具はすべて兵仗である。しかし、そのあり方は『年中行事絵巻』朝勤行幸巻にみられた純粋な儀仗と変わらない象徴的なものにすぎない。大名行列は備や押の形態を継承するというものの、また、御先三品が鉄炮・弓箭・鑓の順番に描かれていても、近世武家行列図にみえる武具のあり方は、軍事色に乏しい、干戈を収めたあくまでも泰平の世の産物にすぎないといえるであろう。

参考文献

鈴木敬三『田中家所蔵住吉模本 年中行事絵巻解説』古典芸術刊行会、一九五九年
笠谷和比古『主君「押込」の構造　近世大名と家臣団』平凡社、一九八八年
市岡正一『東洋文庫　徳川盛世録』平凡社、一九八九年
鈴木敬三『改訂増補故実叢書三五　武装図説』明治図書、一九九三年
根岸茂夫『大名行列を解剖する　江戸の人材派遣』吉川弘文館、二〇〇九年
近藤好和『武具の日本史』平凡社新書、二〇一〇年
深井甚三「行列を読む③」国立歴史民俗博物館編『企画展示 行列にみる近世――武士と異国と祭礼と』展図録、二〇一二年
久留島浩「戦闘態勢を取った城地受け取りの行列」同右図録
『日本絵巻大成八　年中行事絵巻』中央公論新社、一九七七年
『尊経閣叢刊　祭禮繪草紙』公益財団法人前田育徳会、一九二九年
『島原陣図屛風』秋月郷土館
国立歴史民俗博物館編『企画展示　行列にみる近世――武士と異国と祭礼と』展図録、二〇一二年

Ⅱ　異国の行列

5 朝鮮通信使の江戸城登城・下城行列
――狩野益信筆「朝鮮通信使歓待図屛風」を中心に

ロナルド・トビ

はじめに

江戸期に来日した朝鮮からの遣日外交使節（朝鮮通信使）の来聘は、徳川幕府や徳川氏にとってきわめて重要な国家行事であり、また一般庶民にとっても朝鮮使節の来日は、絶大な関心をよせる一大イベントでもあった[1]。したがって、江戸初期からその朝鮮使節の様子は、幕府その他の注文によって多くの鑑賞画や記録画に描かれ、さらに江戸中期（天和期）以降は、諸大名や有力商人が発注する肉筆画、そして商業ベースの版画や絵本などに取り上げられる画題であった。また、元和（一六一五―二四年）頃からは、「洛中洛外図屛風」、そして「江戸図屛風」（国立歴史民俗博物館蔵）などに、都市景観や名所絵の点描・副題として、朝鮮使節の様子を描きこむ絵画類も数多く残されている〔トビ 一九九六〕。

本章は、第七回（明暦元・一六五五年）の朝鮮通信使が、江戸市中を「行列」形式で練り歩き、江戸城に登城する光景（右隻）や、本丸御殿・大広間で繰り広げられる使節の将軍謁見・接待（左隻）を主題として描く「朝鮮通信使歓

図1　「朝鮮通信使歓待図屏風」右隻（八曲一双，紙本着色，狩野益信筆，泉涌寺蔵）

図2　「朝鮮通信使歓待図屏風」左隻（八曲一双，紙本着色，狩野益信筆，泉涌寺蔵）

待図屏風」（図1・2）をとりあげ、とりわけ、その右隻で描かれる行列の描き方・内容を考察する試みである。(2) 本作品が描かれた背景や意義については、別稿に詳しく取り上げることとするが、その前提として近世文化としての朝鮮使節、そして行列の意義について触れておきたい。(3)

一　近世文化としての朝鮮通信使行列

近世には、日本の行列文化が最高潮に達したといっても、決して過言ではない。参勤交代の大規模な大名行列や、祇園会、山王・神田の両天下祭の祭礼行列から、津々浦々の嫁入りや祭まで、「行列」が組まれる行事は頻繁かつ身近なものであった。海陸を行きかう数々の行列のうち、もっとも異彩をはなったのは、異国王朝から遣わされた外交行列である朝鮮使節や琉球使節の行列と、さまざまな仮装パフォーマンスで賑わう祭礼行列だったのであろう。

なかでも、朝鮮からの遣日外交使節は、慶長一二年―文化八年（一六〇七―一八一一）までの間、一二回も来日したのであり、幕府にとってきわめて重要な国家行事であった。近世の朝鮮からの使節は、豊臣政権による朝鮮侵略戦争の戦後処理の一環として始まり、(4) 初回の慶長一二年来日の使節は、徳川家康の書簡に対する返書伝達と、(5) 日本残留の戦争捕虜を集めて本国へ送還する使命から、「回答兼刷還使」と命名され、二、三回目の使節も同様の使命であった。

寛永一三年の第四回以降は、日朝の相互信頼がいちおう取り戻された意味で「通信使」と改名された。(6) ちなみに、琉球からの外交使節も、寛永一一年（一六三四）から嘉永三年までの間、計一八回も来日し、歴代将軍に謁見した〔横山　一九八八〕。

江戸期の朝鮮使節は、すべてが日本側（幕府・対馬藩）の何らかの形の要請・招聘に応じたものであり、朝鮮が自分の都合で派遣したものではなかったこと、そして接待に当てられた巨額の費用などが、幕府・対馬藩にとってそれだけに大きな政治的・経済的な意義があったことを物語るものといえよう。幕府と朝鮮王朝の正式な国交が、日朝貿易に依存する対馬藩にとって、その貿易を可能にする前提でもあったため、対馬藩は毎回の使節の招聘や接待に尽力した。また幕府にとっては、朝鮮・琉球という「異国」の国王から、盛大な使節を迎えることは、幕府自身のご威光が海を隔てて、異国にまで輝きとどいている「事実」を、国内に喧伝するプロパガンダとして、絶好な機会であったことが、重要なのである〔トビ　一九九〇、他〕。寛永二〇年の朝鮮使節の来日に際し、後の摂政・九条道房が、「将軍の武力、すでに異国に及ぶ、然るに近年、この如く（将軍家に）慶《よろこび》の時に使いを送る」と、日記に記したことでそのプロパガンダ効果が読み取れるであろう（『道房公記』）。

幕府は、すべての朝鮮使節が「慶の時」を祝うものと見せかけていたが、「通信使」と呼ばれるようになってからは、名実共にそうであったといえよう。そして、寛永二〇年の家綱誕生慶賀使節の他に、明暦以降の朝鮮使節は、すべて新しい将軍の襲職を祝う賀慶使節であり、琉球も同じような賀慶使節に加えて、新しい琉球国王が位を継ぐと、謝恩使を江戸へ派遣した。朝鮮・琉球の使節の来日が将軍家に喜ばしいことを祝うものであると理解されていたことは、上で触れた九条道房の記述からも明瞭であろう。結局、朝鮮や琉球の異国の王たちから使節を迎えることは、幕府の国内的・外交的な正統性や威信の確立にとって重要なプロパガンダであり、幕府が慎重に取り扱ったことは、言うまでもない。

朝鮮使節や琉球使節は、それぞれを案内・警固する対馬や薩摩の人数を加えると、かなり大規模なものであった。琉球使節の人数は、正使・副使以下は、琉球人六三―一七〇名であり、鹿児島から江戸まで、大勢の薩摩藩士や人足からなる警固隊が同行した。一八回来日した琉球使節は、一回目（寛永一一年）の人数が未詳だが、それを除いて一七世紀の使節は平均七四名であり、新井白石が接待儀礼を取り仕切った宝永（一六八名）や正徳（一七〇名）がもっとも多く、江戸期を通じての平均は九三名の琉球人であった。さらに鹿児島から江戸までは、薩摩藩の参勤も兼ねることで、それの数倍にもなる千数百人の薩摩藩士や人足の警固を加えると、琉球使節の総勢は、一五〇〇人以上に上ったであろう〔ヴァポリス 二〇一〇〕。

朝鮮王朝からの遣日使節団は、初回の慶長一二年から最終回の文化八年まで、計一二回だけ来日したのであるが、これらの朝鮮使節は、琉球使節よりもさらに規模が大きく、毎回三〇〇―五〇〇名の朝鮮人と、彼らを案内し警固する数百名の対馬藩士や人足、などを加えると、毎回一〇〇〇名をはるかに超える「団体移動」であった。かなり丁寧に作られた、正徳元年通信使の記録画によると、登城の時は、二八八名の朝鮮人に、一九〇〇余の武士や人足の警固・案内が加えられ、総勢二三〇〇名に上ったのである[7]。

なお、余談であろうが、朝鮮使節や琉球使節は、江戸期を通じて計三〇回しか来日することはなく、多くの人々にとっては一生に一、二度しか見ることが出来ない珍事であったため、毎回多くの見物人を呼び寄せたのであった。一例をあげれば、作家の上田秋成（一七三四―一八〇九）は、延享五年（一七四八）と明和元年（一七六四）と、二回の朝鮮通信使を見たことを誇りに思ったか、晩年、「唐人を二度見たことをとし《年》忘れ」と、弟子たちに誇らしげに語ったようである（『胆大小心録』）。同じように、絵師や儒学者も、随員の碩学や画員との筆談を望んで、使節の宿舎へ殺到することも、朝鮮使節が残した旅行記に頻出するのである。

江戸初期から祭礼パフォーマンスに、異国使節行列を題材にした仮装行列が練り物（「唐人行列」）として取り入れられたことはよく知られるところである。江戸の山王・神田明神それぞれの「天下祭り」を始めとして、伊勢国の津、美濃国の大垣、常陸国の土浦など、各地に確認されているのである。

二　行列を組んで動く

これほどの大人数で、釜山から江戸までの海陸川路を移動する朝鮮使節は、朝鮮国王の威儀を具現するのみならず、徳川氏自体、そして幕府や対馬藩の威厳が懸かっているだけに、何らかの整然とした形式を保ちながら移動する必要が、関係者一同の脳裏に焼きついていたことは、容易に想像しうる。その形式は、「行列」であった。

行列という行動形式は、以前論じたように、行進する側も、出迎える側、そして見物する人々の眼差しが交差することを前提にしており、各々が自己の威儀を整えてミル・ミセル一定のルールに従って行われる形態である。朝鮮通信使来日の場合は、幕府や諸藩は、「日本」を異国の王権、朝鮮人にミセルために、沿道や宿泊施設の整備から、見物人の行儀振舞いまで、かなりの神経を使った。

釜山から大坂の港口までの海路は和船に案内・警固される朝鮮の海洋船団、そして大坂〜淀間の川船、淀から江戸（時に日光）までの陸路は、すべての移動が「行列」を組んで行進したのである。さらに、陸路行列は必ず前衛（日本の武士）・本体（朝鮮人）・後衛（日本の武士）など、諸部隊を分節的に分けられ、とりわけ朝鮮人を含む「本体」もさらに細かく分けられるのであった。

長崎や鹿児島、松前などを除いて、日本の本土でこれだけ多くの異邦人を見る機会がなかなかなく、通信使の海・川・陸路行列は、大勢の見物人の関心をかきたてたのであり、貴賤をとわず、多くの人が、沿岸・沿道で、見晴らしの良い場所を競って見物に集まったのである。通信使の人たちもそれに気づかずにいられず、殺到する夥しい数の見物人を「聚まる蟻」（洪　一七四八）に喩えたり、江戸入りした明暦度の従事官は、「観光のもの、絡繹して絶えない」と、見物人の集まり具合を記した（南　一六五五）。

朝鮮使節行列を描いた最古の絵画作品はおそらく、元和度（二回目・一六一七、伏見城接待）の回答兼刷還使が京都市中を練り歩く様子を、点描として挿入したバーク本「洛中洛外図屏風」であろう(8)。さらに寛永中期成立と思われる「江戸図屏風」に描かれる三回目（寛永元・一六二四）の登城行列を挿入した点描、そして四回目（寛永一三年・

一六三六）使節の日光東照宮社参を描いた「東照宮縁起絵巻」はあるが、いずれも朝鮮使節行列は点描に過ぎず、主題ではない性格が共通している。

主題として作製された絵画作品は、管見のかぎり、本章で取り上げる狩野益信の「歓待図屏風」（第六回・明暦度）が最初であると思われる。[9] 本図は記録画と鑑賞画と、両方の性格を併せ持つ作品とみる方が妥当に思われる。朝鮮使節行列の様子を詳しく記録する目的で作製された作品は、第七回目・天和二年（一六八二）、主要人物の名前まで記載される狩野永敬（一六八二）や菱川師宣（一六八二）が最古であるが、どちらも人数をだいぶ省略した形式に止まり、行列全体を記録するものとは言いがたい。[10]

朝鮮通信使行列のすべてを詳細にまとめた記録画は、第八回の正徳度（一七一一）に幕命によって作られた行列図が最初であるが、[11] 少なくとも元和三年の通信使を点描として描いたバーク本「洛中洛外図屏風」、寛永元年の通信使登城行列を描く「江戸図屏風」（寛永一〇―一一年作製・国立歴史民俗博物館蔵）や、幕命によって描かれた「東照社縁起絵巻」（狩野探幽筆、東照宮宝物館蔵）と、かなり早い段階から、朝鮮通信使の行列を描くことが慣例となった。ただ、この三点は、「朝鮮人」をそれとして描く絵画コードがまだ成立していなかった（粉本がなかった）ため、朝鮮人を、南蛮人、明人、そして韃靼人の粉本から「部品」を寄せ集めて描いたようであり、必ずしも「朝鮮人」らしい様子を呈していない〔トビ 一九九六〕。

この問題を打開したのが、狩野益信筆「朝鮮通信使歓待図屏風」（八曲一双、紙本着色、泉涌寺蔵、一六六五年）である。益信のこの秀作において初めて、一貫した「朝鮮人」特有の絵画コードが認められる〔トビ 一九九六〕。そして上記の先行作品は、「洛中洛外」「江戸」「東照宮」が主題であり、朝鮮人がそれぞれの中の点描やイベントとして挿入されたに止まるのと異なり、朝鮮通信使の行列と謁見が明らかに主題として取り上げられており、市街や江戸城の景観はそれが繰り広げられる舞台に過ぎないのである。

つまり、「朝鮮通信使歓待図屏風」は朝鮮通信使の行列や接待を主題にした最古の絵画と思われる。また、通信使を点描として挿入した先行作品は、二、三点のみが知られるが、使節人事の服装や旗印などの表現は中国、韃靼、南蛮などの記号をチャンポンにしたものである。これに比して、「歓待図屏風」は、整った「朝鮮人」表現の絵画コードが認められる最古の作品として、近世絵画史上でも重要な位置を占める。にもかかわらず、後述するように本来、右隻下段の右端に描かれる「喜徹」の旗は、本来「清道」とあるべきなどこのコードは必ずしも写実的な描き方ではなく、あくまで表象である[12]。

当屏風は、上記のとおり、明暦元年（一六五五）、四代将軍徳川家綱の襲職祝賀に来日した六度目の通信使の様子を描いた作品である。同時に、いわゆる「異時同図法」（同一作品に、複数の時間を描く）という、特異な構図によって幕府による通信使の接待を四分節に分けて、そのストーリーを描く秀作である。しかもこの屏風は、単なる記録画であるだけではなく、幕府にとって、重要なプロパガンダ手段でもあった。

それは、慶安四年（一六五一）に徳川家光が死去し、弱冠一一歳の家綱が将軍職を継ぐこととなり、幕府にとって危機に満ちた時期を迎えたのであり、「歓待図屏風」は、その政治危機を乗り越える必要性が生じたことによる産物であるからである。祖父秀忠・父家光がともにそれぞれの父親の「大御所」に見守られる、いわば「見習い将軍」の余裕を与えられたのに対し、家綱は、家光の死により、そういう後ろ盾なしに将軍になった。補佐を命ぜられた保科正之や、大老・老中ら、家綱側近に対する諸人の不満から、由比正雪事件に代表されるように、幕府存続を脅かす一連の事件が相次いだ時期である。「歓待図屏風」は、こうした危機事態に応じるべきプロパガンダ手段と考えるべきものである。

すなわち、その時に、通信使の「来朝」を利用し、幕府の威光が異国の王に認められ、その王が「朝貢」の使節を送ったことを、朝廷に対して喧伝する、格好のチャンスでもあった。

図３　『猿猴庵合集泉涌寺開帳・嵯峨開帳五篇』より（名古屋市博物館蔵）

したがって、将軍側近らがこの屏風を益信に依頼した目的については、想定享受者を考慮にいれる必要がある。当該屏風が、「東福門院遺愛の品」として泉涌寺に保管されていることと関連して考えることにしよう。泉涌寺には、東福門院がどういう経緯でこの屏風を入手したかについて、記録がないようであるが、天明四年（一七八四）の開帳のようすを記録した絵本（図３）により、「この御屏風は、忝くも東福門院様お好きに付き、公方《（家綱）》様より、ご献上遊ばされたる、朝鮮人来朝の図。狩野の益信の筆でござる」と、その経緯を裏付ける説明がなされた〔高力　一七八四〕。東福門院は、いうまでもなく、徳川秀忠の息女徳川和子《まさこ》であり、後水尾上皇の中宮であった。東福門院に献上することによって、通信使歓待の盛事を朝廷に誇示し、幕府のご威光が異国の王に認められている「事」を喧伝して、時の危機感を乗り越えようとしたのではないだろうか。

三　「歓待図屏風」の行列を読む

「歓待図屏風」は、従来さほど本格的な読解・分析を加えられてこなかったといっても過言ではない。多くは、朝鮮通信使に焦点をあてた展示図録の簡単な解説に止まる程度であり、詳しく解読されてこなかったのである。一見して明らかなように、右隻と左隻とでは、「場」が違い、「時」も異なる画題である。右隻で描かれるシーンは、通信使行列が江戸の街路を行進するという出来事や異国人行列を観るために集まる見物人、そして行列の案内と警固を仰せつかった武士たち、左隻は江戸城内で執り行われる接待行事という、大雑把な構造が分かるであろう。

従来の解釈によると右隻は、江戸市中を行進し、常盤橋・御門から登城する行列を描くものであり、左隻は本丸御殿で三使（正使・副使・従事官）以下の朝鮮人たちを、御簾の奥に座る将軍家綱はじめ、御三家の当主などが接待している将軍謁見・国書（朝鮮国王の親書）伝達の外交儀礼を描いたものである、と読まれてきたのである（小林 一九八五、Lillehoj 1996；2007、松島 二〇一二）。つまり、行列を画題とする右隻は、「江戸市中を行進する使節の一行を上下二段に蛇行させて描」くものとみて（小林前掲。傍点は筆者）、つまり上・下二段に分けて描かれる朝鮮人行列を、一つの連続する行列と理解してきた(13)。上段の行列がすでに城内に入った先頭部分で、下段がそれに続いて登城する後半部分なのか、逆に下段が先頭なのかは、小林ら三者の見解が分かれるところである。

しかし、右隻を上・下二段に分ける金雲・金霞は、絵画の約束事に則って解釈すると、それぞれが異なる時空間を表していると見た方が自然であろう。いわゆる「異時同図法」という技法である。さらに、上・下段それぞれの様子を丁寧にみると、それぞれが極端に対照的に描かれていることにも気づく。

下段は、多彩で、躍動感ゆたかな朝鮮人の登城行列が本町通りを左から右へと進み、それを観覧する江戸の町人（見物人）たちが、暖簾や毛氈、屏風などを飾った店の座敷に設けられた桟敷に座ったり、通りの大店の座敷や辻の路上から観覧したりして、異人行列の見物を楽しんでおり、祭り気分を呈している。風にはためく、華やかに彩られた旗や、多彩に描かれる朝鮮人の異国情緒たっぷりの装束が下段右端では、店先の赤や金色の暖簾、座敷飾りの屏風、見物人の明るい着物と語り合い、また行進する朝鮮人たちと、見物の日本人とが目線を交わしたりしている様子などを、「行烈《（ママ）》却《かえつテ》如《シ》二御祭礼時一」と、見物人が後年評した(14)。

ところで、通信使の行列は常に、「清道旗」の旗を持つ騎士や楽隊（いずれも朝鮮人）が必ず先頭を切り、それに続いて昇・降龍の図柄の「形名旗」を立てる朝鮮の騎士、引き続き、国書輿を担ぐ朝鮮人グループ、三使それぞれの轎を取り囲むグループ、そして中下官や碩学、画員、良医などの随員の順で行進する、という構成が決まりであった。

したがって、下段で描かれるのは、人数をかなり省略した形とはいえ、登城行列の先端から本体・末尾までの完結したものであり省略した形とはいえ、登城行列の全体と見る方が自然であろう。

下段の様子ときわめて対照的に、上段の行列はいたって淋しい景観を呈している。右端の櫓門と番所やその前に控える武士たちが後ろから見守るなか、櫓門を出た朝鮮人行列が、閉門の大名屋敷の褐色や芥子色の土塀の前を左へ行進し、先頭が、第四・五扇の蝶番を跨ぐ大名屋敷が挟む路地へと辻角を右折するように描かれている。その方向は、屏風の画面の上方を出る（城域を離れる）道である。通信使行列を先導するはずの清道旗や形名旗が描かれていないことから、下段の行列の先頭とは考えがたく、かといって、右へ曲がるということは、下段の行列との連続性が否定されている（図4）。上段の行列は結局、登城行列とは別な時のものであることは、ほぼ間違いない。

上段右端に描かれる鯱瓦の屋根は、江戸城の櫓門の一つであり、そのすぐ外の番所と左端の辻番は描かれるものの、「祭時の如」き桟敷や見物人の姿はまったく見られない[15]。結局、下段の行列との繋がりがなく、異なる時空間であり、別な時の朝鮮人行列であると理解するしかないのであろう。左隻で描かれる本丸御殿の謁見にまつわる一連の儀礼を終えた使節一行の下城行列か、それとも、画面外へ向かうことが、数日後に使節一行が日光東照宮社参のため、江戸を出発することを示すか、あるいはまた、帰国の途に就く行列であるかであろう。いずれにしても、下段の行列とは趣を異にするものであることは、確かである。

上段の行列は、清道（「喜徹」図5）旗や、形名旗を持つ騎士、そして楽隊が先導する形を採っておらず、国書輿や三使が乗る屋轎もみられない。質素な楽隊は小さい打楽器のみで、行列の末尾から行進する拍子をとるのみに見える。なんと、行列の秩序もかなり乱れており、とても朝鮮国王の威儀をアピールしているように思えるものではない。それはまた、その威儀のメッセージを享ける見物人衆は一人としてみえず、番所内外から見送る門番衆の武士や、右端の辻角をかためる武士の他に、行列を見たり路次楽を聞いたりすべき日本人は一人も描かれておらず、下段の行列に比してややうっとうしい光景である。

上段の光景は、下段のような華やかな旗もなければ、国書輿や三使の轎も描かれていない、質素な行列である。下段で、常盤橋の上で描かれている朝鮮人楽隊や清道旗は（図5）、登城行列の最先端であるので、上段の描写は登城行列の先頭ではあり得ない。さらに、下段の行列は、後衛したはずの武士たちが省略されているとはいえ、一応完結している形なので、上段の行列が下段に続く同一行列と考えられない（図6）。つまり、下段の行列との連続性が完全に否定されている描き方であり、上段・下段それぞれの行列は、時と場を異にして、別々の行列であるとして描かれている。

図4　「朝鮮通信使歓待図屏風」部分（泉涌寺蔵）

図5　「朝鮮通信使歓待図屏風」部分（泉涌寺蔵）

朝鮮通信使の道中や登城行列は本来、三使（正使・副使・従事官）以下の朝鮮の文武官の人数よりはるかに多くの日本人の警固隊に包まれていくことが決まりであった〔トビ　一九九四〕。例えば、第一〇回（正徳元・一七一一）の信使登城行列を、詳細に描いた記録画をみると、朝鮮の文武官の総勢は二八八名に対し、前衛・警固・後衛の日本の武士や人足の総勢が一九一六人と、朝鮮人の六倍強であった。こうした実態と異なり、益信が描く登城行列は、七二人の朝鮮人に対し、日本人はたった四四人であり、割

図6　「朝鮮通信使歓待図屛風」部分（泉涌寺蔵）

図7　「朝鮮通信使歓待図屛風」部分（泉涌寺蔵）

合が逆転していることに気づく。

しかもその内訳は警固の武士は、余り目立たないように描かれる一人のみであり、その他の日本人は三使の屋轎を担ぐ下級武士や、朝鮮人が乗っている馬の手綱を引く馬子に絞られているのである。本来あったハズの物々しい警固隊の表現を、たった二人の武士（右隻第四扇・図7）という、最少程度に抑えることによって、益信らが幕府の武威より、海外にまで輝きとどく（と喧伝されていた）将軍のご威光を慕って「来朝」した印象を強めることを狙ったと考えられる。

なお、朝鮮使節が来日する度ごとに、来日予定の一年も前から、道中奉行や大坂・京・江戸それぞれの町奉行所が、湊・街道整備や道中の宿泊・接待のみならず、見物人の行儀や作法について、きめ細かい触書《ふれがき》を出したのである。江戸市中に関して、明暦元年十月朔日の触書に「水うち候手桶、銘々家前に置、掃除仕、唐人通候前に水を打可申事」（『通航一覧』、巻四六）が命ぜられたことを考えると、右隻第五扇（図8）に示されている、埃が立たないように水を撒く男は、絵空事ではなく、触書の趣旨を反映しているといってよいであろう。また、長い杖を持って控える男たち

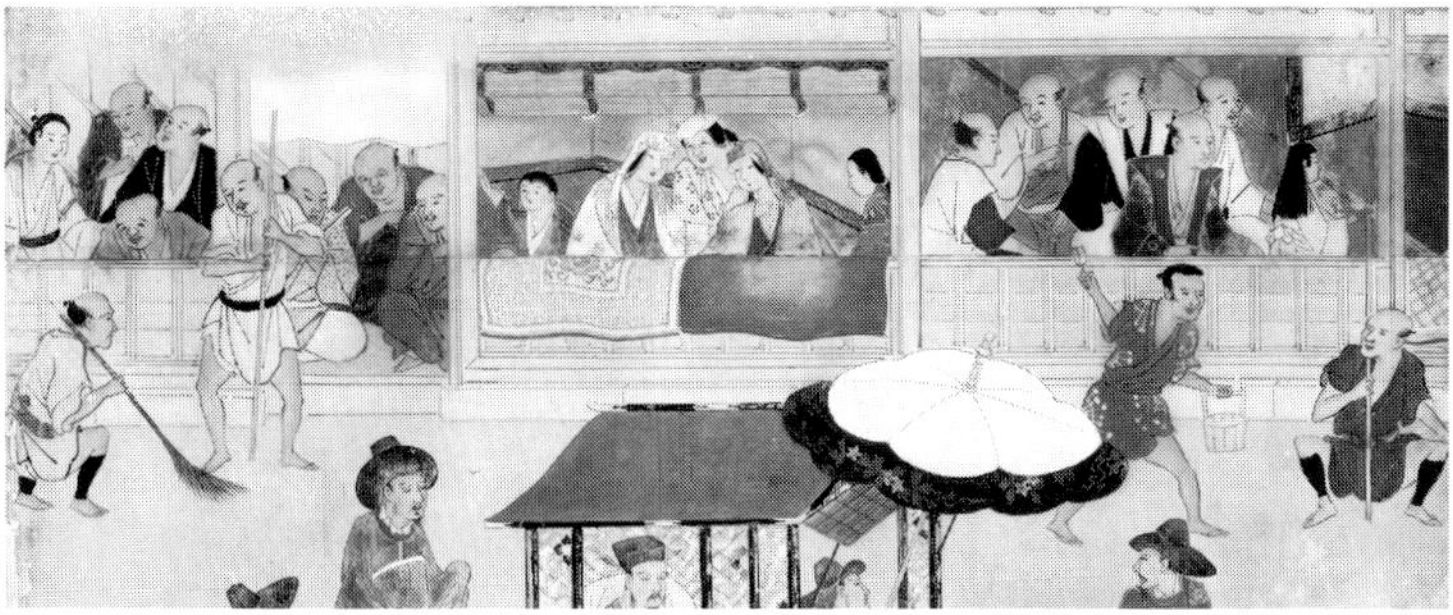

図 8　「朝鮮通信使歓待図屛風」部分（泉涌寺蔵）

（図8）、「道を塞ぐ将官が竹杖を持ち林立する」（黄漫浪『東槎録』）と、使節員の日記にあるように、現実を反映している表現である。

常盤橋の上に翻る二本の旗は本来、「清道」と書かれるものであるが、益信は「喜徹」と改める。何故なのだろうか[16]。本来の通信使行列は必ず、道を清め払うことを象徴する清道旗《チョンドギ》が先導するのである。しかし「清道」は、漢代以来、天子・王が歩むべき道を清めることを意味する用語であり、幕府の威厳を朝廷に誇るプロパガンダ絵画にそれを描くと、将軍が異国の王権を仰ぎ見ると解釈されうることで、益信が憚ったのであろう[17]。

引き続き、王権を象徴する降龍のみを描いた「形名旗《ヒョンミョンギ》」や孝宗《ヒョンジョン》王の「国書」を載せた花柄の国書輿、蓋《おおがさ》をかざした三使が乗る屋轎と、最後に何人かの随員が、本町通りを練り歩いている。警固隊の武士、荷物を担ぐ人足などの日本人の姿は、大幅に省略されているが、第五扇に描かれる水撒き・帚の二人、杖を持つ二人の男は、行列に対する馳走・警固を彷彿とさせる。

見物人の様子も行列同様、華やかであり、暖簾を出した店の玄関や、屛風・絨毯を飾る座敷や、路地に座って観る人たちは（図8）、まるで祭り気分で楽しんでいるようである。こうした光景は、使節の随員の見聞録や見物客の回想録にも、書き留められるのであった。

一方、右隻上段の行列は、番所や辻警護の武士たちを除いて、見物人は一人もおらず、背景も、下段とは違い、大名屋敷の塀・門・櫓だけの殺風景なものである。

行列本体もかなり地味で、三使の屋轎も、派手な旗もないので、すでに入った行列の先頭部分ではない。さらに、上段の行列の、第六・七扇に描かれる先頭が、角を右へまがり、画面の外へ向かうありさまは、下段の行列の続きではないことを示していると思われる。とすると、上段の行列は、下段の行列とつながらないものと考えざるを得ないであろう。①上段の行列は、大広間の行事を終えた使節一行が、退城して宿舎へもどる行列とみるか、②使節が江戸を離れようとする様子と考えた方が自然であろう。

ところで、この上下段の行列を読み解くには、①江戸城・江戸市中の空間配置・位置関係と、②行列の内容を考えねばならない。

まず、①江戸をはじめ、全国の城下町は、城郭を中核として、周りに武家地・商人地・職人地・寺町などが、居住者の身分に応じて分けられていた。ところで、この屏風が示す明暦の大火以前の江戸城は、将軍の居住空間（奥）と公務空間（表御殿）、吹上庭などの他は、御三家や側近大名に宛がわれた屋敷があった。したがって、朝鮮使節行列が大手門を潜ると、まず大名屋敷の間の路地を通ることになっている。つまり、上段で描かれている行列を、行列全体の先頭部分と考えなければ、下段の行列と繋がる同一行列として読み解くことができない。

ならば、なぜ上段は、使節行列の先頭部分ではありえないのか。それは、②の観点から、益信の描写を、他の文献や絵画史料と比べると明らかになる。

まず下段の様子を見てみよう。下段の行列は、先頭にふさわしい華麗な旗（清道旗を捩った旗・形名旗）や、それに続く楽隊、極彩色の国書輿や三使らが乗る屋轎の順で本町通りを行進してゆき、それに続く下級の随員たちが、登城行列を締めくくることを示しているといえよう。それだけではない。朝鮮通信使が来日し、江戸城に登城するたびごとに、町奉行所から、朝鮮人が通過する予定の通り道の整備、通りに面した建造物の外見、見物人の行儀振舞いなどを、きめ細かく指示する町触《まちぶれ》を、町奉行所が数ヶ月前から、前日まで出し続けるのが決まったパターンであった。

それに比して、上段の質素な行列は、見物客を引き付けうる内容でもなく、また現に見物人は一人も描かれていない。他の史料からすると、見物人が観ていない登城行列は考えられない。たとえば、先行作品の「江戸図屏風」では、江戸城内の大名屋敷の間や広場などに、大勢の見物人の、活気あふれる光景が描かれている。つまり、「観光者が、絡繹として絶えることない」様子は、上段の行列に見られず、登城行列とは考えにくいであろう。

かといって、益信が描いた行列に、絵空事がないとはいえない。もっとも大きなのは、その日は、雨天であったため、行列一行の装いは描かれているほど華やかでなかったはずだということである。この時の副使の南壺谷《ナムコンオク》は『扶桑録』十月八日条に、「夜来雨。朝なお陰霾《いんばい》。□《欠》退□《欠》装以待。辰初。（中略）三使臣、国書を奉じ、公服を具《ととの》え、轎に乗り、鼓吹や威儀を備え、（宿舎の）門を出た。すでに雨がふっていたが、湿れるに至らず」と記しており、宿舎の本誓寺から御城までの行列が、雨の中を行進したことを証言している。

見物人の一人、川越商人の榎本弥左衛門も、見物人の側から登城行列の様子をこう記している。「八日に御城へ御《お》間見《めみ》へ仕候。上位へ羅紗《らしや》の合羽は百ばかり下され候。下位に傘一本ずつ也」（『榎本弥左衛門覚書』）と。雨天にそなえて一行は雨具に包まれていたが、傘と合羽の行列は絵としてさまにならないので、益信が晴天の行列に描き替えたのであろう。

むすびにかえて

こうしてみると、益信の「朝鮮通信使歓待図屏風」は、明暦度通信使の将軍謁見前後のようすを、幾分の虚と実を巧みに交えて叙事するものであることがわかる。上で述べたとおり、異時同図法による叙事であるが、それもかなりユニークなレトリックである。そのレトリックは、紙幅の関係上、別稿にゆずることにし、結論だけを述べることにする。

右隻の上・下段に描かれている行列は、連繫する一つの行列ではなく、下段には登城行列、上段には退城行列を描いており、時を隔てた二つの行列を描いているのである。その二つの行列の間に入るのが、左隻に描かれている二つのシーン、つまり、大広間の謁見・接待の儀礼・行事（左半分）と、殿中の行事が終わってからの朝鮮人たちが、玄関先の庭でリラックスしているシーンである（仮説）。

玄関先の番所と鯱瓦を飾る櫓門は、右隻上段右端の櫓門と番所と符合し、レトリックを読み解くためのカギとなるのではないか、と思われる。つまり、行事を無事終えた一行が、櫓物をでて、門外でふたたび行列を整えて、門外の番所内外の武士たちに見送られて退城するようすを描いているとみて良いのではないだろうか。

そう考えると、第一章は、右隻下段に描かれる江戸市中の見物人の間を通り、登城する行列。第二章は、左隻左半には、朝鮮通信使が孝宗王の国書を届ける将軍謁見と、その直後の御三家との饗応とを統合した異時同図シーン。第三章は、大広間の行事が終了後、門内でホッとする朝鮮人。第四章は、門を出て、城内の側近大名たちの屋敷の間を歩き、江戸城を出ようとする朝鮮通信使行列。こうしてみると、益信が描いた「朝鮮通信使歓待屏風」は、四章に整理したストーリーと考えられるのではないだろうか。

（1）　朝鮮王朝から徳川幕府への使節は、一六〇七年（慶長一二）の「回答兼刷還使」から始まり、一六三六（寛永一三年）の第四回以降は「通信使」と正式名称を改め、一八一一（文化八年）の一二回目まで続いた。本章では、「通信使」・「朝鮮通信使」と呼ぶ。詳しくは、三宅秀利〔一九八六〕、李元植〔一九九七〕、横山學〔一九八八〕、庶民の関心について、拙稿〔一九八八・一九九四〕など。
（2）　以下「歓待図屏風」と略す。「歓待図屏風」を主題にした研究は、管見の限り、Lillehoj〔2007; 2011〕のみである。
（3）　益信（一六二五―九一）については、まとまった研究は殆どない。狩野探幽に学び、一一歳で探幽の養子になるが、師匠の実子が生まれると別家（後の駿河台狩野家）を認められて表絵師となる。号は洞雲。

（4）日本で「文禄・慶長役」と、韓国では「壬申倭乱」と呼ぶ。

（5）家康からの書簡が偽造であり、その偽造は、宣祖王や閣僚らが承知していたことは、先学の研究で明らかになっている。田代和生〔一九八三〕など。

（6）この場合の「通信」とは、単なるコミュニケーションではなく、「信《よしみ》」が「通う」ことを意味する。

（7）許・李〔二〇〇五〕所収の登城行列図巻の人数による。これら一連の図巻の作製について、田代〔一九九〇〕参照。

（8）メリー・バーク・コレクション蔵。詳しくはトビ〔一九九六〕参照。

（9）「寛永朝鮮人来巻」という整理札がつけられた長大な図巻（韓国国立中央図書館蔵）を「日本人の絵師の手による……最も古い作品」とみる見解もある〔尹 二〇〇八〕。しかし作品自体に、年代を判明する記述がなく、絵の画風や風俗の描き方などを考えると、寛永よりかなり時代が下るものとみるべきだろう。

（10）狩野永敬筆「朝鮮使節行列図巻」（天和二年、ニューヨーク市立図書館スペンサー・コレクション蔵）。菱川師宣「朝鮮使節行列図屏風」（天和二年、大阪歴史博物館・辛基秀コレクション蔵）は、本来図巻仕立てであった作品が、屏風に仕立て直されたもの。後者はさらに、版画として市販されたものの断簡は、シカゴ美術館バキンハム・コレクション蔵。これらは、いずれも主要人物の姓名も記す「記録画」的性質を持つものである。

（11）これら、「道中行列図」「登城行列図」「帰路行列図」「帰国行列図」の四巻からなる図巻セットは現在、韓国国史編纂委員会（対馬島文書）所蔵となっており、全巻が同委員会・朝鮮通信使文化事業会編『朝鮮時代通信使行列』に掲載されている。なおこれらの制作過程について、田代〔一九九〇〕参照。整った「朝鮮人」表現とはいえ、あくまでもカギカッコつきの「朝鮮人」表現、すなわち日本の絵師が作った「朝鮮人」絵画の約束事であり、必ずしも朝鮮の服装や徽章を、写実的に描いているとは限らないことを、ここで断っておきたい。鄭銀志〔二〇〇六〕、尹芝恵〔二〇〇八〕など参照。

（12）描かれた通信使の服装と現実の服装との比較は、鄭〔二〇〇六〕、尹〔二〇〇八〕など参照。

（13）Lillehoj〔2007〕や松島〔二〇一一〕も、上下連続の行列とみる。江戸城内の行事を描く左隻も、同じように斜めの塀で左右に分けられているが、行列は右隻のみであるので、紙幅の制限もあって、別稿にゆずることとする。

（14）岡本〔一七四八〕所収の狂詩「桟敷批判」（原文は漢文のモドキ）。

（15）この櫓門・番所は、右隻上段右端に描かれる本丸御殿玄関前の鯱瓦屋根と庭内の番所と符合するものであり、屏風全体の四つの時空間の順序を読み取るカギであるが、紙幅の制限もあって、別項に詳しく論じることとする。

（16）「喜徹」の熟語は、諸橋轍次『大漢和辞典』で確認ができない。

（17）『漢書』丙吉伝の注に「師古曰、清道、謂下天子当レ出。或有二齋祀一。先令中道路清浄上。」とあることなどに依拠。寛永～明暦頃の成立と思われる『西涯微談』は、「清道は道をはらふと読、清道而後は天子のことなり……僭《おか》して持来《もちきた》る無礼さも尤も拙き事なるべし」とあり、清道旗は、すなわち朝鮮が日本を侮っている証と評している。林〔一九六七、巻二、三〇八頁〕。中井竹山〔一九四三〕は、朝鮮使節が「清道」の旗を掲げることは、すなわち「公然として我を辱《はづ》かしめることと憎むべし」と評した。

参考文献

コンスタンチン・ヴァポリス『日本人と参勤交代』（小島康敬、M・ウィリアム・スティール監訳）柏書房、二〇一〇年

岡本千慮『画図入朝鮮来聘記全』寛延元年（一七四八）、写本、個人蔵

狩野永敬筆「朝鮮使節行列図巻」天和二年（一六八二）、ニュー・ヨーク市立図書館スペンサー・コレクション蔵

榎本弥左衛門『榎本弥左衛門覚書――近世初期商人の記録』大野瑞男校注、平凡社、二〇〇一年

九条道房『道房公記』写本、東京大学史料編纂所蔵

洪禹載「東槎録」一七四八年、『海行惣載』（全四巻）朝鮮古書刊行会編、一九一四年刊（巻四所収）

許南植（ホ・ナムシク）・李萬烈（イ・マンヨル）編『朝鮮（チョソン）時代（シデ）通信使（トンシンサ）行列（ハンニョル）』朝鮮通信使文化事業会・国史編纂委員会、二〇〇五年

高力種信『猿猴庵合集泉涌寺開帳・嵯峨開帳五篇』名古屋市博物館蔵、一七八四年（『猿猴庵の本泉涌寺霊宝拝見図嵯峨霊仏開帳志』名古屋市博物館、二〇〇六年として、影印・翻刻がある）

小林忠「朝鮮通信使の記録画と風俗画」辛基秀他編『朝鮮通信使絵図集成』講談社、一九八五年

鄭銀志（ジョン・ウンジ）「朝鮮通信使の服飾――絵巻にみる服飾表現の変遷過程をめぐって」『国際服飾学会誌』二六、二〇〇六年、一四―四〇ページ

田代和生『書き換えられた国書――徳川・朝鮮外交の舞台裏』中公新書、一九八三年

――「朝鮮通信使行列絵巻の研究――正徳元年（一七一一）の絵巻仕立てを中心に」『朝鮮学報』一三七、一九九〇年
中井竹山『草茅危言』大正洋行、一九四三年
南壺谷（ナム・コンゴク）「扶桑録（プサンノク）」（一六五五）、『海行摠載』朝鮮古書刊行会、一九一四年（巻三所収）
林復齋編『通航一覧』国書刊行会、一九一二―一九一四・復刊、清文堂出版、一九六七年
（伝）菱川師宣筆「朝鮮通信使行列図屏風」紙本着色（天和二年（一六八二））、大阪歴史博物館・辛基秀コレクション蔵
――「朝鮮通信使行列図」墨摺り（天和二年（一六八二））、シカゴ美術館蔵
松島仁『徳川将軍権力と狩野派絵画――徳川王権の樹立と王朝絵画の創生』ブリュッケ、二〇一一年
三宅英利『近世日朝関係史の研究』文献出版、一九八六年
尹芝恵（ユン・ジヘ）「近世日本の絵画作品における朝鮮通信使の描き方――楽隊とその衣装に注目した」『美学』五九巻一号、二〇〇八年
横山學『琉球国使節渡来の研究』吉川弘文館、一九八八年
李元植『朝鮮通信使の研究』思文閣出版、一九九七年
Lillehoj, Elizabeth, "Tōfukumon'in: Empress, Patron and Artist," in *Women's Art Journal*, 17.1 (1996): 18–34
――, "A Gift for the Retired Empress," in Lillehoj, ed., *Acquisition: Art and Ownership in Edo-Period Japan* (Floating World Editions, 2007)
――, *Art and Palace Politics in Early Modern Japan, 1580s–1680s* (Japanese Visual Culture series, vol. 2, Brill, 2011)
ロナルド・トビ「近世日本の庶民文化にあらわれる朝鮮通信使像――世俗・宗教・生活上の表現」『韓』一一〇号、一九八八年
――『近世日本の国家形成と外交』（速水融他訳）創文社、一九九〇年
――「外交の行列・仰列――異国・ご威光・見物人」黒田日出男・トビ編『行列と見世物』（朝日百科日本の歴史別冊・歴史を読み直す17）一九九四年
――「朝鮮人行列の発明――『江戸図屏風』・新出洛中洛外図屏風と近世初期の絵画における「朝鮮人像」へ」辛基秀（シン・ギス）・中尾宏編『大系朝鮮通信使』1、明石書店、一九九六年

6 琉球国使節登城行列絵巻を読む

横山　學

一　琉球国使節の渡来

薩摩藩による琉球国支配は、慶長一四年（一六〇九）の「琉球攻め」と、翌一五年に島津家久が徳川家康と将軍秀忠に拝謁したことに始まる。琉球での戦いの後に、秀忠は島津家久・義久・義弘に対して褒書を、そして家久には琉球領知の墨印状を与えた。琉球国を平定した家久は、琉球国王尚寧を率いて秀忠に拝謁した時点で、実質的に琉球支配を許される「鈞令」を得るに至った。

この時の拝謁儀礼や幕府の諸対応はその後の琉球国使節に対する先例となり、基本的には踏襲された。寛永一一年（一六三四）閏七月九日、琉球国使節は薩摩藩主島津光久に率いられ、国王尚豊の継目（代替）恩謝のため、二条城で将軍家光に拝謁した。これを最初として、将軍への賀慶と琉球国王継目（代替）恩謝を目的とした使節の渡来が、嘉永三年（一八五〇）の尚泰王の時まで、合計一八度続いた。幕末の安政三年（一八五六）、家定に対する賀慶使が予定されたが、実行はされなかった(1)。徳川幕府から明治政府に政権が移ると、琉球国の領土は鹿児島県の管轄となった。琉球国王尚泰から明治天皇に対して「王政維新祝賀」の使節が皇居に派遣された。明治五年（一八七二）九月一四日、

「冊封の詔」によって「琉球国王」は「琉球藩王」と改称された。これが、琉球国から日本に渡来した最後の琉球国使節であった(2)。その後明治一二年(一八七九)、琉球藩は廃藩置県により「沖縄県」となった。

使節の目的は琉球国王の親書を届けることであった。使節の人数は一〇〇名ほどで、正使・副使と諸役(書簡・旗・長刀・槍・献上馬・医師)、路次楽・座楽を奏する「楽人」、舞踊も演じる「楽童子」、従者からなった(3)。賀慶と恩謝の使節が重なった時には、二名の正使それぞれに使者・従者が付くため、使節の人数が倍となった。行列には参勤交代の薩摩藩士が随伴した。

使節一行は、琉球国の首里城で任命・安全祈願・餞別宴の儀式を終えた後に鹿児島に渡り、再び準備を整えて薩摩藩主とともに江戸に向かった。使節は鹿児島の久美崎から海路で九州の西側を経由し、瀬戸内海を通って大坂の薩摩屋敷へ入るのが常であった。藩主は陸路をとることもあった。淀川を伏見まで上り、東海道を参勤交代の行列とともに進み、江戸では高輪の薩摩藩邸におよそ一ヶ月滞在した。その間、進見・奏楽・辞見の儀で登城し、将軍に拝謁した(4)。御三家や老中への挨拶廻り、東照宮や寛永寺の参詣、薩摩屋敷での琉球芸能の披露、能・狂言・神楽の鑑賞など、使者たちは多忙な日々を過ごした。

琉球国使節の行列が近づくと、市中に数々の御触書が出され、街道筋には人足の手配書が廻る。「町繕い」(道造り・家屋の補修)、当日の見物作法や火の元注意などが指示される。一行は、長崎沖や平戸城下を通過する折には、船飾りを整えて琉球音楽を船中で奏した。淀川では、船飾りをした御座船で、曳き綱に引かれて半日かけて伏見へ上った。一行が通過する城下の行列道筋では、見物の桟敷が組まれ、商家の店先は屏風や毛氈で飾られ、掃き清めて「盛り砂」が置かれた。人びとが待ち受ける中を、耳珍しい喇叭や銅鑼の響き渡る路地楽(琉球音楽)を奏しながら、使者の行列は進んだ。

琉球国使節の渡来は、大きな関心を集めた。使節の噂が市中に広がるなかで、『琉球人大行列記』『琉球人行粧記』

などの冊子本や、『琉球人行列附』などの一枚物の行列図が売り出された。琉球人気を当て込んだ商業出版物で、多くの人が買い求めた。それらは使節が渡来する度に、使者の名前のみを訂正して、同じ題名で繰り返し出版された。

二　琉球国使節を描いた様々な資料

江戸期の日本人にとって、琉球を意識する最大の機会が琉球国使節の渡来であった。したがって、江戸期日本において記された琉球に関する資料はすべて、直接的あるいは間接的に琉球国使節の渡来と関係がある(5)。時代が下ると琉球を論じる書物も刊行されるようになるが、多くの人びとの関心は、使者たちの異国風の衣装（琉球風・唐風）、聞き慣れない名前、珍しい持道具に向けられた。そのため、琉球国使節の行列姿を描いたものが、図版や絵画史料の大部分を占めている。

それらの体裁は、所謂瓦版に類する一枚物（大判半紙一枚程度）、三―四枚の組絵、冊子本の挿絵、錦絵、巻物と、様々である。そして巻物も、主題としての行列の描かれ方によってさらに分けられる。市中や街道の様子を背景に通行する行列を描いたもの、江戸城に向かう行列を部分的に描いたものが多い。後述の「琉球使節道中絵巻」（寛政二年〈一七九〇〉）もその一つである。それらとは別に、琉球国使節と薩摩藩士の行列全体を、先頭から末尾まで、使者名・役職名・衣装・持道具まで、彩色で詳しく描いたものがある。それが「登城行列」と表記される絵巻物である。

三　登城行列絵巻

前述の「登城行列絵巻」のうち現時点で確認できるものは、寛文一一年・宝永七年・明和元年の三年度で、都合五件である（表1）。ここでは、その中の三つの絵巻（寛文・宝永・明和）について見てゆく。

最も古い寛文一一年度の絵巻「琉球使者金武王子出仕之行列」（一巻）は、ハワイ大学マノア校図書館「坂巻宝玲コレクション」に所蔵されている。

宝永七年度の行列を描いたものには三種ある。ひとつは、「坂巻宝玲コレクション」所蔵の「宝永七年寅十一月十八日琉球中山王両使者登城行列」（内題）乾坤二巻（「琉球人登城之行列　乾坤」（書き表題））で、ひとつは内閣文庫蔵の「宝永七年寅十一月十八日琉球中山王両使者登城行列」（内題）である。この二つの絵巻物は、表題はもとより、人物の配置や道具の持ち方、表情の描き方まで極めて似ている。ただし前者には、第二巻目に琉球楽器の詳細な図が付されている(6)。本章では、この「坂巻宝玲コレクション」の絵巻を見てゆく。

もうひとつは、大英博物館所蔵の「宝永七庚寅年十一月十八日琉球国両使登城行列絵巻」（題簽）上下二巻である。巻末に絵師「春湖（狩野春湖）」の名がある。描写は極めて精緻で、絵画的に優れている。上巻に琉球国使節一行とそれを警護する薩摩藩士、下巻には薩摩藩の一行が描かれている。琉球国使節の構成・人数・衣装・持道具など、前述の二件と殆ど同じである。詳しく見ると、人物頭上の詞書に異なるところがある。前述二件の「正使　豊見城王子」が、「豊見城王子　輴」と表記されているなどである。賀慶正使の前を行く一対の「牌」には「中山王使美里」の文字が読めるが、前述二件では判別できる文字にはなっていない。使者の衣装が異なる部分もあり、輴や献上馬の装飾の細部も微妙に違っている。この絵巻では、従者の担ぐ「衣家」が虎皮であることも見て取れ、薩摩藩士の羽織の家紋も識別できる。また、人名や持ち道具の一部にルビが振られている。一方で、前二件の方には、薩摩藩士の人名が馬廻役まで記されている。絵巻を作成するために入手した情報の違いが考えられるのである(7)。翌年の正徳元年に朝鮮通信使が渡来した(8)。

この「登城行列絵巻」を描いた「春湖」は、稲荷橋狩野家の祖で岡澤宇右衛門・元珍といい、狩野春雲信之に学ん

表1　琉球国使節登城行列絵巻一覧

寛文11年（1671）	琉球使者金武王子出仕之行列	1巻	ハワイ大学宝玲文庫
宝永7年（1710）	宝永七寅歳十一月十八日琉球中山王両使者登城行列	2巻	ハワイ大学宝玲文庫
宝永7年	宝永七寅歳十一月十八日琉球中山王両使者登城行列	2巻	国立公文書館内閣文庫
宝永7年	琉球中山王両使者登城之行列絵巻（狩野春湖）	2巻	大英博物館
宝永7年	琉球使節絵巻	1巻	福岡市博物館
宝永7年	琉球人行列図	1帖	東京大学史料編纂所
明和元年（1764）	琉球中山王使者登城行列図	2巻	沖縄県立美術・博物館
ND	琉球人行列絵巻	1巻	沖縄県立美術・博物館
寛政2年（1790）	琉球使節道中絵巻	1巻	国立歴史民俗博物館
宝永7年（1710）	中山王来朝図　cf. 宝永七寅歳	2巻	国立公文書館内閣文庫

だ。元禄七年、新井白石が甲府中納言綱豊（家宣）に「詩経」を進講した折、当時は藩邸絵師であった春湖に命じて鳥獣草木器物を描かせて進献した。「詩経図」五巻六冊（宮内庁書陵部蔵）がそれである。正徳元年には朝鮮屏風の用を務めた。この「登城行列絵巻」の詳細な描写は、単に行列を見物しただけで描けるものではない。持道具・衣装などを間近に見て初めて可能なことである。新井白石と近い関係にあった狩野春湖は、この絵巻を作成するうえで最適の絵師であった(9)。

明和元年の使節の登城行列を描いた「明和元年申十一月二十一日琉球中山王使者登城行列」二巻（乾坤）は、沖縄県立博物館・美術館の所蔵である。明和のものにも、琉球楽器の図は無い。

「琉球使者金武王子出仕之行列」一巻、寛文一一年（一六七一）

寛文一一年の琉球国使節は、将軍家綱に琉球国王の襲封を恩謝するために遣わされた。琉球国王尚質が康熙七年（寛文八年・一六六八）一一月一七日に死去し、同康熙八年（寛文九年）七月一一日に島津光久はこの襲封についての「伺い」を幕府に出している。翌康熙九年（寛文一〇年）正月一一日世子中城王子が国王尚貞となった(10)。先例では、薩摩藩主が琉球国王の襲封を命じた後に幕府に言上する形であったが、この時は先に幕府に確認を取ったのである。このことを「通航一覧」編者は、前後に詳しい記載は無いが何か理由があってのことだろうと記している(11)。幕府と薩摩藩の交渉を経て、寛文の使節は渡来したのであろう。

使者の総勢は、正使金武王子以下七四名であった。一行は寛文一〇年六月五日に首里を出発し、鹿児島に約一年間滞在した。翌年五月三〇日に鹿児島を出て江戸へ向かった。一行が江戸に到着する前日の七月二〇日に、江戸市中に町触れが出された。「指さし高笑い、喧嘩口論などの、不法の禁止、水打ちなどの街繕い励行、江戸滞在中の火事の用心」であった。最初の登城は二八日。当日は晴天。使者は「五半時」（午前九時）に登城して「四半時」（午前一一時）に退出した。この年の琉球国王からの献上品は、「太刀」「馬（白銀五〇枚）」「沈金・青貝の卓」「芭蕉・太平布・久米綿」「香」「泡盛酒」であった。献上の品々は、城中の「車寄之際」に別置された。将軍からは琉球国王へ「銀（五〇〇枚）」「綿（五〇〇把）」が下賜されたが、これも全年度を通じて一定である。翌二九日に老中と若年寄を訪問して挨拶。八月七日には上野東照宮に参詣となった。前年度までは日光山東照宮へ参詣していたが、この年度から上野参詣になった。八朔の日には、大老酒井雅楽頭忠清の屋敷で琉球音楽を奏している(12)。城中と薩摩屋敷以外での奏楽は、この時を除いては無い。次の天和の渡来からは城中での奏楽となった。九日に暇乞のために登城し、一九日に江戸を発って帰国した。ところが九月三日、東海道熱田から桑名への渡しで難風のため遭難した。総勢五二艘のうち使節の乗った三艘が、桑名と知多郡の多屋村・大野村に流れ着いた。一〇月一八日に鹿児島へ到着し、一一月八日、一行はようやく琉球に帰国したのである。

寛文一一年度の使節行列を描いたこの絵巻は、最も古い「登城行列絵巻」で、定式化する前の登城行列の記録としても貴重である。この絵巻には人名の他に「詞書」は無い。題簽に「琉球使者金武王子出仕之行列」とあるだけである。行列の先頭には、薩摩藩の徒士二〇名が二列斜めに描かれている。前列の一〇名は黒羽織袴で手に「竹杖」を持ち、次に裃姿の一〇名が続く。ともに端折姿である。その後に琉球国からの使節が続く。先頭は一対の朱色の「鞭」、琉球衣装で頭に赤色の「鉢巻」（冠帽）を着け、武士（歩行士）二名に左右を守られている。次に、「龍」と「虎」が描かれた二本一対の旗（「龍旗」と「虎旗」）、各々一人が担ぎ持っている。琉球国王からの書簡箱を両手で胸に抱いている馬上の人物は金武親雲上で、中国から下賜された「紗帽」を被っている。馬上の川頭親雲上と続く「楽人」は、「黄鉢巻」（黄帽）である。しかし、馬上の「親雲上」と徒歩の楽人が同じ色の冠帽であることには疑問がある。琉球音楽を奏する一四名の「楽人」は、順に「銅角」「新心」「鼓」「銅鑼」「両班」「喇叭」「鼓」其々二名である。「鐺」「龍刀」を担いだ使者が各一名。次に一対の「金鼓」旗。その後に正使「金武王子」の乗った輿がある。担ぐのは八名の薩摩藩の担ぎ手、一一名の使者（赤帽三名、黄帽五名、欹髻《かたかしら》二名、辮髪《べんぱつ》）が脇を固めている。「衣家」を担いだ使者二名。馬乗の使者（附衆）が五名と、赤帽と欹髻の使者が其々八名。次に欹髻に簪を挿した馬上の「楽童子」六名が、奴や武士に付き添われて続く。これらの使者の後を、一〇名ずつの隊列を組んだ徒士・足軽侍（毛槍二〇棹）が守るように連なり、最後尾に薩摩藩の重臣三名が、槍と衣家、草履取を伴って続く。

寛文一一年の本絵巻物には、短冊状の金紙に墨書された氏名が、二一名の使者の頭上に貼り添えられている。カナ文字もあり、漢字もある。「ヤマウチ（山内）」鞭・「グスクマ（城間）」鞭・「ヒガ（比嘉）」龍旗・「マタヨシ（又吉）」寅旗・「金城親雲上」掌翰史・「川頭親雲上」儀衛正・「イハ（伊波）」金鼓旗・「ヤヒク（稲福？）」金鼓旗・「金武王子」輿・「ナナサ（平安山？）」肩荷物・「越来親方」［馬上］・「宇良親雲上」［馬上］・「伊計親雲上」［馬上］・「新川親雲上」［馬上］・「垣本親雲上」［馬上］・「保栄茂里子」［馬上］楽童子・「大城里子」［馬上］楽童子・「玉城思次郎」［馬上］楽童子・「佐邊太郎兼」［馬上］楽童子・「新城松兼」［馬上］楽童子・「小橋川真三郎」［馬上］楽童子。そしてもう一片、「シマブクロ（島袋）」の紙片が、馬上の楽童子と後続の薩摩藩士の隊列の間に貼られている。これは、正使の「衣家」（肩荷物）を担ぐ者の個所から剝離したものが、誤ってここに貼られたものである。本絵巻の氏名の短冊は、行列図が作成された後に貼り込まれたものと察せられる。漢字表記の人物は、来朝記録に記された名簿と一致し、大半が琉球の家譜資料と照合可能である[13]。このうち、別の史料から確認できない人名はヤマウチ（山内）・グスクマ（城間）・ヒガ（比嘉）・マタヨシ（又吉）・イハ（伊波）・ナナサ（平安山？）・シマブクロ（島袋）の七名。史料に使者としてあるものの絵巻に描かれていない使者名は津波古親雲上・真栄田親雲上・惣慶親雲上の三名である。
この絵巻の蔵書印は、巻頭に「宝玲文庫」・墨印、巻末に「月明荘」（古書籍商反町弘文荘の極朱印）がある。(14)

「宝永七年寅十一月十八日琉球中山王両使者登城行列」二巻、宝永七年（一七一〇）

宝永七年の琉球国使節の渡来は、二八年振りのことであった。それまでも薩摩藩は幾度か使節の派遣を申し入れたが、幕府は認めなかった。幕府の貿易統制策において、唐貿易の中継地である琉球国を擁する薩摩藩は、特異な立場にあったからである。一方で、琉球国からの賀慶・恩謝使節の渡来は、幕府にとっても慣例となった重要な儀礼であった。度重なる交渉を経て、宝永の使節渡来は実現したのである。(15)薩摩藩にとって、琉球の使者を伴うことは、藩の威信を誇示する絶好の機会であった。そのため使節にいくつかの指示を与え、「異国風」を強調させた(16)（「薩藩旧記雑録」巻四二、二八六一）。薩摩藩が琉球国に申し渡したのは、「宿幕に繻珎」（日本風でない陣幕）を、長刀の拵えに「錦物」を、清国の鉾に似せた鑓を用い、「日本風と紛らわしくない異朝の風物」に似せるようにすることであった。琉球国使節団の編成や役職名が改められたのも、この意図に沿うものであった。

幕府もこの使節を迎えるために準備を重ねた。翌正徳元年には朝鮮通信使の渡来を控えており、琉球国からの使節をどの様に遇するかという課題があった。新井白石が命を受けて、「琉球返翰案」を作成し、「琉球人御目見の座席等御尋」に答えている。(17)白石はそのために、それまでの渡来を記録した「日記」に目を通した。この「流求ノ日記」を用いて作成したものが、『琉球来聘日記抄』である。(18)白石は自らの見解に基づき、それまでの曖昧さを廃し、朝鮮国と琉球国の位置づけを形の上でも明らかにしようとした。城中の諸儀礼にも改変があった。万石以上の外様と、譜代大名は父子ともに、威儀を正して琉球国使節が将軍に拝謁する儀式に臨んだのである。(19)この年度に関しては、絵巻物ばかりでなく、渡来記録も全年度を通じて最も多い。具体的な事実が記録として良く残されている。江戸市中へ出された御触書の数も最多で、幕府が周到な準備をして使節を迎えたことがわかる。

宝永七年の琉球国使節には、将軍家宣の代替慶賀と琉球国王尚益の継目恩謝という二つの目的があり、二人の正使がいた。そのため使節団の規模はほぼ倍の一六八名であった[20]（『通航一覧』には七一四名、楽師は共通）。使者たちは、宝永六年（康熙四八年）一一月に国王から江戸参府を命じられ、翌七年七月二日に那覇港を出発し、九日に鹿児島へ到着した。準備を整え、閏八月二六日に江戸へ向かった。一〇月一一日に大坂到着。一九日に発って翌日伏見に着いた。二四日に発って東海道を進んだ。一一月二日、使節の中に病死者が出、浜松の西見寺に葬られた。一一日、薩摩藩江戸屋敷に到着した。一八日に「進見」の儀、二一日に「饗応」の儀、二三日に「辞見」の儀があり、三度登城した。二五日に御台様へ献上品を届け、晦日には上野東照宮に参詣、一二月朔日に薩摩屋敷で囲碁の会、二日には老中・若年寄へ挨拶、四日に御三家へ挨拶、六日・七日には薩摩屋敷で琉球音楽を奏上、九日は囲碁対局、一一日は薩摩屋敷で能を拝見。一六日には薩摩藩主に出発の許を得て、一八日に江戸を出発して帰路に就いた。翌正徳元年正月七日に伏見へ、九日に大坂へ着いた。二月一六日に鹿児島到着。康熙五〇年（正徳元年）三月二二日、那覇へ到着して長旅を終えた。京に上っていた新井白石が使者と対面したのは、伏見においてであった。次の正徳四年の使節渡来時にも、白石は薩摩屋敷で使者と対話を重ね、『白石先生琉人問対』が残されている。著書『南島志』『琉球国事略』は、琉球を学ぶための基本書として、近代初頭まで読み継がれた。

この絵巻は、宝永七年（一七一〇）の琉球国使節を描いたもので、乾坤二本組である。乾巻には、琉球国の使節一行とそれを護る薩摩藩士が描かれている。坤巻には、薩摩藩士の一団が描かれ、その後ろに、路次楽の一式と座楽の楽器が描かれている。この図が付されていることが、この絵巻の特徴である。寛文の絵巻では、使節一行に先行する薩摩藩士は、斜め二列に一団として描かれているだけである。この絵巻では、足軽・小人にいたるまで、人物と配置が詳しく描き分けられている。この絵巻に記された「詞書」は次の通りである（人名を伴わない「小人」「歩行士」「足

軽」「警護之者供人等」「押足軽」は省略）。

乾巻は冒頭に、「一　寶永七年寅十一月十八日琉球中山王両使者登城行列」とある。行列は、「足軽」、「留守居若松彦兵衛」（乗馬）、「家老島津大蔵」（乗馬）、「側目附平岡八郎太夫」（乗馬）、「足軽」、「儀衛正佐久本親雲上」（乗馬）。次は一対の［鞭］、一対の［金鼓旗］、そして路次楽の奏者が続く。その後に路次楽の一団が続く（路次楽については、他の年度の絵巻と比較した参考資料を参照）。一対の［虎旗］の後ろに［献上馬］と「圉師真喜屋親雲上」（乗馬）、一対の［牌］、「掌翰史屋宜親雲上」（乗馬）、［涼傘］、「馬廻伊勢平太夫」、「馬廻山口杢左衛門」、「正使美里王子」（轎）、一対の［碑］、「掌翰史宮城親雲上」（乗馬）、［涼傘］、「馬廻荒武与市左衛門」、「馬廻平川市兵衛」、「正使豊見城王子」（轎）、「副使富盛親方」（駕籠）、「副使與座親方」（駕籠）、「賛儀官志堅原親雲上」（乗馬）、「賛儀官新城親雲上」（乗馬）、「楽正江田親雲上」（乗馬）、「楽童子伊舎堂里之子」（乗馬）、「楽童子根路銘里之子」（乗馬）、「楽童子内間里之子」（乗馬）、「楽童子小禄里之子」（乗馬）、「津覇里之子」（乗馬）、「楽童子野国里之子」（乗馬）、「楽童子内嶺里之子」（乗馬）、「楽童子糸満里之子」（乗馬）、「使賛知念親雲上」（乗馬）、「使賛嘉手苅親雲上」（乗馬）、「喜屋武親雲上」（乗馬）、「使賛玉城親雲上」（乗馬）、「使賛湧川親雲上」（乗馬）、「使賛久場親雲上」（乗馬）、「使賛仲嶺親雲上」（乗馬）、「使賛照屋親雲上」（乗馬）、「使賛前川親雲上」（乗馬）、「使賛仲原親雲上」（乗馬）、「保栄茂里之子」（乗馬）、「使賛棚原里之子」（乗馬）、「使賛伊佐親雲上」（乗馬）、「使賛森山里之子」（乗馬）、「使賛安慶田親雲上」（乗馬）と続き、乾巻が終わる。

坤巻の行列は、「者頭猿渡籐右衛門」（乗馬）を先頭とする薩摩藩士の一団である。「者頭」「足軽小頭」「馬廻」「側用人」「用人」「大目附」「家老」「小人」「跡押」「供人下知人」「乗替［駕籠］」である。藩士の一団は、「此外家老壱人用人壱人留守居壱人琉使登城前ニ御城え罷昇候」の詞書で終わる。

坤巻後半には、行列にともなう路次楽の一式と、座楽の楽器一式が描かれている。路次楽に用いるものは、一対の「鞭」、一対の「張旗（金鼓の文字）」「銅鑼」と「鐘木子」「両班」、一対の「銅角」、一対の「喇叭」、一対の「哨吶」、四組の「鼓」と「撥子」、そして一対の「虎旗」である。その後に、座楽に用いる楽器が続く。小銅鑼の付いた「鼓」と「新心」（一組）、二個組みの「銅鑼」「両班」「金鑼」「三金」「三板」「哨吶」「横笛」「管」「胡琴」と「胡子」「長線」「琵琶」「三線」「二線」と「弓子」「四線」である（計三四点）。そして坤の巻の末尾に、蔵書印「宝玲文庫」（大型・墨印）がある。[21]

琉球の楽器には大きな関心が集まった。行列を見物して路次楽の演奏を聞いた人びとも、座楽を聞く機会に恵まれた人も、強い印象を受けた。この楽器図は、極めて詳しいものである。現物をゆっくりと見なければ、描くことはできない。薩摩屋敷で琉球音楽と舞踊が披露された時に、写し取られたものと考える。後の年度には、薩摩屋敷での琉球芸能の披露が恒例となった。寛政二年度の渡来時には、楽器一式を残して帰国している。[22]

宝永の渡来から、使者が琉球衣装の上に赤い「短掛」を着けるようになる。この「登城行列絵巻」では、「鞭」から「虎旗」までの路次楽の一団と、「牌」「涼傘」を掲げる使者が着けている。前述の大英博物館蔵の絵巻では、その他に、「鑓」「長刀」「傘」を掲げる使者と、虎皮の「衣家」と「茶庫」を担ぐ使者、献上馬を引く使者も着けている。次に見る明和の「登城行列絵巻」では、この「短掛」を肩に掛けて歩く使者の姿も数人描かれている。赤い短掛と帽子は、琉球国使節の特徴のひとつとしてこの時から描かれてゆく。

「明和元年申十一月二十一日琉球中山王使者登城行列」二巻、明和元年（一七六四）

明和元年の使節は、将軍家治への賀慶のために遣わされた、正使読谷山王子以下九六名である。この年度の記録は余り残されていないが、概略は次の通りである。六月九日に那覇を、八月二三日に鹿児島を発って、一一月九日江戸到着。登城は、一一月二一日と二五日であった。二六日に上野寛永寺参詣と老中廻り、一二月朔日に御三家廻りを済ませ、一一日に江戸を発って、翌明和二年二月四日に鹿児島到着。三月一六日に帰着した。

使者名は明和元年度のものであるが、絵巻の構図・描き方・画風も、宝永の「登城行列絵巻」(「坂巻宝玲コレクション」「内閣文庫」)と極めてよく似ている。同じ系統の絵師によって描かれたものである。冒頭と巻末の詞書も、年月日を除いて、次のように同じである。

［冒頭］「明和元年申十一月二十一日琉球中山王使者登城行列」

［巻末詞書］「此外家老一人用人一人留守居一人琉使登城前ニ御城え罷昇候」

四　慶長から寛文までと宝永・正徳の改変

琉球国からの使節は、江戸時代の二百年余りの間に一八度渡来した。前述の三つの絵巻を見てわかるように、役職名・官職名・持道具に少しずつ違いが見られる。「登城行列絵巻」と文献史料とを併せて検討すると、どの様に変化していったかがわかる。

慶長一五年(一六一〇)に島津家久が琉球国王尚寧を伴って将軍秀忠に拝謁した時のことを、「通航一覧」の編者は、傍証史料は見当たらないとしながらも、「琉球属和録」を次のように引いている。

「薩摩侯附庸の国といひなから、諸大名なみにして、列は御老中の次に座し、十万石以上の格とそ定められける」▼琉球属和録、「○按するに、諸記に此事所見なし、此書何に拠れるにやいふかし、」(23)

この時琉球国王は、一〇万石以上の大名格で老中の次に位置づけられたとある。寛永一一年(一六三四)の使節の詳しい記録は無いが、次の正保元年度(一六四四)から渡来の最後まで、琉球国王からの献上物には「太刀」「馬」「貢布」の三種が含まれる。これは諸大名が、参府・年始・八朔に献上する品と同じである。琉球からの「献上馬」は、実際に馬である年度と「馬代」銀五〇枚の年度があった。

道中の「人馬御馳走」については次の指示が出された。

伏見より江戸迄路次中ニ而、御宿等并人馬御馳走之儀、此以前朝鮮より之勅使御越之時分、於路次中御馳走之様子ニ、此度も御馳走可致之旨(24)

これは、「朝鮮より之勅使」同様という命で、三年前の慶長一二年（一六〇七）に渡来した朝鮮国「回答兼刷還使」への待遇を前例としている。尚寧王に随行した人びとについては、年齢・役職・人名と当日の琉球音楽の演奏についての記録がある。(25)すなわち、三味線を弾き琉球の小唄を歌う一七、八歳と一四、五歳の二名の小姓がおり、道中の宿に着く時には「笙・横笛・鐘・太鼓・篳篥」を奏し、そのことを「道行」と言う、とある。「小姓」は後に「楽童子」となり、「道行」は「路次楽」となった。華やかな衣装を身に着け、「欹髻《かたかしら》」に銀の簪を挿した楽童子は、常に人びとの関心の的であり、後にその人数が増えてゆく。道中「御宿駅・人馬御馳走」がなされたこと、薩摩藩主が白米千俵を賜ったことなど、慶長一五年の幕府の待遇や諸儀礼は、琉球国使節渡来の際に先例となって引き継がれた。

寛永一一年（一六三四）に二条城で将軍家光に拝謁したのが、琉球国使節の最初であった。将軍襲職を祝う「御代替之使者」は尚豊王次男の佐敷王子、琉球国王襲封を謝する「御継目之使者」は尚久王五男の金武王子であった。琉球国には最上位の位階としての「王子」がある。以降、王子か「王子の位」の者が正使を務めた。寛永から寛文・天和（一六八二）までの渡来記録には、使者名が位階を表す装束の一部である冠帽の色と共に記されている。(26)「紫鉢まき（紫冠）」「黄鉢まき（黄冠）」「赤鉢まき（赤冠）」の別である。これは後の年度の位階表記である、「王子」「親雲上」「里之子」と関連を持っている。「附役」「附衆」「祐筆」「楽人」「小童・小姓」（楽童子）「むち持」「旗持」「士」等の記載もあるが、これは使者名に注目して記録する際に、その人物が果たした役割を見て付記したものである。寛文一一年度は、五度目の渡来であった。この寛文の「登城行列絵巻」は、この時までに整ってきた形式がどうであったかを、教えてくれる貴重な絵画史料なのである。

宝永七年（一七一〇）の使節は、先に述べたように二人の正使がいて、使節団の規模がおよそ倍であった。この年度は、「登城行列絵巻」ばかりでなく、渡来記録も全年度を通じて最も多い。その次の使節は、四年後の正徳四年（一七一四）で、やはり賀慶と恩謝とが重なり、使節団の規模と内容は宝永度とほぼ同じであった。宝永七年度の渡来記録（『通航一覧』所収）では、二人の正使は「御代替之使者」「継目之使者」である。(27) 正徳の記録で初めて正使の肩書きに「慶賀（賀慶）正使」「恩謝正使」の文字が見え、以降はこの形が踏襲される。宝永の「登城行列絵巻」で見たように、使者の役職名も改められ、使節団の構成が整えられた。渡来記録では、「正使」「副使」「附役」「祐筆」「与力」「役人」「小姓」「小姓童子」「副使与力」「座楽主取」「路次楽主取」「別当」「ひちりき吹」「楽童子」となっている。役割を具体的に表す「和名」である。それが正徳の記録になると、「正使」「副使」「賛儀官」「掌翰史」「儀衛正」「圉師」「使賛」「楽正」「楽師」「楽童子」と漢名化している。ただし、名称は琉球国独自のものである。以後、この名称が用いられることになる。

宝永の「登城行列絵巻」と寛文の絵巻を比較すると、琉球国使節が掲げ持っている旗が明らかに異なっている。寛文の旗には、「龍図」と「虎図」とが描かれて一対をなしている。位置は、先頭の「鞭」の次である。宝永七年度は、「龍」を描いた旗は無くなり、二本の「虎」旗になっている。位置は、楽人の一団の最後で、その後に献上馬が続く。龍虎一対の旗から、虎を描いた旗二本一対に変わったのである。さらに、虎図に注目すると、寛文の旗の虎（図案）は前足を揃えた「座姿」であるが、宝永の虎は「翼を背負い、正面を向いて前足を挙げた姿」に変わっている。この旗について、宝永七年度の記録「琉韓紀事」（『通航一覧』）は、「旗二本」「寅に羽ある獣彩色にして」と説明している。(28) 朝鮮通信使の行列の旗は、一貫して「形名旗（龍図）」である。幕府が朝鮮と琉球国の位置づけを形の上でも表そうとしたこの時期に、朝鮮国は「龍」、琉球国は「虎」という形で、両者の「位置づけ」を表そうとしたのである。そこで琉球の「虎」は、それまでの天に昇る龍の代わりに、背中の翼を広げて天に駆け上る勇ましい姿へと変えられた

表2　来聘年度の虎旗・龍旗

	渡来年度	典拠
1	寛文11年（1671）	「琉球使者金武王子出仕之行列」
2	宝永7年（1710）	「宝永七寅歳十一月十八日琉球中山王両使者登城行列」
3	明和元年（1764）	「琉球中山王使者登城行列図」
4	寛政2年（1790）	「琉球使節道中絵巻」
5	寛政8年（1796）	「琉球人行列附」（一枚物）
6	天保3年（1832）	「琉球人来朝図」（錦絵）
7	天保13年（1842）	「琉球賀慶使略」（一枚物）

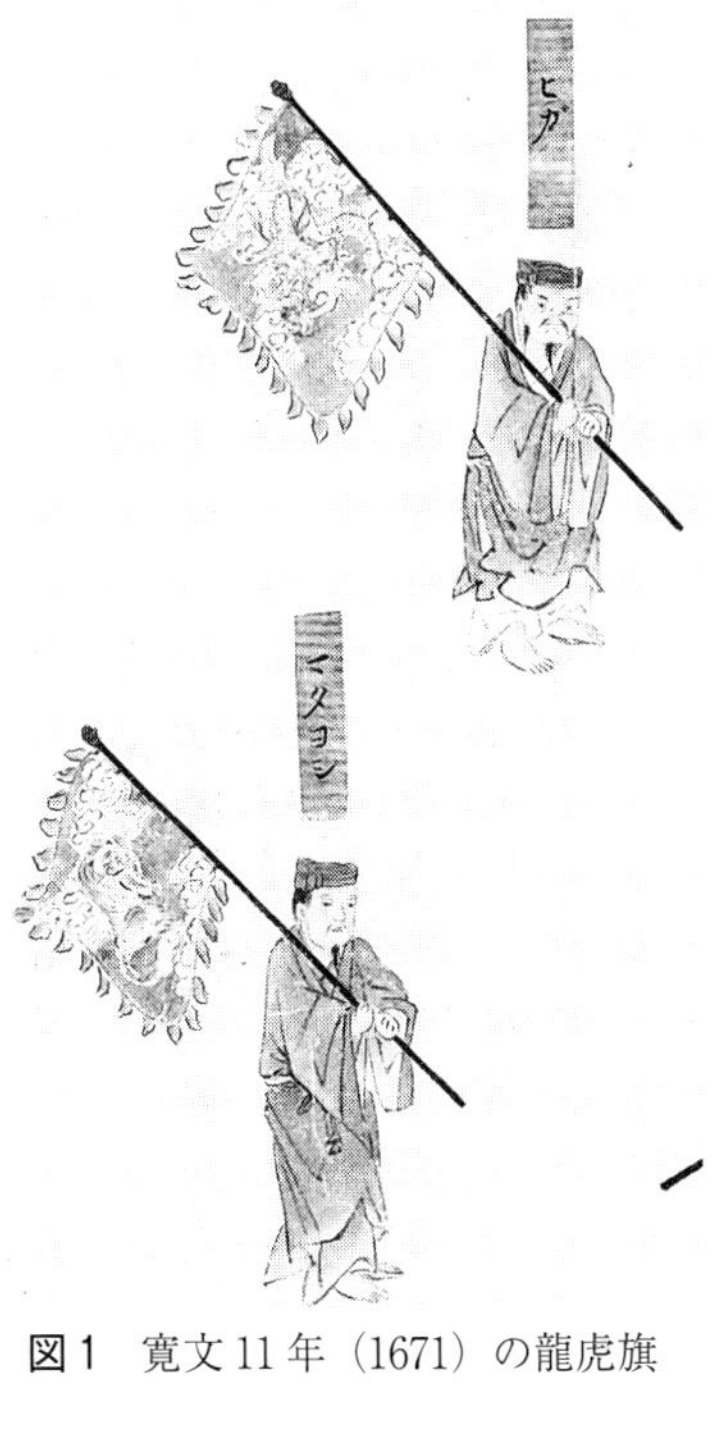

図1　寛文11年（1671）の龍虎旗

図2　宝永7年（1710）の虎旗

図3　明和元年（1764）の虎旗

図4　寛政2年（1790）の虎旗

図5　寛政8年（1796）の虎旗

図6　天保3年（1832）の虎旗

図7　嘉永3年（1850）の虎旗

のであろう。明和の「登城行列絵巻」にも、この一対の「虎旗」が描かれている。この旗は、錦絵や瓦版の行列図などにも、単純化されながらも特徴が見て取れるように描かれている。「前足を挙げた翼を持つ虎」の旗（虎旗）は、琉球国使節の掲げる旗として最後まで変わらない。しかし、行列の中の「龍旗」「虎旗」の位置が、寛文と宝永とで異なる(29)（表2、図1〜図7）。

述べてきたように、宝永の渡来では、使者の構成・衣装・持道具（旗）・城中の諸儀礼などに様々な改変があった。幕府は、それまでの曖昧さを廃して形式を整えようとした。薩摩藩は琉球を「異国」として強調しようとした。宝永の改変が、正徳の年度に定着して前例となり、その後は踏襲されたのである。寛文・宝永・明和の「登城行列絵巻」に見える琉球国使節の行列構成を、一覧にした。

五　「登城行列絵巻」から読み取れるもの

絵巻を広げると、文字史料からではわからないことが一目で了解できる。どの様に行列を組んだのか。どの様な衣装を、どの様に着て進んだのか。持道具の形や大きさばかりでなく、色合いも、どの様に持ったのかも知られる。絵師が注目したことは、行列を見る人びとが関心を寄せたことでもある。

「登城行列絵巻」は、幕府や大名が、お抱えの絵師に命じて描かせたものである。絵師一人でできることではなく、工房が必要だった。絵巻作成の手順を次のように考えている。前もって使者と行列の通行に関する情報が与えられる。絵師たちは、登城の時ばかりでなく、色々な場所で行列を写生した。絵巻の中の「短掛」を畳んで肩に掛けた人物や、何人かの楽しげな表情は、登城とは別の場面で描き留めたものかも知れない。多くの描き手が、衣装・持道具・人物の、何に注目して写すかを分担する。それらを、絵師が行列図に組み立てる。技量に応じて持ち場を定め、手分けし

表 3　琉球国使節の行列構成

1671年　寛文11年　74人 ［宝玲文庫］	1710年　宝永7年　168人 ［宝玲文庫］	1714年　正徳4年　170人	1764年　明和元年　96人	1832年　天保3年　98人
足軽10名	目付		留守居附	足軽　足軽
徒士10名	足軽　足軽		留守居　有馬勇馬　騎乗	留守居(手廻召連)
	弓・10張		家老　島津老中　騎乗	家老(手廻召連)
	百矢箱		用人　島津登　騎乗	用人(手廻召連)
	足軽　足軽			
鞭　鞭	長柄・10本			
張旗(虎)　張旗(龍)	足軽　足軽			
	足軽　足軽　足軽			
◇［掌翰史］金城親雲上	歩行　歩行　歩行			
	足軽　足軽			足軽　足軽
◆［儀衛正］川頭親雲上	◆儀衛正　佐久本親雲上	◆儀衛正　野原親雲上	◆儀衛正　牧志親雲上	◆儀衛正　譜久山親雲上
銅角　銅角	道楽器箱		道楽器箱	衣家　跟伴　傘
新心　新心	鞭　鞭	鞭　鞭	鞭　鞭	足軽
鼓　鼓	張旗　張旗	張旗　張旗	張旗　張旗	沓籠
銅鑼　銅鑼	両班　銅鑼	両班　銅鑼	両班　銅鑼	合羽籠
両班　両班	銅角　喇叭	銅角　銅角	銅角　喇叭	鞭　鞭
喇叭　喇叭	哨吶　哨吶	喇叭　喇叭	哨吶　哨吶	張旗　張旗
鼓　鼓	鼓　鼓	哨吶　哨吶	鼓　鼓	両班　銅鑼
	鼓　鼓	鼓　鼓	鼓　鼓	銅角　銅角
鐺　龍刀	虎旗　虎旗	鼓　鼓	虎旗　虎旗	喇叭　喇叭
金鼓旗　金鼓旗	足軽　足軽	虎旗　虎旗	足軽　足軽	哨吶　哨吶
◎使者　金武王子	中間　中間		中間　中間	鼓　鼓
衣家　衣家	中間　中間		中間　中間	鼓　鼓
○附役　越来親方	沓籠		献上馬①	虎旗　虎旗
附衆　宇良親雲上	△圍師　真喜屋親雲上	△圍師　真喜屋親雲上	献上馬②	牌　牌
附衆　伊計親雲上	牌　牌	牌　牌	△圍師	
附衆　新川親雲上	書翰箱		牌　牌	
附衆　垣本親雲上	◇掌翰史　屋宜親雲上	◇掌翰史　宮里親雲上	◇掌翰史	◇掌翰史　與那覇親雲上
●楽童子　保栄茂里子	歩行　歩行		歩行　歩行	衣家　跟伴　傘
●楽童子　大城里子	足軽　足軽　足軽	足軽	足軽　足軽　足軽	足軽　小人
●楽童子　玉城思次郎	涼傘	涼傘	涼傘	沓籠

●楽童子　佐邊太郎兼
●楽童子　新城松兼
●楽童子　小橋川真三郎
足軽 10 名
徒士 10 名
徒士 10 名

歩行　歩行
◎正使　美里王子
歩行　歩行
歩行　小人　歩行
足軽　足軽
龍刀　鑓
衣家　茶庫　傘
小人
唐長柄　唐長柄
足軽　足軽
替乗物
足軽　足軽
牌　牌
書翰箱
◇掌翰史　宮城親雲上
歩行　歩行
足軽　足軽　足軽
足軽　足軽　足軽
涼傘
歩行　歩行
◎正使　豊見城王子
歩行　歩行
歩行　歩行
小人
足軽　足軽
龍刀　鑓
衣家　茶庫　傘
小人
唐長柄　唐長柄
足軽　足軽
替乗物
足軽　足軽
座楽器箱
用人
足軽　足軽

◎正使　與那城王子
牌　牌
◇掌翰史　砂邊親雲上
涼傘
◎正使　金武王子
龍刀　笠　鑓
衣家　引馬　茶庫

歩行　歩行
◎正使
歩行　歩行
歩行　小人　歩行
足軽　足軽
龍刀　鑓
衣家　茶庫　傘
小人
唐長柄　唐長柄
足軽　足軽
替乗物
足軽　足軽
牌　牌
書翰箱
◇掌翰史
歩行　歩行
足軽　足軽　足軽
足軽　足軽　足軽
涼傘
歩行　歩行
◎正使
歩行　歩行
歩行　歩行
小人
足軽　足軽
龍刀　鑓
衣家　茶庫　傘
小人
唐長柄　唐長柄
足軽　足軽
替乗物
足軽　足軽
座楽器箱
用人
足軽　足軽

合羽籠
足軽　足軽　足軽
涼傘
◎正使　豊見城王子
賛渡使　賛渡使
賛渡使　賛渡使
跟伴　跟伴
中小姓　中小姓
足軽　足軽　足軽
龍刀　傘　鑓
衣家　宗添馬　茶庫
沓物
合羽籠
轎廻え相付候馬廻中小姓
押
足軽　足軽　足軽

表3　つづき

1671年　寛文11年　74人 [宝玲文庫]	1710年　宝永7年　168人 [宝玲文庫]	1714年　正徳4年　170人	1764年　明和元年　96人	1832年　天保3年　98人
	○副使　富盛親方	○副使　知念親方	○副使	○副使　澤岻親方
	衣家　傘		衣家　傘	跟伴　跟伴
	小人　足軽	龍刀　笠　鑓	小人　足軽	跟伴　跟伴
	○副使　與座親方	○副使　勝連親方		衣家　傘　鑓
	衣家　傘		衣家　傘	足軽　足軽
	小人　足軽		小人　足軽	索添馬
	賛儀官　志堅原親雲上	賛儀官　南風原親雲上	賛儀官	沓籠
	歩行		歩行	合羽籠
	小人	賛儀官　喜瀬親雲上	小人	賛儀官　小禄親雲上
	賛儀官　新城親雲上			跟伴　跟伴　跟伴
	小人	楽正　玉城親雲上	小人	衣家　傘　鑓
	楽正　江田親雲上		楽正	沓籠
	歩行　小人		歩行　小人	合羽籠
	●楽童子　伊舎堂里之子	●楽童子　濱川里之子	●楽童子	楽正　伊舎堂親雲上
	足軽　足軽		足軽　足軽	跟伴　跟伴
	小人	小人	小人	衣家　傘
	●楽童子　根路銘里之子	●楽童子　喜屋武里之子	●楽童子	沓籠
	足軽　足軽		足軽　足軽	合羽籠
	小人	小人	小人	●楽童子　譜久村里之子
	●楽童子　内間里之子	●楽童子　保栄茂里之子	●楽童子	小人　跟伴
	足軽　足軽		足軽　足軽	衣家　傘
	小人	小人	小人	足軽
	●楽童子　小禄里之子	●楽童子　稲嶺里之子	●楽童子	沓籠
	足軽　足軽		足軽　足軽	合羽籠
	小人	小人	小人	●楽童子　濱元里之子
	●楽童子　津覇里之子	●楽童子　祢覇里之子	●楽童子	小人　跟伴
	足軽　足軽		足軽　足軽	衣家　傘
	小人	小人	小人	足軽
	●楽童子　野国里之子	●楽童子　手登根里之子	●楽童子	沓籠
	足軽　足軽		足軽　足軽	合羽籠
	小人	小人	小人	●楽童子　登川里之子

●楽童子　内嶺里之子
足軽　足軽
小人
●楽童子　糸数里之子
足軽　足軽
小人
使賛　知念親雲上
小人
歩行
使賛　嘉手苅親雲上
小人
使賛　喜屋武親雲上
小人
使賛　玉城親雲上
小人
歩行
使賛　湧川親雲上
小人
使賛　久場親雲上
小人
使賛　仲嶺親雲上
歩行
小人
使賛　照屋親雲上
小人
使賛　前川親雲上
小人
使賛　仲原親雲上
小人
使賛　保栄茂里之子

●楽童子　伊野波里之子
小人
●楽童子　久志里之子
小人
使賛　高嶺親雲上
小人
歩行
使賛　渡具知親雲上
小人
使賛　安里親雲上
小人
使賛　當間親雲上
小人
歩行
使賛　森山親雲上
小人
使賛　運天親雲上
小人

●楽童子
足軽　足軽
小人
●楽童子
足軽　足軽
小人
使賛
小人
歩行
使賛
小人
使賛
小人
使賛
小人
歩行
小人
小人
歩行
小人
小人
小人
小人

小人　跟伴
衣家　傘
足軽
沓籠
合羽籠
●楽童子　宇地原里之子
小人　跟伴
衣家　傘
足軽
沓籠
合羽籠
●楽童子　富永里之子
小人　跟伴
衣家　傘
足軽
沓籠
合羽籠
●楽童子　小禄里之子
小人　跟伴
衣家　傘
足軽
沓籠
合羽籠
●楽童子　［病死除き］
小人　跟伴
衣家　傘
足軽
沓籠
合羽籠
楽師　池城親雲上
小人　跟伴
足軽
衣家　傘
沓籠
合羽籠

表 3　つづき

1671年　寛文11年　74人 ［宝玲文庫］	1710年　宝永7年　168人 ［宝玲文庫］	1714年　正徳4年　170人	1764年　明和元年　96人	1832年　天保3年　98人
	小人		小人	楽師　内間親雲上
	使賛　棚原里之子			小人　跟伴
	歩行		歩行	足軽
	小人		小人	衣家　傘
	伊佐親雲上			沓籠
	小人		小人	合羽籠
	医師　宮里安忠		医師	楽師　具志川親雲上
	歩行		歩行	小人　跟伴
	小人		小人	足軽
	足軽　足軽		足軽　足軽	衣家　傘
	目付		目付	沓籠
	医師		医師	合羽籠
	医師		医師	楽師　城間親雲上
	馬廻		馬廻	小人　跟伴
	馬廻		馬廻	足軽
	馬廻		馬廻	衣家　傘
	馬廻		馬廻	沓籠
	家老		家老	合羽籠
	新番		新番	正使使賛　與儀親雲上
	新番		新番	小人　跟伴
	足軽　足軽		足軽　足軽	足軽
	足軽　足軽		足軽　足軽	衣家　傘
	足軽　足軽		足軽　足軽	沓籠
	小人　小人		小人　小人	合羽籠
	小人　小人		小人　小人	正使使賛　玉城親雲上
	小人　小人		小人　小人	小人　跟伴
	小人　小人		小人　小人	足軽
	足軽　足軽		足軽　足軽	衣家　傘
	足軽　足軽		足軽　足軽	沓籠
	［終］		［終］	合羽籠
				正使使賛　浦崎親雲上

小人　跟伴
衣家　足軽　傘
沓籠
合羽籠
正使使賛　読谷山親雲上
小人　跟伴
衣家　足軽　傘
沓籠
合羽籠
正使使賛　真栄平親雲上
小人　跟伴
衣家　足軽　傘
沓籠
合羽籠
副使使賛　與古田親雲上
小人　跟伴
衣家　足軽　傘
沓籠
合羽籠
副使使賛　小波蔵親雲上
小人　跟伴
衣家　足軽　傘
沓籠
合羽籠
物頭
［以下略］

「琉球人行列記」
(『視聴草』10集5)による.

て描く。行列図が完成した後に、別の人物が渡来記録を基に「詞書」を書き加える。寛文の絵巻では、短冊に記した人名が貼り込まれた。宝永の絵巻には、次の正徳の渡来時から用いられる役職名が、すでに記されている。描かれた時期と記された時期には開きがあり、使者に関する新しい情報が盛り込まれたのであろう。「登城行列絵巻」の作成は、時間も費用もかかる大仕事であった。正徳元年（一七一一）の朝鮮通信使の行列絵巻を作成するのに要した費用については、研究がなされている。幕府の命を受けた対馬藩は、藩絵師俵喜左衛門に様々な場面の絵巻一二本（「琉球人行列絵巻」二本の複製を含む）を作らせた。主だった町絵師一四―一五名で、一四一日間を要した。対馬藩は都合三四〇両を支払っている。(30)

「登城行列絵巻」が作成された年度には、行列の姿を記録に残す必要があった。寛文一一年の琉球国使節の渡来は一八年振りのことであった。この渡来も容易に実現したものではない。幕府は賀慶・恩謝の使節を受け入れて来たが、この頃はまだ慣例として定まっていた訳ではない。この継目恩謝の使節渡来に力を貸したのが、大老酒井雅楽頭であったろう。八朔の日に、使者たちは酒井邸で九曲の琉球音楽を披露している。「通航一覧」には、将軍の出御があったかは不明だが執権の宅にて（奏楽を）命じられたことはこれより後絶えてなし、とある。(31)城中と薩摩屋敷以外での奏楽は、この時を除いては無い。前年度の承応二年には、城中で「太平楽」「萬歳楽」「難来郎」の三曲を演奏しただけであった。次の年度からも城中での奏楽であったが、曲目数が増えて、八曲から一四曲となる。日光東照宮への参拝が止んだのも、この寛文度のことである。慶長以来の慣例に加えられたいくつかの改変には、形を整えようとする幕府の意図が見える。これを記録に残そうとして、「登城行列絵巻」は作成されたのであろう。先述の通り、宝永の年度の改変は多岐にわたり、その意図は明確である。これを、後のために絵巻として記録に残さなければならなかった。明和元年には、朝鮮通信使も渡来している。そのため、琉球国使節の姿を記録に留めておく必要があったのであろう。

六　琉球国使節渡来が残したもの

「登城行列絵巻」に描かれてはいないが、行列の周りには、非常に多くの見物する人びとがいた。華やかな異国風の衣装を身にまとい、見たことも無い品々を携えて、耳珍しい琉球音楽を奏しながら行列する様は、人びとに「琉球」の印象を強く残した。それが二〇〇年間に一八度繰り返されたのである。見物したのは庶民ばかりではなかった。寛政二年（一七九〇）の「琉球使節道中絵巻」（国立歴史民俗博物館蔵）は、行列の全体を正確に描いたものではないが、江戸城に向かう行列の間に、門の内から見物する一団が描き込まれている。身分の高い武家がどの様に見物したのかが知られる。最前列に、手を合わせる老夫婦の姿がある。「有難いこと」であったのである。

朝鮮通信使の渡来は、文化八年（一八一一）の対馬で終わる。それ以降、渡来する外国使節は琉球国のみとなり、行列への関心は益々高まった。天保三年（一八三二）の渡来時には、江戸期の琉球物刊行物の三分の一が出版された。「琉球ブーム」が起こったのである。その背景には市民文化の成熟があった。出版が興隆し、人や商品の移動が活発化し、「旅」が流行した。地理的な関心や新奇な情報を求めて、見聞記録が多く読まれた。庶民の関心も広がっていた。天保三年には、琉球人気に乗じた「行列図」ばかりでなく、琉球についての考証に基づく著述も多数刊行され、琉球を題材とする錦絵も売り出された。『琉球年代記』（大田南畝）、『琉球入貢紀略』（山崎美成）、『琉球奇譚』（米山子）、『中山聘使略』（阪本純宅）、『貢の八十船』（松田直兄）、『琉球状』（屋代弘賢）、『琉球論』（稿本）（前田夏蔭）、『中外経緯伝草稿』（伴信友）、『琉球八景』（葛飾北斎）などである。

「琉球畳」「琉金（金魚）」「琉球芋（唐芋）」と、「琉球」は生活の中でも親しいものになっていった。渡来時に流行る感冒は「琉球風邪」だった。この頃、曲亭馬琴の『鎮西八郎為朝外伝椿説弓張月』が、好評を博して広く読まれた。

大島に流された為朝が琉球に渡って内乱を鎮めてもうけた息子が瞬天と名乗り琉球国王になったという、「為朝渡琉伝説」の物語である。この物語によって、人びとは琉球を一層親しく思うようになった。「異国」琉球という印象と、「南の親しい国」琉球という思いが、重なったまま近代に持ち越されたのである。

(1)　この時の使節派遣について、琉球国内の情勢は『琉球国評定所文書』第一〇巻に見ることができる。安政三年の琉球国使節が取りやめになった理由について、紙屋敦之は「琉球使節の解体」(『評定所文書』第五巻「巻頭論考」)で、この使節が朝廷と琉球を結びつける契機を持っており、そのために幕府は使節の派遣を無用としたことを指摘している。
(2)　最後の琉球国使節。琉球国から、徳川将軍・明治天皇に向けて遣わされた使節として最後の琉球国使節である。
(3)　「献上馬」は実際に馬が献上される場合と、これに「銀五〇枚」が代わる年度がある。「医師」は常に使者名簿に載っているわけではない。
(4)　天和・宝永・正徳のみ、三度登城した。他年度は、音楽奏上と暇乞が同日に行なわれ、登城は二度であった。
(5)　横山學「資料編第一　琉球文献構成試論」『琉球国使節渡来の研究』(吉川弘文館、一九八七年)参照。
(6)　路次楽に用いる楽器と旗、および座楽に用いる楽器。
(7)　琉球国使節の名書きは、単独の史料として各地に複数残されている。ルビが振ってあるものもあり、比較すると、必ずしも情報源は同じではない。正徳元年に朝鮮通信使が渡来した。
(8)　田代和生は、新井白石と対立する老中土屋政直の命を受けて宗氏が行列絵巻を作成する際に、手本として貸し出されたものが宝永七年の「登城行列絵巻」(「坂巻宝玲コレクション」)だったであろう、と述べている(「朝鮮通信使行列絵巻の研究――正徳元年の絵巻仕立てを中心に」『朝鮮学報』第一三七輯)。
(9)　狩野春湖は享保一一年三月二〇日に没し、稲荷橋狩野家は二代目狩野春賀で終わっている。
(10)　『鹿児島県史料』「薩藩旧記雑録追録一」巻一二、一三〇三・一三〇四・一三〇五・一三〇六。
(11)　『通航一覧』巻七、琉球国部七、来貢寛文十一年、「寛文九年巳酉年七月十一日」。
(12)　『通航一覧』巻七、琉球国部七、来貢寛文十一年、「寛文十一年八月八日」。
(13)　琉球国家譜資料。『那覇市史資料編家譜資料1』那覇市、一九七六年、『那覇市史資料編家譜資料3　首里系』那覇市、一九八二年、『那覇市史資料編家譜資料2　久米系』那覇市、一九八〇年、『那覇市史資料編家譜資料4　那覇・泊系』那覇市、一九八三年。

(14) 反町茂雄は商った書物の巻末に、自らの極印「月明荘」を押した。フランク・ホーレー宛反町茂雄、昭和三〇年七月四日付葉書に当日付けで「琉球金武王子登城出仕行列図巻　寛文中写　一巻　一五〇〇〇円」を書留で送付したことが記してある。この葉書は、本体に添付されている。

(15) 前掲横山學「第三章琉球国使節の展開」『琉球国使節渡来の研究』参照。

(16) 『鹿児島県史料』「薩藩旧記雑録追録二」巻四二、二八六一、「吉貴公御譜中　正文在琉球国国司　控写　宝永六年九月二十六日　堀甚左衛門」。

(17) 『白石日記』「庚寅委蛇暦　十二」宝永七年十月八日。

(18) 『琉球来聘日記抄』「宝玲文庫本」、他に内閣文庫本あり。

(19) 『通航一覧』巻九、琉球国部九、来貢宝永七年、宝永七年十一月十七日「一明十八日琉球人御礼申上候間、外様万石以上、溜詰御譜代大名父子共、被着烏帽子直衣狩衣大紋、五半時可有登城之旨、従老中以（ママ）剪紙相達之、但御普代之面々江は、従大目付触之、無官之面々江は不達之、大坂御城番渡辺備中守此節在府付而相達之」、「御日記」。

(20) 人数は倍しても、献上馬と路次楽・座楽を司る「楽正」「儀衛正」「圉師」「楽師」「楽童子」は重複しない。

(21) 宝玲文庫蔵書印。宝玲文庫の蔵書印は四種ある。

(22) 「琉球国楽器図」（井伊家伝来資料）に寛政六年書写の記載がある。『琉球楽器復元調査製作業務報告書（基礎資料編）』財団法人海洋博覧会記念公園管理財団、平成二一年三月三一日。徳川黎明会（徳川美術館）蔵。

(23) 『通航一覧』巻三、琉球国部三、中山王来朝。

(24) 『通航一覧』巻三、琉球国部三、中山王来朝。本多正純書簡。

「一書致啓上候、仍今度琉球之王御同道被成候而、此地江被成御下之旨、誠ニ路次中御苦身之段奉察存候、然者右之王御下ニ付而、伏見より江戸迄路次中ニ而、御宿等幷人馬御馳走之儀、此以前朝鮮より之勅使御越之時分、於路次中御馳走之様子ニ、此度も御馳走可致之旨ニ御座候、其通路次中御泊々江申遣候間、其心得可被成候、委細之段者、山口駿河守殿伊勢兵部少殿江「按するに、兵部少輔ハ家久か老臣なり、」申入之間、定而様子可被申上候、山駿州御差図次第ニ被成御尤ニ御座候、尚御下之内、此地相応之御用等御座候ハ、可被仰付候、不可存疎略候、何も爰元御下之節、

可得尊意候間、不能具候、恐惶謹言、

慶長十五年　本多上野介

五月十四日　正純判

羽柴陸奥守様

人々御中

「貞享松平大隅守書上」」

(25)『通航一覧』巻三、琉球国部三、中山王来朝。

「慶長十五年八月廿五日、琉球人着江戸、年十七八之小姓、十四五之小姓両人、しやみせんを引、十七八計之小姓、名字オモヒシラ十四五之小姓、オモヒトクといふ、小うたをも謡ふ、在江戸衆彼小姓を呼、しやみせんを引せけると云々、言語も日本人と同し、但少宛ハ違となり、髪を頭之右にからハに結計也、上下の路次に、何時も宿入之時、笙、横笛、鐘、太鼓、篳篥にて管絃のことくして宿へ着と云々、是を道行といふ、王ハ彼座中へも不出、奥に有之隠れらるゝ体也、琉球にも日本之まねをして、詩、和歌、連歌、又猿楽之能なともあり、宗旨ハ禅宗、浄土宗、聖道宗也、「官本当代記、慶長年録、坂氏慶長古日記」」。

(26)例えば『琉球人来朝記全』(内閣文庫)「承応二年巳九月二十八日」の項には、使者の名を記して「こはしかわ　ちねんかうち　此三人は黄はちまき」「たまくすく　是は赤はちまき」とある。

(27)『通航一覧』巻九、琉球国部九、来貢宝永七年の項「宝永七年十一月十八日、登城之行列」に「承寛雑録」「月堂見聞集」「枯木集」を引用して、使者名簿をあげ「御代替之使者」とある。

(28)『通航一覧』巻九、琉球国部九、来貢宝永七年の項「宝永七年十一月十八日、登城之行列」に、「御日記」を引用して旗が図示され、詞書に「寅に羽ある獣、彩色にして」とある。

(29)図案化した虎旗については、「虎旗図案の変遷」を参照。

(30)前掲注(8)田代和生「朝鮮通信使行列絵巻の研究――正徳元年の絵巻仕立てを中心に」『朝鮮学報』第一三七輯

(31)前掲注(12)『通航一覧』巻七、琉球国部七、来貢寛文十一年、「八月八日」通航一覧編者註書。

7 オランダ商館長の江戸参府とその行列

松井洋子

一 「通商」の国と江戸参府

ヨーロッパで唯一江戸時代を通じて日本との貿易関係を維持し続けたのが、オランダ船であった。オランダとの関係は、国王同士の「通信」を持たない、「通商」のみの関係と位置付けられた。オランダ商館長、いわゆる「かぴたん」が毎年江戸に参府し、将軍に拝礼献上を行なったことはよく知られている。参府は一六三三年以降通算一六〇回を超え、当時の江戸の人々も「阿蘭陀（おらんだ）も花に来にけり馬に鞍」（芭蕉）と春の風物詩の一つと捉えていたようである。しかし、その江戸上りの行列は、朝鮮通信使や琉球使節とは異なり、絵画にはあまり残されていない。本章では、オランダ人の江戸参府とはどのようなものであったのかを、主に文献史料から概観するとともに、数少ない描かれた商館長の行列図を検討し、行列を描く、あるいは描かないことの意味をも考察してみたい。

1 オランダとの「通商」の関係

日本に初めてのオランダ船が来着したのは、一六〇〇年（慶長五）であった。徳川家康はその乗員の多くを一六〇五年にパタニへ送り返し、通商開始の意向を伝えさせた。それにこたえ、オランダ東インド会社の第五次派遣船隊のうち二隻が、一六〇九年七月一日（慶長一四年五月三〇日）平戸に到着した。上級商務員ニコラス・パイクとアブラハム・ファン・デン・ブルックは七月二七日に平戸を発って駿府へ向かい、八月一三日到着の翌日には共和国連邦総督オラニエ公マウリッツのポルトガル語の親書と献上品を家康に呈し、同二〇日には「日本国王」から「阿蘭陀国主」宛の返書と渡航許可の朱印状を手交され（異国日記）、その翌日駿河を発って平戸に戻っている。オランダ人一行は二人の助手と通訳を含め五名で（『大日本史料』一二編之六、四五一頁）、大坂を経て伏見まで船で行き、そこからは馬を取り換えつつ駿府に至っている〔金井 一九八六、九三―一二一頁、村上 一九二九、二九―三九頁〕。この時期の「通信」のための旅は、特段の儀礼も行列も必要とせず、相互の利害が一致すればごく実務的に行なわれた。一六一二年、再度マウリッツよりの返書が商館長によって駿府に届けられて以降、「阿蘭陀国主」との通信はなく、商館員や平戸に入港した船隊の指揮官が家康のちには秀忠の居所を訪ねることはほぼ毎年行なわれていた〔金井 一九九二、付録2〕ものの、参府者の資格も手続きや作法も定まってはいなかった。

オランダ人が一六二四年（寛永元）に新たに中国貿易の拠点をタイオワンに置いたことで、それ以前から同地で貿易を行なっていた日本の朱印船との対立が表面化すると、一六二七年、バタフィア総督はタイオワン長官であったピーテル・ヌイツを大使として派遣した。ところが日本側は、この大使が表敬に加えて行なおうとした交渉を拒絶するとともに、主権者の使節ではなく総督の使節であることを問題とし、敵礼（対等の礼）に適っていないとして将軍による謁見を許さなかった〔加藤 一九九八、一四〇―一四一頁〕。その後紛争の拡大により一時中断された貿易が一六三三年に再開されるにあたって、平戸藩主は商館長に、今後問題の種になるオランダ本国やバタフィアの総督からの大使は派遣せず、拝謁と献上だけのために商館から代表を送るに留めるよう勧めた。オランダ側はこの時期以降、卑屈ともいうべき柔軟な態度で臣従の礼をとっても貿易の利を確保する方針を堅持し、参府は「将軍への謝恩の表敬儀式」

として慣例化してゆく〔加藤　一九九八、一四二―一四六頁〕。のちに「通商」の関係と認識される〔藤田 二〇〇五、二八頁〕通交の形態は既にここで決していた。

ポルトガル船の来航が禁じられた後、オランダ商館は出島に移転を命じられ、すべてにおいて厳しい制限と監視のもとに置かれた。一六四一年一二月、出島に残留していた商館長以下五人のオランダ人は全員で江戸へ参府したが、途中宿舎でも道中でも、キリスト教徒であるオランダ人が庶民と接触しないよう厳重な監視が行なわれ、一行は宿舎に軟禁された（『日記』六、一六四一年一二月二四―二五日条、三〇日条、四二年一月一四日条）。

一六四三年（寛永二〇）、日本北方を探検航海中のブレスケンス号が、僚船を探すため空砲を発しつつ東北地方の太平洋沿岸を北上し、一〇人のオランダ人が盛岡藩領山田浦に上陸して捕縛された事件は、ほぼ同時期に九州沿岸で発覚した宣教師の潜入との関係を疑われたが、商館長エルセラックが参府時期を早めて江戸へ急行して弁明を尽くし、一〇人の赦免とオランダ人が以後も通商のために来航することを認める文書を得て、むしろオランダ人の立場を強化するものとして落着した(1)。日蘭の関係は安定に向かうかに見え、オランダ人の処遇も少しずつ改善の兆しが見えた。

一六四七年（正保四）の献上品の中には珍しい生き物も含まれ、商館長フルステーヘンによれば一行は「最初に二頭の駱駝が二人の人間に牽かれ、木製の鳥籠に入った一羽の火喰鳥、二羽の鸚鵡、一頭の麝香猫、大きな透視箱一つ、そして小型薬品箱、蒸留酒等さらに他の多くのもの、それに加え（在府の）知事（長崎奉行）三郎左衛門殿の甲冑いくつかが、すべて担がれ、荷物用と乗用の三四頭の馬がその後ろに次々に、そして八人によって担がれた一台の駕籠」（『日記』十、一六四六年一二月一八日条）という行列で大坂を出発している。オランダ人五人、長崎から付き添う日本人は一二人程とまだ小規模であったが、この時期には定式の参府の形が整いつつあった。

2 「阿蘭陀屋形」の使節

一方将軍家光は、ブレスケンス号乗員の赦免に対し「オランダ国王」から感謝の使節が来て然るべきだと思い込んでいた。その要求は次第に明確になり、一六四八年（慶安元）には参府した商館長が拝礼献上を許されず、一六四九年には参府さえ拒絶された。オランダ本国はその必要性をまったく認めなかったが、バタフィアでは元日本商館長で総督の右腕となっていたフランソワ・カロンを中心に、事態打開のための特使派遣が準備された。バタフィアで仕立てられ、本国からの信任状を持たないこの使節団は、一六四九年九月に到着し、やはりこの件の終結を求めていた幕閣によって「阿蘭陀屋形」(2)の使節と認められ、参府し拝礼献上を行なうこととなった。一六四九年一一月二五日、特使フリシウスと商館長ブルックホルストはじめオランダ人二四人、付添の日本人六四人の一行は、三隻の船で長崎を出発した〔ヘスリンク 一九九八、二七三頁〕。絵画史料は全く残っていないが、大坂からの陸路を行く彼等は、一二八頭の馬と三一〇人の日本人を伴い、まさに「行列」の名に値するものであった（『日記』十二、一六四九年一二月二〇日条）。特使の従者一二人は、日常着用の紺サージの服、東海道中に着る茶色のウールの服、そして登城の日に着る最も高価な赤白模様の服の三種の制服を与えられていたという〔ヘスリンク 一九九八、二七五頁、『日記』十二附録〕。江戸での長い待機の後、一六五〇年四月七日、ついに訪れた登城の機会には、黒人一人を含む二二人の使節随員が馬に乗り、オランダ東インド会社の紋章を戸に付けた特使と商館長の二挺の駕籠に従った。二人のトランペット奏者が旗を下げたトランペットを「オランダ式に」吹き、下位の者は赤白模様の服、上位の者たちは紺色のマントで首にはレースの襟、という正装だった〔ヘスリンク 一九九八、二六四—二六五、二八〇頁〕。「阿蘭陀屋形」派遣の特使にふさわしい行装を考えるに際し、日本通のカロンの念頭には、あるいは朝鮮や琉球の使節の姿もあったかもしれない。沿道には大勢の人垣ができていたとされ、日本側が見物を制止することはなかったものと考えられる。「通信」の使節にはこのような「行列」が必要だと双方が認識していたのであろう。将軍家光はこの茶番に同席する気にはなれなかったようで、病気と称し老中らに謁見を代行させた。

その後一八四四年（弘化元）に至るまで、オランダとの間に「通信」はなかった。一八四四年の国王親書はシーボルトの助言によって貿易船ではなく別仕立ての軍艦によってもたらされたが、大使が派遣されることはなく、親書は商館長により長崎で手渡され、江戸への行列は行なわれなかった〔松方 二〇〇五、一一―一二頁〕。

3　商館長の江戸参府

商館長はあくまでも出島商館の代表者として、毎年拝礼献上のために江戸へ上ることを続けた。一七九〇年（寛政二）に貿易半減令が出されるに伴い、献上品の量も半減とされ、参府は四年に一度行なわれることになった。商館長の参府のない年は、オランダ通詞が代参し、献上のみを行なった。

船の帰帆後商館に残留する十数名の職員の内、参府するオランダ人は数名、一八世紀以降は概ね商館長に医師と書記一名ずつ合計三名であった。一行には、長崎奉行所の役人である検使を責任者に、町人身分の地役人である下検使、大通詞・小通詞から料理人まで、様々な日本人が付き添った。その数は次第に増え、一九世紀初めには定式人数は五九人とされる〔森永 一九七八、一九七頁〕が、それを上回ることも多かった。

江戸への往復の旅程は、小倉までの短陸路、小倉から下関へ渡り大坂までの水路、大坂から京都を経て東海道を行く大陸路、の三つに分けられる。

当初は長崎から大坂まで通して海路をとったが、一六六一年（寛文元）以降は往復とも先に下関へ荷物のみを船で送り、人は小倉までは長崎街道を使った。街道は佐賀藩領、大村藩領、対馬藩領（田代）、福岡藩領を通る。各領では境界から境界まで藩士が案内役として付き添い、人馬の調達は各藩の宿駅制度に従ったようである。

下関からは、毎年借り上げている大型の和船に乗り換えて、瀬戸内航路を行った。大坂に直接上陸する以外に、兵庫あるいはもっと手前の室津で小舟に乗り換えたり、荷物のみ小舟に載せ人は上陸して陸路を行くこともあった。

大坂では往復いずれかに町奉行に面会し贈物をする。街道を行くためのさまざまな準備をし、人馬を雇い京都へ向かう。近世後期には復路は伏見から大坂まで高瀬舟を用いたという。京都でも往路か復路に所司代と町奉行に面会し贈物をし、通行の証文を受け取り、東海道を行く。人馬は大坂から江戸まで通しで雇うことも多かったが、宿駅の駄賃人馬が併用される例も見られる。宿泊は主に本陣脇本陣を用いたが、小倉、下関、大坂、京都、そして江戸には、阿蘭陀宿と呼ばれる定宿があり、宿泊だけでなく必要な物資の調達や役所との折衝などの世話をし、また日本人との交流の場ともなった。所要日数は江戸滞在を含め平均で九〇日ほどとされる。参府の時期は、一六六一年以降は、火事の多い正月を避け、日本暦の二月の終わりから三月の前半ごろに拝礼を行なうのが通例となった。

「通信」の国と位置づけられた朝鮮や琉球の使節の旅行費用が国役金等で賄われたのとは異なり、オランダ人の旅はすべて自前であった。その経費はオランダ側の経理の中では、将軍への献上品や江戸や長崎での関係者への贈物とともに、貿易のための必要経費に計上されていた。参府に経費がかかり過ぎることは常に日本商館の大きな問題であったが、それでも日本における評価を維持することで、貿易を継続し、多少とも改善したいとの思惑から、江戸参府の旅は続けられた。

二　描かれた「描かれない行列」

1　参府の記録

出島オランダ商館の主要な業務は、貿易の遂行と江戸参府であった。通常は自由に出島を出られないオランダ人にとって、参府は日本国内を旅する唯一の機会であった。ケンペル、ツュンベリー、ドゥーフ、オーフルメール＝フィッセル、シーボルトなどの日本に関する著作の中で、江戸参府についての叙述は大きな比重を占めている。

一方、オランダ商館長はその任期中公務日記を記すことになっており、参府期間についても多くの詳細な日記が残っている。先任者の言動と齟齬をきたして日本側の疑いを招くことのないように前例を確認するため、参府期間中の日記だけの写しも作成された。詳細な経費計算書も残っている〔松井 二〇〇五〕が、職務の記録としての絵画はない。

日本側では、『徳川実紀』が毎年「蘭人入貢」と「献上品」の記事を載せ、『通航一覧』が阿蘭陀国部の三～五を「拝礼献上」に当てているが、いずれも江戸での拝礼に関心が集中している。阿蘭陀宿の文書や参府に付き添った検使や通詞の記録も残されている〔片桐 二〇〇七〕が、こうした実務的記録には、行列はおろかオランダ人の姿を描いた図も見ることができない。

一七世紀には幕府は、キリスト教への懸念から、オランダ人が道中で日本人と接触することを厳しく制限していた。一八世紀以降はそうした警戒も薄れ、道中の宿舎にも多くの人々が訪れたが、建前としてはオランダ人に面会できるのは許可を得た者だけであった。行列を飾りたてて道中を見せるという要素は希薄であり、行列を絵画にすることはほとんどなかった。その稀有な事例を以下に見るが、それはいずれもオランダ人が何らかの記録に留めることを望んだ結果と考えられる。

2　ケンペルが描いた行列

エンゲルベルト・ケンペルは、ドイツ各地の大学で学んだ後、スウェーデンからロシアを経由して陸路イスファハンまで旅した後、オランダ東インド会社の医師としてペルシャ湾、インドを経由してバタフィアへ到着し、一六九〇年〔元禄三〕九月から一六九二年一〇月末まで出島商館付の医師として日本に滞在した。幅広い知識と豊富な旅の経験を持つ彼は、日本についても広範な叙述と多彩なスケッチを残している。彼は一六九一年に商館長バイテンヘムと、九二年には商館長アウトホールンと、江戸参府の旅をしており、彼の没後に刊行された『日本誌』は、その第五巻を「著者が二回にわたり長崎から江戸へ参府旅行した時の記述」にあて、一五章にわたって参府旅行の準備から旅の仕方、陸路や海路の概略と状態、途上で見た建築や施設、人々の様子等を記述し、加えて日記形式で二度の旅の詳細を述べている。添えられた挿絵の中に、ケンペル自身のスケッチ（英国図書館所蔵）から作成された参府の行列図がある（図1）。この図は長崎出発の部分に添えられており、献上品等の荷物は船で先に下関に発送されているため、人が中心の行列となっている。1番2番はオランダと日本の料理人と炊事具で、準備のために先行する。橋の手前の3番が通路の各藩が付ける案内人、4番が一行の宰領である。5番が商館長用の馬、6番が「同心」、下検使であろう。7、8番に薬籠と勘定箱、9番が商館長の乗物（高級な駕籠）、10番は大通詞横山与三右衛門、高齢のため駕籠に乗っている。11番は稽古通詞で従者を一人連れている。12番は町使（長崎の地役人の一つ）、13、14番が随行のオランダ人書記、15番が外科医すなわちケンペルである。16番が小通詞、17番も町使で、馬上や駕籠の人々にはそれぞれ従者が付いている。20番の乗物が行列の責任者である検使朝比奈定之進のもので、18番の馬と19番の槍持が付く。この検使が「一行の指揮者であり隊長」であり、「識別と栄誉の印として槍の上の方に玉を付け、銀色の小さな板が下がっている」とケンペルは描写している（『江戸参府旅行日記』七八頁）。21番は検使の「友人」とされるが、土下座して見送る者たちの姿であろう。22番の人々は見送りについて来た長崎の「友人たち」、飲食を伴う見送りをケンペルはある種のたかりとみていたようである。馬子や駕籠舁まで含めて、見送りの者を除く行列は約五〇人ほどである。東海道をゆく時にはこれに献上品等を運ぶ人馬が加わることになる。この時は大坂で凡そ四〇頭の馬と四一人の人足を雇っている。「もし自分勝手な通詞たちが、たくさんの品物やそれに類するものをあつらえ、しかも、我々の名義を使い、また我々の費用で持ってゆかなければ実際、毎年もっと少ない費用で旅行することができたであろう」（『江戸参府旅行日記』一一九頁）とケンペルは指摘する。

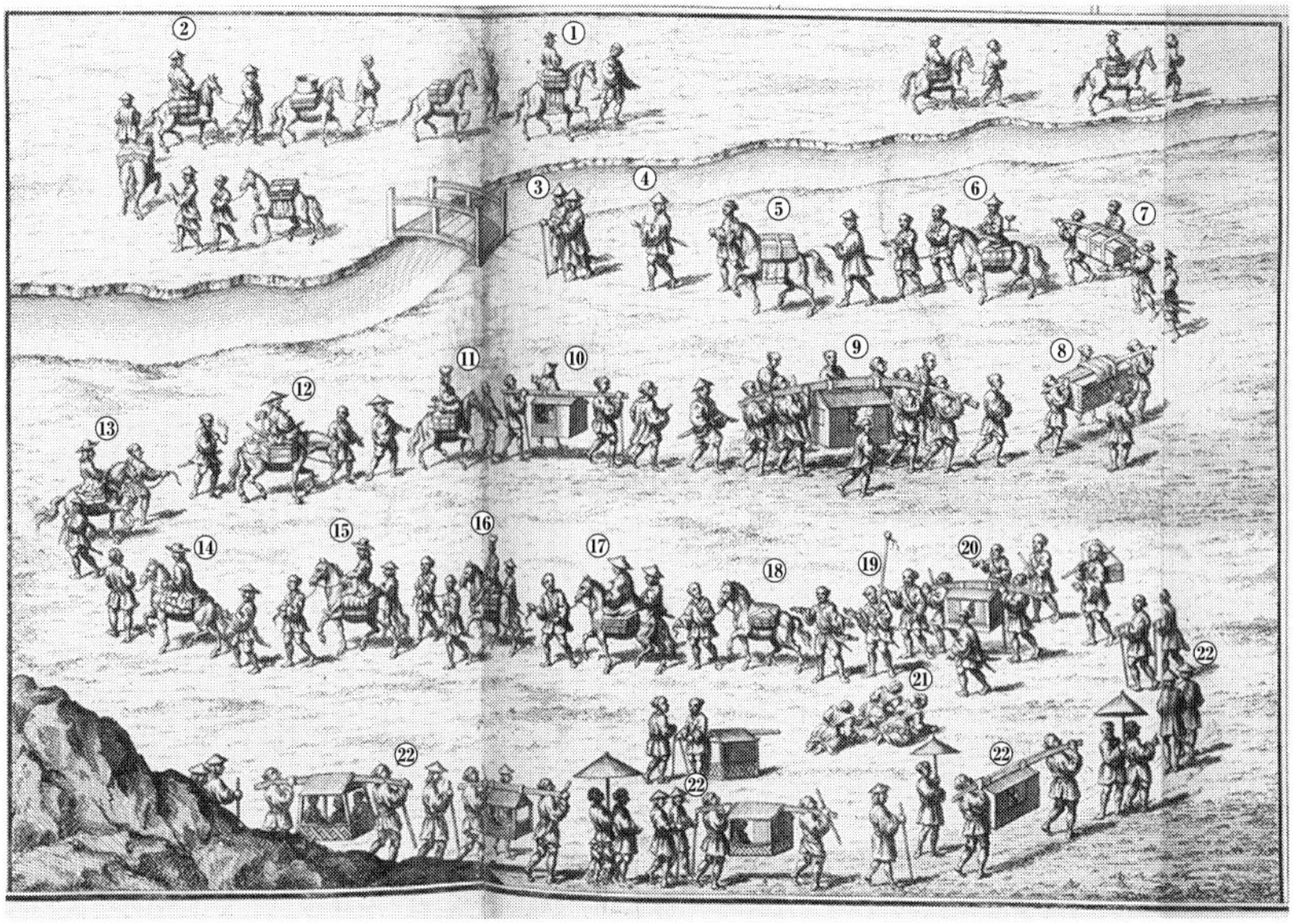

図1　江戸参府の一行（ケンペル『日本誌』1729年，蘭訳版，国立歴史民俗博物館蔵）

本文の叙述を見ると、小倉までの旅は山越え等を除いてはケンペルは宿継ぎの馬に乗っていたようである。途中京都所司代、大坂町奉行邸への挨拶には駕籠で赴く。東海道中や登城の際も、商館長は乗物だが随行のオランダ人は通常は馬で、雨天の際や山越えでは駕籠に乗り換えていた。帰途、紀州公の行列にあった際には、馬から降り帽子を取って路辺に立っていたが、公は乗物の戸を開け、通詞に伝えさせた挨拶に言葉を返したという（『江戸参府旅行日記』二〇六頁）。

3　商館長ブロムホフ蒐集の江戸参府行列図

一九世紀前半にヤン・コック＝ブロムホフ、ヨハン・フレデリック・ファン・オーフルメール＝フィッセル、そしてフィリップ・フランツ・フォン・シーボルトが蒐集した日本コレクションを所蔵するオランダのライデン国立民族学博物館には、日本人が描いた一巻の参府行列図が残っている(4)。現在は折本に仕立てられた貼り継ぎの和紙に、紙の継ぎ目を気にせず筆墨による線描きで描かれたこの図は、ブロムホフの蒐集品に分類され〔Forrer 2000〕、川原慶賀の作ともいわれるが、署名落款等はない。①左を先頭に概ね二列縦隊で進む二四五人の人と六一頭の馬、九挺の駕籠、そして荷物類からなる行列全体の図、②裃で正装した宿主に先導され謁見に赴く一行の短い行列の図、③一四人の半裸の男たちが駕籠を載せた輦台を担ぐ図、の三つの部分から構成されており、全体に線描きでスケッチあるいは下絵のような描きぶりである。

①の行列図には、馬と人と荷、長持や挟箱とその担ぎ手、駕籠と随行者と担ぎ手など運送の一単位毎に№1から150までの番号が付されている。この番号と照合できる何らかの記述は管見の限りでは確認できない。上部には日本人の筆跡と思われるオランダ語の短い説明が付されているが、オランダ側・日本側とも人物の役職が記されるのみで人名はなく、荷についても贈物、検使の荷物、といった説明のみで品名は見られない。オランダ語の記述とその訳を含め、行列の構成を表に示した（図2はその一部の写真で、記された№により表と対応できる）。

行列は、前に荷物が、後ろに日蘭の参府人員の駕籠が並ぶ構成となっている。荷物の冒頭は、贈物として用いる品々、続いて長崎から同行する日本人役人たちの荷物、オランダ人の荷物である。荷物の間には何人か、馬上あるいは徒歩の監督者が付いている。

贈物は羅紗・更紗などの織物が中心で、将軍・世子への拝礼献上が終わると、老中・若年寄・寺社奉行・大目付・江戸町奉行に、往復のいずれかで京都所司代・京都町奉行・大坂町奉行にも進物をする。フィッセルはこれらの贈物の厳重な取扱いを「すべて厳密に寸法を計ってあり、またきわめて注意深く油紙で包んだ上で、さらにすべて一定の長さと形に作られている上等の莫蓙で包み、また次に蓆で包装される」、「黒綱でしっかりと結わえられて封印され、一種の橇すなわち担ぎ台の上に括りつけられる」と描写している（『日本風俗備考2』一九四頁）。荷物には「長崎御用」の札が付けられ、公用通行者であることを誇示している。

続く日本人役人の荷物もかなり大量である。中には便乗して私物を運ぶ者もあった。検使や下検使は自分の荷物の世話をする使用人を付けている。輸送費も含め参府中の会計はすべて通詞たちに任されており、それを示すのが通詞筆者が管理する勘定箪笥である。

オランダ人たちの荷物の最初は、飲食に関わるものである。出島で使っている日本人の料理人が同行し、道中もオランダ風の食事が供されるため、食器セット、椅子と食卓までが運ばれた。日本では入手しにくいバター、チーズ、燻製および塩漬けの肉、コーヒー、砂糖、香料、砂糖菓子や砂糖漬果物などは持参し、野生の獣類や鳥、鶏、野菜、魚などは道中で調達した。葡萄酒やリキュール類は日本人来訪者への接待にも用いられ、相当量が運ばれた。続いてオランダ人の筆者頭、医師、商館長それぞれの衣類・寝具等で、荷物は一段落する。

参府のオランダ人と付添役人はこの時期にはみな駕籠に乗っており、オランダ人を挟むように、前には下検使二名と小通詞がその使用人とともに行く。オランダ人の医師・筆者頭は、四人で担ぐ乗物で続く（本行列図には「乗物」という表現はないが、以下四人で担ぐ駕籠を「乗物」と呼ぶ）。両脇には「使用人」が付く。

旅行中の商館長を象徴するのが、事務所を意味するカントール cantoor である。これはフィッセルによれば「黒漆塗りの抽出付机で、会社の紋章の付いた布がかかっている」（『日本風俗備考2』一九八頁）とされるが、この図では格子状の造りの箱のように書かれている(5)。その後ろに、四人が担ぎ、四人の交替要員と従者たちを従えた商館長の乗物が来る。続くのは茶弁当、合羽籠、靴持ち、椅子箱、痰壺など商館長の身の回りの品である。

後ろに続くのが、やはりカントールを伴う大通詞の駕籠、もう一人の下検使の駕籠、そして参府旅行の最高責任者である奉行所の役人、すなわち検使の乗物である。検使の前後には、奉行所を代表している彼の立場を示すように、甲冑入れ、槍は描かれていないが槍持と、草履取、合羽籠が付く。

日本側の記録では勘定役（小通詞並）・部屋働・江戸行賄方・料理人・日雇頭・小使・調物方などとして長崎の地役人や彼等の従者、出島出入りの者たちが同行しているが（片桐 二〇〇七、四六頁）、本図には明示されず、奉行所派遣

表 1-1　「参府行列図」に見る行列の構成

no. 1-31	贈物	
De geschenkt goederen　贈物		
	左	右
	no. 1　（人　馬　荷〔乗掛下〕）	no. 2　（人　馬　荷）〔荷には「長崎御用」の札〕
D[itt]o. 同	no. 3　（人　馬　荷〔乗掛下〕）	no. 4　（人　馬　荷〔乗掛下〕）
D[itt]o. 同	no. 5　（人　馬　荷〔乗掛下〕）	no. 6　（人　馬　荷）〔札〕
D[itt]o. 同	no. 7　（人　馬　荷〔乗掛下〕）	no. 8　（人　馬　荷）〔札〕
D[itt]o. 同	no. 9　（人　馬　荷〔丸櫃〕）	no. 10　（人　馬　荷〔乗掛下〕）
D[itt]o. 同	no. 11　（人　馬　荷〔丸櫃〕）	no. 12　（人　馬　荷）
D[itt]o. 同	no. 13　（人　馬　荷）	no. 14　（人　馬　馬上の人と荷〔乗掛下〕） Treinmeester te paard om alle de goederen te oppassen すべての荷の世話をする馬上の宰領
D[itt]o. 同	no. 15　（人　馬　荷〔丸櫃〕）	no. 16　（人　馬　荷）〔札〕
D[itt]o. 同	no. 17　（人　馬　荷〔丸櫃〕）	no. 18　（人　馬　荷〔乗掛下〕）
Geschenk nagamotsi 贈物の長持		
	no. 19　人　Opperbootschapper van gouvernament om alle goederen te waarneemen すべての荷を監督するための奉行所の使者	
D[itt]o. 同	no. 20　（人 2 名　長持を担ぐ）〔札〕	no. 21　（人 2 名　長持を担ぐ）〔札〕
	Dit plankie is teken van geschenk goederen この木札は贈物のしるし	
D[itt]o. 同	no. 22　（人 2 名　長持を担ぐ）	no. 23　（人 2 名　長持を担ぐ）
D[itt]o. 同	no. 24　（人 2 名　長持を担ぐ）	no. 25　（人 2 名　長持を担ぐ）
D[itt]o. 同	no. 26　（人 2 名　長持を担ぐ）	no. 27　（人 2 名　長持を担ぐ）
D[itt]o. 同	no. 28　（人 2 名　長持を担ぐ）	no. 29　（人 2 名　長持を担ぐ）
D[itt]o. 同	no. 30　（人 2 名　長持を担ぐ）	no. 31　（人 2 名　長持を担ぐ）
no. 32-76	日本人役人の荷物	
	no. 32　人　Dienaar van opperbangjoos om zijn heer goederen te oppassen 主人の荷の世話をする検使の使用人	
De goederen van opperbangjoos　検使の荷		
	no. 33　（人　馬　荷〔丸櫃〕）	no. 34　（人　馬　荷〔乗掛下〕）
D[itt]o. 同	no. 35　（人　馬　荷〔乗掛下〕）	no. 36　（人　馬　荷〔丸櫃〕）
D[itt]o. 同	no. 37　（人　馬　荷〔乗掛下〕）	no. 38　（人　馬　荷〔乗掛下〕）
D[itt]o. 同	no. 39　（人 2 名　長持を担ぐ）	no. 40　（人 2 名　長持を担ぐ）
D[itt]o. 同	no. 41　（人 2 名　長持を担ぐ）	
D[itt]o. 同	no. 42　（人 2 名　長持を担ぐ）	no. 43　（人 2 名　長持を担ぐ）
De goederen van drie onder bangjoos 三人の下検使の荷		
	no. 44　（人　馬　荷〔乗掛下〕）	no. 45　（人　馬　荷）〔札〕
D[itt]o. 同	no. 46　（人　馬　荷〔乗掛下〕）	no. 47（人　馬　馬上の人と荷〔乗掛下〕）Dienaar van onder bangjoos te paard om zijn heer goederen te oppassen 主人の荷の世話をする下検使の馬上の使用人
D[itt]o. 同	no. 48　（人　馬　荷）	no. 49　（人　馬　荷〔乗掛下〕）
	no. 50（人）　Bootschapper van oppertolk　大通詞の使者	
De goederen van oppertolk　大通詞の荷		
	no. 51　（人 2 名　長持を担ぐ）	
D[itt]o. 同	no. 52　（人 2 名　長持を担ぐ）	no. 53　（人 2 名　長持を担ぐ）
D[itt]o. 同	no. 54　（人 3 名　長持を担ぐ）	no. 55　（人 2 名　長持を担ぐ）
D[itt]o. 同	no. 56　（人　馬　荷〔乗掛下〕）	no. 57　（人　馬　荷）〔札〕
D[itt]o. 同	no. 58　（人　馬　荷〔乗掛下〕）	no. 59　（人　馬　荷）〔札〕
D[itt]o. 同	no. 60　（人　馬　荷〔丸櫃〕）	no. 61　（人　馬　荷〔乗掛下〕）
	no. 62　（人）　Bootschapper van ondertolk　小通詞の使者	
De goederen van ondertolk　小通詞の荷		
	no. 63　（人 2 名　長持を担ぐ）	no. 64　（人 2 名　長持を担ぐ）
D[itt]o. 同	no. 65　（人 2 名　長持を担ぐ）	no. 66　（人 2 名　長持を担ぐ）
Dit behoort van schrijver van den tolk, noemt Kanziotans　これは勘定箪笥という名で，通詞筆者のもの		
	no. 67　（人 2 名　長持を担ぐ）〔長持に「kanzyotans」とあり〕	
De goederen van de schrijver　筆者の荷		
	no. 68　（人　馬　荷〔丸櫃〕）	no. 69　（人　馬　荷〔乗掛下〕）
D[itt]o. 同	no. 70　（人　馬　荷）	no. 71　（人　馬　荷〔乗掛下〕）

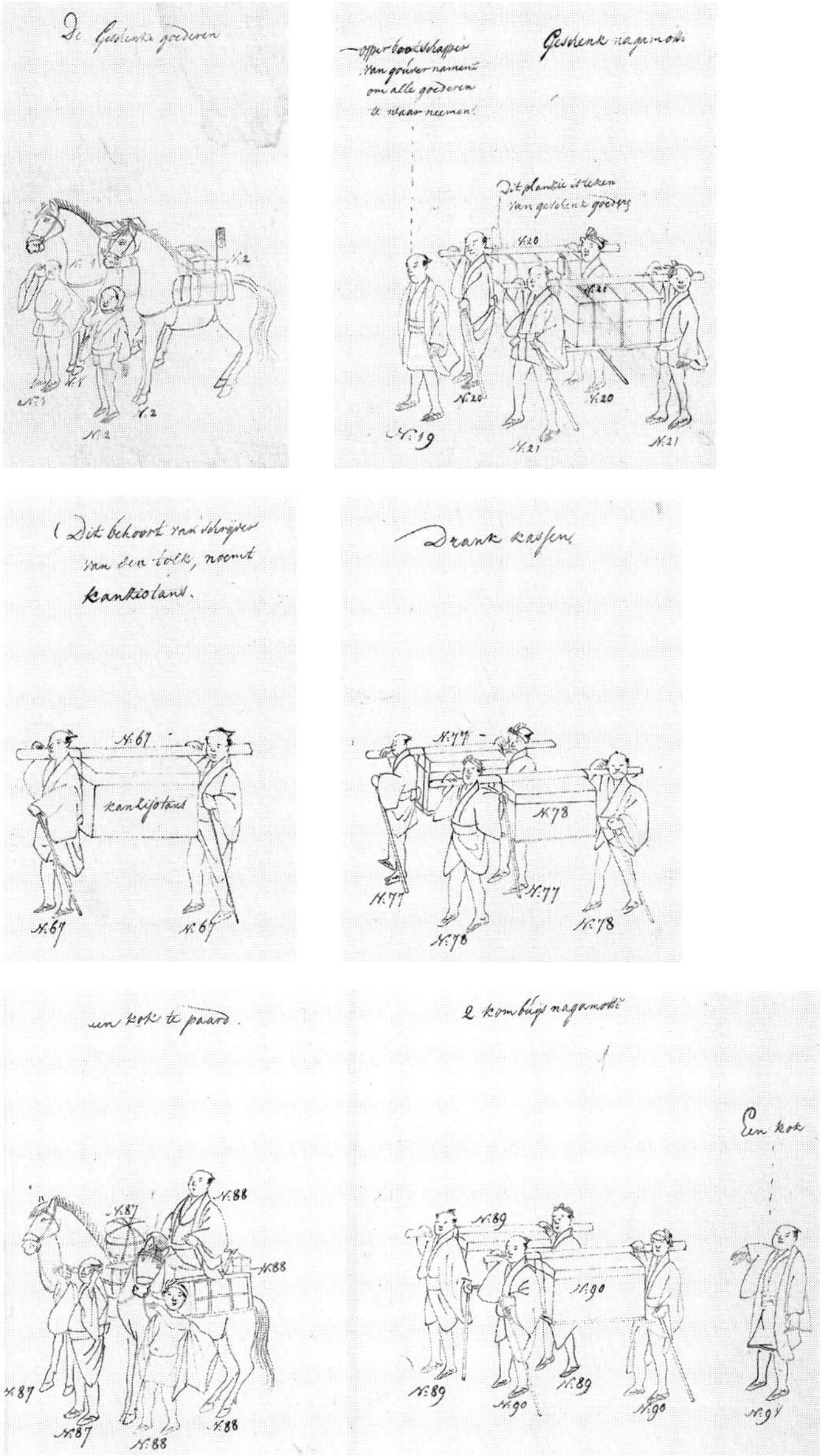

図 2-1　オランダ商館長江戸参府行列図
（ライデン国立民族学博物館蔵（ブロムホフコレクション 360-964））

表 1-2

D[itt]o. 同	no. 72 （人　馬　荷〔乗掛下〕）	no. 73 （人　馬　荷〔乗掛下〕）
D[itt]o. 同	no. 74 （人　馬　荷）	no. 75 （人　馬　荷〔丸櫃〕）
D[itt]o. 同	no. 76 （人　馬　荷〔乗掛下〕）	
no. 77-118	オランダ人の荷物	
Drank kassen　飲物の入れ物		
	no. 77 （人２名　長持を担ぐ）	no. 78 （人２名　長持を担ぐ）
D[itt]o. 同	no. 79 （人２名　長持を担ぐ）	no. 80 （人２名　長持を担ぐ）
D[itt]o. 同	no. 81 （人２名　長持を担ぐ）	no. 82 （人２名　長持を担ぐ）
D[itt]o. 同	no. 83 （人２名　長持を担ぐ）	no. 84 （人２名　長持を担ぐ）
D[itt]o. 同	no. 85 （人２名　長持を担ぐ）	no. 86 （人２名　長持を担ぐ）
D[itt]o. 同	no. 87 （人　馬　荷〔丸櫃〕）	no. 88 （人　馬　馬上の人）Een kok te paard 馬上の料理人
2 kombuys nagamotsi　調理場の長持二つ		
	no. 89 （人２名　長持を担ぐ）	no. 90 （人２名　長持を担ぐ）
	no. 91（人）　Een kok　料理人	
Kas van ijzer pan voor kombuis en schans kleed nagamotsi　調理場用の鉄製平鍋の箱と飾布の長持		
	no. 92 （人２名　長持を担ぐ）	no. 93 （人２名　長持を担ぐ）
Dit behoort voor combuis　これは調理場のもの		
	no. 94 （人２名　鶏？の入った丸籠を担ぐ）	no. 95 （人　馬　荷〔乗掛下〕）
Kleed nagamotsi van 't opperhoofd　商館長の衣類の長持		
	no. 96 （人２名　長持を担ぐ）	no. 97 （人２名　長持を担ぐ）
	no. 98 （人）　Coolijmeester　人足頭	
	no. 99 （人２名　抽斗付の箱を担ぐ）	no. 100 （人２名　長持を担ぐ）
	N. 99 is awobak voor middag 99 は昼のためのアオバコ（未詳）	N.100 is kooy nagamotsi van 't opperhoofd. 100 は商館長の寝台長持
	no. 101（人２名　抽斗付の箱を担ぐ）	no. 102 （人２名　長持を担ぐ）
	N. 101 is awobak voor avond. 101 は夜のためのアオバコ（未詳）	N.102 is kooy nagamotsi van schriba en doctoor 102 は筆者頭と医師の寝台長持
2　kleed nagamotsi van schriba en doctoor　筆者頭と医師の衣類長持二つ		
	no. 103 （人２名　長持を担ぐ）	no. 104 （人２名　長持を担ぐ）
	no. 105 （人２名　長持を担ぐ）Medicijn kissie 薬箱	
	no. 106 （人　馬　荷〔乗掛下〕）	no. 107 （人　馬　馬上の人）Opperdienaar te paard 馬上の上級役人
	no. 108 （人　馬　馬上の人）Onderdienaar te paard　馬上の下級役人	no. 109 （人　馬　荷〔丸櫃〕）
Canassers van 't opperhoofd　商館長の編み籠〔葛籠〕		
	no. 110 （人　馬　荷〔乗掛下〕）	no. 111 （人　馬　荷〔乗掛下〕）
D[itt]o. 同	no. 112 （人　馬　荷）	no. 113 （人　馬　荷〔乗掛下〕）
Canassers van scriba en doctor　筆者頭と医師の編み籠〔葛籠〕		
	no. 114 （人　馬　荷〔乗掛下〕）	no. 115 （人　馬　荷〔乗掛下〕）
Canassers van dienaar　使用人の編み籠〔葛籠〕		
	no. 116 （人　馬　荷〔乗掛下〕）	no. 117 （人　馬　荷〔乗掛下〕）
D[itt]o. 同	no. 118 （人　馬　荷〔乗掛下〕）	
no. 119-124	日本人役人(1)	
Onderbanjoos 下検使		
	no. 119 （駕籠舁２名　駕籠）	
	no. 120 （人　両掛を担ぐ）　Dit behoort van onderbangjoos　これは下検使のもの	
Onderbangjoos te kako　駕籠に乗った下検使		
	no. 121（駕籠舁２名　駕籠　人）　Dienaar van onderbangjoos　下検使の使用人	
	no. 122 （人　両掛を担ぐ）　Dit behoort van onderbangjoos　これは下検使のもの	
Ondertolk te kako　駕籠に乗った小通詞		
	no. 123 （駕籠舁２名　駕籠　人）　Dienaar van tolk　通詞の使用人	
	no. 124 （人　両掛を担ぐ）　Dit behoort van ondertolk　これは小通詞のもの	
no. 125-137	参府オランダ人	
Doctoor　医師		
	no. 125（駕籠舁４名　乗物　人２名）Dienaar van gouvernament　奉行の使用人，　dienaar 使用人	
	no. 126 （人　両掛を担ぐ）　Dit behoort van doctor これは医師のもの	

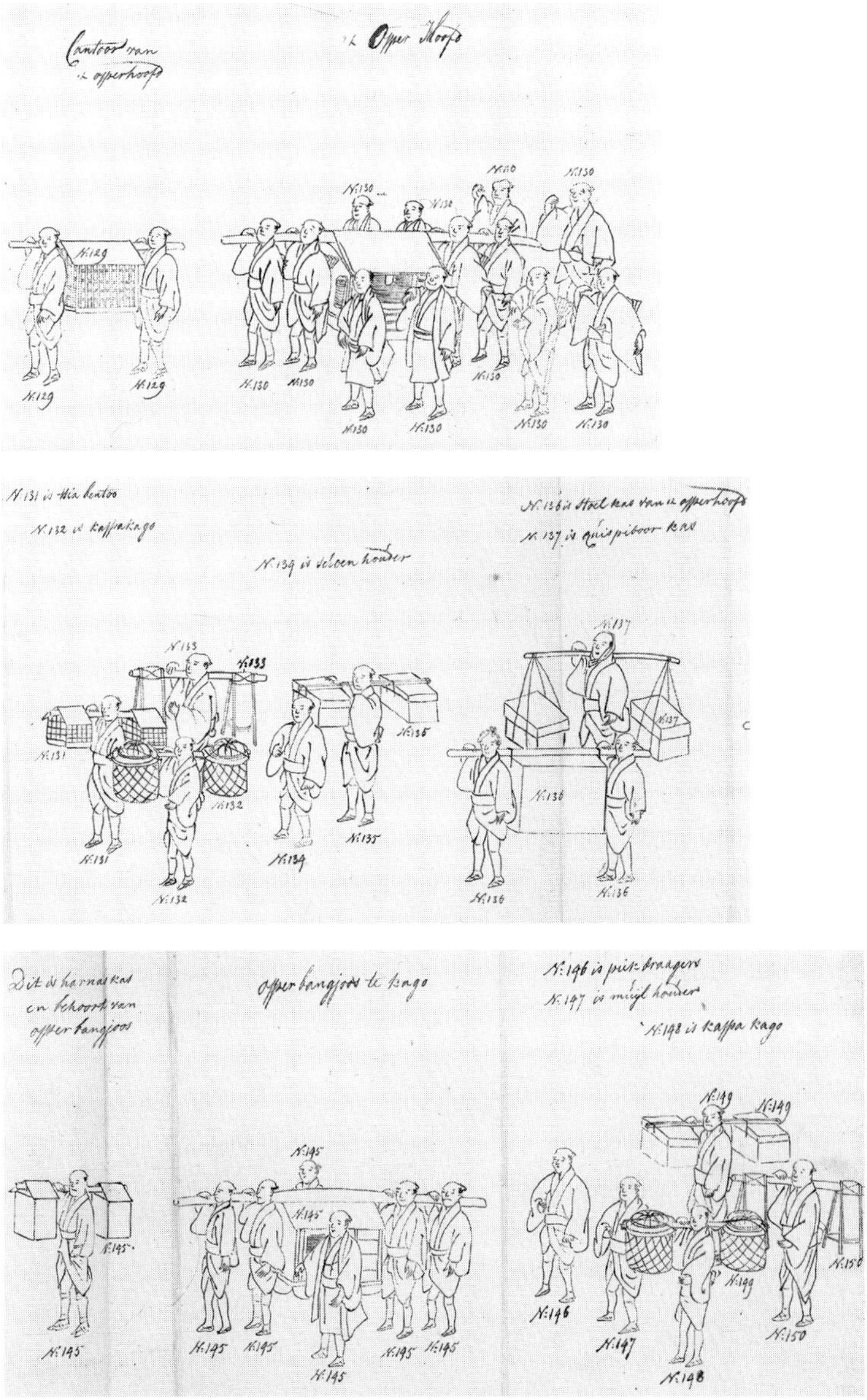

図 2-2　オランダ商館長江戸参府行列図
（ライデン国立民族学博物館蔵（ブロムホフコレクション 360-964））

表 1-3

Scriva　筆者頭		
	no. 127 （駕籠舁４名　乗物　人２名） Dienaar van gouvernement 奉行の使用人，dienaar 使用人	
	no. 128（人　両掛を担ぐ）Dit behoort van scriba　これは筆者頭のもの	
	no. 129（人２名　屋根付の箱を担ぐ） Cantoor van 't opperhoofd　商館長の事務所	
't Opperhoofd　商館長		
	no. 130 （駕籠舁４名　乗物　両脇に各２名　後に４名）	
	no. 131 （人　屋根付の小箱の両掛を担ぐ） N.131 is tsia bentoo　131 は茶弁当	
	no. 133 （人　三脚の両掛を担ぐ）	no. 132 （人　丸い小籠の両掛を担ぐ） N. 132 is kappakago　132 は合羽籠
	no. 134 （人）N.134 is schoen houder　134 は靴持ち	
	no. 135 （人　両掛を担ぐ）	
	no. 136（人２名　高さのある箱を担ぐ） N. 136 is stoel kas van 't opperhoofd 136 は商館長の椅子の箱	no. 137（人　天秤で箱を２つ担ぐ） N. 137 is quispidoor kas　137 は痰壺の箱
no. 138-150	日本人役人(2)	
	no. 138 （人２名　高さのある箱を担ぐ）N. 138 is cantoor van den oppertolk　138 は大通詞の事務所	
Oppertolk te kago　駕籠に乗った大通詞		
	no. 139 （駕籠舁２名　駕籠　人）Dienaar van oppertolk　大通詞の使用人	
	no. 141 （人　三脚の両掛を担ぐ）	no. 140（人）　no. 142 （人）
Onderbangjoos　下検使		
	no. 143 （駕籠舁２名　人）	
	no. 144 （人　両掛を担ぐ） Dit behoort over onderbangjoos　これは下検使のもの	
Opperbangjoos te kago 駕籠に乗った検使		
	no. 145 （人　屋根付き縦長の箱を両掛） Dit is harnas kas en behoort van opperbangjoos　これは検使の甲冑箱	
	no. 145（続）（駕籠舁４名　乗物　両側に各１名）	
	no. 146 （人） N.146 is piekdraagers　146 は槍持ち	
	no. 147 （人） N.147 is muyl houder　147 は履物持ち	
	no. 148 （人　丸い小篭の両掛） N.148 is kappa kago　148 は合羽籠	
	no. 149 （人　両掛を担ぐ）	no. 150 （人　三脚の両掛を担ぐ）

注）（　）は同番号の内訳を示す，［　］は筆者の補足

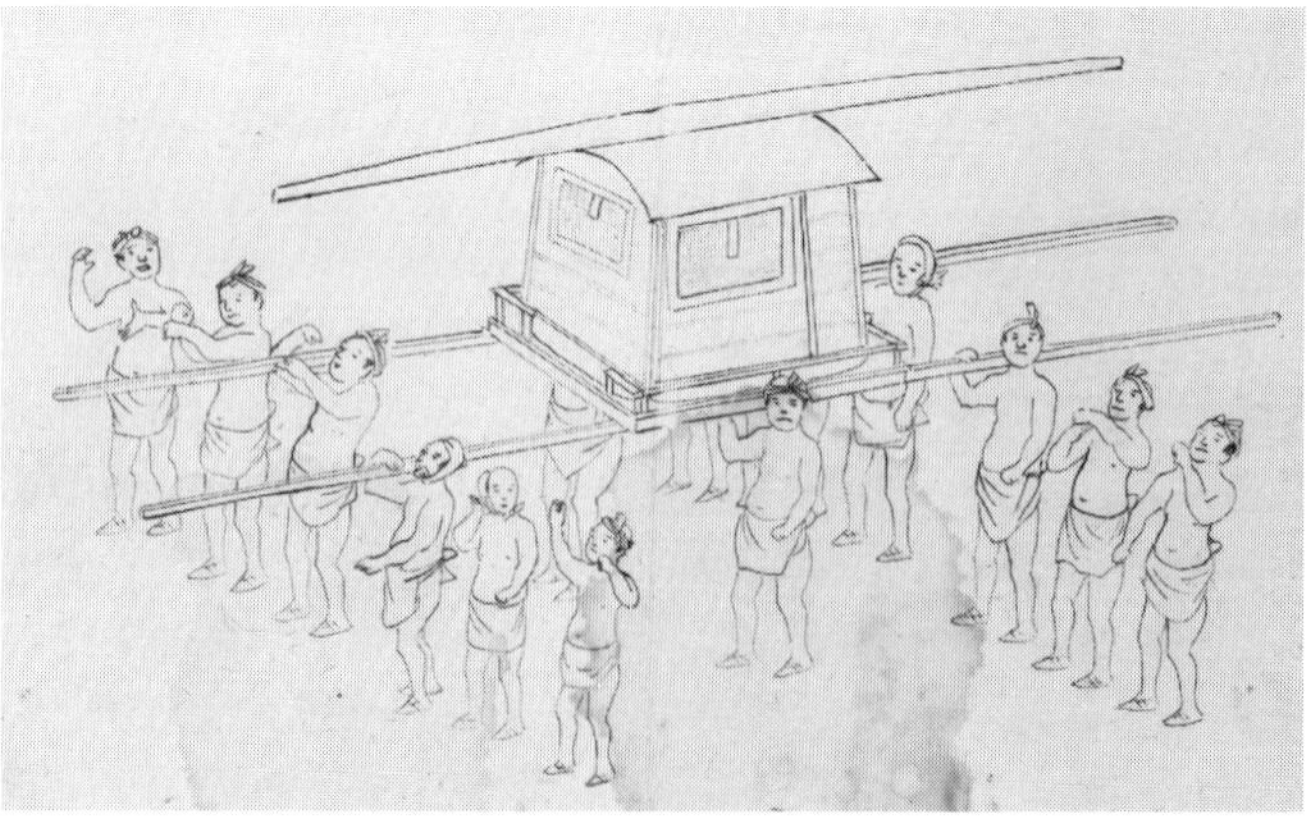

図 2-3　オランダ商館長江戸参府行列図
（ライデン国立民族学博物館蔵（ブロムホフコレクション 360-964））

図３　オランダ使節団の行列
（シーボルト『日本』図録第二巻図版の原画，ライデン国立民族学博物館蔵，シーボルトコレクション 1-4488-23）．

の使用人と各同行者の使用人として記載されている。長崎からの随行日本人と、馬子や人足として東海道の通行のために通しあるいは宿継ぎで雇われた人々を図中で厳密に区別することはできないが、いずれにせよ、オランダ人の数は増えないにもかかわらず、行列は時とともに肥大していた。

一番目の図はここで終わる。人目のあまりない場所での一瞬の表情をとらえたものなのか、あるいは画家の遊び心なのか、馬子や人足たちの中には振り返ったりしゃがみ込んだりよそ見をする者も描かれ、リラックスした表情に見える。

ブロムホフの日記によれば、検使や商館長も含めて、一行はしばしば乗物や駕籠を降りて歩くことがあったが、城下町や人ごみの場所では乗物から出ることはできなかった。混乱を避けるために加え、きちんとした行列の形をとることが必要とされたものと思われる。ケンペルの時期とは違って、一八世紀後半にはオランダ人は全員乗物の中にいることになっており、本図にも、オランダ人の姿は一人も見られない。

行列図の二番目の部分は謁見のための登城の様子で、裃に威儀を正した宿主すなわち長崎屋、それぞれ一人の従者を伴う三人の下検使が徒歩で先導し、小通詞、医師、筆者頭が乗物で続く。商館長の乗物には八人の羽織姿の役人、傘と挟箱、合羽籠が付く。その後ろが大通詞と検使の乗物である。ブロムホフやシーボルトによれば、拝礼の際商館長は様々な時代のものが混ざった「道化芝居」のような大仰な衣装をまとっていた〔Forrer 2000: 86-87〕というが、それは描かれていない。

最後は一四人の半裸の男が担ぐ輦台の図である。担ぎ手の半数程は、担ぐような手つきはしているものの担ぎ棒から手を放しており、渡渉中の実景とは思えない。文字はなく特定はできないが、輦台で川を渡るのは大井川と安倍川の二か所である。この渡渉が箱根越えとともに多くの参府旅行者に強い印象を残したことは日記等から明らかで、参府行列図に加える要請があっても不思議ではない。

同じ川原慶賀の作とされるシーボルト著『日本』の挿絵の原画（図3）は、一八二六年の参府の図であるが趣きが全く異なり、海辺の風景の中に、オランダ人にとって行列の中心部分である商館長のカントールとオランダ人たちが乗っているであろう乗物を描いている。めったに描かれない行列には、決まった描き方の手本はなかったようである。

4　ブロムホフの江戸参府と蒐集

ヤン・コック゠ブロムホフが初めて日本に来たのは一八〇九年（文化六）、フランス革命軍の侵攻により一七九五年（寛政七）オランダ連邦共和国は崩壊し、一七九九年には東インド会社も解散、本国もアジアの拠点もフランス革命後の混乱に翻弄されている時期だった。一八一五年、オランダ本国の独立回復に伴って、東インドの植民地もイギリスから返還された。戦争によって壊滅的打撃を受けたオランダ経済を立て直すために、植民地を本国経済に貢献させるべく統治政策を刷新することが必要と考えられたが、一七九六年以降東インドと本国の連絡はほぼ途絶しており、本国にも総督府にも各地の現状についての充分な情報がなかった。そこで多数の画家、科学者等が派遣され、植民地の住民の状況や有用な動植物、鉱産物などの調査が行なわれた。日本も同様な関心の対象であり、後のシーボルトの派遣もその文脈でとらえられる。

一八一七年、一時本国に戻っていたブロムホフは新商館長として再度日本に派遣された。在任中彼は、バタフィアで受けた訓令に基づき、日本との貿易を可能な限り有利に進めようと努力する。また種痘技術伝授の試みや温度計・晴雨計による気象観測にもシーボルトに先駆けて着手した。赴任に際し、一八一六年に設立された王立骨董陳列室の初代室長ファン・デ・カステーレ及び東インド総督から包括的な日本の物品の蒐集を行なうよう促され、個人の興味に基づくこれまでのものとは異なる蒐集を実践したといわれ、大工道具、出島の模型などが、現在もオランダに残っている。コレクションの中には狩に行く奉行の行列図や大名行列の人形も含まれており、こうした蒐集の一環として彼が江戸参府の行列図を日本人画家に注文した可能性は高い。

ブロムホフは一八一八年（文政元）二月一三日から六月一九日に、筆者頭エンゲレン、医官ハーヘンを伴って参府した。四月一二日に江戸に到着した彼等は、二〇日に登城し、将軍家斉と世子家慶に拝礼した。二四日に再び登城し、暇乞いの謁見を受け下賜品を下されて五月四日に江戸を離れた。この一回目の参府については、公務の『参府日記』に加えて、彼が妻のティツィア・ベルフスマに送った日記体の報告がある〔Forrer 2000〕。

二回目の参府は一八二二年、医官テュリングと一等書記オーフルメール＝フィッセルが同行した。フィッセルも日本に関する蒐集を行ない、その著書『日本風俗備考』の第一二章雑録の中で江戸への旅について記している。出発は二月六日、江戸到着は三月二七日、拝礼献上は四月六日、同九日に暇を賜り、二一日に江戸を出発し六月五日に出島に着いた。二回の参府期間中のブロムホフの公務日記は、非常に詳しいことが特徴的である〔松井 二〇〇〇〕が、この行列図と直接かかわる叙述は見出せない。一方妻あての報告では出島出発時、江戸入り時、登城時の行列の中心部分の順序に言及しており、この行列図と関連づけることは考えていないものの、参府の「行列」を語ろうとする意図はみることができる。

三 「通商の国」の行列

1　街道のプロトコル

商人の代表であるオランダ商館長の江戸参府は、実利を尊ぶ人々に相応しいともいえる姿で、小規模に、地味に行なわれ続けていた。それは外国の使節というよりは、直轄都市の町年寄や五箇所糸割符年寄などの特権町人の年頭拝礼になぞらえることができるかもしれない。一方で、他のどの異国の使節も行なわない毎年の江戸への旅は、本来の位置づけとは別に、彼等の存在を街道通行者のヒエラルキーの中に組み込んでゆく側面もあった。

ケンペルによれば、宿舎には東インド会社の紋章の付いた幔幕と宿所を示す札がかけられた。道中、ことに九州の諸藩領では「城主の命令で人々はその国を通り過ぎる大名に対して敬意を表わすのと同じような態度」で、騎乗者も馬から降りて被り物を脱いで屈み、庶民は街道から畑のわきによけて平伏して行列の通過を待つ。「将軍の権威に対する畏敬の念から出ているにせよ」「拝謁のために旅行しているからであるのか」「長崎奉行の威をかる付添検使」がいるためなのか、とケンペルの推察は鋭いが、本州の道中ではこのような畏敬の態度はほとんど見なかったという（『江戸参府旅行日記』六四―六五頁）。

さらに一〇〇年以上たった一八一八年、二二年の参府で、ブロムホフやフィッセルは彼等の行列が姫路の城下町でも東海道でも「下に、下に」の先触れの声に導かれて粛々と進む様子を描写している（『日記』七、一八一八年三月一六日条、四月三日条、『日本風俗備考2』二〇七頁）。「奉行の威を借る」検使の意向であるとしても、行列をし続けていることによって、商館長の行列も大名行列の端くれ、あるいは茶壺に準ずるものとして街道と関わる人々に認知されてゆくのであろう。ブロムホフの妻への報告によれば、外観も整えられ、道中の人足たちは黒の上衣に「会社の紋」を付けていたという〔Forrer 2000: 60〕。それはまた、大身の大名と遭遇する際には可能ならば手前の宿駅の寺等に退避し、やむを得ぬ際には道端によけて無礼のないようやり過ごす（ツュンベリー『江戸参府随行記』一六〇頁）、さして高位でない幕府役人と出会った際には、挨拶は伝えるものの商館長は乗物の戸を開けることはしない（『日記』七、一八一八年四月七日条）といった街道のプロトコルに、付添役人たちの助言に従いつつ適応していくことも意味していた。

当初は厳しい監視と軟禁を伴い、来訪者は将軍の親族や幕閣・長崎奉行の関係者等に限られていた江戸の阿蘭陀宿へも、次第に大名や幕府役人、その使者などから縁故をたどる蘭学者まで、様々な人々が公的私的に来訪するようになる。街道での扱いばかりでなく、蘭癖の人々の好意と厚遇を得る中で、オランダ人たちの中にも自らを大名や上級武士の文化的サロンの一員になぞらえる意識が出てきたであろう。

2　行列が描かれるとき

最初から最後まで、オランダ商館長の江戸参府は、キリスト教徒であることへの慮りもあり、街道で華やかな行列を人目にさらすことは求められておらず、日本側がその姿を描かせることもなかった。オランダ側にとっても、自前での旅の経費は常に節約の対象であった。それでも、貿易の存続（それさえ内実は個人の利益のためのものであったが）のために、参府は続けるべきものと認識されていたし、日本側にとって、献上品や贈答品は、たとえ商館長自身の拝礼は省略されても維持されるべきものであった。

検使は長崎奉行を代表するものとしてその威を借り権威がましく振舞い、通詞をはじめとする地役人たちも、オランダ人払いの、そして「長崎御用」の札を立てた公用通行者としての旅を可能な限り利用した。かくして一行は肥大化し、その限りでは「行列」と呼ぶにふさわしいものとなっていった。年々行列で街道を往復することは、その規模に見合った位置づけを彼等に与えた。日本では軽んじられる「商人」の資格で、服従を示す拝礼献上を行なうことは、利を求めるための不本意な選択であったにせよ、「大名のような」と肯定的価値をもって受け止めることも可能になった。そうであるからこそ、出島に駐在したケンペルやブロムホフが日本での経験を伝える際に、また日本の思い出や土産のための特注の漆器の図柄に、江戸参府の行列はささやかに描かれることになったのであろう。

（1）ブレスケンス号事件及びフリシウス使節については〔ヘスリンク　一九九八〕が包括的な叙述と評価を行なっており、本章の当該部分もそれに依拠するところが大きい。

（2）「江戸幕府日記」（内閣文庫所蔵写本　慶安三年三月七日条）に見られるこの呼称自体が使節の性格の曖昧さを表わすものとされる〔ヘスリンク　一九九八、二七九―二八〇頁〕。

（3）ケンペルは彼等を bugio と書いているが、奉行のことは別に Gouverneur としており、これはオランダ人が言うところのボンゴイ bongoi、ボンジョイ bongioy/bongeois、あるいはバンヨース ban（g）joos（語源は不明、番衆とする説もある）、すなわち検使と考えられる。検使は奉行の家臣、下検使は地役人が務めた。

（4）所蔵番号 360-964。この図の全体は国立歴史民俗博物館図録（二〇一二）一二八―一三一頁に掲載されている。表1にはその際割愛されたオランダ語の説明と翻訳をすべて収載した。

（5）シーボルト『日本』の行列図（図3）にはその両方が見られる。

参考文献

（史料）

Dagregisters van de factorij te Hirado en te Deshima,1633-1833　（オランダ国立中央文書館所蔵　日本商館文書NFJ53-249）（出典は『日記』とし、年月日で示した。以下の刊本がある場合はその巻数を付した。）
東京大学史料編纂所編『日本関係海外史料　オランダ商館長日記』訳文編之一―一二（一六三三―一六五一）一九七四年―、
日蘭学会編『長崎オランダ商館日記』一―一〇（一八〇〇―一八二三）雄松堂出版、一九八九―九九年
東京大学史料編纂所編『大日本史料』十二編之六、一九〇四年
村上直次郎訳注『異国往復書翰集　増訂異国日記抄』（異国叢書）駿南社、一九二九年

森永種夫校訂『乙名勤方書并御触書抄』長崎文献社、一九七八年

ケンペル（斎藤信訳）『江戸参府旅行日記』（東洋文庫）平凡社、一九七七年

ジーボルト（斎藤信訳）『江戸参府紀行』（東洋文庫）平凡社、一九六七年

ツュンベリー（高橋文訳）『江戸参府随行記』（東洋文庫）平凡社、一九九四年

フィッセル（庄司三男・沼田次郎訳）『日本風俗備考』（東洋文庫）平凡社、一九七八年

（著書・論文）

板沢武雄「日蘭文化交渉における人的要素」『日蘭文化交渉史の研究』（初出一九三九年）

片桐一男『阿蘭陀宿長崎屋の史料研究』雄松堂出版、二〇〇七年

加藤榮一『幕藩制国家の成立と対外関係』思文閣出版、一九九八年

金井圓『日蘭交渉史の研究』思文閣出版、一九八六年

金井圓『近世日本とオランダ』放送大学教材、一九九三年

斎藤阿具「蘭人の江戸参礼」『史学雑誌』二一―九、一〇、一九一〇年

Matthi Forrer, *De Hofreis naar de Shogun van Japan : naar een persoonlijk verslag van Jan Cock Blomhoff*, Leiden: Hotei Publishing, 2000.

藤田覚『近世後期政治史と対外関係』東京大学出版会、二〇〇五年

レイニアー・ヘスリンク『オランダ人捕縛から探る近世史』山田町教育委員会、一九九八年

松井洋子「商館長ブロムホフとその江戸参府」図録『オランダへわたった大工道具』国立歴史民俗博物館、二〇〇〇年

松井洋子「オランダ商館長の江戸参府とその入用――一六四七年の事例から」『日蘭学会会誌』三〇―一、二〇〇五年

松井洋子「行列を読む⑨――オランダ商館長江戸参府行列図」図録『行列にみる近世――武士と異国と祭礼と』国立歴史民俗博物館、二〇一二年

松方冬子「オランダ国王ウィレム二世の親書再考――一八四四年における「開国勧告」の真意」『史学雑誌』一一四―九、二〇〇五年

Ⅲ　祭礼の行列

8 江戸の祭礼行列
——麻布氷川祭を中心に

福原敏男

一 近世行列の権力性

『日本国語大辞典』（第二版、小学館）によると、数字や文字配列以外の「行列」には大きく分けて二つの意味がある。「列をなして進行する」行列の用語例としては、福沢諭吉『学問のすゝめ』など、近代以降の用語例が挙げられている。これに対して、前近代には「儀仗を整えて供奉の列をなして行く」「鹵簿《ろぼ》」の意味があり、この供奉とはもちろん支配者・行列命令者への供奉である。この意の行列には『続日本紀』以来の用語例が挙げられているように、行列には古代より権力性が含意されている。つまり、等間隔に整列し、調子を合わせて進む行列の背後には、何らかの指揮や統制が想定されるのである。そして、参列者の視線の先には、為政者や命令権者による上覧（監視・検閲・点呼）があることが多かった。現代においては、集団の参加者が整列して同一方向に前進する意の「行列」の語感はすでに古めかしく、行進やパレードの語を使用する方が多くなっているのが現状である。さらに現代では「列をつくり待つ」行列の使用例が圧倒的に多く、客が自ら選んで並び、待つ「行列店」は自発／強制という点で、本書における近世行列とは対極にある。

本書で主に論じられる歴史的な「行列」とは上記の鹵簿に相当するもので、支配者の命令や統制のもと、様々な荘厳によって権威付けられ、有形・無形の力によって参列を強いられたものと考えられる。それは、近現代における民衆・大衆・群衆によるデモンストレーションと対極にある（もっとも、デモ隊の場合も参加者の民主的な自由意志を前提としながら、実際には動員によるデモ参加はいくらでもあろう）。本章の課題である近世祭礼行列に限定したとしても、参列者の心理を記した文献の残存などは稀有であり、強制されて不承不承参加したものか、自発的に嬉々として参加したものか、各事例に即して当時の社会体制など周辺的傍証史料により考えるしかない。

ところで、江戸期には、士農工商それぞれの身分に応じて、労働の義務としての「役《やく》」が課せられ、その「役」に服務することが、それぞれの身分に所属していることの象徴的表現とでもいうべき性格が強くなった、という（尾藤 一九九二）。「役」は強制的な義務でありながらも、同時にそれが個人の自発性に支えられ、社会の中で個人が担当する役割と、その役割にともなう責任を併せた意味となった。ある程度の自治権をもつ「町」の正式の構成メンバーであるために必要とされる資格は、土地や家屋を所有していることだけではなく、その土地などの大きさに比例した「役」を負担することであった。「役」はさまざまな形態の無償の労働奉仕を含んでいたが、それらの遂行は、一面では町人が領主から許容されている営業上その他の特権に対する反対給付として封建的な性格を持つとともに、他の一面では、「公役」すなわち国家に対する公的な義務の遂行という性格をおびていた。祭礼行列への参列や経済的・人的負担も右の両者の意味で「役」の一つであったのである。

近世行列とは観衆の視線のなかを行く「見る／見られる」関係性にあり、「儀仗を整え」威儀を正すことが前提となる。見る人もいない農村の野辺送りではなく、権力者や高僧の葬列のように、参列者に強制力が働き、多くが見物する事例こそ本書のテーマとなる。近世行列の多くを占める武士による行列の儀仗とは威儀具と武器の捧持と軍楽であり、外交行列の場合もほぼ同様に、視覚と聴覚へ訴える儀仗となる場合が多い。また、参列者は武器を持たなくても、参加人数、衣装、幟・旗などの携行具によって、行列させる支配者の威儀を見せつける「動く威信具」となる。

行列を見物して迫力を実感するには、実際に高見の桟敷席で見下ろすか、埒（柵）外の道端で見上げるに如《し》くものはないが、異空間・異時間にあっても行列を「見せたい／見たい」という欲望によって、行列は描かれ、造形化されてきた。特に、東アジアで発展を遂げた長巻の絵巻物（巻子装）は、行列を描くにうってつけの形態である。行列の記録画を拡げて巻きながら見ること自体、掌のなかで長蛇の行列を前進させ、全体像を通覧・上覧するバーチャル・リアリティーを得ることができよう。

一方、絵画表現としては行列に見えても、実際には統制を取ることもなく勝手に催した行動を一列に描く作例も数多い。

情報伝達が発達した近世日本の都市の場合、偶然居合わせて行列を見る場合とともに、事前に情報を得て有名無名の行列通過を知り、知らされ、あたかも興行を見るように、桟敷等を設けて行列を待ち構え、控えて見た、見させられた人びとも多かったのである。

繰り返すが、本書で課題とされる近世行列論とは権力論でもある。縦列・横列の「列」を等間隔に整え、参列すること自体、出発や停止などの指揮系統を前提とする。近代語の「隊列」や「編成」など、行列や行進に関する用語は行軍の形態が原型となろう。筆者自身、一九六〇年代の小学校の朝礼や運動会において身体に記憶させられているのは、整列の号令「前へ－倣え、休め」である。この号令は「前列を真似ろ」のみではなく、周囲を見回して等間隔を取れ、という意であり、運動会などの場合は教師や生徒の長による「進め」で行列したのである。

古代・中世の凱旋行列では、絵巻物（例えば、『平治物語絵詞』に描かれた都大路を渡される信西の生首）に見るように、敵の首級や血糊のついた武器を掲げて行列するような「剝き出しの武威」のイメージがある。これに対して近世行列の場合、例えば、本来、軍役上の行軍である参勤交代であっても武威を前面に出すことはなくなっていき、芝居や祭礼では、奴による槍や挟箱の投げ渡しの芸能ともなった。現実の参列とは、「上」からの命令による義務と自らの責任による「役」である。ただし、近代軍事行進の場合は、異国〔敵国〕の通信メディアをも対象にする兵器の移動陳列であったのに対し、近世の武士行列の場合、直接戦場を意識させることはなく、武具の多くは「袋などを被せ隠された武威」であった。裸の武具をこれ見よがしに見せるのではなく、くるまれた形によって逆に「明示」する威儀具となった。近世行列における支配者の上覧は基本的には厳格なものであったろうが、様々な行列のなかには長大な時空間の移動を伴なう「旅」の場合もあり、行列全体へのチェックはあいまいとならざるを得ず、上覧の厳しさは局所的であったのである。例えば、祭礼行列の雑役には多くの雇人がおり、参勤交代には町場通過要員として派遣労働者もいたのである〔根岸 二〇〇九〕。

上記の大名行列のような武士の行列のみでなく、外交行列の場合も、琉球慶賀使節は日本版冊封体制という「政治」が視覚化され、演出されたものである。

それでは、古代・中世の血なまぐさい凱旋行列や、近代の機械〔科学〕兵器を誇る軍事行進という、古代・中世と近代における戦力誇示行列の時代に挟まれた近世行列のあり様は、どのように考えればよいのであろうか。

もう一度整理すると、近世の武士行列や外交行列は、参列者や見物の視線を意識したものであり、そのための儀仗・荘厳であった。「徳川の平和」とは武士身分による鉄砲などの大量保持という抑止力のなかでの表面上穏健な支配であり、平時隠されている武器の存在を「袋に入れて」可視的にプレゼンテーションする機会が「行列」なのである。それは叛かなかったら「袋に入れた」ままという暗喩でもあり、並ぶ順にも封建秩序が反映している近世行列とは、政治的な武威パレードにほかならず、それに参列させられることは与えられた任務であり、武士身分・町人身分としての「役」の一つであった。

二　江戸の祭礼行列

参列者が支配者の監視の下で緊張を強いられ、問題が生じれば死活問題ともなりかねない近世行列のなかで、宗教行列ともいえる近世の祭礼行列には如何なる意味を見いだせるのであろうか〔久留島 二〇一二〕。日本では寺院境内の外へ出て周辺の地域を廻る仏教行道が展開しなかったので、周期的に催される宗教的行列文化とは、主に祭礼行列に限定される。そのなかでも、日光東照宮の祭礼行列などは武士や外交行列と同様の政治性をもって演出されたのであるが、他の祭礼行列には如何なる意味があったのであろうか。

一九七〇年代頃まで、祭礼研究は専ら「共時性の学問」、民俗学・文化人類学・宗教学・社会学などが主導してきた。信仰行事であることを前提にしつつも、祭式・神事や神輿渡卸という形式性の強い側面よりも、芸能・競技・直会や無礼講という世俗化・開放性・祝祭性の面が強調された。祭礼とは一般的に当該〔催行〕地域で完結するもので、地域内諸集団により表面上の対抗が演出されても、最終的には或る共同体全体の統合機能を見いだしてきたことも多かった。このような研究動向は、主として近現代の祭礼を対象としたもので、政治・経済的な関心は薄かった、と総括できよう。

これに対し、一九八〇年代頃より、近世史研究の分野において、史料の残存が豊富である都市祭礼、特に城下町祭礼に注目する動向が起こり、東照宮祭礼をはじめとする事例研究のなかで、領主が経済的・政治的に惣町祭礼を主導する「官祭」という視点に立った研究が積み上げられてきた〔黒田・トビ 一九九四、中野 二〇〇八〕。

では、以上のような大規模祭礼における行列の政治性について考えてみる。特に政治都市である城下町の祭礼は、寺社による神輿や祭具の渡御〔宗教者身分〕／警固、供奉、監視〔武士身分〕／山車や付祭〔町人〈商人・職人〉身分〕／雑役や囃子（周辺の農民身分）が相互に関わるものであり、特に江戸の諸祭礼は町人身分を主とする山車や付祭を中心に論じられてきた（福原 二〇一二・二〇一五）。大名行列の都市部通過には派遣労働者が雇われたように、祭礼の雑役や囃子方にも一日・二日の雇人が多くいたのである。

「官祭」という視点の設定には、武士に支えられた祭礼行列に対して、氏子である都市住民が唯々諾々と喜んで、意気に感じて参列した、とする見方もあろう。例えば、徳川家は江戸の山王権現社の氏（産）子でもあり、厳格な身分制度が敷かれていた江戸期の山王権現社の氏子町人は、将軍家と同じ神社の氏子であることに優越感を持った、という視点もある（赤坂 二〇〇六）。さらに「日々の暮らしで批判意識を研ぎ澄ませる術を知らない民衆が、祭礼の折に限ってフラストレーションを発散するさまは、さぞかし支配者たちを安堵させ喜ばせたことだろう」（佐藤 二〇〇六、一七頁）という言もあり、町人たちは毎年、隔年や式年の祭礼参加によって日常の不満のガス抜きをされては日常生活に戻り、祭礼とは精神的に幕藩体制を補強するもの、という見方もできよう。

祭礼行列の権力性は特に大社の祭礼において指摘できることであり、前述した日光東照宮祭礼における武家による行列供奉は前節の意味での政治的近世行列以外の何物でもない。また、山王・神田両祭礼は延宝九年（一六八一）から本祭と陰祭を毎年交互に行うようになり、その本祭には将軍の上覧（『徳川実紀』によると山王祭の方が圧倒的に多い）と下賜金があった（千代田区教育委員会・同区立四番町歴史民俗資料館 一九九九）。山王祭行列は元和期（一六一五―二四）から、神田祭行列は元禄元年（一六八八）から江戸城内を通行するようになり、両祭を天下祭・御用祭とも称した。さらに、根津祭や赤坂氷川祭にも、幕府からの経済的援助と政治的規制という官祭としての祭礼行列の性格を読み取ることができ、上記の諸祭礼は衣装奢侈禁制などを受けたのである。

また、仙台・水戸・尾張・紀伊・岡山・広島・鳥取の諸城下町における東照宮祭礼のように、元来領主が勧請した東照宮の祭礼が漸次、町人中心の城下町祭礼化していった。しかし、その根底では、徳川政権を補完する権威として、儒教のみでは庶民に届きにくい支配イデオロギーを貫徹するという側面を有していた〔倉地 一九八八〕。

上記の諸祭礼は徳川政権や藩主が経済的にも支えた祭礼であり、役人による武具捧持や諸大名の騎馬警固が間に入った行列は、武威のプレゼンテーションの場でもあり、神輿渡御に行軍が加わった行列でもあった。山車や付祭を出すこと自体は町人自ら希望したにせよ、付祭や御雇祭の趣向〔出し物〕の決定過程に、例えば江戸の場合は、南北町奉行—町年寄—町名主という統制系統による事前チェックが入ったのである〔都市と祭礼研究会 二〇〇七・二〇一一、福原 二〇一二〕。

以上、天下祭・御用祭・東照宮祭礼などの大規模祭礼行列は、本書でいう政治的な近世行列にほかならず、城内外の桟敷席よりの将軍とその家族や重臣の上覧時は、厳粛で緊張を強いられるものであった。一方、氏子町などの町人地では行列は崩れ、知己のなかで飲酒も許され、緊張も緩むのが現実であったろう。それは都市部を通過し終わった参勤交代行列参列者とて同じであったと思われる。天下祭のように、山車や付祭を出す担当町人にとって、江戸城内行列の出口である常盤橋御門をもって公式行事〔山車と付祭〕は終了し、神輿渡御と警固の行列はその後も延々と帰社するまで続く。あたかも、二段式発射ロケットのように、多くが途中でバラバラになり、コアである両社の神輿は山王権現〔三基〕と神田明神〔二基〕へ還幸したのである。山車や付祭は常盤橋御門にて行列を終え、それより自町へ帰るが、付祭の造り物が破損した時点で終了して解散することもあったらしい〔都市と祭礼研究会 二〇〇七〕。

前置きが長くなったが、本章で考えたいのは、上記のような大規模ではない江戸祭礼、いわば中規模祭礼についてである。後述する『東都歳事記』を見ると、春から秋まで江戸の至る所で数十もの祭礼行列が繰り広げられており、その多くは神輿渡御のみでなく、付祭や山車を伴ったのである。その行列は上記のように、本書でいう政治的・権力的なものであったのか。あるいは幕府の目が届かない氏子町人主体の宗教・娯楽的なものであったのであろうか。

江戸の場合、徳川政権の息のかかった山王、神田、根津、赤坂氷川社の祭礼、さらに深川富岡八幡宮や浅草三社祭礼のような大規模祭礼は、政治都市「江戸」を演出するための荘厳でもあった。それに対し、中小神社祭礼こそが一般的な江戸祭礼であったと思われる。本章における中規模祭礼とは、大規模祭礼と同様、複数の氏子町を持ち、それらがいくつかの祭礼番組を編成して参加するものとする。両者の違いは、規模と幕府からの財政援助の有無によるとするが、両者の規模の相違は明確には画することはできず、氏子町の構成軒数によっても異なる。本章では便宜的に、氏子町の祭礼番組（山車番組）が一〇組以下の祭礼を中規模祭礼と位置付けることにしよう。

そして、中小神社の氏子には、例えば広域な山王権現社氏子（山車番組町）であるとともに、より小地域（例えば一ヶ町のみの神社の）氏子である場合があった。この場合、二重氏子として地元の中小祭礼と、広域氏子による大祭の両者に参加する「役」（労力奉仕と経済負担）と共に、行列して見られる名誉もあったろう。

中規模祭礼を俯瞰するに、亀川泰照氏作成の表〔荒川ふるさと歴史館 二〇一二、七四―七七頁〕が参考となる。これは寛政八・九年（一七九六・九七）、天保九年（一八三八）および万延元年（一八六〇）に町奉行所が江戸祭礼の調査・制作した公式記録である。寛政の両年分は、『東京市史稿』（産業篇第四）、天保分は『江戸町触集成』第一三巻、№一三二二三〔近世史料研究会 二〇〇〇〕、万延分は「上」三廻（「市中取締書留」一七三〈国立国会図書館蔵旧幕引継書〉）を出典とする。亀川氏によると、公式記録には情報のばらつきがあるものの、「神田明神（現神田神社）が含まれないように、必ずしも全てをカバーしたものではない。町奉行が把握したかったことは、天下祭とも称される神田・山王両祭礼以外の江戸の祭礼が、どのような状態で行われていたかにあった」〔荒川ふるさと文化館 二〇一二、七四頁〕。まさに、史料が多くない中規模祭礼を知る絶好の記録であり、町奉行は主に中規模祭礼こそ把握し、統制下に置きたかったのである。以下、亀川氏による総括を筆者が要約する〔亀川 二〇一二、七四頁〕。

・一八世紀末の寛政期の調査では山車の存在が確認されていなかった江戸周辺の町方祭礼でも、一九世紀初め頃には山車を持ち、祭りで曳き始めており、さらに天保九年や万延元年の時点で山車が確認されている町々もある。

・天下祭は、関東圏の諸都市に影響を与えたのは勿論、江戸の周辺の中規模祭礼にも伝播していった。その町々が山車や山車人形を持ったのは、神田・山王両祭礼的な山車・囃子・踊り等を含む「祭りの方向を志向」したためである。

山王祭と神田祭の祭礼行列には、神輿に供奉する形で、各氏子町が四五〔山王祭〕と三六〔神田祭〕の山車番組を、氏子一ヶ町から複数町で編成して山車や付祭を出し、さらに山車番組町以外が御雇祭を出したことで知られる。他の江戸大規模祭礼も天下祭・御用祭に準じており、中規模祭礼について考える時も、山車と練物による風流化の視点が重要である。江戸祭礼の場合、基本史料である番付が山王祭においてさえ、管見の限り安永九年（一七八〇）の番付〔国立音楽大学附属図書館蔵竹内道敬文庫〕が最古であり、寛政八・九年の調査記録は非常に興味深く、そこにはすでに一七社の祭礼に練物が出ている点が注目されよう。

この一八世紀後半の練物が天保や万延期の踊台、「……之学」の仮装練物、手踊りなどに展開していくのである。そして、以上の練物が出る一七ヶ祭礼とは中規模祭礼であり、一般に言われる化政期以降の江戸祭礼隆盛期以前に、すでに山車や練物が成立している点が注目される。これは植木行宣氏が論じるように、江戸の場合も練物を母体として山車が成立したと考えてもよさそうである〔植木 二〇〇一〕。

江戸幕府は上記の調査・記録のほかに、例えば文政九年から一二年（一八二六―二九）にかけて地誌作成のための参考史料集を作った上で、官撰地誌『御府内備考』と同続編を編んでいる〔村井 一九八四〕。続編は『新編武蔵国風土記稿』に記されなかった寺社を対象として、その巻一から二四に神社篇があてられ、ここに載る一一二社の多くが中規模祭礼であり、氏子や祭礼についても記述されている。先の幕府による調査やこの地誌などによって、幕府は中規模祭礼をも把握しようとする明確な意志があったと認識することができよう〔朝倉 一九八六〕。

三　麻布氷川祭

本節では麻布氷川祭の天保三年（一八三二）の祭礼行列絵番付から、その行列形態と意味を考えたい。

氷川神社は武蔵国に多く分布し、全国的に見ると関東一円に限定されることがその特色であろう。特に、武蔵国一宮、さいたま市大宮の地名の由来にもなった氷川神社の祭神は、須佐之男命（素戔嗚尊）、（奇）稲田姫命、大己貴命の三神であり、大宮を中心に、埼玉県・東京都・神奈川県下に分布し、それらの祭神は大宮氷川神社と同様の出雲系であるところが多い。

麻布氷川神社は東京都港区麻布に鎮座し、『御府内寺社備考』巻一二（朝倉　一九八六）によると麻布本村町に鎮座する麻布惣鎮守であり、江戸期の祭神は日本武尊、本地仏は木造十一面観音立像であった。現在は素戔嗚尊を主祭神とし、日本武尊を配祀している。

『御府内寺社備考』や「寺社書上」（国立国会図書館）によると、祭礼定日はもと九月一七日であったが、天明年間（一七八一―八九）の願済により八月一七日に変更され、「渡り祭礼」（祭礼行列）は隔年に行われた。神輿は祭日二日前に氏地の南日ヶ窪の仮屋へ入れて置き、祭日には、図1点線のように行列したのである。氏子は本村町（小名として上ノ町・中町・南三ヶ町・西之台谷戸町があった）、一本松町、宮村町、同（宮村町）新道、三軒屋（家）町、同（三軒屋町）裏町、宮下町、南日ヶ窪町、同（南日ヶ窪町）九軒組、永坂入組であった。別当は徳乗院、神木が一本松町にあり、「古来ゟ当社之神木と唱来今以持ニ御座候」と記されている。図1尾張屋板江戸切絵図「東都麻布之絵図」（部分、国立国会図書館蔵）のように、麻布氷川社氏子地一帯は武家屋敷と善福寺寺中に囲まれていることがわかる（現在でも町の区割や道路が残り、都市と祭礼研究会では二〇一四年一二月二九日に「麻布氷川神幸祭礼巡幸路を歩く」という研究会を行い、

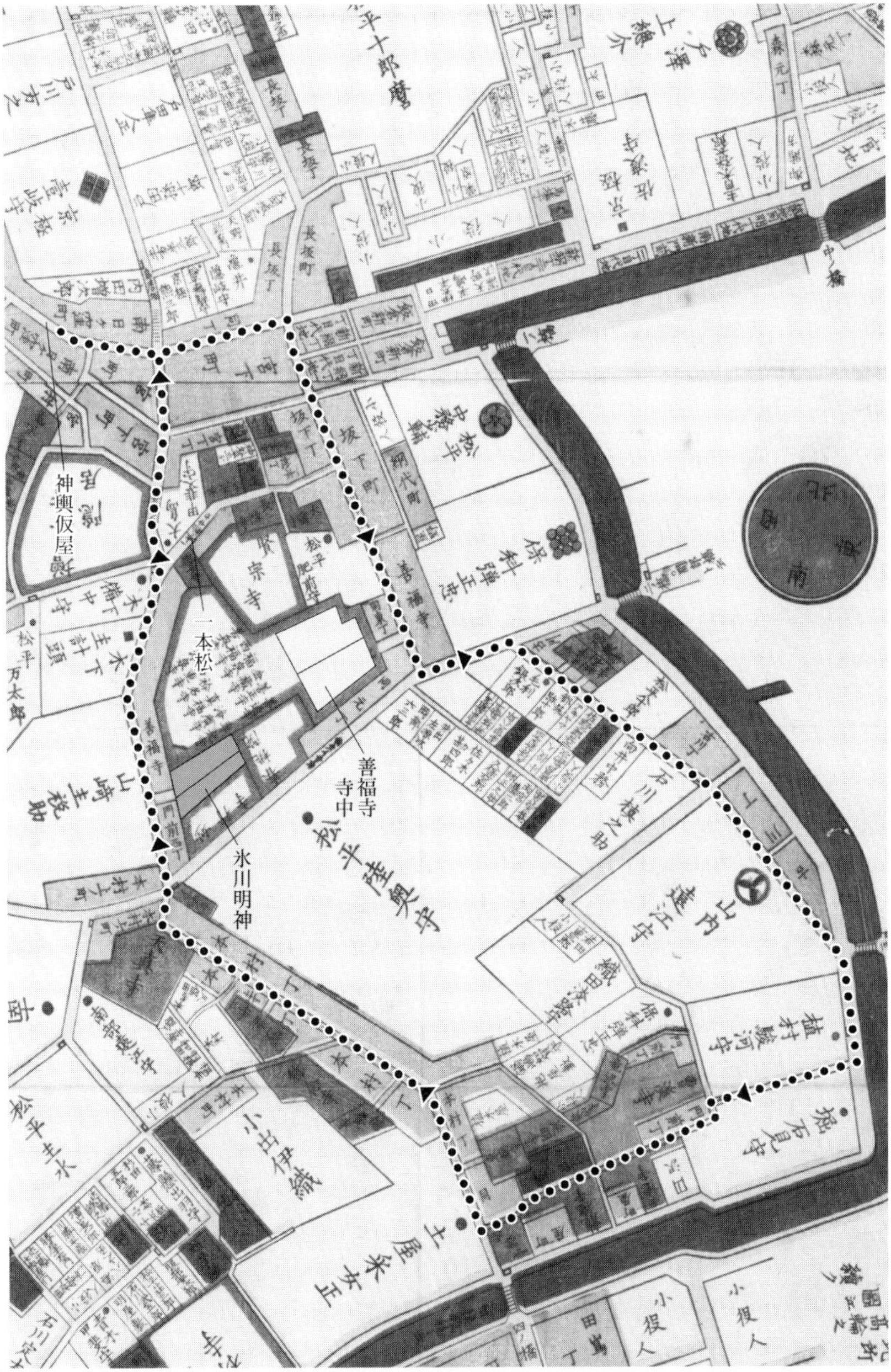

図 1 「東都麻布之絵図」に麻布氷川祭巡行路を加筆〔亀川 2014〕

筆者も参加し二時間強をかけて早足で歩いた）。

一本松町（現港区元麻布二丁目、麻布十番二丁目に相当する）の一本松は祭礼と深く関わり、これにまつわる以下の伝承がある〔平凡社地方資料センター　二〇〇二〕。昔、京都からきた松の宮という人物が滞在中に没し、介抱した小野某が衣冠とともに葬って墓の印に松を植えて「冠の松」と唱え、傍らの草堂に如意輪観音を安置して弔った。小野某の死後、像を長伝寺へ移して跡に番人を置いたという。明和九年（一七七二）類焼、さらに戦災などにより焼失したが、植え継いで石垣を備え、今は氷川神木といわれる。咳病に霊験があり、願掛け成就の節には竹筒の甘酒を供える。首塚ともいう（『文政町方書上』）。また、天慶二年（九三九）源経基が民家に宿泊して柏の葉に盛った粟飯を供せられ、翌朝、装束を松に懸けて麻の衣に着替えて去ったので「冠の松」ともいい、民家は親王院という寺（のちの渋谷八幡東福寺という）になったとも伝え、近くに粟飯沢《あいざわ》の里（俗称）がある。松葉が二本でなく、もとは一本であった、西方にある日向高鍋藩秋月邸の「羽衣の松」と呼ばれたことなどが、『江戸鹿子』『江戸砂子』『江戸名所図会』『再訂江戸惣鹿子』などの諸書に取り上げられている。

氷川祭に関しては、天保九年（一八三八）刊の『東都歳事記』〔朝倉　一九七〇〕には以下のように記されている。

○麻布一本松永川〈明神祭礼〉別当徳乗院。十五日神輿宮下町の仮屋へ御旅出あり。今日産子町々を廻りて帰輿あり。町々より踊り煉物花出し等出す。一本松は当社の神木にして、別当より当日注連を張ること旧例なり。又出輿の後この松のもとにて別当読経をなす。

一番　宮下町　二番　本村仲町　三番　本村上ノ町　四番　一本松町　五番　三軒家町　六番　宮村町・新道町

七番　南日ヶ窪町附り北日ヶ窪町　八番　宮下町　附り　新網町一丁目・同二丁目　神輿　別当　社家

神輿仮屋について、『御府内寺社備考』は宮下町隣りの南日ヶ窪町と記すが、両町の境あたりに建てたものであろうか。

斎藤月岑による『定本武江年表』には計四ヶ所に麻布氷川祭の記事がある。「渡り祭礼」（神輿・山車・付祭など）は前述隔年に行われたようで、『定本武江年表』寛政三年（一七九一）「〇八月十七日、麻布本村氷川明神祭礼、出し・練物等出る（其後休）」とある。次は、先述した幕府による寛政九年（一七九七）の調査（『東京市史稿』産業篇四一）であり、麻布氷川祭礼は「隔年。寛政三年以来休み。一〇ヶ町、八番組にて山車一本づつ」（亀川 二〇一二、七六頁）とある。この年は調査年であり、寛政以来の中断中である。一〇ヶ町とは前述の氏子町数であり、山車番組町ではない。

寛政三年以降の祭礼は、『定本武江年表』によると、文政三年（一八二〇）「〇八月十七日、麻布一本松氷川明神祭礼再興。産子町々、出し・練物等を出す（其後中絶す）」とある。

次に、祭礼の記載があるのは『定本武江年表』天保元年（一八三〇）「〇八月十七日、麻布一本松氷川明神祭礼。四十年目にて産子の町々より出し・ねり物等出る」とある。同書最後の記載は天保三年「〇八月十七日、麻布氷川明神祭礼。花出し・邌物等出る。其後中絶す」である。この年の祭礼は大規模なものであり、練物の具体像に関しては、天保三年辰八月一七日に行われた絵番付「麻布氷川大明神祭礼番附」（個人蔵）があり、唯一確認されている同祭礼の絵番付である。同番付と同版と思われるものが、林順信著書（林 一九八三）に同氏蔵として掲載されているので、同書刊行の一九八三年時点においては同氏蔵であったものと思われる。紙本墨摺二枚続きで、一枚目が縦二四・三×横三〇・九、二枚目が縦二三・九×横三一・九センチメートルである。行列順としては一枚目上段→二枚目上段→一枚目下段→二枚目下段と続き、以下紹介しよう（改行は「　」で記した）。

番付自体は祭礼前に版行されたものであるので、番付に描かれ、記されたことと、実際に執行されたこととの差違については史料批判が必要であろうが、先ず、番付自体の記述を考えておきたい。

（郭外）　（以下墨書）

天保三年辰八月十七日　江戸麻布一本松氷川祭番附

麻布氷川大明神御祭礼番附

　番組

太皷　白丁着」　持人三人

榊　同　同十人

鉾　同　同六人

壱番」麻布宮下町

△　南日ヶ窪町

三番叟の」出し

太こ打」子共二人

上下着」けいご四人

セハ役四人」茶所壱荷

弐番」同所（麻布）　本村丁」仲丁

△」鍾」馗」乃」出」し

はやし方七人」上下着」けいご四人

セハ役二人」茶所壱荷

田原藤太ニ龍女の」引物

手こ」まい」人足」十五人
セハ役」三人」茶所壱荷
日除踊台」踊子二人
但能狂言之」学ひ
はやし方十壱人」セハ役五人
持人十人」茶所壱荷
同所（麻布）」本村町之」内川南町
日除」舞台」踊子二人
但うらしま」乙姫の学ひ
はやし方」十壱人
セハ役」四人」茶所壱荷
三番」同所（麻布）」本村」上ノ町

△吹貫武内」宿祢の出し
手こまい人足十五人」はやし方六人
上下けいご四人」世話役五人
素戔嗚尊」龍退治引物
手木まい十人」はかま着
セハ役五人」茶所壱荷
同所（麻布）本村」町之内」里俗谷戸町
竹ニ鳥籠」の引物」手引子共十五人
セハ役弐人」茶所壱荷
同所（麻布）善福寺」門前」元町」西町
瓶ニ」猩〻の」引物
手こまい人足十人」セハ役四人

酒呑童子ニ」官女之」人形」引物
手こ」まい人」足」十五人
セハ役」四人茶所壱荷
同所（麻布）善福寺門前」東町
松ニ鷹の」引物」手引子共十人
セハ役四人」茶所壱荷
四番同所（麻布）一本松町
武蔵野、出し」はやし方」八人
上下けいこ」四人」セハ役四人
鳥万度引物
手引子共十人
セハ役弐人」茶所壱荷

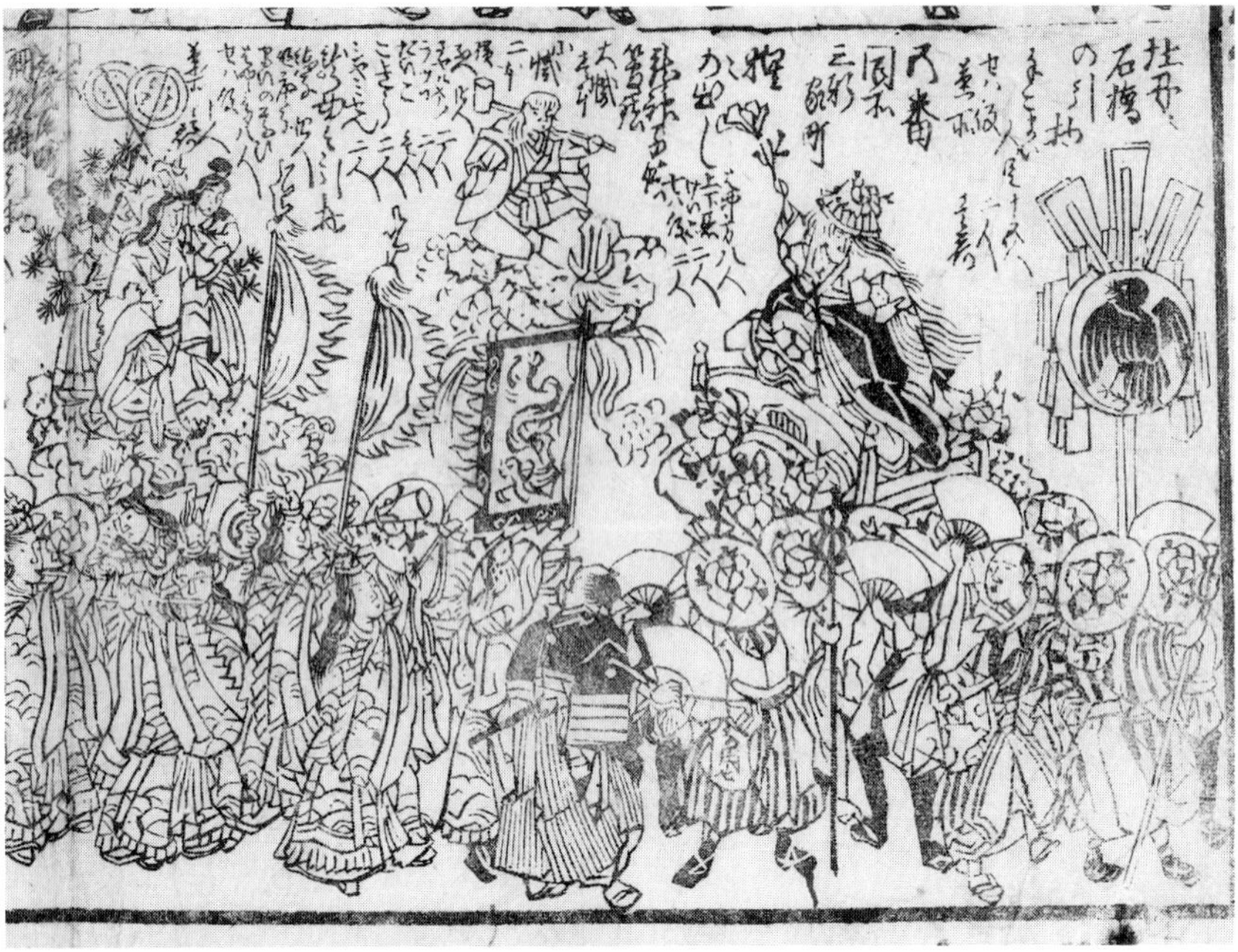

牡丹ニ」石橋」の引物
手こまい」人足十五人
セハ役二人」茶所壱荷
五番
同所（麻布）」三軒」家町
猩」〻」の出し
はやし方八人
上下着」けいご二人」セハ役二人
龍神子供」管鉉（弦）
大幟」壱本」小幟」二本
横」ふへ四人」チヤルメラ二人
ラツハ二人」たいこ壱人
こきう（胡弓）二人」シヤミせん二人
龍女之引物」練子四人
但唐子まいの学ひ
はやし方八人」セハ役十人」茶所壱荷

同所（麻布）」広尾町
珊瑚樹引物
手こまい人足十人」セハ役二人」茶所壱荷
六番」同所（麻布）宮村町」同新道
△金」太」郎ニ」熊の出し
たいこ打三人」上下着」けいこ四人
セハ役二人」茶所壱荷
山姥ニ山賤の引物
手こまい人足十五人
はやし方八人」セハ役五人
大江山唐門」鬼の引物
手引子共十五人」セハ役二人
牛ニ草苅子供人形」引物
手引子共」十五人
練子」二人」但くろ木」うりの学ひ
はやし方九人」セハ役二人」茶所壱荷

（七番　南日ヶ窪町附り北日ヶ窪町欠カ）
花」篭」の」出し
太こ打」子共」弐人
上下」けいご」四人」セハ役」弐人
雨乞小町人形」引物
手引子供十五人
おんがく三人
セハ役三人」茶所壱荷
▲棟上ノ」小出し
手こまい人足」十五人
たいこ打」五人」セハ役」四人
花万度」引物
手こまい十五人
セハ役四人」茶所壱荷
八」番」同所（麻布）」宮下町
汐汲の」出し

たいこ打八人」上下けいご二人
セハ役二人」茶所壱荷
楠正成ニ多門丸」の人形引物
手」こ」まい」人足」十」五」人
セハ役四人」茶所壱荷
同所（麻布）新網町」壱丁目」二丁目
鬼海ヶ島」の源為朝」人形引物
手こ」まい」人足」十五人
練物しま人」の学ひ九人
セハ役五人」はやし方八人」茶所壱荷
神輿」一座」以上
（郭外）
御免　板元　馬喰町二丁目　森屋治兵衛

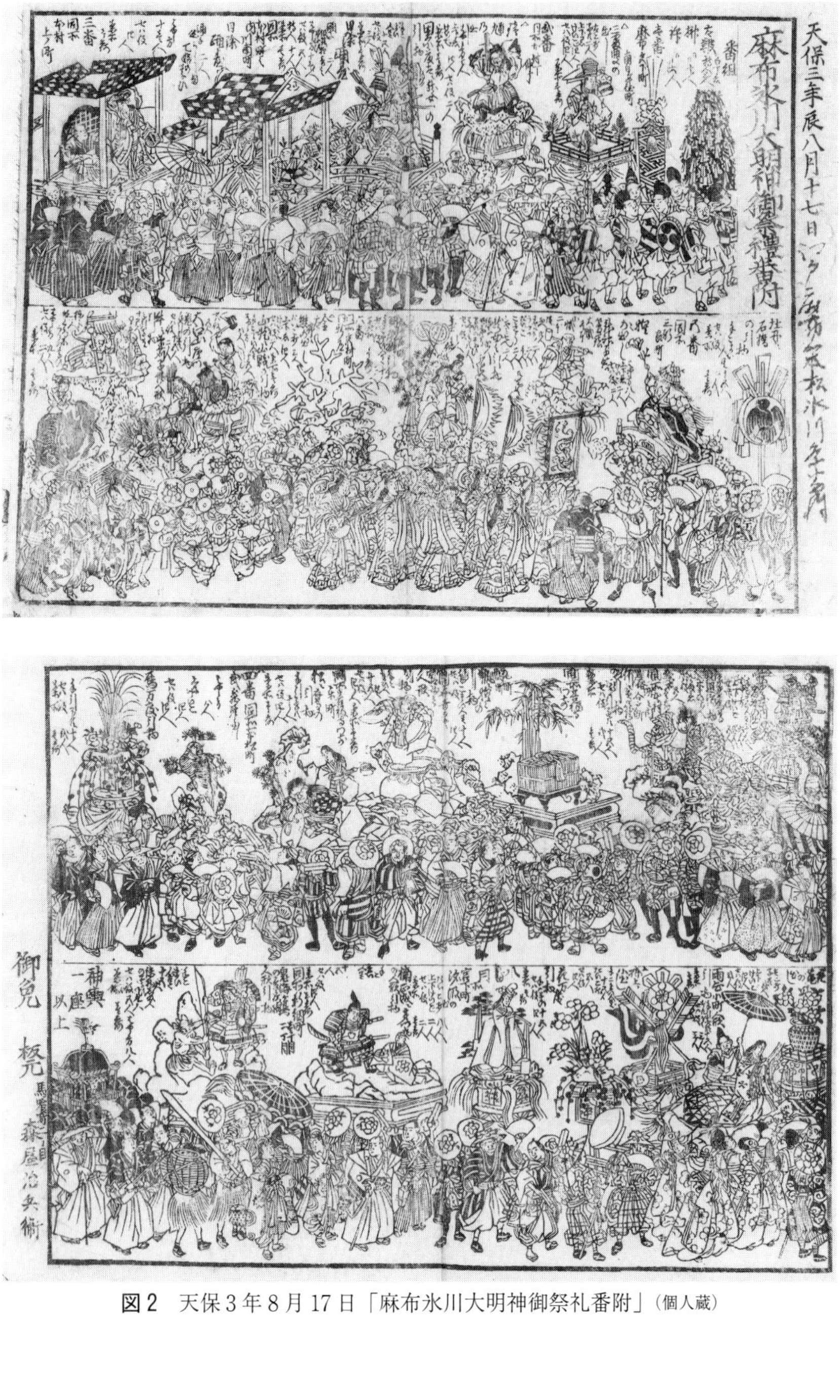

図2　天保3年8月17日「麻布氷川大明神御祭礼番附」(個人蔵)

表 1　天保三年麻布氷川祭の出し物

番組	出し物を出す町名	山車（史料上「出し」は山車と表記）・引物・日除舞台・練物
1番	宮下町・南日ヶ窪町	三番叟の山車
2番	本村町仲町	鍾馗の山車，田原藤太に龍女の引物，日除踊台（移動舞台）にて能狂言の学び
	本村町の内川南町	日除舞台にて浦島乙姫の学び
3番	本村上ノ町	吹貫武内宿祢の山車，素戔嗚尊龍退治の引物
	本村町の内谷戸町	竹に鳥籠の引物
	善福寺門前元町・西町	瓶に猩々の引物，酒呑童子に官女の人形引物
	善福寺門前東町	松に鷹の引物
4番	一本松町	武蔵野の山車，烏万度の引物，牡丹に石橋の引物
5番	三軒家町	猩々の山車，龍神子供管弦，龍女の引物，唐子舞の学び
	広尾町	珊瑚樹の引物
6番	宮村町・新道	金太郎に熊の山車，山姥に山賤（やまがつ）の引物，大江山唐門に鬼の引物，牛に草苅子供人形の引物，練子二人にて黒木売りの学び
7番	（南日ヶ窪町附り北日ヶ窪町）	花籠の山車，雨乞小町人形の引物，棟上人形小山車，花万度の引物
8番	宮下町	汐汲の山車，楠正成に多門丸の人形引物
	新網町一丁目・二丁目	鬼海ヶ島の源為朝人形引物，島人の学び

注）７番は『東都歳事記』による．

祭日の天保三年八月一七日は新暦の九月一一日にあたる。絵番付では七番組の町が不明であるが、同時期の『東都歳事記』と同様、七番は「南日ヶ窪町附り北日ヶ窪町」と思われる。表1のように出し物をまとめることができるが、芝居や物語より採られた江戸祭礼定番のものであった。絵番付に記され描かれるのは行列全体のごく一部である。天下祭や御用祭のように、実際は町奉行所役人（与力・同心）などによる警固参加があっても、絵番付では省略されている可能性もある。番付に描かれた行列は、先導する太鼓や榊と鉾の神具（祭具）―氏子町人による山車・引物・日除舞台（移動舞台・踊屋台）・「……之学」という仮装行列（練物）―神輿渡御の三つに分けられる。特別な桟敷席や見物が多い場所では行列が停止し、演者が舞台で演じたのであろう。先導と最後は寺社が出す渡御であり、真ん中に氏子町方による山車や練物を挟むことになる。山車以外は付祭とも考えられ、天保改革による規制以前の華やかな祭礼風流であった。

以下、同年の山車と付祭について、番付の表記にならうと以下のものが参加した。宮下町・南日ヶ窪町（山車）、本村町・仲町（山車・引物・踊屋台）、川南町（踊屋台）、本村上ノ町（吹貫の山車・引物）、本村谷戸町（引物）、善福寺門前元町・西町（引物二台）、善福寺門前

東町（引物）、一本松町（山車・引物二台）、三軒家町（山車・子供管弦・引物・練子）、広尾町（引物）、宮村町・同新道（山車・引物三台・練子）、南日ヶ窪町（山車・引物二台・小山車）、宮下町（山車・引物）、新網町一・二丁目（引物・練物）。

山車と引物の違いは運行方法によるものではなく、両者とも車輪を付けて移動させるのであろう。山車は下台の中心に一本柱を立て、上の造り物（人形が多い）まで貫通させる構造である。造り物の下には、一本柱吹貫・同傘鉾・同万度を設ける型があった。一本柱型の山車も数人による捧持は重量的に安定運行は無理であり、二輪か四輪の台車で運行するものと考えるのが妥当であろう。引物は台上に人形のみか、風景も含めた置物風の造り物を乗せる造形であり、山車より大型である。番付下部は見えないが、他の祭礼より考える（福原 二〇一五）と、引物は造り物を台に据え、四輪を付けて引くものであろう。日除舞台（踊舞台）には「持人十人」の記載もあり、上演時以外は演者をおろして、一〇人が舁いたり、持って運行したのであろう。

一本松町は「武蔵野山車」に加え、「烏万度引物・牡丹に石橋引物」を出していたので、武蔵野の山車を、廉価の製作費という経済的な問題に還元する通説には疑問である。

出し物趣向の連想に関しては、連続する一本松町の「牡丹に石橋」引物、三軒家町の「猩〻の山車」は中国趣味、三軒家町の「龍神子供管弦・龍女引物・唐子舞練子」と広尾町の「珊瑚樹引物」は異界・異国趣味によるものであり、これらの出し物を出す各町では事前の相談があったものと思われる。

ここで江戸祭礼の特徴である万度、天保三年の一本松町による烏万度引物と、天保三年の南日ヶ窪町による花万度引物について考えてみたい。両者とも引物とあるが、天保三年絵番付では一本柱型なので山車の方がふさわしい。烏万度は『日本国語大辞典』（第二版、小学館）によると、「鹿島の事触れがかついで歩く万度（幣帛）。三本足の金烏を描いた円型の鏡に三本の紙垂《しで》を付けたもの」である。

『定本武江年表』の天明年間記事に「〇山王・神田祭礼の時、花万度をかつぎ出る事を止られしかば、地車を添へて曳万度と号す」とあり、同書によると文政一一年（一八二八）九月の神田明神祭礼において付祭は一六ヶ所になり、「引万度と称する物、此時より止む」とある。担ぎ（舁き）万度より、引き万度への変遷がわかる。山王祭の万度に関しては、京山岩瀬百樹編『蜘蛛の糸巻　二巻』十六「山王祭」に続く、「万度」の記述が興味深い。従来の翻刻には過ちもあるので、国立国会図書館蔵近世後期の写本、表紙『天明事蹟　蜘蛛の（乃）糸巻　下巻』（通称「追加」、請求記号WA一九―三、一二丁表と一二丁裏）によって翻刻し、句読点を補ない、改行には」を付けた。

十七祭礼のまんど《万度》

天明前後の祭礼にハまんどゝ唱へて、七八寸の角柱の丈け八・九尺なるを真《しん》」とし、上にハ横板ありて、是にさま〴〵の飾りをなす。正面にハ扇の形の額をうち、山王と大」書し町名を書し、あるひハ氏子中などかくもあり。是を手だめに持ありく。其力量に」本方を俠《けう》、此小なるを小まんどとて子供らに持しむ。祭礼近よる夜中」角柱に土俵を結付、仮にまんどゝしたるを、かの俠客《いさみ》とも万どの稽古とて」持ありく〳〵。おの〳〵対の手てうちん、おほかたハ、はだかにはちまきひちりめんのふどし、見るもの」群をなして、したがひ打ありく〳〵。子どもらも又是に倣《なら》ふ。天明中の風俗也。さて」天明五・六年の事と覚ゆ。京橋弓町より藤棚の大まんどいでゝ町の木戸に」つかへ、横になして通りし事我か目睫したる所也。藤棚の横の長さ」二間余、造り固の故、地を払ふ程なり。是を一人して持ありきて力量に」誇る。是ゆゑ祭礼ちかくなれハ、まんどを持稽古とて、夏の比なれハ」若き者ともおほきハはだかにて、緋ちりめんのふどしにて、材木を十もんじに」なしたるへ、土俵をくゝりつけたるを持あるく。是に随ふもの長提燈を手に〳〵」持、うちさわぎておしありく〳〵。小まんどハ子どもの持物ゆゑ、子どもらもうちまじりて」稽古持なす。是を観るものも群をなすゆゑに、市中の往来に停る程也。」これらも天明中の時勢を知る一ツなり。祭礼の時、襦半の片袖をいくつも」ぬきて、美くしき衣服をきるもの今あるハ、此万度持らがいでたちの今に残れる」なり天明（一七八一―八九）前後の山王祭に万度と称して、一本柱を真《しん》とし、上に横板をつけ様々な飾りを付けたものを出した。正面には扇の形の額を打ち、山王や町名、氏子中などと書いた。これを一人で捧持する力量は勇ましい男伊達、小万度は子供らに持たせた。祭礼近くの夜になると万度持の稽古を行い、大方は裸で鉢巻き、緋縮緬の褌で見物も群がり、子どもらもこれに倣った。天明五・六年の事、江戸京橋の弓町より藤棚の造り物の大万度が出、町木戸につかえ、横にして通した。これを一人で捧持して力量を誇った。見物も群をなす故、市中の往来に差し障る程であった。祭礼の時、襦半の片袖を脱いで美しい衣服を着るのは、万度持らの出で立ちが今に残ったものである。

このように、万度は初めは一人捧持の交替で、その曲持風自体が見所であり、その後舁く万度、さらに引き万度になったのであろう。もちろん、後まで一人捧持が残るなど、上記の変遷通りには行かなかった事例も多かったのであろう。

現在の麻布氷川祭礼に際し、麻布本村町会（現南麻布）の御神酒所には毎年、江戸時代から伝わる二体の山車人形と大きな獅子頭が飾られる。山車人形は祭神にまつわる素戔嗚尊と武内宿祢であり、先の天保三年（一八三二）絵番付三番組に編成されている本村町の内、上ノ町より出された人形と同じである。この二体は、絵番付に描かれたものか、それ以後に作られたものかは不明である。雌雄の獅子頭には文久二年（一八六二）九月作の銘があり、元来は山車に乗せられ「獅子頭山車」として巡行していたようである（NPO法人「麻布氷川江戸型山車保存会」ホームページ〔http://jin3.jp/7fukujin/hikawa/hikawa-2.html〕による）。山車人形や獅子頭は残ったものの、山車部分が失われたのである。

番付に戻ると、先導する白丁着の太鼓・榊・鉾の持人と、神輿の駕輿丁は氏子町人か、周辺よりの雇人のいずれかである。さらに、山車や練物における囃子方や雑役夫も周辺農村などよりの雇人の可能性がある。山車や引物を出す番組は八つに編成され、これらは単独町と、複数町とがあり、これは町の経済規模や人口によるものであろう。天下祭などとくらべ、氏子域が狭く巡行の距離が短いものの、鳥居坂・暗闇坂など坂道が多いのに山車を引く牛の存在が見られないのは、絵画表現によるものかもしれない。山車や引物、仮装行列の趣向に関しては、他の江戸大規模祭礼とほとんど同様であり、麻布氷川神社ならではの独自のものはない。出雲系の祭神に因む「素戔嗚尊龍退治引物」にしても一般的なありふれた出し物である。他の江戸祭礼のように、山車人形は耐用年数が来た時点で新作を専業人形職人に依頼したものであろうし、人形以外の造り物は一回性で隔年に造り替えるのであろう。さらに、番付板元も天下祭を始めとする大規模祭礼番付を多く出している馬喰町二丁目の森屋治兵衛であった。そのような意味で、麻布氷川祭の趣向は江戸祭礼の特色はあるが、それを超えて独自色を出す個性的なものではなく、「天下祭の縮小版」のような祭礼であったことを指摘しておこう。

おわりに

本章ではまず、武士と外交行列という近世行列の権力性に注目し、江戸の天下祭や御用祭、さらに日光や他の都市における東照宮祭礼も同様であることを確認した。それら大規模祭礼には、幕府や藩による経済的援助とともに、趣向の奢侈、体制批判や風俗に関する規制が行われた。このような大規模祭礼に対して、江戸における中規模祭礼では早くも寛政八・九年（一七九六・九七）には、幕府による調査対象となり、山車や練物が登場している。そのような中規模祭礼の一つである麻布氷川社の祭礼行列について、祭礼絵番付を基に検討を行った。

良い季節のもと、田園都市とも評される緑したたる中を闊歩する江戸祭礼行列について、現代人が想像すると、楽しく浮き浮きする気分に直結しよう。他に娯楽の少ない時代、信仰行事という大義名分もある祭礼に、我を忘れて没入する気分は現代人の比ではなかろう。通行騒動の予想される大規模祭礼には「往来留」が付きものだが、中規模の麻布氷川祭礼行列にまで幕府の関与を指摘すると、大規模祭礼にくらべ自由で、統制も鷹揚だったのではないか、と鼻白む向きもあろう。しかし麻布氷川祭の場合も、他の多くの江戸の中規模祭礼に対してと同様に、幕府権力の目配りはきいていたのである。氏子町人にとっても、祭礼の準備より後始末まで務めることは、義務（奉仕）と名誉（自発）の綯い交ぜである「役」の一つであったのである。大規模祭礼のような出し物趣向の事前チェックの有無は不明であるが、江戸祭礼全体のなかでの同調圧力を受けていたように思われる。つまり、祭礼の趣向には突飛な独自色は出さず、出させず、天下祭などに倣った、検閲に通るような穏便なものだったのではなかろうか。とはいえ、その当たり障りのない趣向でも、麻布の氏子たちは十分に楽しめたのであろう。

参考文献

赤坂治績『江戸っ子と助六』新潮社、二〇〇六年
朝倉治彦解説『御府内寺社備考』第一冊、名著出版、一九八六年
朝倉治彦注『東都歳事記』1〜3、平凡社東洋文庫、平凡社、一九七〇―七二年
荒川ふるさと文化館編『山車人形が街をゆく』展図録、荒川ふるさと文化館、二〇一二年
今井金吾校注『定本武江年表』中・下、ちくま学芸文庫、二〇〇三―〇四年
植木行宣「近世都市祭礼の展開」『山・鉾・屋台の祭り――風流の開花』白水社、二〇〇一年
亀川泰照「寛政以降の江戸の祭暦」『山車人形が街をゆく』展図録、荒川ふるさと文化館、二〇一二年
亀川泰照「第一〇回都市と祭礼研究会巡検　麻布氷川神社祭礼巡行路を歩く」資料、二〇一四年（同レジュメを基として「祭礼番附が機能する条件――石川畳翠の見た麻布氷川明神祭から」『書籍文化史』（鈴木俊幸氏発行）近刊予定）
近世史料研究会編『江戸町触集成』第一三巻、塙書房、二〇〇〇年
倉地克直「東照宮祭礼と民衆」『日本思想史研究会会報』七、一九八八年
黒田日出男／ロナルド・トビ編『行列と見世物』（朝日百科「日本の歴史」別冊）、朝日新聞社、一九九四年

久留島浩「祭礼の行列」国立歴史民俗博物館編『行列にみる近世』国立歴史民俗博物館、二〇一二年
郡司正勝・柴崎四郎編『日本舞踊名曲事典』小学館、一九八三年
佐藤康宏『祭礼図』日本の美術四八四、至文堂、二〇〇六年
千代田区教育委員会・同区立四番町歴史民俗資料館編『続・江戸型山車のゆくえ』千代田区立四番町歴史民俗資料館、一九九九年
都市と祭礼研究会編『天下祭読本――幕末の神田明神祭礼を読み解く』雄山閣出版、二〇〇七年
都市と祭礼研究会編『江戸天下祭絵巻の世界――うたい　おどり　ばける』岩田書院、二〇一一年
中野光浩『諸国東照宮の史的研究』名著刊行会、二〇〇八年
根岸茂夫『大名行列を解剖する――江戸の人材派遣』吉川弘文館、二〇〇九年
林順信『江戸神輿春秋〈春の巻〉』大正出版、一九八三年
尾藤正英『江戸時代とはなにか――日本史上の近世と近代』岩波書店、一九九二年
福原敏男『江戸最盛期の神田祭絵巻――文政六年　御雇祭と附祭』渡辺出版、二〇一二年
福原敏男『江戸の祭礼屋台と山車絵巻――神田祭と山王祭』渡辺出版、二〇一五年
平凡社地方資料センター編『東京都の地名』平凡社、二〇〇二年
村井益男「御府内備考」『国史大辞典』第五巻、吉川弘文館、一九八四年

9 描かれた天保一〇年春の京都
——蝶々踊図の新出作品の紹介を中心に

八反裕太郎

一 人が踊る、天保一〇年春の京都

一九世紀に入ると徳川政権の屋台骨がいよいよ暗転し、綻びをみせ始める。幕藩体制はいつまで持ちこたえられるのか。その崩壊の日が決して遠くないことを示す「事件」が京都で起きた。その名を蝶々踊という。一八三九年（天保一〇）春のことである。

天保という元号は、その太平ぶりを思わせる名とは裏腹に陰惨めいた時期であった。天保の大飢饉と呼ばれる大規模な飢饉が起こり、全国各地で一揆が多発することとなり、一八三七年（天保八）には大塩平八郎（一七九三—一八三七）の乱を引き起こすまでに至った。対外的にもシーボルト事件やモリソン号事件が勃発している。内憂外患、つまりは国内の社会問題、そして外国からの圧力に悩む日々が続く幕府の動揺は日を追うごとに増し、幕藩体制は完全に疲弊していた。度重なる出来事の後始末が全く手つかずのまま、天保一〇年の春を迎えることとなる。これが「蝶々踊前夜」の京都の置かれた状況である。

それでは、蝶々踊の概要について記していくこととしたい。こういった状況下において、幕藩体制のあり方に行き詰まりを感じた京都の人々はどういった行動を起こしたのだろうか。

京都の人々は前へと踏み出す。しかし、その踏み出し方ときたら半端ではない。なんと昼夜を問わず乱舞し始め、老若男女の別なく街中を練り歩いたのである。一驚させられるのはそれだけに留まらない。その姿格好ときたら、蛸や蛙、犬、力士、烏天狗、カタツムリ、凧揚げ、石灯籠、大根、雷神などといった多種多様の仮装を自らに施したとくれば話は穏やかではない。しかも大坂からわざわざ加勢の者が来て踊の輪に加わったというではないか。(1) 踊るだけなら周りはまだ我慢できるが、腰には鳴子や鈴をつけて皆が踊ったものだから、さぞかしうるさかったことだろう。しかも他家にまで勝手に上がり込んで乱舞したとあっては、日常生活もままならなかったのではないか。

平戸藩主の松浦静山（一七六〇—一八四一）の随筆『甲子夜話』三篇巻五九(2)によれば、

この踊、今ほどははや伏見へも移り、殆んど淀へも到らんとす。人云ふ。間もなく浪華にも逮び、終に関東江都にも風下せんと。

京都の踊徒、これを算ふるに六万余人とぞ。予未だ其唱歌を知らざれど、聞くに世直の踊と言へば、定めし善徴の童謡ならん。賀々。

とあり、瞬く間に踊狂の輪が拡大していった様子が窺われる。なお、鳴子や鈴を腰につけたのは、豊作を祈願したためというものの、それが建前にすぎないのはいうまでもない。『甲子夜話』にみる「世直の踊」という意識が、蝶々踊を生み出した直接の原動力であったわけである。

吉田神社の古伝によれば、「天保年間に京師幾万の子女群詣し昼夜の別なく満山に踊躍す。是れを蝶々踊と云い、その後数千の鳥居参道に樹立し雨雪為に傘を要せず(3)」という状況だったといい、蝶々踊の熱狂ぶりが窺い知られる。

第一一代尾張藩主徳川斉温（一八一九—三九）が同年の三月二〇日に没したことをきっかけに全面禁止令が出され、

蝶々踊はその後ようやく沈静化の一途をたどった。つまりは、一ヶ月ほど蝶々踊という狂乱劇が続いたこととなるわけである。

以上が蝶々踊の概要であるが、そもそも、なぜこの狂乱を「蝶々踊」と呼ぶのであろうか。荘子『胡蝶の夢』あるいは中世の説話集『発心集』第一にみる「佐国、華を愛し、蝶となる事」の話を引くまでもなく、蝶は古来より、儚さを感じさせ、死を連想させる生物であった。ところが近世に入ると、蝶を死者の魂が変じたものと考え、妖術と結びついて特別な力をもつ存在となるまでに至った節があったようである[4]。こういった意識が当事者たちにあったか否かは不明だが、「世直の踊」という願いにも似た思いを多くの人々が蝶という生き物に託した可能性は考えられてよい。

蝶々踊は当時の人々に大きな衝撃を与えたとみえ、実に数多くの文献や絵画、摺物などの史料に恵まれている。特に、屏風や絵巻、掛幅など肉筆画の伝存作例が多く、しかも優品が多い。摺物も多数残されているが、新たな摺物も近時見いだされた。なお、この摺物については後に詳述することとしたい。

蝶々踊に関しては、これまで民衆運動史や政治史、芸能史、祭礼史といった分野からは活発に研究がなされており、研究分野を超えて深い議論が数多く行われている[5]。にもかかわらず、残念でならないのは、蝶々踊図が美術史において等閑視され続けていることである[6]。無理もない。「近世初期風俗画」という用語が示すように、風俗画は近世初期に限る、という見解が一般的なのがその大きな理由であろう。

そこで本章では、蝶々踊を描く新出の作品をはじめ、展覧会や論考などで過去に触れられたものの、蝶々踊研究においても論じられる機会が少なかった作品を広く紹介して論考を加えたい。わけても、蝶々踊を描く五人の絵師の作品に関して特に論じることとする。

なお、蝶々踊は、ちょうちょう踊やちょいちょい踊、赤踊、豊年踊、天保踊などと多くの呼び方が発生当時より存在していたが、史料や論考などの引用を除き、蝶々踊の名称を本章では便宜上使用することをお許しいただきたい。

二　浮田一蕙――蝶々踊に自ら参加し、その姿を描き留めた絵師

浮田一蕙（一七九五―一八五九）は幕末期に活躍した絵師で、田中訥言（一七六七―一八二三）や冷泉為恭（一八二三―一八六四）らとともに大和絵の画風を再興しようと努めた復古やまと絵派の絵師として知られる人物である。「貼交屏風」（二曲一隻、個人蔵）と「京師乱躍之図」（一幅、個人蔵）は一蕙研究において取り上げられたものの、蝶々踊研究で触れられたことがない作品である。わけても注目すべきは、絵師自らが乱舞に参加し、琵琶を奏でながら乱舞する姿を「京師乱躍之図」に描き留めている点であり、作品の成り立ちを考えるうえでたいへん興味深い。一蕙は「今宮やすらい祭・太秦牛祭図屏風」（六曲一双、細見美術館蔵）という祭礼図の優品を残しており、祭礼図に対する関心の深さが窺い知られる。

なお、一蕙の名を冠する絵巻や画帖形式の蝶々踊図はこの他にも幾点か伝存するが、再検討を要するものも多い。そういった例を一つここで挙げておこう。「浮田一蕙画帳」（一帖、横浜市歴史博物館蔵）がそれである。画帳の表紙に「浮田一蕙先生画」と墨書が施され、方広寺大仏殿や天変地異、御蔭参などが描かれた後、二頁の見開きを使い、巫女や狐、神官などの仮装姿が描かれている。さらには、唐人風の異装を思わせる仮装をした人もみられる。注に掲出した図録では、この場面を蝶々踊とする説明がなされている。

これに続く頁以降にも南蛮風の異装姿で踊る人や腰に鳴子と鈴をつけた揃いの衣装を身にまとって踊る人々が描かれる。甲冑姿の武士もおり、手には蛸と扇を持つ。彼の背には旗がなびくが、そこには「川さらへ」と読める文言が記されている。そして続いては、「御加勢」と記された旗印がさされた砂の盛山を輿で運ぶ人々、そして大柄な力士

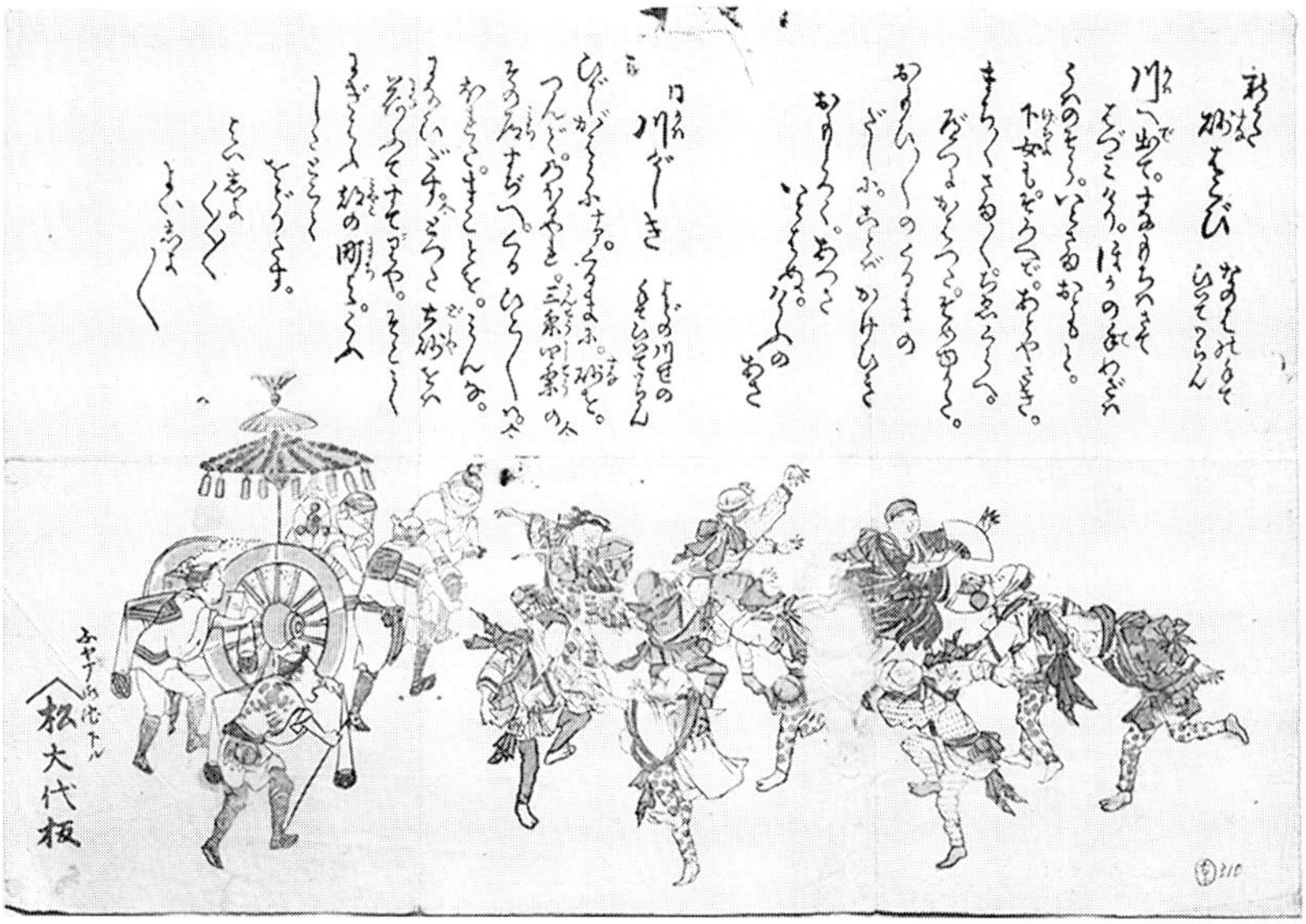

図1「無款　新歌　砂はこび　川げしき」（和泉市久保惣記念美術館蔵）

が天秤棒で砂を運ぶ様子などが表現されている。この箇所の仮装姿は砂持を描写していることがわかる。砂持とは、河川に堆積した土砂を取り除く作業のことで、各町で壮麗な山車を造り、仮装姿に身を包み、囃し立てながら練り歩いたものである。このことを思えば、図録で蝶々踊と説明された頁も砂持の仮装姿を描いた可能性があろう。

この画帳の巻末には、「乙未　時雨日／豊臣一蕙斎可為戯画筆」と墨書が施され、白文方印「画院生徒」が捺されている。「乙未」の年記があり、それに続いて一蕙画であることを示す落款印章が施される。一蕙が生きた期間に「乙未」にあたる年は一八三五年（天保六）しかない。この年記が正しければ、蝶々踊よりも前の年となり、齟齬をきたすわけである。砂持を描くと仮定すれば、大坂の砂持であろうか。大坂の砂持は一八世紀以降、盛んに行われている[10]のがそう考える大きな理由である。そして方印に関してだが、「画院生徒」と読む印を一蕙が使用したのは確かであるが、それは朱文方印であって、本画帳に捺された白文方印の使用例は不学にも知るところをえない。

鈴と鳴子を腰につけて踊る人々、揃いの衣装に身を包ん

で踊る人々、仮装姿で踊る人々、以上のような群衆が描かれているからといって、必ずしも蝶々踊を描いたものと決めつけることはできないわけである。蝶々踊について今後何かしら考える際、常に注意すべき点となろう。この点を考えるうえで好例となる摺物をここで挙げておく。「新歌　砂はこび　川げしき」（一枚、和泉市久保惣記念美術館蔵）（図1）がそれである。(11)

本画帳は、絵手本や縮図といった自らの手控えとする性格の強いあっさりとした筆さばきである。そのため、一蕙の他作品との比較検討は困難を伴う作業ではあるが、一蕙その人の手によるものかも含めた本画帳の詳細については今後の研究に委ねたい。本章ではひとまず一蕙筆の伝承を有する作品として扱うこととしたい。

三　島田雅喬と桂青洋の蝶々踊図

ここで、従来の蝶々踊研究で用いられていない一蕙と同時代の絵画史料として、以下の二点の蝶々踊図を掲出しておきたい。島田雅喬（一八〇九―八二）筆「豊年踊

図2　一酔斎泉蛙筆「天保踊図屛風」（京都府京都文化博物館蔵）

図」（一幅、京都府立総合資料館蔵）と桂青洋（一七八七―一八六〇）筆「蝶々踊図」（一幅、京都府立総合資料館蔵）である。

まずは前者の作品についてだが、島田雅喬は四条派の絵師であり、「天橋立真景図巻」（一巻、智源寺蔵）を手がけた人物として知られる。一八四五年（弘化二）刊『西国三十三所観音霊場記図会』（五冊、早稲田大学図書館ほか蔵）の挿図も手がけている。「豊年踊図」では、群舞する集団をやや俯瞰的に表現しており、亀や鼠、雷神、鬼などの仮装姿の人々が描かれている。また、描表装になっており、そこには鈴が描かれている。鳴子とともに腰につけられた鈴を意識しているのはいうまでもない。なお、画面上部に施された雅喬の自賛に「天保己亥」とあり、蝶々踊の起こった年の制作とわかる。

続いて後者の作品についてだが、桂青洋は名を有彰という。虎画で著名な岸駒（一七四九／五六―一八三九）門下の絵師であり、絵師の他にも狂歌師としての側面をもつ人物であった。一八三四年（天保五）刊『青洋漫筆』（一冊、東京藝術大学附属図書館、脇本文庫蔵）や一八三八

年（天保九）刊『さかの山つと』（一冊、京都府立総合資料館蔵）などを手がけている。「蝶々踊図」は乱舞する二人を描くが、向かって右側の人物の着衣は蝶の図柄となっており、腰には大きな鈴をつけている。二人の目線がいずれも向かって左側を向いており、落款の位置が画面右下に施される点を勘案すれば、本来は対幅であり、右幅のみが伝存した可能性も考えられる。画面上部には長い賛文が施されており、読解作業が今後必要となろう。

なお、岸駒の門人には蝶々踊図を手がけた絵師が多く、その代表例として岸連山（一八〇四―五九）筆「蝶々踊図屏風」（二曲一隻、国立歴史民俗博物館蔵）と岸礼（一八一六―八三）筆「蝶々踊図」（「楽其楽帖」のうち一図、個人蔵）の二点を挙げておきたい。[12] 連山は岸駒に連なる絵師で、

図3　一酔斎泉蛙筆「蝶々踊図屏風」（国立歴史民俗博物館蔵）

幕末期には「平安四名家」の一人として高評価を得た絵師である。そして、岸礼は岸駒の孫であり、岸岱（一七八五―一八六五）の次男にあたる絵師である。

以上より、岸派の絵師が蝶々踊に関心が高かった傾向があったとわかる。岸派の風俗画についてはこれまで言及される機会が皆無に近かったが、今後大いに研究対象となってよいものと思われる。

四　一酔斎泉蛙
――蝶々踊を描く浮世絵師

蝶々踊を描く屏風の代表例として、一酔斎泉蛙筆「天保踊図屏風」（六曲一隻、京都府京都文化博物館蔵、以下、文博本と略称）（図2）がこれまで広く知られていた。[13]

一酔斎泉蛙は、「いっすいさいせんあ」と読むが、同一絵師の手による屏風の優品が近年新しく見いだされ、幸いにも近時、国立歴史民俗博物館の所蔵となった。「蝶々踊図屛風」（六曲一隻、以下、歴博本と略称）（図3、口絵6）である。海外に流出せず、国内の公的機関に所蔵されるに至った点をまずは喜びたい。

歴博本について論じる前に、文博本についてまずは簡単に触れておくこととしたい。第一扇目の右上端に「天保十己亥年／三月上旬」「一酔斎／泉蛙」の墨書が施され、朱文方印（印文不明）が捺される。以上の点から一酔斎泉蛙の作品とわかる。

第一―三扇目最上部に清水寺が描かれている。そして第四―六扇目最上部に目を移せば、神域を思わせる広大な杜が描かれる。石製の鳥居に「感神院」という額が掲げられ、この杜が祇園社であることが判明する。つまり、文博本は洛東を西から東へみる構図構成で描かれた作品とわかる。清水寺や祇園社を背に仮装して乱舞する人々を大きく捉えていることがわかり、祇園周辺で踊る姿を表現しているとみてよい。仮装の内訳は、力士や行司、大原女、巡礼者、雷神、狐、猿蟹合戦などであり、頭上に蛙や鯰、蛸などのつくりものをのせて踊る者もおり、観者を飽きさせない。

清水寺が描かれた箇所を眺めてみると、清水の舞台やその脇の石段にも乱舞する人々が小さいながらもびっしりと描き込まれており、京都の街そのものが踊狂の場となった有様がみてとれる。

続いては、歴博本の概要ならびに図様構成などについて論じていきたい。まずは私事で恐縮だが、数年前に筆者はこの屛風を京都市内の古書店で寓目した経験をもつ。その古書店主いわく、業者間の市の場で入手したとのことで、それ以前の伝来は残念ながら不明という。その後、歴博に近時所蔵されることとなり、そのお披露目の場となる「行列にみる近世――武士と異国と祭礼と」の展示プロジェクト委員に筆者が任じられ、蝶々踊図を担当したのだから、何という巡り合わせであろうか。

それでは歴博本の概要について記していこう。第一扇目の右端に「于時天保十己亥年／三月上旬都蝶々踊／一酔斎／泉蛙画」との墨書が施され、文博本と同印の朱文方印が捺されている。「三月上旬都蝶々踊」とわざわざ記すあたり、記録性の高さが窺われる。それに加えて、「都」の文言を添える点を思えば、歴博本の注文主は京都以外の者であると推測して大きな間違いではなかろう。

　第一—三扇目最上部には神社らしき杜が広がっており、第一扇目に描かれた石鳥居には「感神院」の額が掲げられている。この額名より、この杜が祇園社であることが知られる。本殿と石鳥居、西門などの描かれた方向から勘案するに、文博本と同じく洛東を西から東へみた視点で描かれていることが把握される。

　注目すべきは、通りを往来する女性が仮装乱舞する人々に取り囲まれ、難渋しながら進もうとする姿が第五—六扇目上部に表現されていることである（図4）。しかもそのすぐ横では、取り締まる側の町与力が呆然と乱舞をみつめており、もはやなす術なしといわんばかりといった顔つきが面白い。偶然居合わせた人までもが蝶々踊の狂乱に巻き込まれようとする様子をわざわざ描くあたり、絵師の鋭い観察眼が窺われる。

図4　一酔斎泉蛙筆「蝶々踊図屛風」部分（国立歴史民俗博物館蔵）

　洛東を背にして乱舞する人々を大きく捉えて描く図様の構成は両作品に共通するものの、文博本では第二—四扇目に大きく松の大樹が描かれており、歴博本に比して装飾性を加味した志向が窺われる。

　艶やかな衣装を身にまとう女性の一行が、文博本の第六扇目と歴博本の第一—二扇目に描かれている。大傘をさしかけられ、付き添い人を連れているあたり、高貴な女性とおぼしいが、その図様をみるに左右反転して援用されていることがわかる。両作品の成り立ちを知るうえでたいへん興味深いモチーフの転用といえよう。

　「行列にみる近世——武士と異国と祭礼と」では、会期前半のみと僅かな期間ではあったものの、両作品を並べて展示する機会を得たのは幸運というほかない。なお、文博本、歴博本ともにそれぞれの仮装姿が大きく描かれているため、芸能史や風俗史、舞踏史などの観点からも今後注目されてよい作品といえよう。

この節を終える前に、両作品を描いた絵師、一酔斎泉蛙について最後に触れておかねばならない。この絵師は生没年を含め不明瞭なところが多く、具体的な人物像が残念ながら摑みにくい。試みに、『上方絵一覧』の記述をここに引用したい(14)。

一酔齋

何人の別号であるか明らかでない。京都の画家で文政頃の人である。

男作五雁金　其五

ほてい市右衛門　中村歌右衛門（細・竪）　一酔齋画　本吉板

文政九年京北座、同外題

梅川　嵐留三郎（小判・竪／竪二〇・九糎　横一三・五糎）　一酔齋画京新町榎木町金新板

続いて『浮世絵人名辞典』の「一酔齋」項を引けば(15)、

大阪の画家。長秀の画風がある。安摺の細絵に、「男作五雁金」の内中村歌右衛門のほてい市右衛門等を描く。天保。

という紹介文が施されている。「男作五雁金」は一八二二年（文政五）に制作された五枚続の役者絵である。

この他、管見に触れた一酔斎なる絵師の作例として「小春屋弥七　市川団蔵」（一枚、立命館大学アートリサーチセンター蔵）を挙げておく。わずかな作例から絵師の全体像を判ずる作業が困難なのは承知のうえだが、一酔斎なる絵師のおよその活躍時期は文政から天保期頃であり、上方で活躍した人物と考えてよかろう。ただし、この一酔斎と一酔

図5　小澤華嶽筆「ちょうちょう踊り図屛風」（細見美術館蔵）

斎泉蛙が同一人物であるかは今後の研究に期するところが大きいものの、「蝶々踊図屛風」とは制作の時期や場所などが共通するあたり、深い関連性を示す人物とひとまず考えても大きな誤りではないだろう。

五　小澤華嶽――蝶々踊図の申し子

描かれた蝶々踊について論じる際、一酔斎泉蛙とともに蔑ろにしてはならない絵師が一人いる。その名は小澤華嶽（生没年不詳）という。華嶽を特に取り上げる理由は蝶々踊を描く屛風と絵巻の優品を描き残している点に他ならない。「ちょうちょう踊り図屛風」（六曲一隻、細見美術館蔵、以下、細見本と略称）（図5）と「蝶々踊図巻」（一巻、大阪歴史博物館蔵、以下、大阪歴博本と略称）の二点がそれである。大阪歴博本は夙に有名な作品であり、蝶々踊を語る際にしばしば援用される作品である。しかしながら、細見本は早くに展覧会に出品され、その後も展示される機会があったにもかかわらず[16]、蝶々踊研究において等閑視されてきた。

華嶽の人となりについてまずは論じねばならない。彼の人物像は、『黄華山一派画家略伝』（一冊、京都国立博物館蔵）に詳しい。横山華山（一七八一／四―一八三四）の一派の絵師、ならびに華山に影響を受けた絵師たちの伝記が詳細に記された史料である。河辺孝彦によって記されたものだが、この人物は華山の弟子筋に当たる絵師であるという。それでは、華嶽について記された箇所の全文をここに引用することとしたい。なお、句点は筆者が適宜施したものである。

●小澤華嶽

名ハ定信。通称久米次郎。紀伊ノ産。父ハ紀州藩組子同心ナリ。父ハ盗賊ノ為メ傷ツケラレシガモトニテ死シ。具サニ難苦ヲナメ京都ニ来リ。画ヲ華山ニ学ブ。門下ノ最古参ニシテ創作ノ才ノ豊富ナルコトハ門下ニ一頭地ヲ抜ケルモノトス。人物山水ヲ得意トス。粉本ヲ用フルガ如キ事ナリ。目ニ映ジ也ニ感ジタルコトコトゴトク画トナス。殊ニ貧賤ナルモノ悲惨ナルモノ滑稽ナルモノヲ描クニ他ノ模倣ヲ許サヾル。独特ノ技能ヲ有ス。然モ其問ニ温情ノ流露ヲ見ル。又得ガタキ画家トイフベシ。師ノ大且ツ広キニ比シ其半ニ及バスト雖モ又近世画壇ノ異才トイフベシ。山水ハ又頗ル巧ニシテ画法亦師ニ似タリ。竜虎ノ如キモ見ルベキモノ少ナカラズ。花鳥ハヨロシカラズ。性飄逸ニシテ名利ニ淡ク画ヲ描クヲ以テ楽トス。初メ新町武者小路南ニ住シ後中京辺ニ移リ程ナク歿ス。歿年ハ嘉永ノ初年頃カ。年齢五十五六歳位ナラントイフ。墓所不明。

やや長文ではあるが、文章自体は平易な文体のため、華嶽の人物像はこれで把握できたものと思われる。華嶽は横山華山の弟子である。華山は岸駒の門人で後に呉春（一七五二―一八一一）に私淑した絵師であった。あらゆる画題をこなした絵師であるが、わけても「祇園祭礼図巻」（二巻、個人蔵）や「紅花屏風」（六曲一双、山形美術館蔵）を筆頭に風俗画に秀でた人物として知られる(17)。

なお、華嶽を渡辺崋山（一七九三―一八四一）の弟子とする解説をしばしば目にするが、これは明らかな誤りである。華嶽は風俗画、とりわけ祭礼図に秀でた絵師であり、蝶々踊図の他にも「多度祭図」（一幅、個人蔵）という多度大社（三重県桑名市）の上げ馬神事の祭礼図を手がけている。それ以外の画題では、「蘭亭曲水図」（一幅、城南宮蔵）や「京都名所桜花帖」（一帖、武田科学新興財団杏雨書屋蔵）、そして一八一五年（文化一二）の年記を伴う「七福神図絵馬」（一面、圓成寺蔵）などを描いている。

現在の所蔵先が不明な作品で挙げておかねばならない華嶽の大作に「天保度飢饉図」（一巻）と「天保度おかけ祭図」（一巻）(18)の二点を挙げておきたい。「天保度おかけ祭図」が大阪歴博本と同一作品という説明を目にするが、『古美術品図録三』に載る「天保度おかけ祭図」の挿図をみるに、別作品なのは明らかである。なお、「天保度飢饉図」と「天保度おかけ祭図」の所蔵者は河辺華挙である旨が記されている。華挙については後に詳述することとなる。

以上の作品よりわかることは、華嶽は当世風俗のみならず故事人物図や花鳥画といった伝統的画題にも彩管を揮った絵師という点である。なお、渡辺崋山の手になると伝わる「荒歳流民救恤図」（一巻、早稲田大学図書館ほか蔵）は一八三七年（天保八）に三条河原にできた救小屋の光景を描く作品だが、これを崋山ではなく、小澤華嶽の作品と位置づける見解がある点をここで記しておく。(19)華嶽画であるか否かに関しては今後の研究に俟ちたい。

それでは続いて、年記を伴う華嶽の作品や版本史料などを掲出し、彼の活躍した時期を探ってみよう。生没年不詳の人物だけにこの作業は重要である。

・一八一五年（文化一二）「七福神図絵馬」（一面、圓成寺蔵）
・一八二一年（文政四）刊『狂詩画図』（一冊、国立国会図書館ほか蔵）
・一八二二年（文政五）刊『平安人物志』（一冊、京都大学附属図書館ほか蔵）
・一八二六年（文政九）版『狂詩画図』（一冊、国文学研究資料館蔵）
・一八三〇年（文政一三）刊『平安人物志』（一冊、京都大学附属図書館ほか蔵）
・一八三一年（天保二）刊『新撰訂正番匠往来』（一冊、筑波大学附属図書館乙竹文庫蔵）
・一八三二年（天保三）刊『養生主論』（一冊、京都大学附属図書館ほか蔵）
・一八三八年（天保九）刊『平安人物志』（一冊、京都大学附属図書館ほか蔵）

・一八四二年（天保一三）「爾雅釈草図帖」（二帖、関西大学図書館蔵）[20]
・一八四七年（弘化四）序『皇都書画人名録』（一冊、京都大学附属図書館ほか蔵）
・一八六〇年（万延元）序『たまひろひ』（二冊、京都大学附属図書館ほか蔵）

先に掲出した『黄華山一派画家略伝』では、「歿年ハ嘉永ノ初年頃カ」と記されてあったが、一八六〇年（万延元）序『たまひろひ』でも挿図を描いている点を勘案すれば、華嶽が没したのはこの年以降の可能性が高かろう。なお、現時点においても墓所は不明のため、墓所の探索作業は今後必要となるのはいうまでもない。

なお、『新撰訂正番匠往来』の奥付には「小澤華岳画図」とあり、挿図を華嶽が担当したことがわかるが、本史料の挿図に「艮山」の名が記される箇所がある。奥付の画工名には華嶽の名しか記されていないため、華嶽が一八三一年（天保二）頃に艮山という号を使用した可能性が高い点をここで指摘しておきたい。

それでは、華嶽が描く蝶々踊図について触れていきたい。大阪歴博本は、仮装姿の乱舞者たちを出し抜けに登場させて、観る者を唖然とさせる。なんの前置きもなく、仮装劇が描き連ねられ、その背景が一切描かれない。絵巻を紐解いていく度にクライマックスが訪れるような場面構成には驚かされる。巻頭から巻末まで緩急なく畳み掛けるかのように次から次へと踊狂の世界が展開する様子は秀逸である。蝶々踊図の起こった背景を知らないまま観れば途方に暮れてしまうだろう。

細見本の屏風は、第一扇目右下隅に「華嶽」の落款、そして白文円印「華嶽」と白文方印（印文不明）の二顆が捺されている。背景を描かずに踊狂の場を画面上に大きく捉えて描き出しており、観る者にダイレクトに訴える作品である。

配色に神経の行き届いた作品であり、わけても赤を画面の下半分に多く使う事で画面構成の重心を安定させている。しかもその赤色を目で追っていくと、大根やかたつむりなどの多様な仮装風流へと誘導されていく巧みな構成になっている。

江戸後期の祭礼図は、対象となる人物群と一定の距離を保ち、やや冷めた目線で描かれる作品がほとんどである。しかし、華嶽の二作品は対象人物と同じ目線で描かれており、しかも背景を描かずに人物のみに焦点を合わせて表現されている。人間味あふれる群像表現が大きな特徴となっており、従来の祭礼図の絵師と比べ、祭礼に対する絵師の関心の度合いの差が窺われて興味深い。

細見本において特筆すべき表現として、仮装姿の人々に囲まれた町与力が所在なさそうな顔つきをする様子が第五扇目に描かれる点である。松浦静山『甲子夜話』三篇巻五九(21)によれば、

然るに弥々続聚して止まざれば、町与力の輩これを制せんと出たるに、其饒哥の声に心浮れ、この輩も竟に踊る。斯る体なれば、後は官事にも及ぶ当しと。

とあることを思えば、この与力も乱舞の輪にいずれ加わることになるのだろう。ちなみに、先に挙げた一酔斎泉蛙描く歴博本では、町与力は諦観している様子を描くのみであったが、華嶽描く細見本では町与力がとうとう仮装姿の人々に取り囲まれてしまっている。華嶽は歴博本より一歩踏み込んだ光景を描いているというわけである。渋面をつくる町与力の顔つきが実に面白いが、与力も諦観せざるをえないほど仮装踊の熱狂の度合いが凄まじかった点が窺われ、貴重な画証といえよう。

河辺華挙（一八四四―一九二八）による「蝶々踊図巻」模本（一巻、個人蔵）をここで広く紹介しておきたい。近年新しく見いだされた作品であり、大阪歴博本の模写である。華挙も華嶽と同様に華山の弟子筋の絵師である。

巻末には「河邊華挙／文庫」「天保十年己亥自三月同四月下旬終／豊年蝶々踊之図／小澤華嶽筆」という墨書が華挙によって施されている（図6）。ちなみに、小澤華嶽の大阪歴博本と本図の描写内容を照合すれば、大阪歴博本を忠実に模写した点が理解される。華嶽の「蝶々踊図巻」の図様が横山派において蓄えられていたことが理解でき、一

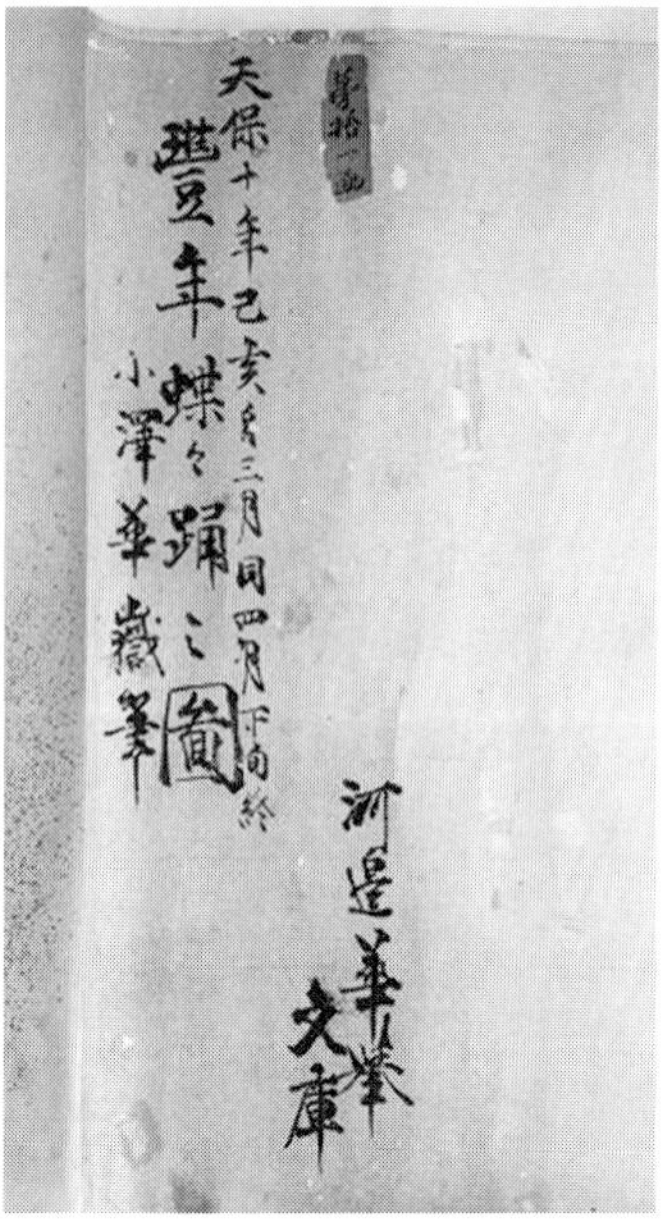

図6　河辺華挙模「蝶々踊図巻」部分（個人蔵）

流派の中で脈々と受け継がれていく様は興味深い。「スミ」「グン上」「アイ」「エンシノグ」などと細かく色指定を指示した箇所が多く、華挙の手控えとして模写されたことが窺われるが、模写であることを忘れるほど、各人物の表情は精彩に富んでいる（図7）。大阪歴博本という原本の存在がなければ、模写ではなく下絵と判じかねないほどの素晴らしい出来栄えである。

先に掲出した華嶽の「天保度飢饉図」と「天保度おかけ祭図」を河辺華挙が所蔵していた点も合わせて鑑みれば、華挙という絵師は小澤華嶽の後継者と呼ぶべき存在であったことが窺われる。河辺華挙に関するまとまった研究は残念ながら乏しいが(22)、近時管見に触れた華挙の優品としては、「大正戊午嘉平月／七寿五齢　華挙写」の落款を伴う「西王母図」（一幅、個人蔵）が挙げられる(23)。さらに、祭礼図という画題でいえば、「地獄祭礼図」稿本（一巻、個人蔵）を挙げておかねばならない。祇園祭の山鉾巡行を描く作品だが、山鉾の意匠を鬼に変化させて表現した特異な趣向となっている。胡粉を使用して幾度も図様を描き直した痕跡が窺われ、完成に至るまでの苦心が垣間見られる。本画の出現が待ち遠しい祭礼絵巻である。

六　蝶々踊を描く新出摺物

蝶々踊は天保の世に生きる人々に衝撃を与えたようで、数多くの摺物が出され、瞬く間に全国へとその様子が伝わ

った。その好例として挙げるべきは、松浦静山『甲子夜話』三篇巻五九に記載された次の文である。(24)

又一片紙の摺版を獲。亦其事態を観るべし。文と併て追移す。

この文とあわせて、この「一片紙の摺版」に描かれた蝶々踊の図様、そしてそこに施された数々の狂詩が丁寧に写しとられている。ちなみに、静山が入手したこの摺物は「都の手ふり」(一枚、国立歴史民俗博物館蔵)(25)と同種のものであることをここで指摘しておきたい。図様と狂詩の内容も合致し、摺物を正確に描き留めようとする意図が窺われ、幕末期の情報伝達のあり方を考えるうえで参考となる例といえよう。

図7　河辺華挙模「蝶々踊図巻」部分（個人蔵）

蝶々踊を描く摺物はその概要を伝える内容の種類のほか、双六の体裁をした摺物「大新板都蝶々踊り飛廻双六」(一枚、国立歴史民俗博物館蔵)も制作されている。記録性を重視した摺物に留まらず、娯楽性を兼ねた摺物も合わせて制作されるあたり、幕末期における摺物文化の裾野の広がりが窺われて興味深い。蝶々踊を描く多種多様の摺物をみるにつけ、天保の世に生きる人々の感覚を、たった一枚の摺物で的確に伝えることに成功している点は見事というほかない。なお、本章では近時管見に触れた新出の摺物をここで広く紹介しておきたい。

Ⅰ「兆々おどり都の賑」(一枚、個人蔵)(図8)　二三・八×三四・五糎
Ⅱ「都豊熟踊」(一枚、個人蔵)(図9)　一六・〇×三五・六糎
Ⅲ「都大豊歳」(一枚、個人蔵)(図10)　一五・五×三三・五糎

Ⅰは、三人の踊り手を掛け声とともに画面いっぱいに大きく描き、楽しげな様子が見て取れる。赤と黄、青の三色が踊り手の衣装や鈴、頰被などに施され

図 8　「兆々おどり都の賑」（個人蔵）

ており、これらの色がよいアクセントとなっている摺物である。続くⅡとⅢは、図様は全く同じ摺物である。一六人もの数の乱舞者たちを描き、画面上部に掛け声を記している。各人の衣装や鈴、鳴子、扇などに施された赤と黄の二色が目にも鮮やかな配色となっている。

ⅡとⅢについていえば、図様や彩色は同一であるにもかかわらず、摺物名が異なること、そして画面上部に記された文章が一部改変されていることがたいへん興味深い。同じ摺物であっても、「彩色が施された版」と「彩色のない版」の二種がある例は、蝶々踊を描くものでも確認されており、購買者の用途に合わせた売り分けの方法があったものと思われる。しかし、ⅡとⅢのように摺物の名を変更し、記された掛け声を若干変えている異版の存在は、蝶々踊の摺物では管見ではこれまで確認されていなかった。版元の「忠広戯製」が共通することを思えば、たくさん売れて版木が摩滅したため、いわば第二版として摩滅した箇所を改めて彫り直したものかもしれない。

七　蝶々踊の遠心力

図9 「都豊熟踊」(個人蔵)

図10 「都大豊歳」(個人蔵)

上林澄雄によれば、政治体制が画期的に変革した際、あるいは社会の変動が生じる直前の年に大規模な集団的歌舞が流行したという。これを「踊狂の時代」と上林は総称している(26)。なるほど、一六〇四年(慶長九)に起きた豊国臨時祭礼、そして幕末のええじゃないかはその典型的な例といえよう。蝶々踊発生の直後に天保の改革や蛮社の獄などが起きていることを思えば、蝶々踊が起きた一八三九年(天保一〇)も「踊狂の時代」であったと位置付けて何ら問題ないだろう。

天保期の京都において、蝶々踊が多くの人々を「覚醒」させたのは間違いないものの、実はこの蝶々踊は何の解決ももたらしていない。一時的な気休めにすぎなかったかもしれないが、蝶々踊という狂乱が、時代の節目であった点は間違いなかろう。出口の見えない社会の混迷ぶりをリアルタイムで描く蝶々踊図の意義は実に大きなものである。

集団的歌舞という側面でみれば、蝶々踊は決して一過性で孤立したものではない。京都のみに留まらず、分散的で全国的な拡がりが感じられるのがそう考える理由である。ええじゃないかや虎列刺（コレラ）祭、一八五六年（安政三）の京都鴨川の砂持への影響という点で看過すべきでない「事件」であったと位置付けられよう。

ここで美術史に目を転じてみれば、幕末の騒乱ぶりを描く優品として次の作品をここに掲出しておきたい。「御札降り騒動絵巻」（一巻、ニューヨーク・パブリックライブラリー蔵）は所蔵目録にその名は掲載されているもの[27]の、管見では何らかの形でこの作品が紹介されたことはないと思われる。巻末に「栞嵩写」と筆者の名が記されるが、残念ながらこの人物について知るところがない。蝶々踊を凌駕する圧倒的な量と質の仮装姿の人々、わけても二見ヶ浦の日の出を模した仮装姿は実に面白い。さらには、底抜屋台の中で三味線や笛、太鼓を奏でる女性たちが精細に描かれており、音楽史の観点からも着目すべき作品となろう。観る者を飽きさせない絵巻であり、幕末期の祭礼絵巻の優品としてここに記すこととしたい。

豊国祭礼から蝶々踊へ至った公の場にみる仮装の系譜は、実は現代の京都にも引き継がれている。そう、それは京都大学の卒業式に多彩な仮装姿で参加する学生の姿である。他人をあっと驚かせる仮装という行為は、京都において脈々と受け継がれているとみても大きな誤りではなかろう。

蝶々踊がおきた天保期は、現代と非常に似た時代でもある。この時代に生きた人々の行動や葛藤、心の動きなどを見つめることで、先行きの見えにくい現代に生きる我々の進むべき道筋も見えてくるのかもしれない。蝶々踊を改めて見直す必要があるといえよう。

（1）長谷川伸三「天保一〇年京都豊年踊りと大坂」『大塩研究』五七、二〇〇七年。
（2）中村幸彦・中野三敏校訂『甲子夜話三篇5』（東洋文庫四二三）平凡社、一九八三年。
（3）『官幣中社吉田神社小志』官幣中社吉田神社社務所、一九三二年、鈴鹿隆男編著『吉田探訪誌——平安京を彩る神と仏の里』ナカニシヤ出版、二〇〇〇年。
（4）佐藤至子『妖術使いの物語』国書刊行会、二〇〇九年。
（5）蝶々踊について論じた論考は多数あり、その全てをここに掲載できないが、代表的な論考を以下に挙げておく。原田伴彦「天保十年の豊年踊り覚書（1）（2）」『京都市史編さん通信』七三・四、一九七五年、鎌田道隆「民衆運動としての天保踊」『藝能史研究』五四、一九七六年、福原敏男「蝶々踊り小考——近世上方都市世相史（一）」『大阪市立博物館研究紀要』一六、一九八四年、同「幕末京都の祝祭的世界」『絵画の発見』平凡社、一九八六年、同「普請・砂持ちの風流——京都の事例を中心に」『国立歴史民俗博物館研究報告』三三、一九九一年、相蘇一弘「天保十年の京都豊年踊りについて——アイルランド、チェスタービーティコレクション「豊年踊図巻」を中心に」『大阪市立博物館研究紀要』二二、一九九〇年、長谷川伸三「天保十年京都豊年踊り考」西山松之助先生古稀記念会編『江戸の民衆と社会』吉川弘文館、一九八五年、同「京都豊年踊りと天保期畿内の社会情勢」津田秀夫編『近世国家と明治維新』三省堂、一九八九年、同「天保10年京都豊年踊りの絵画資料」『大阪樟蔭女子大学（学芸学部）論集』四三、二〇〇六年、同「京都豊年踊りと大坂の砂持ち」田村貞雄編『「ええじゃないか」の伝播』岩田書院、二〇一〇年、田村憲美「天保十年豊年踊図巻」解説『チェスター・ビーティー・ライブラリィ絵巻絵本解題目録』勉誠出版、二〇〇二年。
（6）筆者が蝶々踊について近時執筆した論考を以下に掲出しておく。拙稿「描かれた蝶々踊」『行列にみる近世——武士と異国と祭礼と』国立歴史民俗博物館、二〇一二年、同「蝶々踊から読み解く幕末京都の世相」『新発見！日本の歴史』三五号、朝日新聞出版、二〇一四年。
（7）別役恭子「浮田一蕙の絵画——作品にみる戯画」『日本の美学』一五、一九九〇年。
（8）中島洋平「浮田一蕙の奇妙な祭礼図——細見美術館蔵「今宮安楽祭・太秦牛祭図屏風」（六曲一双）解題」『Bandaly』六、二〇〇七年。
（9）『江戸風俗絵巻——描かれたあそびとくらし』図録、横浜市歴史博物館、二〇〇四年。
（10）相蘇一弘「近世大坂の「つくりもの」——砂持・正遷宮を中心に」『国立歴史民俗博物館研究報告』一一四、二〇〇四年。

（11）中出明文『私の上方絵物語――合羽摺編』中尾松泉堂、二〇〇三年、『久保恒彦父子コレクション第二期　浮世絵版画上方絵篇』和泉市久保惣記念美術館、二〇〇九年。

（12）拙稿「蝶々踊図屏風」解説『行列にみる近世――武士と異国と祭礼と』国立歴史民俗博物館、二〇一二年、『思文閣大交換会　入札目録』二〇一二年。

（13）狩野博幸「天保踊り図」解説『時代屏風聚花続篇』しこうしゃ図書販売、一九九三年、『京の江戸時代――町人の社会と文化』展図録、京都府京都文化博物館、一九九八年。

（14）黒田源次『上方絵一覧』佐藤章太郎商店、一九二九年。

（15）清水澄編『浮世絵人名辞典』美術倶楽部、一九五四年。

（16）『踊る姿、舞う形―舞踏図の系譜―展』図録、サントリー美術館、一九九二年、『KAZARI――日本美の情熱』展図録、サントリー美術館ほか、二〇〇八年。

（17）横山昭「もう一人の華山（上）――蕭白の手紙をめぐって」『日本美術工芸』五二五、一九八二年、同「もう一人の華山（下）――忘れられた画家の墓碑銘」『日本美術工芸』五二六、一九八二年、『横山華山展――山形美術館収蔵品を中心として』山形美術館、二〇〇〇年、拙稿「横山華山の画業展開に関する一考察――「祇園祭礼図巻」をめぐって」『國華』一四一七、二〇一三年、同（福原敏男との共著）『祇園祭・花街ねりものの歴史』臨川書店、二〇一三年。

（18）京都帝室博物館編纂『大典記念京都博覧会第三会場陳列品総目』便利堂コロタイプ印刷所、一九一六年、京都帝室博物館編纂『古美術品図録三』便利堂コロタイプ印刷所、一九一六年。

（19）森銑三「荒歳流民救恤図は崋山の画にあらず」『南画鑑賞』一九三八年六月号、後に同『森銑三著作集11』中央公論社、一九七一年に再録、中瀬寿一「大塩事件と自由民権運動（中）――「民権百年」によせて、大塩と蘭学者らとの交流再検討」『季刊科学と思想』四七、一九八三年、長谷川伸三「虚説「渡辺崋山が天保八年に京都で救い小屋を造った」――日本近世史に罷り通る非実証」『史風』一、一九九六年、後に同『近世後期の社会と民衆――天明三年―慶応四年、都市・在郷町・農村』雄山閣出版、一九九九年に再録。

（20）中谷伸生「大口金谷編『爾雅釈草図』（関西大学図書館蔵）――東アジアの本草学・博物学の潮流」『美術フォーラム21』一二、二〇〇五年、同「東アジアの本草学と博物学の美術史的一考察（上）――大口金谷編『爾雅釈草図』（関西大学図書館蔵）について」『関西大学東西学術研究所紀要』三九、二〇〇六年。

（21）前掲注（2）参照。
（22）加藤弘子「東京大学総合研究博物館所蔵　河辺華挙筆「鳥類写生図」」秋篠宮文仁・西野嘉章編『鳥学大全——東京大学創立百三十周年記念特別展示「鳥のビオソフィア——山階コレクションへの誘い」展』東京大学総合研究博物館、二〇〇八年。
（23）『古裂会　カタログⅡ　第74回入札オークション』二〇一三年。
（24）前掲注（2）参照。
（25）拙稿「都の手ふり」解説『行列にみる近世——武士と異国と祭礼と』国立歴史民俗博物館、二〇一二年。
（26）上林澄雄『日本反文化の伝統』（講談社学術文庫82）講談社、一九七六年。
（27）反町茂雄編『スペンサーコレクション蔵日本絵入本及絵本目録　増補改訂版』弘文荘、一九七八年。
〔付記〕本稿は二〇一四年（平成二六）一月に脱稿したが、その後蝶々踊に関する論考が発表され、また蝶々踊の新出作品にも寓目した。以下に記すこととしたい。黒川真理恵「天保10年（1839）京都豊年踊りにおける歌謡について」『民族芸術』三〇、二〇一四年、細見美術館監修『伊藤若冲と京の美術——京都細見美術館細見コレクションの精華』青幻舎、二〇一四年、『上方の浮世絵——大坂・京都の粋と抜』展図録、大阪歴史博物館ほか、二〇一四年、『京を描く——洛中洛外図の時代』京都府京都文化博物館、二〇一五年、新出の肉筆画作品には、吉阪鷹峰（一八〇九—八〇）筆「皇都踊図」（一幅、個人蔵）をここに掲出しておきたい。

10　近代仙台の渡物と行列

佐藤雅也

一　問題の所在——祭りの依代と渡物と行列

ここでは、近代仙台の祭りに見る行列の変遷とその特徴について、渡物〔渡物屋台〕に焦点をあてて考える。具体的には、原型となる近世の仙台東照宮祭礼、近代以降に新たに創設された天長節祭礼、皇太神宮祭礼、青葉神社祭礼、招魂祭、仙台開設三百年紀念祭などにおける渡物と行列の移り変わりについて、地域民衆・常民の視点からとらえていく。

1　祭りの依代とダシ・ホコ・ヤマ

祭りと年中行事の定義については、大島建彦によれば、「年間のオリメにあたって、神を迎えまつること」。また、「神を迎えるためには、まず物忌を守り、潔斎をしなければならない。さらに、神の依代を設けて、そこに供物を捧げ、神人共食を実行する。それに伴って、卜占や予祝などを行い、最後には、一定の方法で神送りをする。そのような形式は、各種の祭りや行事などに共通して認められる」とある〔大島 一九五九〕。

このような民間信仰における神々の性格に加えて、本論で対象とする渡物をともなう都市祭礼における神々は、東照大権現（徳川家康）、天長節（明治天皇）、皇太神宮（天照大神）、青葉神社（藩祖伊達政宗が祭神）、招魂祭（明治国家のために斃れた戦死者などが祭神）など、強力な政治権力を背景に政治的社会的に創出された神々としての性格を持つ。

神の依代《よりしろ》については、折口信夫は、「神霊を一所に集注」させるための「神案内の目標」または標識、境界などを意味し、それは人間からみれば「招代」であり、神にとっては「依代」となること。また依代の原型・基本は、だし・だんじり・だいがくなどの祭礼において、中央の柱の末梢につけられる「鬚籠《ひげこ》」にあるとした。そして、ダシは、「竿頭の依代から屋上の作り物、屋内の飾り人形或は旗竿尾の装飾にまで」拡がり、また、「京都・長崎・大阪木津などでは、尚部分の名称」であったが、「江戸の山車は旗竿の頭の飾り物が非常な発達をした為に」、屋台全体の名称になったこと。ホコは柱の名称で、祇園祭にみられる鉾も、元は柱の名にすぎなかったが、鉾や作り山が大きくなったためにダシなる名称はとらなかったという。さらに、これらの源流は、天皇が即位後、初めて行う新嘗祭にともなう節会の大嘗会にひき出された標山の姿にあるとした。つまりダシは、柱の先に出した神霊を招き寄せる依代のことであり、ホコはその柱自身の名称、ヤマは標山のことをあらわすとした〔折口 一九五五、佐藤 一九九九〕。

植木行宣は、「標山は移動式の依代とする通説は折口信夫の論にもとづく」もので、「その標山を後世における山車・屋台等の源流とした」こと。この通説に対し、大嘗祭の標山は特殊な標しで依代でないとする東野治之の標し説に賛同したうえで、「疫神の祭りの核となるホコ・ヤマに神霊の宿るものとする信仰が流れていたのは否定できない」として、「都市祭礼の実態を追い、物質文化としての山・鉾・屋台の諸相とその歴史的変遷を具体的に明らかにすること」が重要だという。ダシ・ホコ・ヤマの源流である標山が依代とする説を批判しつつ、祇園祭などの都市の祭礼行事にみる山・鉾・屋台の中には依代の役割を担う場合もあり、個々の具体的な歴史的変遷を明らかにして解釈すべきとしている〔植木 二〇〇一〕。

2　渡物と行列

旧仙台藩では、東照宮祭礼のときに、神輿渡御や武者行列とともに登場する祭り屋台（山・鉾・屋台）を渡物または渡物屋台と称した。旧仙台藩では、渡物を主に「わたしもの」と呼んでいたが、全国一般的には「わたりもの」と呼ばれていた。「渡り物」とは、「邌物《ねりもの》に同じ」で、邌物とは、「小さい家の形にし、持ち運ぶように作った台。物をのせて売り歩き、または祭礼の邌物《ねりもの》として用いる」（『広辞苑』）とある。

仙台藩の一三代藩主であった伊達慶邦（一八二五―一八七四）の随筆「やくたい草」の「九月祭礼」によれば、幕末の仙台藩では、渡物を「わたしもの」と呼んでいた。九月一七日には東照大権現まつり（仙台東照宮祭礼）があり、遠い過去には渡物は二年続いて行列し、翌年は休んだという。祭礼は神輿が東照宮を出発し、士丁（東六番丁）をへて御旅（旅宮、御旅所、現・仙台市立東六番丁小学校の場所）にて祭式があった。士丁より町家をわたり、神輿の前方には渡物といって山を造り、屋形を設け飾りつけ、人形をのせて、源氏や武者にまつわる題目が披露され、菊や牡丹の花そのほか思い思いの作り物を唐織錦綾で飾り、総数は七十台余、高さは三丈（約九メートル）だったという（伊達　一八七三）。

しかし、仙台の祭礼から渡物が見られなくなった昭和初期には、渡物は全国各地と同様に「わたりもの」と記されるようになっていた。河北新報社記者で郷土史家でもあった三原良吉は、「仙台祭小絵図私考」にて渡物を「渡り物」と表記している（三原　一九三六）。

仙台藩時代の渡物は、運ぶ方法から曳山を「押車」、舁山を「荷なへ物」と称している。一七九一年（寛政三）の「仙台東照宮檀尻絵」には「檀尻」、一八四九年（嘉永二）の「奥羽一覧道中膝栗毛」の仙台東照宮祭礼における渡物の絵図には、「半屋台練物」「山車練物」「鉾仕掛練物」とあり、渡物の総称を練物と表記し、練物の形態に合わせて半屋台、山車、鉾の形容をつけている。また燕石斎薄墨撰『仙府年中往来』にも「練物」と記載されている。このように仙台藩の外部の者が制作した絵図や往来物には渡物ではなく「檀尻」「練物」と表記されることもあった。

近代仙台の祭礼における絵図や随筆、新聞記事等では、祭り屋台については渡物屋台、渡物、わたし物、山車、山車屋台、山鉾、山鋒などの表記が見られた。山鉾、山鋒、山車には主に「だし」のルビがふられ、また山鉾、山鋒には「やまほこ」のルビがふられる場合もあった。これらの表記にも時期による特徴があり、一八七一年（明治四）の天長節祭礼絵図や一八七二年（明治五）の皇太神宮祭礼絵図（桜ヶ岡渡物略図、皇太神宮御祭渡し物略絵図）、あるいは一八七七年（明治一〇）一一月三日の天長節を報道した「仙台新聞」などには、渡物や渡物屋台と表記されていたものが、一八八七年（明治二〇）以降の仙台招魂祭絵図では「渡物」の記載は減少し、「山鉾」の表記が一般的になっていった。この変化は、一八八二年（明治一五）五月二三日・二四日の青葉神社祭礼の報道以降のことで、新聞報道において、従来の渡物のことを山鋒、山車、山鉾等と表記していったことが大きく影響していた〔佐藤 一九九九〕。

旧仙台藩士の伊藤清次郎からの口述筆記をまとめた『仙台昔話電狸翁夜話』では、渡物のことを「山鉾」と記載している〔小西 一九三三〕。大正時代に行った旧仙台藩士の記憶の記録化の過程で、東照宮祭礼の渡物は山鉾と記載され、「山鉾」の表記が一九回も登場していた。仙台東照宮祭礼の渡物を山鉾と表記することは当時の仙台の人々にとっても、すでに定着していたことがうかがえる。

次に、行列とは、「多人数がきちんと列をつくって行くこと」（『広辞苑』）だが、この行列に、歴史学は、①王権にかかわる支配者たちの行列、②都市の祭礼行列、③外交の行列などの問題意識を加え、さらに発展させて、近世社会を行列の時代とし、描かれた行列に焦点をあて、新しい近世社会像を示そうとしてきた〔黒田他 一九九四、久留島 二〇一二〕。本論では、旧仙台藩の東照宮祭礼こと仙台祭に登場する渡物と行列が、明治以降にどのように変化していくのかに焦点をあて、近代社会における都市の祭礼と行列の意味を考えてみたい。

二　仙台東照宮祭礼の渡物と行列

中野光浩によれば、「近世の都市祭礼は、藩主催の官祭と藩の保護はあるが町人主導型のものとに大別できる」こと。官祭には、江戸の天下祭りや尾張、和歌山などの城下町に勧請された東照宮祭礼（祭神は徳川家康）があり、その中でも仙台藩は特に祭礼の規模が大きく、しかも町方の練物（渡物）が祭礼行列の大部分をしめ、「東照宮の神威を積極的に民衆統合の装置として活用」することに成功したという〔中野 一九九六〕。

仙台東照宮は、二代藩主忠宗によって一六五四年（承応三）に仙台城の艮（北東）方角の小田原村玉手崎（玉田崎）に遷座された。別当寺に仙台藩筆頭寺格の仙岳院を建立し、門前町の宮町（上御宮町・下御宮町）が割り出され、城下町が拡張された。翌一六五五年（明暦元）九月一七日には東照宮祭礼が実施された。東照宮と仙岳院の空間は、寺内（院内）と呼ばれ、東照宮、仙岳院、脇院、下馬、旅宮（御旅、御旅所）、万日堂、万日堂門前から形成される。その最高位は仙岳院の院主で、補佐役が脇院三ヶ寺、役者（坊）が行事を担当し、神人（社人）は実務を担当した。仙岳院の最も重要な公務は九月一七日の東照宮祭礼の執行であった〔渡辺 二〇〇三〕。

一六五五年の「仙岳院日鑑」（『仙台市史資料編三』）によれば、八月三日には東照宮の氏子町は大町一丁目より五丁目、肴町、立町、南町、北目町、染師町（上染師町）、柳町、田町の八ヶ所が指定されたが、門前町の宮町は境内掃除役などの奉仕が義務づけられるものの氏子町ではなかった。

九月一七日の祭礼当日は、卯刻（午前六時頃）には出家衆（僧侶）が出仕、寺社奉行、御目付衆、物頭衆、祭礼奉行等が出仕すると辰の上刻（午前七時頃）にお供えをあげる。法事、修法（加持祈禱）が行われ、それが終わると神酒をいただいた。辰の下刻（午前九時頃）に榊案内の鐘をつき、榊をあげている間に、神輿を楼門の外へ出し、枕木の上に安置する。先頭の物頭が行列を出発し、次に城下の諸町が行列に加わり、渡物が練り歩く。巳刻（午前一〇時頃）には神輿が行列に加わり、下刻（午前一一時頃）には旅宮に到着する。本堂に入りお供えをあげ、法事を行い、神酒をいただく。寺社奉行、御目付衆は旅宮より仙台城に参上する。神輿は旅宮を出て、清水小路（現・愛宕上杉通）より田町（現・青葉区五橋二丁目の田町通）に入り、通町通（奥州街道のこと）を通り、大町の十文字（芭蕉の辻、札の辻）へ未刻（午後二時頃）に到着、ここから大町一丁目、元柳町（現・西公園通）から立町へ出て、通町通（奥州街道のこと）を通り、国分町、二日町に向かい、侍小路（北一番丁）から帰路となり、申の上刻（午後三時頃）には仮殿に帰着した。神輿を東照宮に安置し、別当も仙岳院にもどり、装束を着替えて仙台城に参上し、祭礼が首尾よく終了したことを番頭衆に報告した。

なお五代藩主吉村の頃には、在国の藩主は祭礼前日の夕方に斎戒し、翌九月一七日には衣冠装束で卯刻（午前六時頃）などに東照宮へ参詣する。その後は、国分町検断屋敷（外人屋）へ入り、ここで上下に改め、祭礼行列を見学した。神輿がもどったあと、再び東照宮に参詣し、酉刻（午後七時頃）に帰城した。帰城後に仙岳院が献上した東照宮の鏡餅をいただき祭礼神事が終了した〔小井川 二〇〇二〕。

一六五五年の渡物は、①黒舟（南材木町・河原町）、②忠信（南鍛冶町・穀町）、③羅生門（荒町）、④猩々（北材木町・東木町）、⑤鐘巻（二日町）、⑥布袋（国分町）、⑦郭巨（大町三・四・五丁目）、⑧高砂（大町一・二丁目）の八台であった。また一六五七年の第二回の東照宮祭礼には、①屋形船（南材木町・河原町）、②忠信（鍛冶町）、③あふき（扇）の的（荒町）、④橋弁慶（本材木町）、⑤かねまき（二日町）、⑥猩々（北材木町）、⑦あさいなと五郎力くらべ（肴町）、⑧ほてい（国分町）、⑨山路（立町）、⑩もうそう（孟宗）、⑪夕顔（南町）、⑫朝鮮国ヨリ日本へ御見廻之体大物唐人（大町一・二丁目）、⑬ともへ（巴）（大町三・四丁目）の一三台の渡物が登場し、古典や奥浄瑠璃、幸若舞、能狂言、歌舞伎等を題材にしたものが多く見られた。一六五七年の渡物のうち五台は前回と同じ題目であったが、八台は新しく、そのうち本材木町・肴町・立町・南町の四町は初めての参加となった。この渡物が、江戸後期には七〇台をこえ、幕末の一八四六年に四七台、一八五〇年には三四台となっていく〔中野 一九九六、稲 二〇〇八a〕。

なお一六五七年九月一七日の祭礼行列では、町方二五二〇人、別当寺仙岳院の御供二九三人、先陣・後陣の武頭、供廻、足軽組などを含めると二九〇〇人前後から三〇〇〇人ほどになるという。また稲雄次によれば、東照宮祭礼の回数は、第一回の一六五五年から始まり一八五二年（嘉永五）の第一〇六回までが確認でき、これに伊藤清次郎が口述した安政年間（一八五四―一八六〇）の東照宮祭礼（三四台の渡物）を加えると約二〇〇年間に一〇七回の祭礼行列が行われたことになるという。祭礼は当初は隔年で行われ、一六九三年以降は二年連続一年休み、一七三五年以降の三年連続二年休みをはさんで一七四〇年以降には二年連続一年休みが続き、一七八二年以降には中止二回を含み九年行われないなどの変則の時期が続くが、一八〇六―一八三一年までは二年連続一年休みにもどる。しかし一八三二年以降には中止を含め七年行われないなどの変則の時期が幕末まで続くことになるという。なお小井川和夫は推測も含めて祭礼行列は一一四回との説を、渡辺浩一は一一五回以上開催されたという説を提示している〔中野 一九九六、小井川 二〇〇一、齋藤 二〇〇一、渡辺 二〇〇三、稲 二〇〇八a、小西 一九三三〕。

幕末の町衆（町内の有力者）や渡物の担ぎ手については、伊藤清次郎によれば、九月一七日には町方の旦那衆は羽織袴で、出入りの鳶や仕事師の親分等は革羽織に裁着袴《たつつけ》で四、五人の供を従えた。商家の番頭や店員（手代、丁稚など）は手ぬぐいを配りながら、山鉾（渡物）が「唯今通ります」とあいさつしながら練りまわった。担ぎ手の装束は、長袖に長裾、背に荷印を染め抜き、裾模様を染め出し、これに段だら染めか、そろばん絞の帯をだらりと結び、祭り手ぬぐいを首にかけた意気な装いで、足には甲掛の草鞋、手には黒塗りの息杖《いきづえ》をにぎる。山鉾（渡物）の前後には音頭取りが立って、拍子木を手に木遣音頭を歌うと、一同が囃しながら肩を左右に揺り動かすので山鉾（渡物）が見事に揺れながら町印を先頭に進むという〔伊藤 一九三六〕。

幕末の安政年間を最後に、その後の東照宮祭礼では渡物と行列は消滅してしまうことになる。しかし、明治政府下の天長節祭礼では、町内の有力者によって渡物と行列が再興された。

三　天長節祭礼と皇太神宮祭礼の渡物と行列

明治の渡物と行列は、一八七一年（明治四）九月二二日の天長節祭礼、一八七二年（明治五）の皇太神宮祭礼、一八七七年（明治一〇）一一月三日の天長節祭礼などのときに練り歩くことになる。

天長節は、天皇誕生日の旧称で、一八六八年（明治元）八月の太政官布告で復活した。このときの天長節は、明治天皇（一八五二―一九一二）の誕生日であり、旧暦（太陰太陽暦）では九月二二日、一八七三年（明治六）の太陽暦への改暦以降には一一月三日となった。天長節は、四方拝（元日）、紀元節（二月一一日）とともに三大節の一つとされた。天長節は明治に復活、創設された新しい祭礼として出現し、まさに近代日本の天皇主権国家を象徴する祭礼として、仙台地方の人々に受け入れられたといえる。

また皇太神宮とは、一八七二年（明治五）に、宮城郡荒巻村の伊勢堂山の神明社（現・仙台市青葉区千代田町）を元柳町に勧請し、新たに造営された皇太神宮（祭神天照大神）のことで、一八七四年（明治七）には桜ヶ岡公園（西公園）を設置、翌年には桜岡大神宮と改称し、県社となった〔宮城県神社庁　一九七六、守屋　二〇〇八〕。

こうして明治の渡物と行列は、天長節（明治天皇の誕生日）と、皇室の祖神である天照大神をまつる皇太神宮（桜岡大神宮と改称）の造営にともなう祭礼によって、復活、再興されることになった。明治国家の主権者天皇と皇祖の権威を背景に、近代の渡物と行列は再興された。

このような近代の渡物と行列を復興させた主体は、町内の有力者と町の人々であった。一八七一年九月二二日の

「天長節御祭礼渡物屋台略図」（版元は南町の安田祐助・高橋栄助、図1）によれば、のべ二四町より二四台の渡物が練り出された。二四台のうち国分町から三台、大町から四台が登場した。渡物の題目は、奥浄瑠璃、能、狂言、歌舞伎、浮世絵、漢詩や和歌、伝説、おとぎ話、古典文学、故事、縁起物、七福神などの題材がふんだんに取り入れられ、民衆に広まった芸術文化の宝庫であり、最高の出し物でもあり娯楽であったことがうかがえる。

渡物は先頭から、川原町（河原町）「中納言行平須磨之浦汐汲ヲ見給体」（能「松風」を題材にし、舞踊化したのが歌舞踊「汐汲」）、南材木町「太田道かん井手の里ニ借蓑衣の体」（太田道灌の山吹伝説）、穀町「風流道中かこの体」、南かち町（南鍛冶町）「花かこ牛ひきの体」、荒町「簫史弄玉を鳳台にふく体」（簫史は中国春秋時代の仙人で、秦王・穆公の娘弄玉を嫁にし、弄玉が簫史に教えられた笙を吹くと鳳凰が来るようになり、二人は鳳凰に乗って飛び去ったという故事）、田町「風流福神相撲之体」、上染師町「西王母崑崙山ニ於テ連台ニ遊ふ体」（西王母は中国の崑崙山に住むという伝説の仙女）、北目町「神酒捧之体」、柳町「足から山ニおゐて山姥金時を愛する体」（足柄山の山姥が金太郎〔源頼光の四天王の一人の坂田金時の幼名〕の母という伝説）、南町「牛若丸矢矧之長者か許にて音曲之体」（浄瑠璃姫の伝説、浄瑠璃、歌舞伎、浮世絵などの題材）、国分町「浦嶋太郎龍宮におゐて乙姫まみへ給ふ体」（龍宮伝説）、国分町「三条古鍛冶宗近天ヨリ巻物ヲ給フ体」（能「小鍛冶」を題材とし、京都三条の刀工宗近が稲荷明神の通力に助けられ宝剣小狐丸を完成する物語）、国分町「大納言経信公秋の田を見給ふ体」（大納言経信は平安後期の公卿で当代一の歌人であった。これは小倉百人一首の歌をもとにした題目）、二日町「ほたん畑の体」、北かち町（北鍛冶町）「むかし咄も、太郎の体」（桃太郎は、おとぎ話を題材とする赤本などに取り上げられた）、北材木町「布袋遊之体」（布袋は七福神の一）、本材木町「養老ヶ瀧ノ体」（養老の滝は元正天皇が自ら行幸し命名した滝といわれ、養老元年〔七一七〕と改元、『続日本紀』『十訓抄』『古今著聞集』などに収録）、立町「風流万作よろこぶ体」、新伝馬町「源氏若紫」（『源氏物語』の巻名で光源氏が紫上を北山に見出し二条院に迎えるまでのいきさつ）、肴町「大漁繁栄の体」（肴町には魚市場が形成され大蛸の渡物は仙台藩時代から有名だった）、大町五人組「風流たなばた　ほし合の

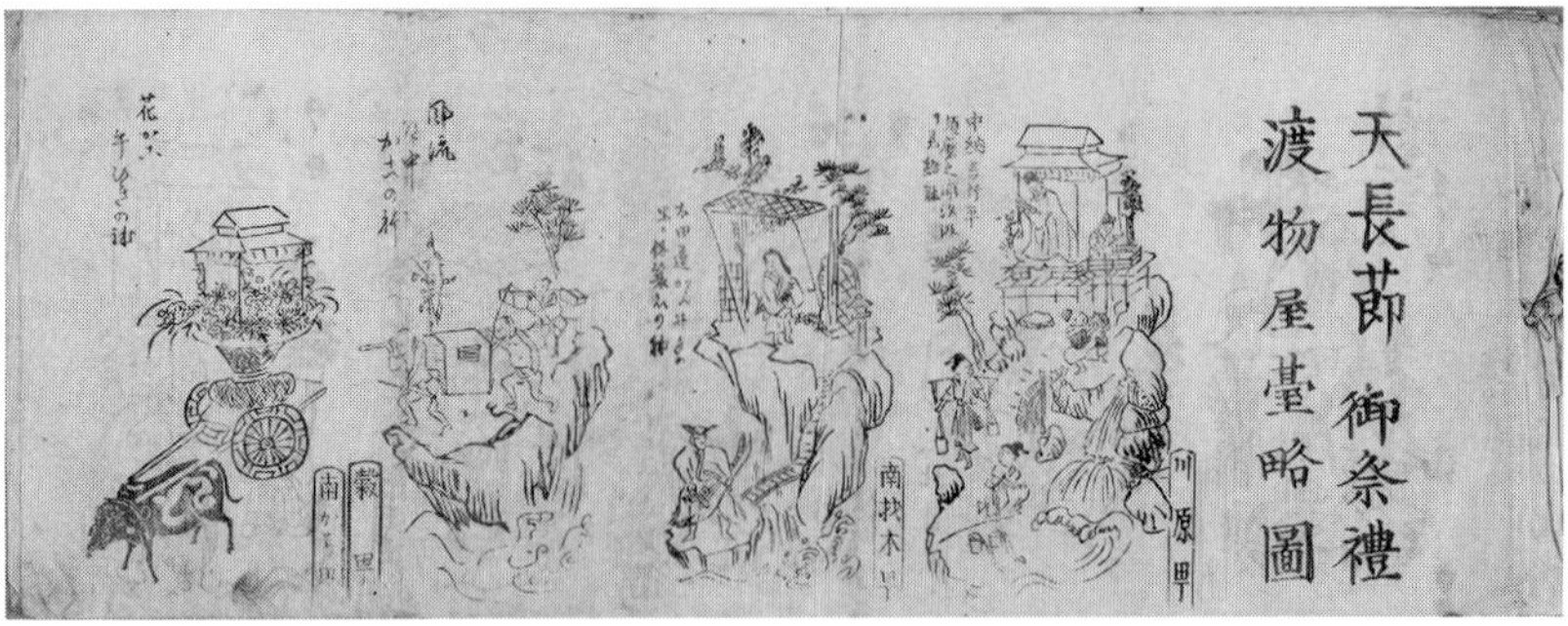

図 1-1　1871 年（明治 4）9 月 22 日「天長節御祭礼渡物屋台略図」（1 頁目）
（これは明治 4 辛未年 9 月 22 日の天長節のときのもので，全 6 頁に 24 台の渡物屋台が描かれている）

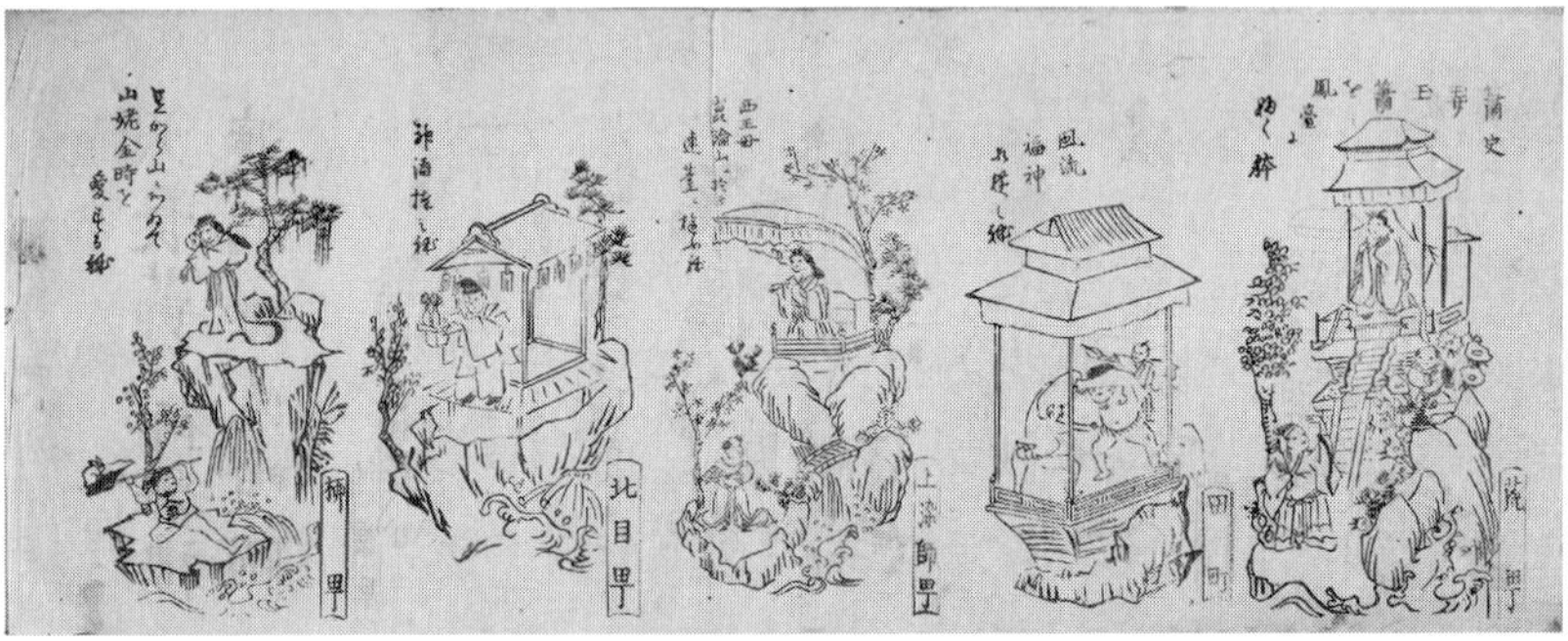

図 1-2　1871 年（明治 4）9 月 22 日「天長節御祭礼渡物屋台略図」（2 頁目）

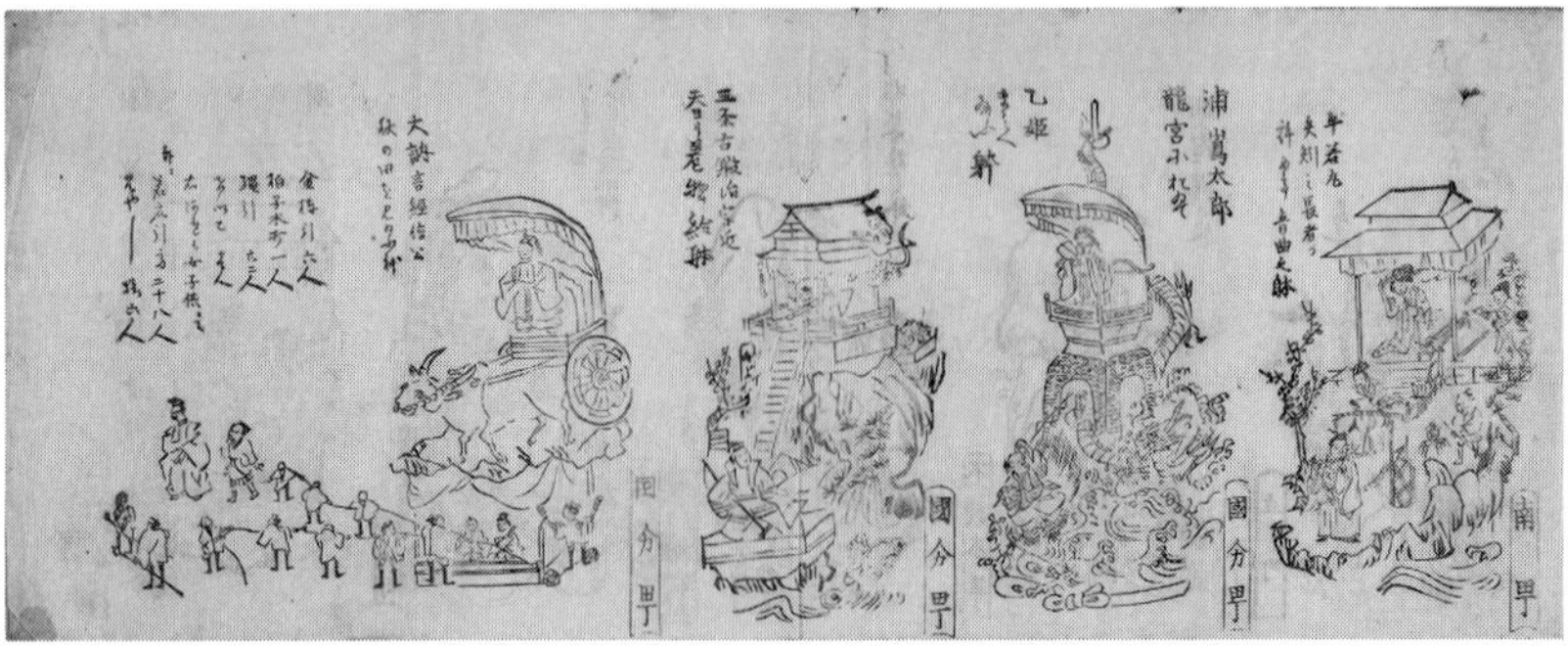

図 1-3　1871 年（明治 4）9 月 22 日「天長節御祭礼渡物屋台略図」（3 頁目）

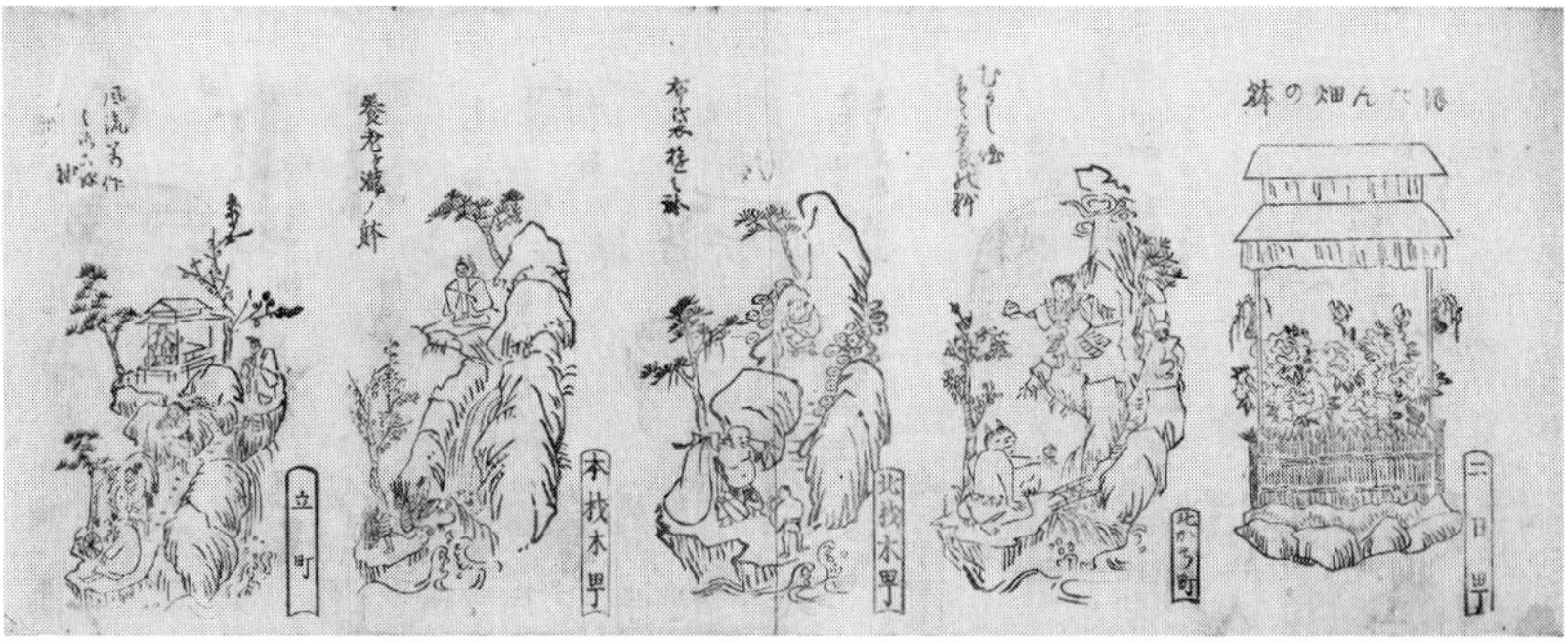

図 1-4　1871 年（明治 4）9 月 22 日「天長節御祭礼渡物屋台略図」（4 頁目）

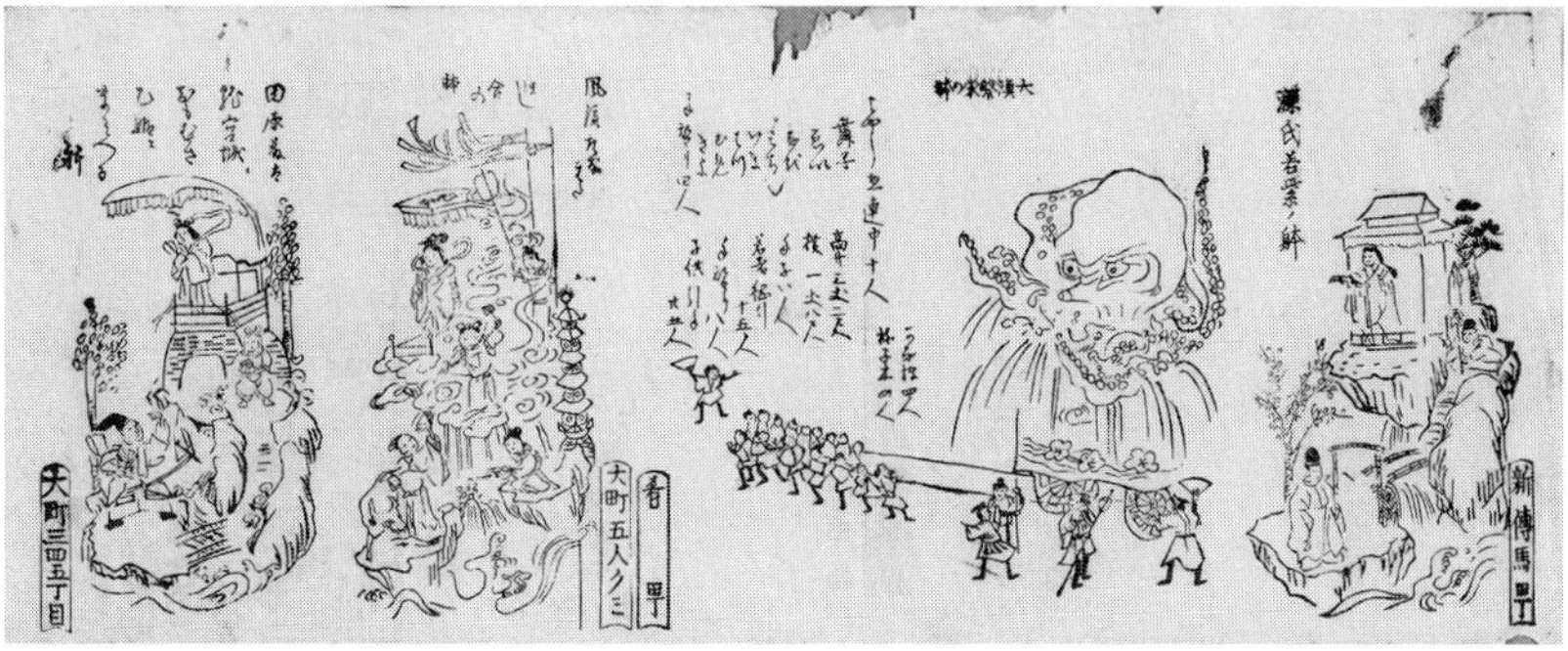

図 1-5　1871 年（明治 4）9 月 22 日「天長節御祭礼渡物屋台略図」（5 頁目）

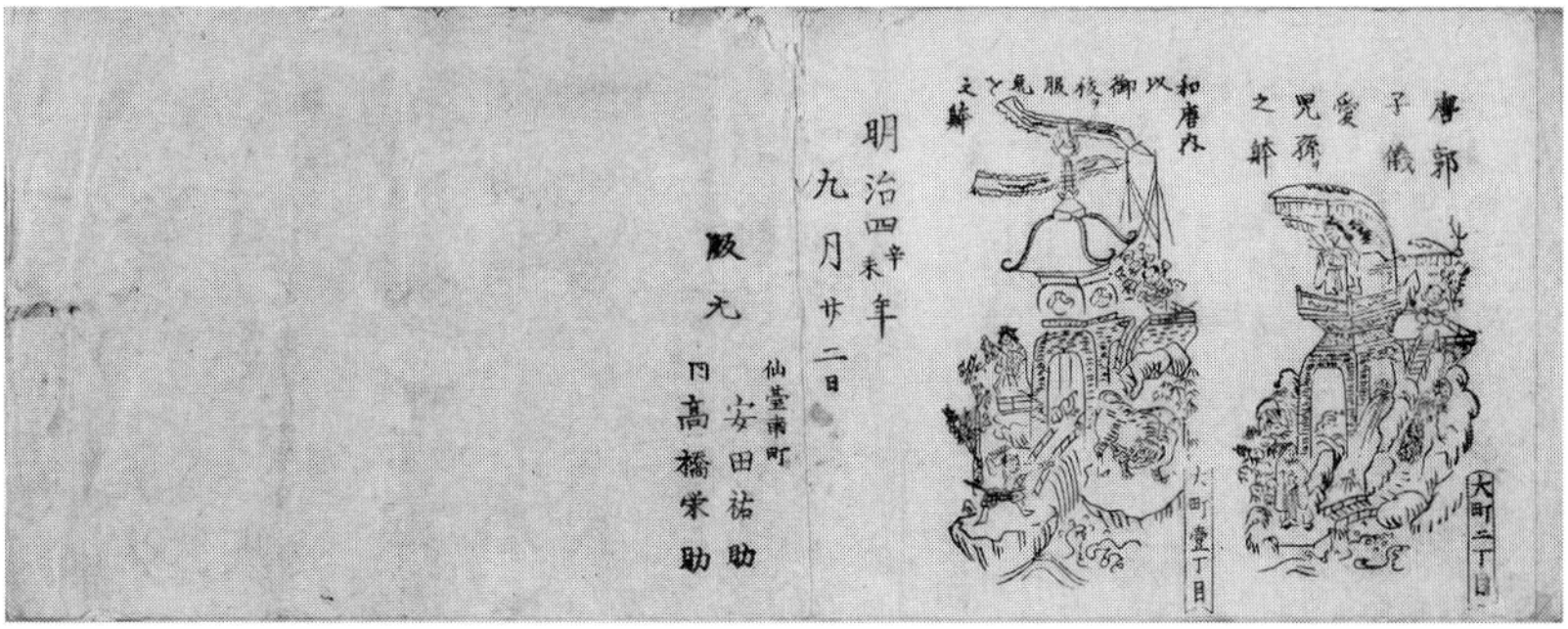

図 1-6　1871 年（明治 4）9 月 22 日「天長節御祭礼渡物屋台略図」（6 頁目）

体」（星合とは陰暦七月七日の夜、牽牛・織女の二星が相会うこと）、大町三・四・五丁目「田原藤太龍宮城ニおもむき乙姫ニまみへる体」（『俵藤太秀郷絵巻』などに収録された俵藤太のムカデ退治の昔話）、大町二丁目「唐郭子儀愛児孫ヲ之体」（郭子儀は四代の皇帝に仕えた唐を代表する武将で、日本でも古くから知られ、円山応挙の人物画などにも描かれている）、最後尾が大町一丁目「和唐内以御祓ヲ服虎を之体」（和唐内は近松門左衛門『国性爺合戦』の主人公、和唐内〔和藤内〕のモデルは国姓爺で明末清初の鄭成功（一六二四—一六六二）のことで父は明末の遺臣鄭芝竜、母は日本国肥前平戸の人、鄭成功は廈門を拠点に清国軍と戦い、のち台湾を攻略するが病没、明皇帝の姓である国姓の朱を賜ったので国姓爺として名高い）であった。

天長節祭礼における渡物の行列は、一八七七年一一月三日の天長節には肴町より大蛸の渡物が、桜岡大神宮のある桜ヶ岡公園まで引き出されていた。

四　青葉神社祭礼の渡物と行列

青葉神社は、一八七三年（明治六）一〇月に藩祖伊達政宗の恩沢に御礼し御参りするために神社創建を請願し、翌七四年には神号を武振彦命《たけふるひこのみこと》（伊達政宗）、社号を青葉神社とすることが認められ、県社に指定された。本殿・拝殿・社務所・神楽殿などは仙台北山の東昌寺の西隣に竣工し、霊璽を南小泉村（現・仙台市若林区）の一本杉伊達家から新社殿に遷し鎮座祭を執行した。こうして伊達政宗を祭神とする青葉神社は、政宗の命日である五月二四日（実際の命日は旧暦五月二四日）には毎年、神事を行うことになる。

一八七八年（明治一一）五月二四日の青葉神社祭礼では、昼の一二時に神輿が青葉神社を出発し、先頭に麻上下の杖突き二人が先払いを行い、二列で進む。次に赤地に白く「県社青葉神社」と大書した縦に細長い四半の旗を立て、次に榊、次に大太鼓を車にのせ、三つ拍子の続け打ち、その後ろには黒の立烏帽子に狩衣を着用し、太刀を腰にさげ、重籐《しげどう》の弓をにぎり、鷹の羽の矢を背負い、流鏑馬の出立をした騎馬武者一〇人、騎射二〇人が二列に行列する。次に五色の旗が五流れ、続いて陣太鼓二つ、横笛、陣貝などが行列する。さらに黒革縅《おどし》の鎧に頭形《ずなり》兜をかぶり、腰の陣刀を横にたずさえて、武者三〇人、大将は黒みをおびた鮮やかな鮮紅色である猩《しょうじょう》猩緋《ひ》の陣羽織、金箔を塗った金小《こ》札《ざね》に紺糸縅の大鎧を着用し、黒い毛色の馬に螺鈿を装飾した貝鞍をおいてまたがり、兜はわざとつけずに黒の侍烏帽子をかぶり、腰に白の采配をさし、紫の手綱をたぐり、馬を走らせる。次に、馬車一輛に楽人をのせ演奏し、白丁五〇人が神輿を肩にかけて運ぶ。次に武者が大将の出立で、黒糸縅の鎧に筋兜をかぶり、熊皮で鞘をおおった尻鞘をかけた太刀をおび、葦毛の馬に銀を張った白鞍をおいて、またがった。次に青葉神社の祠官一人が騎馬で続き、最後に飾り立てた馬を連れたひき馬で行列が終わった。

一八八二年（明治一五）の青葉神社祭礼では、これらの神輿渡御行列にくわえ、武者行列が騎兵・歩兵で一四〇人、各町の渡物の行列などを合わせて総員五〇〇余人の行列がとり行われ、騎射、神楽、花火などが奉納された。渡物は八台登場し、①大町「巴御前和田の陣所へ赴く体」、②国分町「浦島太郎龍宮城にて玉姫に逢ふ体」、③南町「玄徳二弟を伴ひ孔明を訪ふの体」、④立町「子供石橋遊ひの体」、⑤二日町「万歳祝の体」、⑥北鍛冶町「浄瑠璃姫の亭へ牛若丸通ひの体」、⑦北材木町「太神楽の囃子」、⑧肴町「大蛸曳屋台子供手踊」などであった。祭礼行事は、青葉神社を出発し、新河原町の桃源院と南小泉村（現・仙台市若林区）の一本杉伊達邸の旅所で休憩し、午後五時に桜ヶ岡公園をへて青葉神社に還御した。また各町の渡物は大町一丁目頭（桜ヶ岡公園の東南側）まで行列し、ここから各町へとわたった〔佐藤 二〇〇七〕。

一八八五年（明治一八）五月二三日・二四日・二五日には「藩祖伊達政宗二五〇年祭」が、青葉神社と瑞鳳寺と瑞鳳殿（伊達政宗の廟所）などで盛大に行われた。

瑞鳳寺では五月二三日に法会が行われ、能狂言が奉納された。また五月二四日は本祭であり、瑞鳳殿などの御廟祭典が行われ、さらに戊辰戦争と西南戦争の戦死者の招魂祭が行われた。伊達政宗を祀る青葉神社祭典は、五月二三日は宵宮、二四日は神輿渡御の行列、渡物などが見られ、流鏑馬や神楽が奉納された。この日は仙台鎮台官の佐久間左馬太少将を始め将校一同も参拝した。そして、有名な「仙台祭」を見るために仙台区の人々、岩手県、山形県の人々などが続々とやって来たと当時の新聞に報道された。

このように「藩祖伊達政宗二五〇年祭」は、神輿渡御行列、武者行列、渡物行列などをともなう盛大さから「仙台祭」の再現ともいわれた。実際に各町の渡物は、二日町若者連は櫓下四郎（仙台四郎）の音頭取りで曽我物語の草摺引（父の敵の工藤祐経に対し、鎧を手に駆け出そうとする曽我五郎を朝比奈の妹舞鶴が鎧の草摺をとらえ、引きとめようとする場面を三人の娘が手踊りで披露し、渡物には自来也の作り物を仕掛けた）、国分町は雀踊と「青葉社御祭礼」の大旗で、雀踊は昔の形をそのままに、揃いの編笠一様の袢纏姿も勇ましく、神楽囃子の拍子よく、「青葉社御祭礼」の大旗を踊りながらひかせた。ほかに侍丁だった東一番丁、遊郭のある常盤町、青葉神社前の通町などの渡物が披露され、五月二五日には献膳式、剣槍試合、能狂言、騎射などの奉納があり、騎射馬場と神楽堂の間には、いくつもの見世物小屋が掛けられた。

一八八六年（明治一九）の青葉神社祭礼では、神輿渡御行列、武者行列は、青葉神社から旧奥州街道を通り新河原町まで向かい、ここで曳きかえし、荒町毘沙門堂で昼飯をとり、桜ヶ岡公園をへて、木町通から還御する。木町通とは旧奥州街道（通町・北鍛冶町・二日町・国分町の通り）より二本西側の南北の通りで大町一・二丁目の角から本材木町、北材木町の通りを北上し、北山の覚範寺にいたる通りで青葉神社にもどる。渡物は北九番丁の牡丹花、国分町の踊り屋台、常盤町の踊り屋台「俄」などが曳き出された。一八八七年（明治二〇）の青葉神社祭礼では、神輿渡御行列、武者行列にくわえ、渡物は二日町、肴町のほかに、東一番丁、常盤町の四町より踊り屋台が出て各町を渡り歩いた。この時を最後に青葉神社祭礼から渡物は見られなくなった。

青葉神社祭礼の行列は、北山の青葉神社を出発し、旧奥州街道の経路を基本に、天長節祭礼や皇太神宮（桜岡大神宮と改称）祭礼のときに始まった桜ヶ岡公園への行列、また北山に向かう木町通への行列をくわえ、さらには藩祖政宗の霊璽を遷した一本杉伊達邸までを新たな行列にくわえていくことになった。

五　招魂祭の渡物と行列

一八八七年（明治二〇）から一八九二年（明治二五）までの時期、その後二年中断し、再び一八九五年（明治二八）、一八九六年（明治二九）にかけては、渡物は戦死者を祀る招魂祭のときに登場した。このとき招魂祭典委員の組織化が行われ、仙台鎮台の将校、宮城県庁の役人、仙台市長・助役や議員、名望家・実業家などが、その構成員となった。また初代仙台市長の遠藤庸治は各区長を招集する協議会を結成・運営し、往年の仙台祭を復活・再現するにあたり、町内有志の相談会が組織化された。そして仙台鎮台管轄下の仙台城跡天主台（天守台）の見学が初めて許されるようになった〔三原　一九三六、佐藤　二〇〇九、稲　二〇〇八b〕。

明治の渡物が青葉神社祭礼から招魂祭へ移行した理由の第一は、一八八四年（明治一七）甲申事変の戦死者招魂祭が仙台で始まったことにある。甲申事変は日本軍の海外駐留軍による最初の戦死者を出した事変であり、戦死者は仙台歩兵第四連隊等の兵士であった。戦死者の慰霊と顕彰のための「朝鮮戦役紀念の碑」が一八八五年（明治一八）一二月に歩兵第四連隊の兵営地に隣接する榴ヶ岡に建立され、翌八六年五月に臨時招魂祭が行われた。ここに郷土部隊の海外戦死者の慰霊と招魂の祭祀空間が成立した。

理由の第二には、仙台鎮台・偕行社主催の招魂祭が、全国共通の一一月九日をさけ、九―一一月の任意の日を祭典日としたことにある。一一月九日は靖国神社の例大祭であり、それは戊辰戦争における会津降伏記念日であった。会

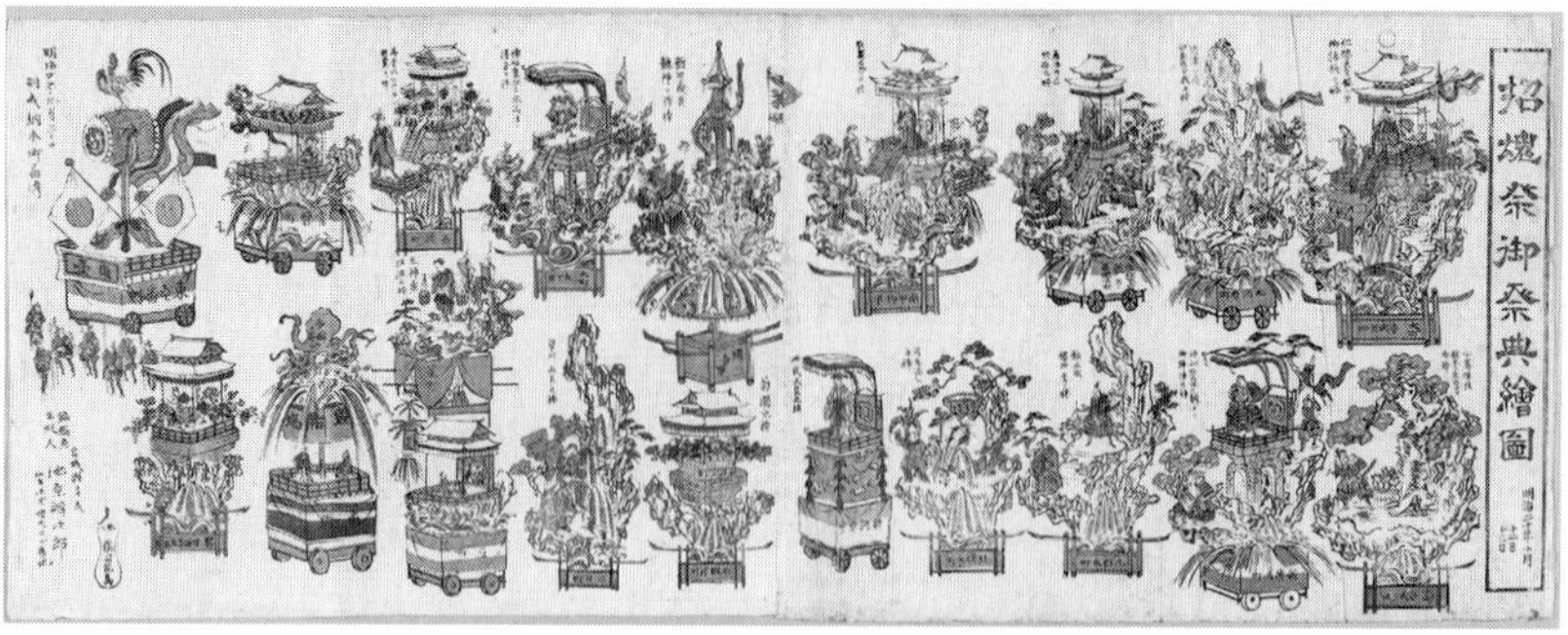

図2　1887年（明治20）10月12日・13日「招魂祭御祭典絵図」

津降伏記念日をあえてさけた祭典日にすることで、長州閥を中心とする仙台鎮台官は歩み寄りを示し、仙台の官民は近代の国民国家（天皇主権国家）のための戦死者を祀る招魂祭のときに、渡物をともなう「仙台祭」が再現されることを受け入れたといえる〔佐藤 二〇一三〕。

一八八七年一〇月一二日・一三日の招魂祭は仙台城跡本丸の涯下、広瀬川の西側の川内《かわうち》練兵場（追廻《おいまわし》練兵場）を会場に、打球、撃剣、野試合、槍術、相撲などが奉納され、渡物（山鉾）は二〇台が練り出された（図2）。

一八九二年一一月一二日・一三日の招魂祭は、招魂祭委員の名で川内練兵場を会場に執行された（図3）。一二台の渡物屋台（山鉾）は、一二日午前一〇時に芭蕉の辻に勢ぞろいし、大町をへて桜ヶ岡公園にいたる。山鉾審査委員によって定められた順序で、①国分町「孟母断機の体」（六〇人持ち、高さ一五メートル余、孟子が遊学の半ばで帰省した時、その母が織りかけの織布を断って、学問も中途でやめれば、この断機と同じだと孟子を戒めた故事）、②大町四丁目「関羽千里独行シテ玄徳ニ謁スルノ体」（四八人持ち、高さ一二メートル余、三国志演義で関羽が劉備との別離から再会にいたる物語）、③大町一・二・三丁目（甲）「神宮皇后応神天皇御誕生之体」（四〇人持ち、高さ一二メートル余）、④大町一・二・三丁目（乙）「吉備大臣唐ノ玄宗皇帝へ謁スル之体」（三二人持ち、高さ一二メートル余）、⑤大町五丁目・新伝馬町「後醍醐天皇ヨリ楠正成恩賞ヲ賜ル之体」（四〇人持ち、一二メートル余）、⑥二日町・北鍛冶町「冷泉天皇ノ命ヲ蒙リ源満仲関東へ出陣之体」（三〇人持ち、高さ

図３　1892 年（明治 25）11 月 12 日・13 日「仙台招魂祭山鉾図」

一二メートル余）、⑦本材木町「後醍醐天皇ノ命ヲ蒙リ楠正成笠置山へ出陣之体」（三〇人持ち）、⑧立町「吉備大臣帰朝始テ暦ヲ献スル体」（二四人持ち、高さ一二メートル余）、⑨名掛丁「仁徳天皇民家ノ繁昌ヲ望玉フ之体」（三五人持ち、高さ一二メートル余）、これに肴町「蛸ニ鯉ノ滝登ノ体」（曳台）、常盤町、東一番丁などの踊屋台は山鉾の前後に位置し、公園を午後一時より繰り出し、立町、本材木町、定禅寺通、櫓丁、常盤町、北一番丁をへて二日町に出て、各屋台が適宜に運行した。翌一三日午前八時には仙台市役所につめ、前日の順序で繰り出し、国分町、大町四丁目に出て、大町五丁目、新伝馬町、名掛丁をへて停車場（仙台駅）にいたる。停車場よりは各渡物（山鉾）が適宜に練り歩いた。

一八八七年一二月に上野・塩竈間の東北線が開通し、仙台駅が開業すると、行列の経路に仙台駅が新たに加わることになった。また日清戦争以降の招魂祭では、仙台第二師団各部隊の作り物や参拝のための軍隊の行列が、渡物の行列と比肩できるほどの重要な役割をしめていくようになった（図４）。

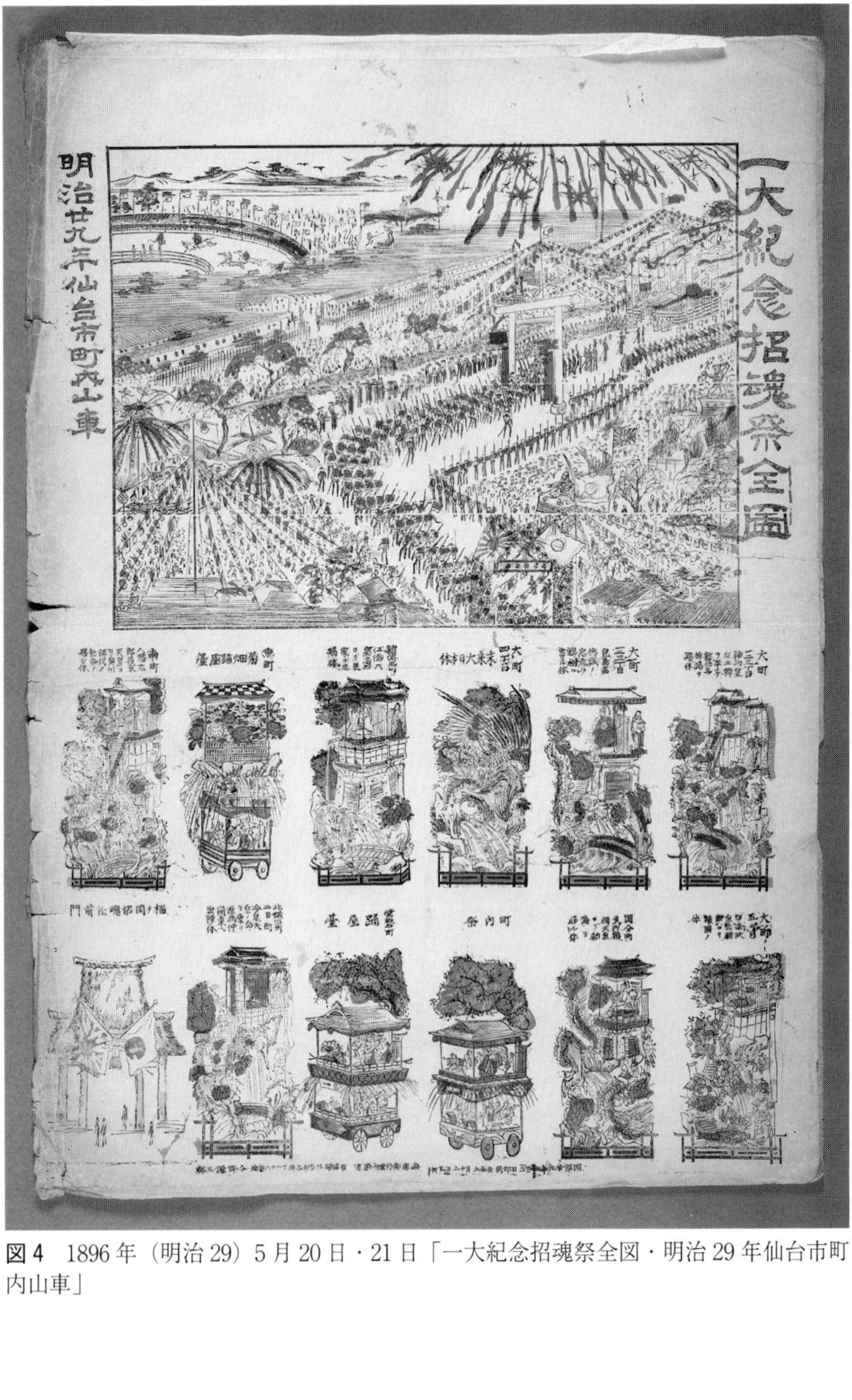

図4　1896年（明治29）5月20日・21日「一大紀念招魂祭全図・明治29年仙台市町内山車」

六　仙台開設三百年紀念祭の渡物と行列

一八九九年（明治三二）の「仙台開設三百年紀念祭」は、五月二三日・二四日に仙台城跡本丸（天主台）と本丸の涯下、広瀬川の西側の川内練兵場（追廻練兵場）を会場に開催された。一六〇〇年（慶長五）に藩祖伊達政宗が仙台に遷城してから三〇〇年となるのが一八九九年であった。また藩祖政宗を祀る青葉神社の祭礼が五月二三―二五日であることから五月二三日・二四日が選ばれた。旧仙台藩士などが真っ先に唱え出し、旧仙台藩領内の地域は一致して、「仙台開設三百年紀念祭」の開催を市民がみな賛成したという。旧藩主伊達伯爵の令嗣伊達邦宗を総理に、宮城県会議長遠藤庸治を委員長、仙台市長里見良顕が副委員長、旧藩関係者による委員で準備を進めた。

神輿渡御行列は、五月二三日午前六時に青葉神社を出発し、旧奥州街道の通町、北鍛冶町、二日町、国分町、大町をへて、仙台大橋を渡り、川内の仮神殿に到着した。このとき各高等官、旧藩士有志、学校生徒一同、総理伊達邦宗、委員長などが奉迎し、宮城音楽隊、少年音楽隊、東北音楽隊は国歌を吹奏して迎え、午前一〇時より祭式が行われた。

一八九九年『仙台開設三百年紀念祭誌』によれば、五月二四日午前七時には神輿渡御行列、束帯衣冠行列が祭場を出発し、大町頭（桜ヶ岡公園の東南側）より大町一丁目・二丁目・三丁目を通り、芭蕉の辻から旧奥州街道の南側に入る。その道筋は南町から柳町をへて、北目町、上染師町、そして田町から東へ入り荒町を通り、南鍛冶町から南へ入り、穀町を通り新河原町の観水楼（広瀬橋の手前）で休憩の上、元の道筋を荒町までもどった。ここからは仙台停車場に向かうべく清水小路を通り停車場（仙台駅）前に出て、新しい駅前商店街・繁華街である名掛丁、新伝馬町、大町四丁目・五丁目をへて、国分町よりは前日の往路をもどり、旧奥州街道の二日町、北鍛冶町、通町を通り北山の青葉神社に帰着した。

余興は、競馬、自転車、花火、渡物（山車、屋台）、緑門、能楽、撃剣、剣舞などが行われた。仙台祭の渡物を再現した山車および屋台は、町内からは①大町四丁目「青葉城竣工」、②二日町「征韓出陣」、③南町「青葉城経営」、④北鍛冶町「牡丹畑」、⑤大町五丁目「支倉常長遠征」、⑥国分町「六孫王賜源姓」、⑦新伝馬町「朝鮮征伐凱旋」、⑧名掛丁「中納言拝任」、⑨南田町「朝鮮出陣」、⑩肴町「大蛸」など一〇台に加え、個人では大町四丁目小間物商菅田しげ、桜ヶ岡公園挹翠館の針生惣助など二台が街頭に飾り付けられた。

おわりに

近代に再現された仙台祭の渡物は、高さの巨大化と行列の経路の変化と拡大をともないつつ、権力者の祭りから町民の祭りへ、町民の祭りから市民の祭りへと展開するかにみえたが、しかし、現実はそうならなかった。

一九二九年の商工記念日に名掛丁の渡物（山鉾）が登場したことと、かつての渡物の担ぎ手を輩出した旧宮城郡泉嶽村（現仙台市泉区）の「かつぎ祭り」などにその名残が見られたことなどを除くと、一八九九年の仙台開設三百年紀念祭を最後に、仙台の祭礼に登場することは、ほとんどなくなったといえる。近代仙台の軍官民統合の象徴的役割を果たした渡物と行列は、対立・競合・淘汰・包摂の過程で一定の政治的な役割を終えると同時に、他方では地域文化としての役割を近代の市民に継承することを果たせないまま、消滅してしまうことになる。

近代の渡物は仙台市内からは消滅してしまうが、旧仙台藩地域の登米《とよま》秋まつり（現・登米《とめ》市）、河南町鹿嶋ばやし（現・石巻市）、くりこま山車まつり（現・栗原市）など、各地の山車祭りの中には継承されていった（佐藤　一九九九）。

仙台市内において渡物が山鉾として再興されるのは、一九八五年（昭和六〇）の藩祖伊達政宗三五〇年祭にあわせた瑞鳳殿など三霊屋（仙台空襲にて焼失）の再建と、青葉まつり協賛会による新しい仙台・青葉まつりの開催の中で、かつての渡物を新しい形で再興した山鉾（台輪が渡物を踏襲したといわれる）が登場する一九八七年（昭和六二）まで待たなければならなかった。そしてそれは渡物（山鉾）をともなう、さらには仙台藩祖伊達政宗にまつわる「歴史都市ものがたり」の創作を加えつつ展開される、現代における新しい市民祭りの始まりでもあった〔佐藤 二〇一三〕。

参考文献

伊藤清次郎「維新前の仙台祭の話」『仙台郷土研究』第六巻第六号、一九三六年
稲雄次「仙台東照宮祭礼再考」『北方風土』五五号、二〇〇八年a
稲雄次「仙台・青葉まつり——続仙台東照宮祭礼再考」『北方風土』五六号、二〇〇八年b
植木行宣『山・鉾・屋台の祭り——風流の開花』白水社、二〇〇一年
大島建彦「信仰と年中行事」『日本民俗学大系』七、平凡社、一九五九年
折口信夫「髯籠の話」「幣束から旗さし物へ」「まといの話」「だいがくの研究」「盆踊りと祭屋台と」『折口信夫全集』第二巻、中央公論社、一九五五年
久留島浩編『行列にみる近世——武士と異国と祭礼と』国立歴史民俗博物館、二〇一二年
黒田日出夫・ロナルド・トビ編『行列と見世物』（朝日百科日本の歴史別冊九号）朝日新聞社、一九九四年
小井川和夫「仙台祭についての覚え書き」『東北歴史博物館研究紀要』二、二〇〇一年
小西利兵衛編『仙台昔話電狸翁夜話』、一九三三年（初版は一九二五年）
齋藤鋭雄「忠宗の政治」『仙台市史通史編三・近世一』一八四—二〇六頁、二〇〇一年
佐藤雅也「宮城県における山・鉾・屋台を主体とする祭礼行事」『仙台市歴史民俗資料館調査報告書』第一八集、一九九九年
佐藤雅也「仙台地方の正月儀礼——正月迎えの切紙を中心に」東北芸術工科大学東北文化研究センター『研究紀要』三、二〇〇四年
佐藤雅也「近代仙台における庶民の生活暦（二）」『仙台市歴史民俗資料館調査報告書』第二五集、二〇〇七年
佐藤雅也「近代仙台の慰霊と招魂——戦死者祭祀の変遷」『仙台市歴史民俗資料館調査報告書』第二七集、二〇〇九年
佐藤雅也「誰が藩祖伊達政宗を祀るのか」高木博志編『近代日本の歴史都市』思文閣出版、二〇一三年

伊達慶邦『やくたい草』、一八七三年
中野光浩「仙台東照宮祭礼の歴史的特質について」『地方史研究』二六一、一九九六年
三原良吉「維新後に於ける仙台祭」『仙台郷土研究』第六巻第六号、一九三六年
宮城県神社庁『宮城県神社名鑑』一―二頁、一九七六年
守屋嘉美「近代社会のなかの宗教」『仙台市史通史編六・近代一』三八三―三八四頁、二〇〇八年
渡辺浩一「寺社と門前」『仙台市史通史編四・近世二』二三五―二四〇頁、二〇〇三年

Ⅳ　行列の比較

11　東寺本『弘法大師行状絵巻』の灌頂行列図

藤原重雄

はじめに

中世の絵巻には、行列を主題化した長大な画面が含まれていることがある。高貴な人物の出行や儀式に際しては、行列を整えるために文字による鹵簿図や行列の指図が作成され、それが名簿（交名）の役割をも果たしていた。こうした実務性を備えた広義での文書が、絵画としての行列図の制作にも関係していた。とりわけ、行列を見物して点呼する際に行列の指図を用いる宮廷社会における慣行は、行列の絵画に人物の肖像画（似顔絵）をはめ込む趣向へ展開したものと考えている。本章では、行事の故実・規範となる記録・儀式書から絵巻の制作への流れを具体的に知ることができる珍しい事例を扱う。これは文献史学の研究素材と美術史学の対象との接点ともなる。

南北朝時代を代表する絵巻のひとつに、東寺（教王護国寺）所蔵の『弘法大師行状絵巻』全一二巻がある。公武の帰依と支援も得て、密教の興隆と教学の復興が図られるなか、弘法大師生誕六百年にあたる応安七年（一三七四）に制作が開始され、康永元年（一三八九）に完成した。具体的な制作背景が明確に分かる中世の絵巻はそう多くないが、その過程や絵師の分担などに関する周辺史料が比較的豊富である点でも貴重である。とりわけ以下で扱う巻一一第一段「東寺灌頂」（図1）については、別に個人蔵の草稿本（下絵）（図2）が伝わっており、文献史料とも絡めて既に諸先学の紹介・論究がある。それらに依拠しながら、絵巻制作の素材を探ってみたい。

一　宮次男氏による下絵の紹介と近年の研究

草稿本を詳しく紹介した宮次男氏は、東寺本『弘法大師行状絵巻』との比較に加え、典拠として東寺の寺誌である『東宝記』が重要な役割を担ったと指摘し、故実に則った絵を制作してゆく過程を論じた。この草稿本一巻は、巻一一第一段「東寺灌頂」の絵の前半部に相当するもので、後欠があるものの、行列全体のかなりの部分が残り、十四紙を継いで全長三メートル強になる。廻廊を行列して進む人物像を、白描（墨画）でラフに描き、人名や役割・人数の文字注記を入れ、修正を加えた痕も認められる。稿本であることは明瞭で、一四世紀に遡るこうした事例は数少ない。

この「東寺灌頂」の段は、空海入定後（八三五）の出来事を扱っている。承和一〇年（八四三）、空海の弟子で東寺長者の実恵は、東寺に灌頂院を造営し、国家的な規模の灌頂儀礼（伝法灌頂・結縁灌頂）を行うことを朝廷に奏請した。これが許され、一二月一三日、真紹に伝法阿闍梨職位を授け、これが東寺における具支灌頂の始まりとなった。「東寺灌頂」段の絵では、この記念すべき出来事を、前半には灌頂院に向かう長い行列にて、後半には灌頂院での儀式の最中に空海が影向した奇瑞を描いている。紙数にして計一〇紙、前半の行列本体を短くとっても六紙強ある。巻一二第一段「仙院臨幸」では、白河院の高野山御幸の行列を約一〇紙にわたって描いており、東寺本『弘法大師行状絵巻』のなかではそれに次ぐ規模の長大な画面といえる。行列の図が絵巻のなかに取り込まれる一因には、こうした長い画面を先行作品の転用によって比較的容易に構成できることが考えられる。しかしながら「東寺灌頂」の行列の絵については、単に先行する絵画を引用・転用して描くことよりも、故実の検討を踏まえて新たに作成された要素の大きいことが、草稿本や文献史料との比較から想定される。

　宮氏は、東寺本『弘法大師行状絵巻』「東寺灌頂」段の詞書を検討し、それが観応三年（一三五二）に一旦完成した東寺の寺誌『東宝記』を原典としていると推定し、絵についても草稿本を手がかりにその可能性を論じた。紙幅の都合で詳しくは宮氏の論文を就かれたいが、草稿本を『東宝記』第四・法宝上に収録される「寛信法務記」の行列次第・色衆交名と照合し、相当程度の一致を見ることを確認している。草稿本には複数の手による訂正が入っており、完成本の絵師・巨勢行忠による下絵に、数名による厳密な校訂を経て制作されたとする。そして制作過程における巻一一の書き直し（中務少輔久行が描いたものを行忠に描き直させた記事がある）からみて、東寺にとって「東寺灌頂」段が重要であったことを指摘している。ただし草稿本には、『東宝記』のみでは判明しない内容が含まれており、いまだ不詳文献が典拠として存在することにも留意している。

　近年になって新見康子氏は、東寺本絵巻の制作過程の全体について、史料の読み直しと発掘を通して整理しなおし、応安七年に絵巻制作の担当奉行となった賢宝が、絵巻詞書の編纂にむけて伝記諸本や史料を参照して決定的な大師伝たる『弘法大師行状要集』を執筆し、それが詞書の基礎となったことを明らかにした。宮氏の『東宝記』の書誌的理解についても修正を加えて、『弘法大師行状要集』が絵巻「東寺灌頂」段、ひいては『東宝記』にも影響を与えたと判断している。さらに西弥生氏は、絵巻「東寺灌頂」段について、賢宝の立場・思惑を明らかにする方向で分析を深め、特に後半部の大師影現をとりあげた点に、東寺の優位性を強調しようとする意図を読み込んでいる。いくつか重要な知見を踏まえての論であるが、行列の絵の典拠、また賢宝『弘法大師行状要集』の記述の典拠ともなった史料は、『真紹僧都伝法灌頂記』（『東寺最初具支灌頂記』）と指摘する。宮氏が不詳文献とした史料は、この真紹の伝法灌頂記に相当する蓋然性が高い。以下は、結論的には西氏の指摘を追認するものであることをお断りしておきたい。

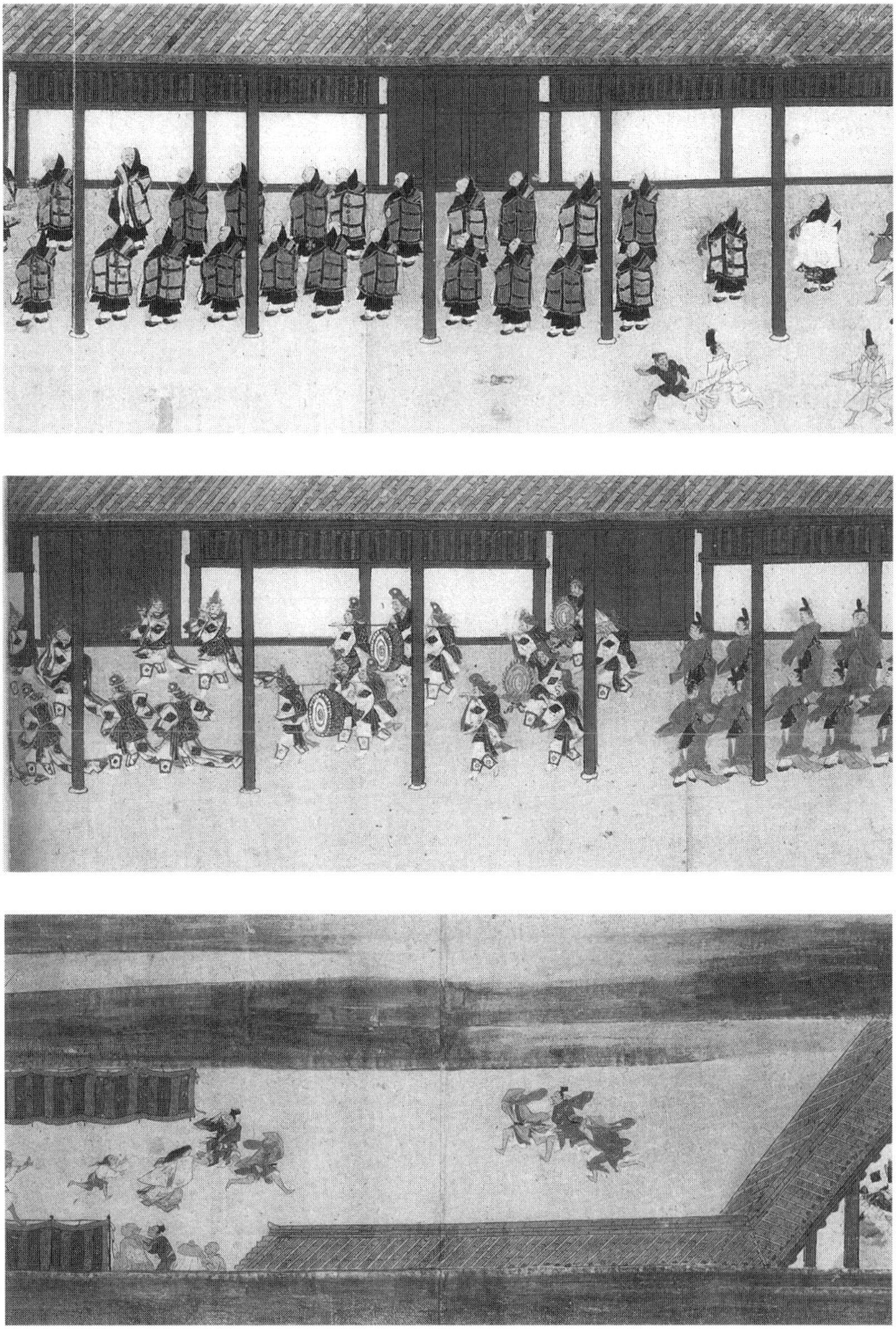

図1 『弘法大師行状絵巻』巻一一第一段（全）（東寺蔵）

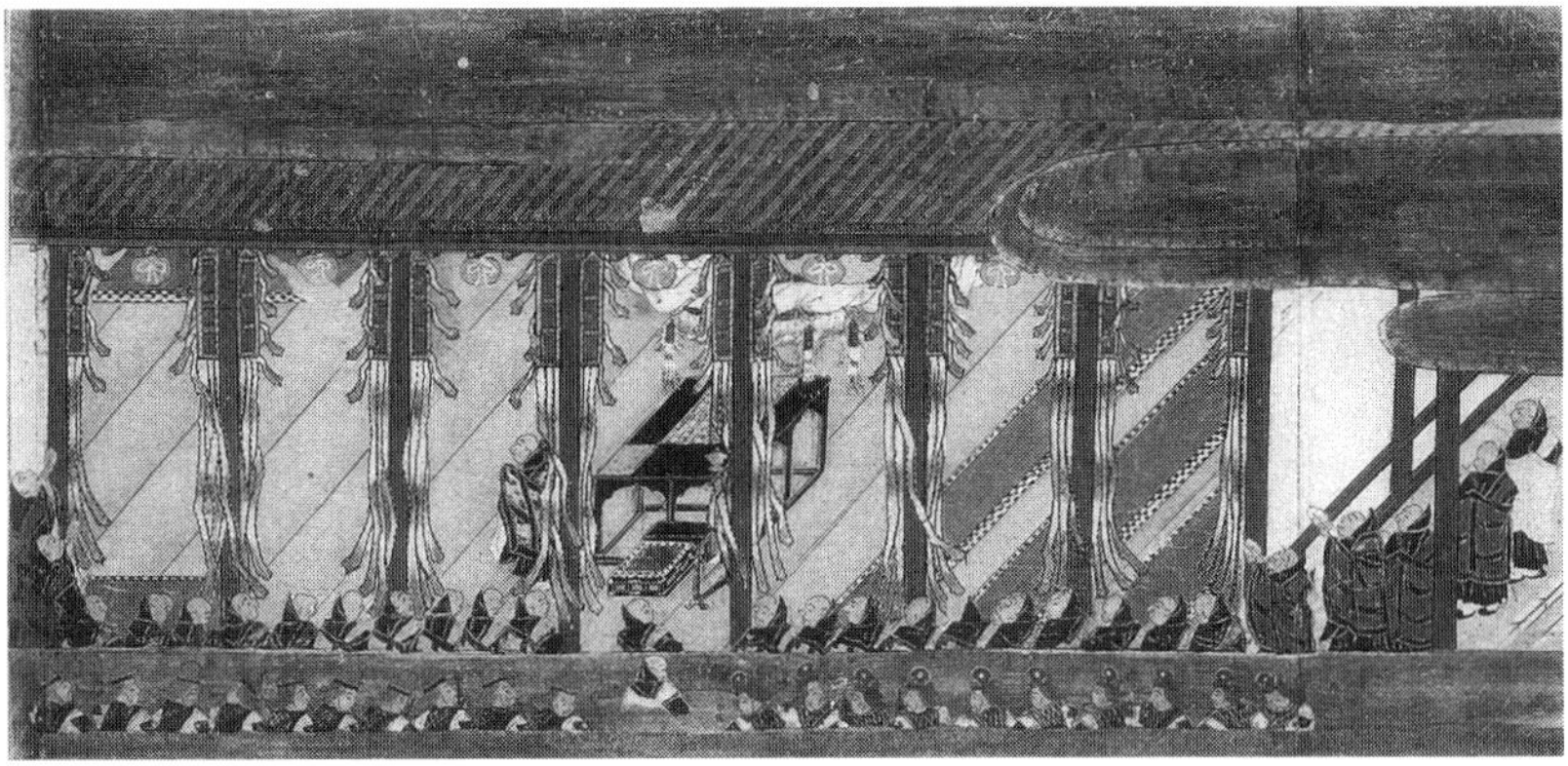

図 1　（つづき）『弘法大師行状絵巻』巻一一第一段（全）（東寺蔵）

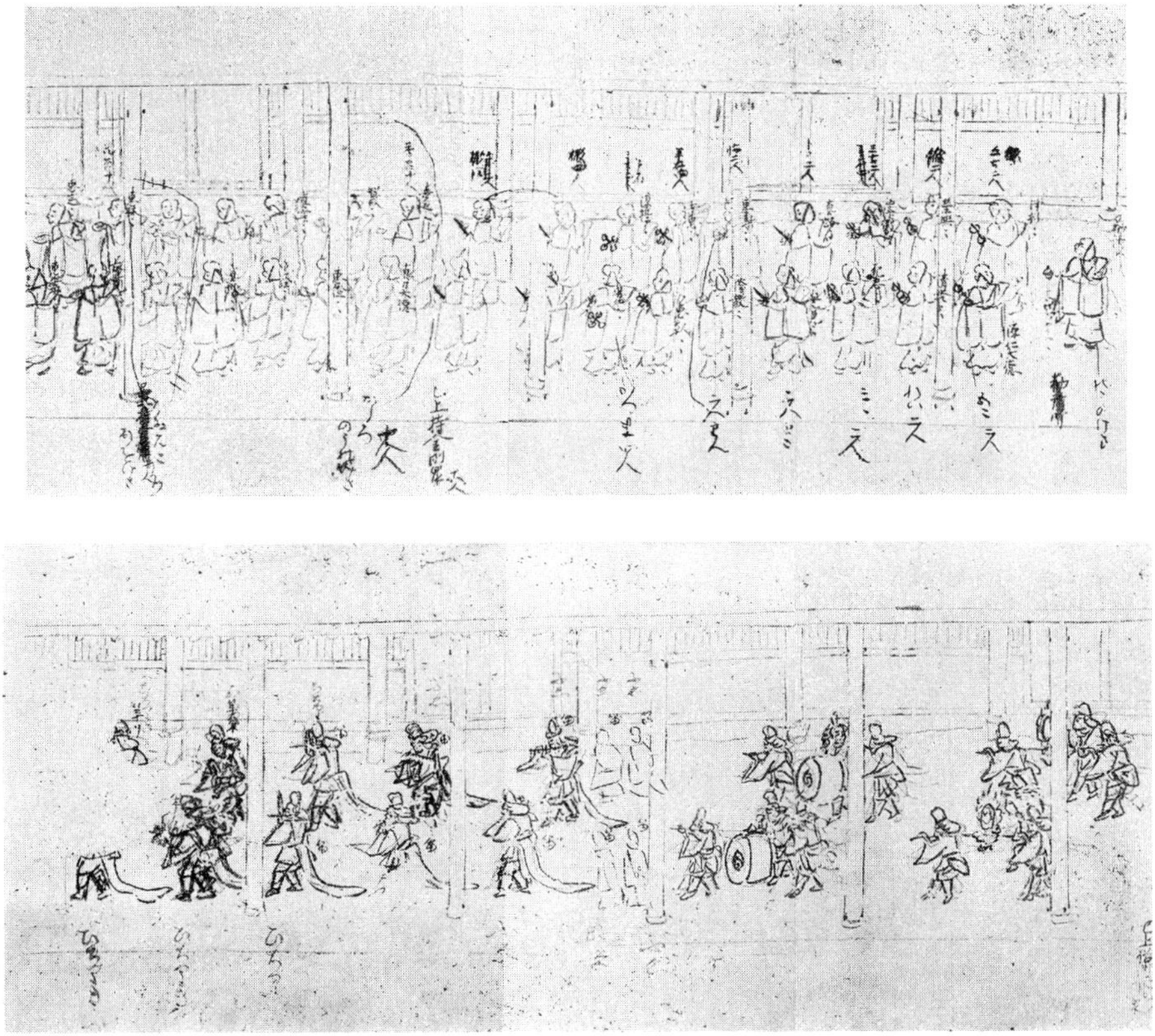

図 2　『弘法大師行状絵巻』草稿本（個人蔵）

二　観智院本『東寺最初具支灌頂記』——より直接的な素材

「東寺灌頂」段の主題である真紹への伝法灌頂については、詳しい記録が残されており、早くに翻刻もなされている。『弘法大師諸弟子全集』上（一九四二年、一九七四年大学堂書店復刊）には、『東寺最初具支灌頂記』として、東寺観智院所蔵の応安三年（一三七〇）賢宝自筆書写本を底本に、仁和寺所蔵照道僧正書写本を以て対校し、『東宝記』・『続弘法大師年譜』（『真言宗全書』三八・『弘法大師伝全集』六）を参照して校訂を加えている。ここでいう観智院本は、京都府立総合資料館編『東寺観智院金剛蔵聖教目録』（一四冊二七頁）にみえる『東寺最初具支灌頂記』一巻（一九九箱九）が該当する。まず『目録』によって書誌を転記する（読点・人名注を加えた）。

○南北朝時代応安三年写、訓点（ナシ）、巻子本、楮紙、縦二八・七、横三五二・〇、八紙

〔外題〕東寺最初具支灌頂記承和

〔内題・尾題〕（ナシ）

〔奥書〕久安六年五月十六日、於高野山書了、

一交了、之本

本奥云、／以成蓮院（兼意）本書之云々、　（以上本奥書）

応安三年三月廿一日、以随心院経蔵本書写了、

尤可秘蔵之也、　明徳五年二月日、以勧修寺本比交了、

（賢宝）生卅七、

一校了、

全巻の内容を確認できていないが、京都府立総合資料館架蔵の調査用写真（巻首・巻末のみ、古集古S三〇八）によって若干情報を加えると、本紙端裏書に「東寺最初灌頂日記承和　賢宝」、本文には天地各一本の墨界があり、巻首には玄蕃寮牒がみえ、巻末には行列指図の末尾「豊助御沓、・貞雄清履、／峯主水瓶、・春貞木履、」があり、奥書は「尤可秘蔵之也、」までが賢宝による一筆とみられ、明徳五年（一三九四）に校合識語が追記されている。巻首・巻末からは、全文が賢宝の書写と見なしてよさそうである。

『弘法大師諸弟子全集』で対校本に用いられた仁和寺本は、翻刻の校勘記によると、観智院本の前半部である玄蕃寮牒（承和一〇年一一月二六日、伝法灌頂・結縁灌頂を東寺にて行うことを伝達する）・東寺挙状（同一一月二七日、真紹に伝法職位を授ける）・太政官牒（同一二月九日、同前）などの文書の引用がなく、後半部の式次第・交名・行列指図（字図）のみであるという。寛徳三年（一〇四六）頼尊写の本奥書があり、安政五年（一八五八）尊賢（『石山寺の研究』深密蔵聖教篇上、三十九函一三号「真紹灌頂行事記」が相当するか）、同年照道と転写されている。

西氏が参照したのは、醍醐寺所蔵『真紹伝法灌頂記』一巻（一二〇函一〇号）で、総本山醍醐寺編『醍醐寺文書聖教目録』六（勉誠出版、二〇〇三年、四九九頁）および東京大学史料編纂所架蔵写真帳［6171.62-45-510］によると、江戸中期写本の写本で、観智院本の奥書に続けて「永和四年、『二月十七日』（補入）於東寺書写之了、相覚之本」とあり、観智院本を永和四年（一三七八）に書写したものを祖本（能満院所蔵『東寺最初具支灌頂記承和』東京大学史料編纂所架蔵写真帳［6170.65-10-3］がそれに当たろう）としている。観智院本の明徳五年（一三九四）の比校奥書はなく、それ以前に転写されたものに拠っている。

『東寺最初具支灌頂記』に収められた行列指図（図3）は、一見して絵巻の行列図との関係を直観させるものであ

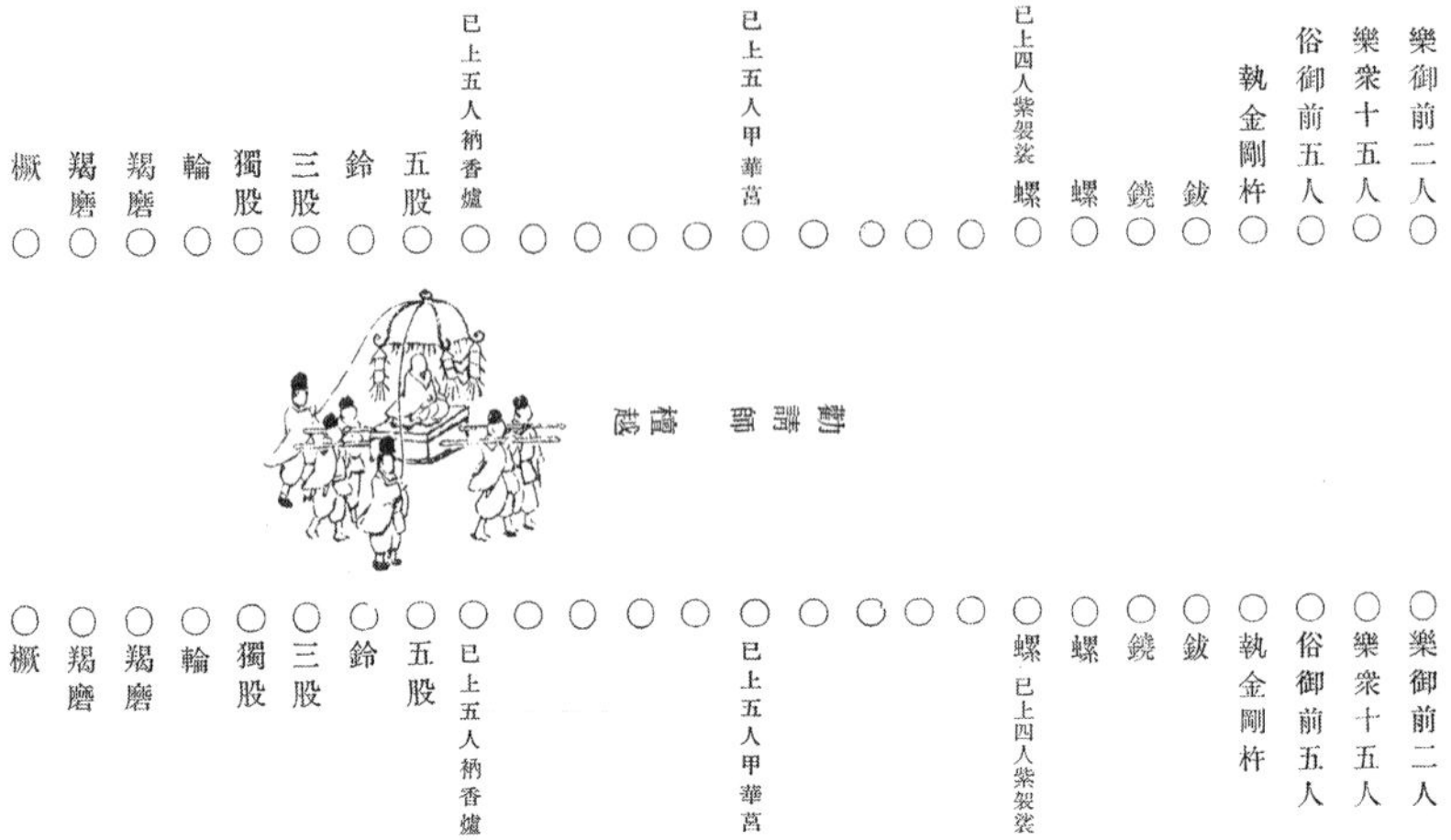

る。とりわけ絵画的に表現された大阿闍梨の乗る輿は、絵巻草稿本へと結びつくものだろう。若干の問題点は後述するが、『東寺最初具支灌頂記』を参照することで、行列の位置関係を平面図として文字で表現した指図にもとづき、進行方向を左右反転させて行列全体の隊列構成（並び方を含む）を把握し、交名によって人名を当てはめ、式次第（あるいは「寛信法務記」）から注記を加えるという、絵巻草稿本の制作プロセスを想定することができる。

三　その他の『東寺最初具支灌頂記』写本と「寛信法務記」

観智院本『東寺最初具支灌頂記』は南北朝時代の写本であるが、これよりも遡る写本が存在するので、現在分かる範囲で簡単に触れておく。

神奈川県立金沢文庫保管の称名寺聖教『伝法灌頂記 真紹・大御室』一巻（二三二箱一〇）は、外題は釼阿筆「伝法灌頂記 真紹・大御室」、奥書「一交了、正安二年

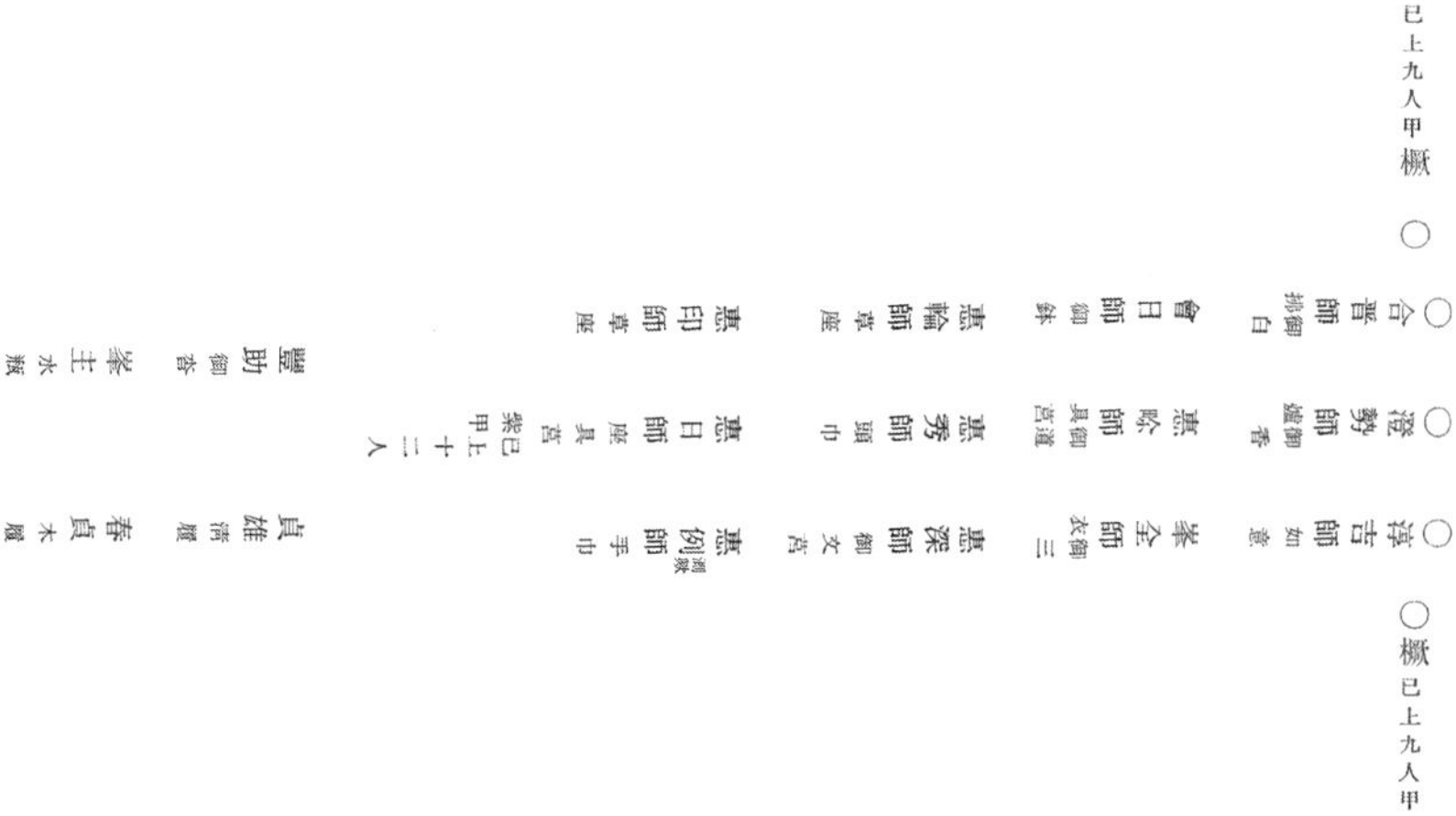

図3　『東寺最初具支灌頂記』所収の行列指図（『弘法大師諸弟子全集』上）

（一三〇〇）七月十五日、於覚園寺僧坊書写了、求法比丘浄雅」とあって、鎌倉時代の写本である。神奈川県立金沢文庫編『仁和寺御流の聖教』に部分図を二図掲載して真紹灌頂の行列指図も載り、福島金治氏による翻刻・解題がある。ただし、本書の全体については詳しく触れられず、真紹灌頂記には言及がなく、大御室（性信法親王）灌頂記についてのみで、真紹灌頂記には言及がなく、これまで気づかれにくかったのかも知れない。他に『国書総目録』には、『真紹僧都御灌頂記』一軸として、高野山大学図書館本（建武元年〔一三三四〕写、特20カ金44）・高野山真別所本（Eシ真34）が載るが未調査である。

『東寺最初具支灌頂記』の内容は諸書に引用されることも多い。例えば、鎌倉時代後期の血脈を基礎として、室町時代に印融が編んだ『血脈類集記』二（『真言宗全書』三九）には、『東寺最初具支灌頂記』の冒頭「玄蕃寮牒」を除いた全部分が転載されており、『真言宗全書』翻刻の校異によれば、行列指図のうち阿闍梨の乗輿の図を描かない写本があるものの、撰者の参照した先行する血脈類に灌頂記が包摂されていたと考えられる。また加えて、『東宝記』で「寛信法務記云、行列次第」とある部分は、同じく『血脈類集記』にも真紹の灌頂の記述の中で、「行列作法是具支灌頂始也、」として引用されている（但し末尾を「已上一百八人」とする）。『東寺最初具支灌頂記』は単行の記録としてよりも、灌頂記や血脈の類には、裏書のような形で、行列次第・交名・指図がセットとして利用されていた可能性は高い。

例えば観智院金剛蔵聖教『伝法灌頂相承略記』（又別二十五箱五）は、京都府教育委員会編『東寺観智院金剛蔵聖教の概要』（一九八六年、近藤泰弘執筆）によれば、正治二年（一二〇〇）写で成賢筆とみられるもので、見返識語「写本云、件血脈者、先師成蓮院（兼意）記也、但面朱付幷裏書等私多加之、次第違乱、必可再治之、又端二枚天竺支那血脈流々同私加之、応保三年（一一六三）三月廿日　心覚記之、」から、兼意撰・心覚増補になるもので、『血脈類集記』に引く「常喜院大血脈」に相当する。実恵から恵運・真紹の二人を釣り、「行烈作法」として真紹灌頂の行列次第を引用する（湯浅吉美氏による全文翻刻）。ただし最末に総人数の記載がなく、「具在別式、」と注する。この血脈には、以降の灌頂についても行列作法などを引用している。また、仁和寺『真言伝法灌頂師資相承血脈』上（黒塗手箱甲下段二―一）にも同じようにある（『仁和寺資料』第四集）。

また『東寺最初具支灌頂記』の翻刻では、校訂に『東宝記』が参照され、『東宝記』が引く「寛信法務記」の記述について「此等ハ皆今ノ灌頂記ニ依テ記スル者ナリ」としているように、両者の関係は既に推測されていた。さらに踏み込んで、『東寺最初具支灌頂記』そのもの、ないしはその後半部を「寛信法務記」と見なす可能性も浮上する。勧修寺法務寛信（一〇八四―一一五三）は藤原為房息で顕密に通じ、多くの著述をなした。しかし寛信編纂の典籍の全体像はいまだ明確でなく、「寛信法務記」は他の灌頂記・血脈・長者補任などとも考えられ、ここでは覚えとして記すにとどめる。

というのも、例えば『東寺観智院金剛蔵聖教目録』（一九冊二五八頁）には、『東寺結縁灌頂記法務』一巻（特四箱八）

がある。京都府立総合資料館架蔵の全巻の写真帳（古集古S三〇六）を参照して、目録に私見を加えて書誌を掲げる。

○南北朝時代文和三年写、朱点（仮名・ヲコト点・円堂点・節博士・南北朝時代）、巻子本、斐紙、縦二七・一、横六八〇・〇、一七紙

〔表紙外題〕東寺結縁灌頂記法務　杲宝（賢賀筆）

〔本紙端裏〕東寺結縁灌頂記法務　※本紙と表紙をまたがって紙背に「杲宝」とあり。

〔内題〕結縁灌頂伝来次第　※冒頭の項目名と解すべきか。

〔奥書〕文和三年（一三五四）七月廿八日、書写校合畢、寛信勧修寺経蔵本／法務記云々、尤可秘蔵之矣、／権少僧都杲宝／（別筆、賢宝筆カ）『此記北院御室作法集中被書載、始終全同也、』

〔奥修補紙識語〕（賢賀筆）右法務御記、鼻祖之筆跡尤可為／秘蔵也、加繕装収秘箱底了、／寛延第三庚午（一七五〇）霜月朔日僧正賢賀俗歯六十七

全文が杲宝筆である。この結縁灌頂記と対になるような、寛信の編んだ伝法灌頂記があったことは考えられる。今後の文献探索・検討の手がかりとして記しておく。

四　記録と絵巻との異同

宮氏が不詳文献に拠ったとする部分は、絵巻草稿本に記されているが、『東宝記』からは不明な人名注記などである。とりわけ、行列の後方に続く「御徒沙弥十二人」と「御童子四人」の名前と持ち物は、『東宝記』には具体的な

記載がない。これらは大阿闍梨の弟子で、その法具などを携えて従う者たちであり、色衆よりも下に位置づけられる参列者たちである。『東寺最初具支灌頂記』では、行列指図の末尾に並び方に従った配置で交名を記しており、草稿本はこれにもとづいている。

ところで、『東寺最初具支灌頂記』の写本のうちでは、行列に加わる「用人」の人数が若干異なっている。観智院本・醍醐寺本は「凡用人百二人」、翻刻の校注によれば仁和寺本は「百十二人」という。書写年次として遡る金沢文庫本や『血脈類集記』所引部分では、「行列作法」でも「色衆交名」でも「百八人」とする。『東宝記』では「色衆交名」末尾に「凡用人百二人已上具在別記、」と注記し、「寛信法務記云、行列次第」では人数総計がなく、次のようになっている。

楽御前四人　楽衆卅人　俗御前十人　執金剛二人　鈸二人　鐃二人　螺四人　讃衆廿人
持金剛十八人取道具、已上二行列之、　勧請師　受者已上二人、在讃衆中央、　阿闍梨在持金剛中央、乗輿、執蓋、　阿闍梨弟子沙弥二十四人持如意等物、三行列之、
所作人讃頭真然左、・恵峯右、已上■■■■■、

「用人」すなわち召し使う者は、このうち勧請師・受者・阿闍梨・所作人讃頭（讃衆の人数に含まれる）を除いた合計の百四人になる。これに末尾の童子四人を加えると百八人になる。「色衆交名」にあるのは、讃衆二〇人（実際には祖本に虫損があって一七名分）、持金剛一八人（実際には『四人不足可記之』と注記があって一四人分）、鈸二人、鐃二人、螺四人の四六名である。ここでは俗人・楽人が略されているが、法体のうちでもその先頭に来る執金剛二人が交名中になく、「行列次第」一〇四人と「色衆交名」一〇二人との二名のずれはここに起因するようである。絵巻では行列指図に従っており、執金剛二人を含めて描いている。ちなみにこの執金剛二人の袈裟の色が、絵巻の草稿本と完成本と

の唯一の違いであると宮氏は指摘している。『東宝記』のみならず、『東寺最初具支灌頂記』の行列指図でも、袈裟の種類や人名が不明であり、最終的に識者の判断により決したのだろう。

さて、絵巻と『東寺最初具支灌頂記』との大きな違いは、楽人の末尾に位置して俗御前の前に配される、太鼓を枴《おうご》に吊り下げ、また鉦鼓を担いで打つ三人組の楽人四組の扱いである。行列指図や「寛信法務記」の行列次第と照らし合わせて強いて対応させると、冒頭の「楽御前四人」（楽御前二人の二列）に当たろうか。また草稿本では、この前に笛の四人が後筆で挿入されており、完成本もそれに従っている。さらに絵巻では、楽人の奏する楽器を描き分けているが、『東寺最初具支灌頂記』でも楽器の配列順序までは記されていない。手持ちする小鼓（鞨鼓・摺鼓・三鼓など）・笙・篳篥・笛・太鼓・鉦鼓と行列する事例が広くあり、これに則ったものであろう。「楽御前四人」との齟齬については理由を明確に出来ていないが、絵巻が制作された段階でのあるべき姿が細部の描写に反映されたものと考えておく。やはりはるか古えの行列の様を絵画化するには、記録のみでは限界があり、先行する絵画が参考にされたのであろう。

もうひとつ、行列における並ぶ順番と、交名における序列との違いも注意しておこう。交名では臈次にもとづく序列で記されることが優先するため、そのまま単純に行列次第に名前を落として並べても、絵巻草稿本のようにはならない。行列する際のしかるべき規範により、人物を並べ直して絵巻は描かれている。そして現実の儀式一般においても、交名を解釈して整列することで、行列は営まれていた。そうした作業をあまり必要としない、行列の隊形そのままに人名を記す行列書（巻子・続紙の形状に合わせて文字が紙の水平方向に書かれる）は、近世史料のなかでは珍しくない。しかし一五世紀ごろまでの範囲では、とくに大規模な行事における行列書は、何故かほとんど残っていない。『東寺最初具支灌頂記』の行列指図の末尾は、もし承和の時点で書かれたものそのものであるとすると（後世の説明図と考える余地がある）、かなり早い事例となる。平安時代に遡る文字・記号の配置による行列指図としては、観智院金剛蔵聖教に『東寺舎利記康和五年』一巻（一三二箱七）がある。これは一一〇三年に東寺で行われた曼荼羅供の記録で、源俊明が作った式にもとづき、貞治六年（一三六七）に賢宝が書写している。これには個人名は入らず交名ではないが、人の配置を丸印などで表現して役割を注記する（宮内庁書陵部所蔵九条家旧蔵本『東寺舎利会記』一冊［九-5095］は、近世写本で行列指図を縦書きに直して書写している）。行列者は公家史料にいくらでも確認できそうであるが、実際にはこうした分かりやすい事例が東寺の史料に残されていることには留意される。

行列の絵とは離れるが、もう一点、東寺本『弘法大師行状絵巻』「東寺灌頂」段の制作との関わりを想定しうる史料として、『東寺観智院金剛蔵聖教目録』（一五冊一四〇頁）に載る『本朝最初灌頂事』一巻（二二九箱六）に触れておく。京都府立総合資料館架蔵の調査用写真（古集古S三〇八）にて、全三紙の内の二紙分が確認できる。この史料が注目されるのは、奥書に「康暦二年（一三八〇）四月廿五日、就或人尋注記之、賢宝」とあることで、東寺本『弘法大師行状絵巻』制作の最中に記されたことである。賢宝が「或人」と曖昧に記した諮問者が不明なのは残念で、その想定は著者の見識の及ぶところでない。内容面では、直接に絵巻詞書の詞章と重ならないものの、絵巻制作のなかで事実関係の確認や関連して浮上してきた歴史への関心に対応するものと考えてみたい。絵巻の巻一一の書き改めの時期について示唆するとまで評価するのは、憶測が過ぎようか。

五　行列の舞台

さてこの長大な行列が進むのは、屋根のかかった片面が壁の吹き放ちの廻廊のようなところであり、この点についても新見康子氏が具体的に指摘している。すなわち、中門と金堂を囲む廻廊で、大阿闍梨実恵らが西院を出発し、金堂の西側の廻廊を経て灌頂院へと進むところである。絵巻に描かれた廻廊には、緑色の連子窓が続き、連子二間おきに朱の板扉が配されるが、京都国立博物館所蔵阿刀家伝世資料「東寺伽藍指図」（図４）には、扉は廻廊南北方向の中程に一箇所のみ描かれているので、画面の変化をもたせるために描き加えられたものと指摘する。この指図は、細部での記録との対照から、明徳元年（一三九〇）以降、文明一六年（一四八四）以前の状況を描いたものと考証されている。講堂を囲む僧房や、さらにその外側を囲む廻廊（大馬道廻廊）は柱跡のみであるが、金堂前庭を囲む廻廊はまだ建っていた状況を描くようであり、室町時代に金堂廻廊が顚倒する以前の様子を伝えているが、絵巻でもそうした実際の姿を念頭に描かれたと思しい。さらに灌頂院東門については、絵巻に描かれた建築のなかで唯一現存し、部材の細部は異なっているが、四脚門としての概観が対応していると新見氏は指摘している。

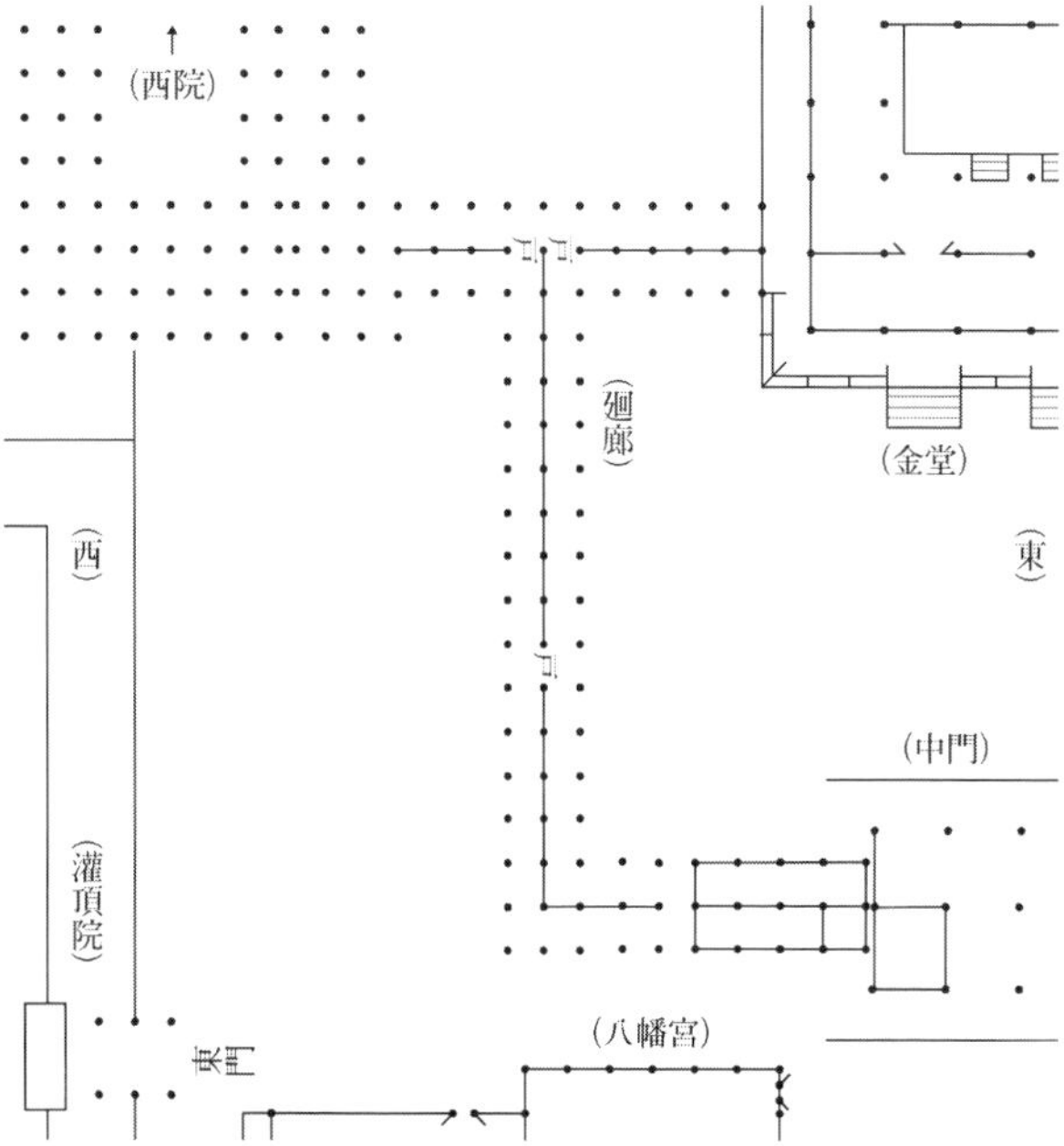

図４　東寺伽藍指図（部分模式図，原本：京都国立博物館蔵）

　この行列の道筋については、鎌倉時代の伝法灌頂の指図（図５）が参考になる。金沢文庫所蔵のこの指図は、上野勝久氏によって徳治三年（一三〇八）の後宇多院の伝法灌頂と関わりがあるとされた。金堂から灌頂院へと莚道が敷かれたところを見ると、金堂西側廻廊の外側を南行し、八幡宮の築地塀に当たって西に折れ、直進して灌頂院東門に至っている。絵巻詞書に「西院より列を整え、大馬道より灌頂院に入る」とあるように、西院から灌頂院へと到る行道が、この指図と同じく廻廊外側を通ったのであれ

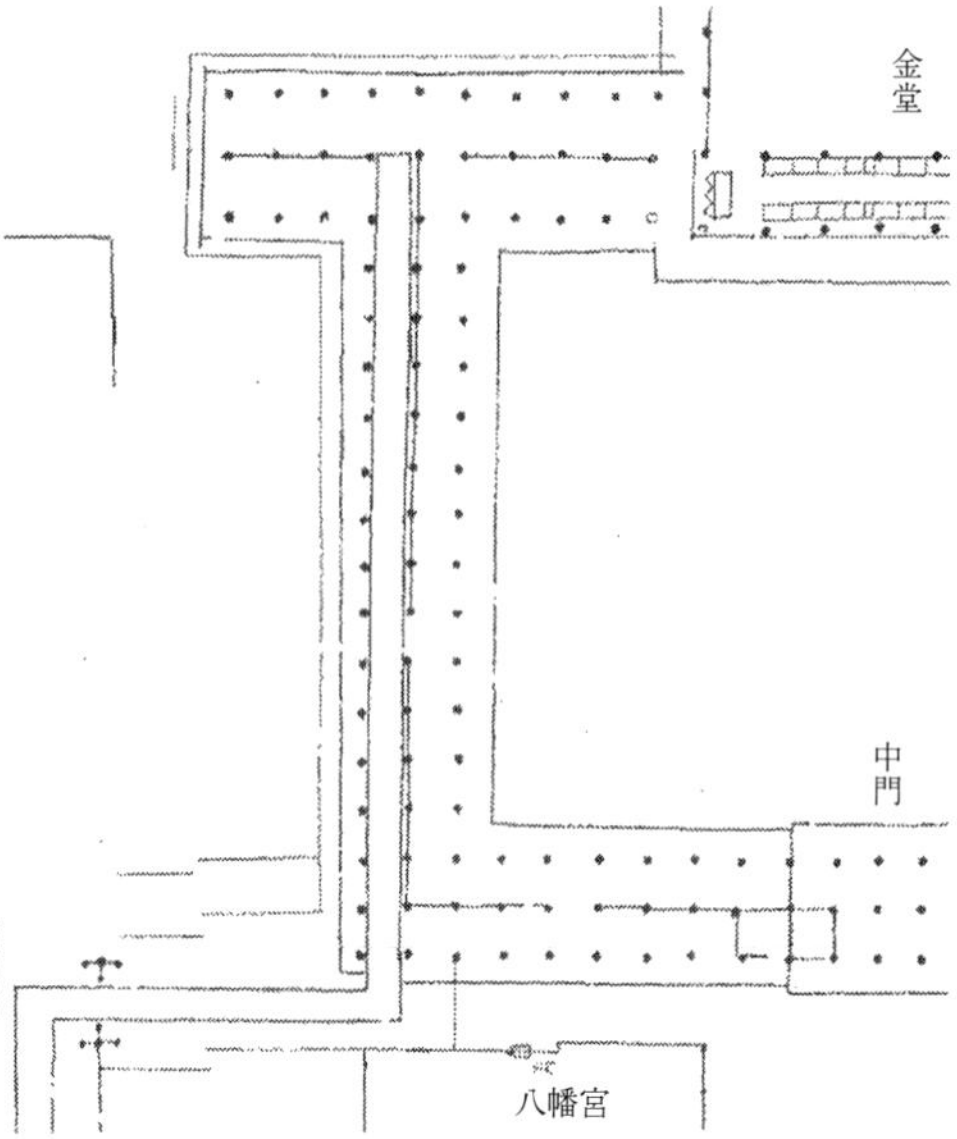

図5　伝法灌頂図（部分トレース図：『金沢文庫資料全書』九）

ば、行列の動く方向や八幡宮築地の位置は、左右（南北）を反転させたことになる。あるいは、廻廊の壁の手前側を南行する絵巻の描き方を、金堂西側廻廊にそのまま当てはめるならば、廻廊の内側を通ることになる。ここでは指図の描写を優先して、絵巻では行列を灌頂院へと向かわせる画面構成上の要請から、建物を反転させた状態を描いたと考えておきたい。あるいは、廻廊を描いた下敷きとなるような図様が存在したこともあり得ようか。

　詞書にみえる「大馬道」は、『東宝記』第一・仏法上「棟宇目録」に廃絶として「大馬道廻廊東西廊各二十間、北面廊卅間、」とあり、山岸常人氏が紹介する醍醐寺所蔵の東寺関係の指図類（図6）には特定の道として見えている。これら指図には東寺長者の拝堂の順路を描くものが多く、「大馬道」は、西院の東側の門を出て、講堂・金堂の西側を経て八幡宮に当たる南北の道を指し、そこから西に折れると灌頂院に向かう。僧房に加えて金堂廻廊も廃絶した段階では、それら廻廊の跡に沿って、ないしはその上を通っていたようである。先に触れた『東寺結縁灌頂記法務』には、結縁灌頂作法として、阿闍梨の上堂列次第を記すが、そこには「差二灌頂院一進行、行昔之廻廊之跡也、入二自灌頂院東門一、」とある。現在の境内を歩いても、おおよその状況はつかめる。そもそも伝法灌頂のような儀礼を一般の者たちは見物することなど出来ず、道を行く威儀のある行列こそ、それを知る機会でもあった。

むすびにかえて

最後に、残る論点について若干述べておく。ひとつは、行列図に盛り込まれる肖像性である。東寺本絵巻の「東寺灌頂」段では、人々の顔は多少の変化がつけられているものの、特定人物を意識させるような描法をとってはいない。

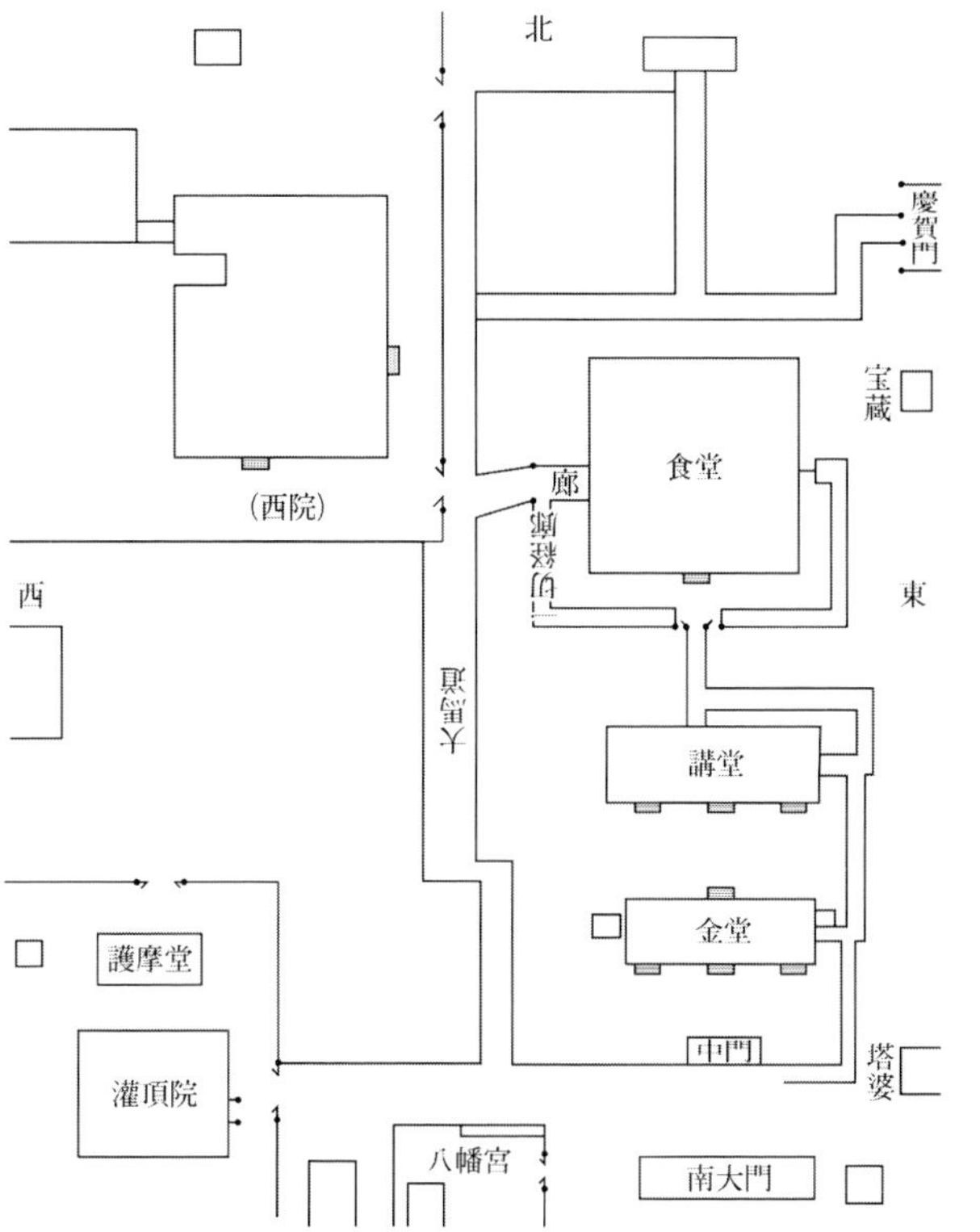

図 6　東寺拝堂図（部分模式図，原本：醍醐寺蔵）

むろん絵巻制作の時点ではるか昔の出来事であって、肖似性を期することは困難であるが、あたかも特定の人物を描いたかのような顔貌描写は可能である。しかしながらこの作品ではそうなっていない。祖師像として画像が残り、例外的に踏み込んだ検討が可能なのは実恵と真紹であるが、ともに横顔をもって描かれ、比較は難しい。実恵は玄証本「先徳図像」（東京国立博物館蔵）に描かれているが、似ているというほどの特徴は見出しにくい。真紹は仁和寺御影堂壁画の写しとされる画像があり、寛信『小野類秘抄』（『真言宗全書』三六）の祖師影像にみられる風貌の特徴を記したところに

「ソハカヲ（側顔）実恵」「頤出タル　真紹」とあるものの、絵巻ではあまり際だった表現ではない。それでも眉でもって二人の年齢を意識させるところはあり、個人を描くことに注意が払われていないのではないにしても、おおかな描写であるだろう。

もうひとつ、見物人の描写がある。行列の絵は無背景に描かれることも多いが、そうした行列の絵の型の背後・前後に景観を加えたり、見物人の描写を添えることで、いわば物語性が表現されることになる。この場面でもそうした配慮があり、先に述べたように廻廊を背景とし、見物人が行列を追って走るように画面下部に配される。それら人物は、歴史的な過去を意識させるような古風な服飾ではなく、むしろ当世風（時世装）である。こうした傾向は近世前期頃の行列を描く絵画にもみられ、見物人の描写は風俗表現の受け皿であり、当世風を絵の中に盛り込む口実ともなっていた。むしろ作品成立の時代の実態と近いものとして、鑑賞者を画中に招き入れる枠のような役割を果たしていた。見物人たちの描写は、そこで起こっていることが目撃すべき出来事であることを語り、その目撃者となることを絵を見る者に知らせている。

東寺本『弘法大師行状絵巻』は、南北朝時代の教学復興期に詳細な検討を踏まえて制作され、観智院の杲宝・賢宝による史料収集・蓄積が大きな下支えとなっていた。この点で、本章の記述は宮氏の重要な指摘の枠組みを外れるものではない。新見氏や西氏のさらに踏み込んだ研究を充分に反映できていないが、古えの事実が記録の編集を経て、記念すべき歴史の一齣として絵巻化される、そうした過程そのものを辿れる貴重な事例として、この「東寺灌頂」段を扱ってみた。『絵巻』全体にわたっては、他にも参照された史料の多いことが予想され、観智院聖教には直接関わる史料が残されている可能性もあり、その点に関しては後考に委ねたい。本書で主題となる近世の多様な行列図についても、絵画史料と文字史料とを事実復元のために単に照合するに止まらず、双方の動的な関係、実態や史料そのものに即した分析が深められることを期待する。

参考文献

阿部泰郎編『仁和寺資料』第四集・記録篇、二〇〇三年（東京大学史料編纂所架蔵写真帳［6170.62-14-18］あり）
上野勝久「鎌倉時代の東寺伝法灌頂図について」『日本建築学会学術講演梗概集』F、一九九一年
神奈川県立金沢文庫編『金沢文庫資料全書』九・寺院指図編、一九八八年
神奈川県立金沢文庫編『仁和寺御流の聖教』一九九六年
『弘法大師行状絵詞』『続日本絵巻大成』五・六、中央公論社、一九八二・一九八三年
真鍋俊照「弘法大師行状絵詞の絵画化――事蹟の解釈と東寺本の成立」収録
東寺宝物館編『弘法大師行状絵巻の世界』二〇〇〇年
新見康子「弘法大師行状絵――歴史としての可能性」「弘法大師行状絵にみる中世東寺の古建築」収録
新見康子「東寺所蔵『弘法大師行状絵』の制作過程――詞書の編纂を中心に」中野玄三・加須屋誠・上川通夫編『方法としての仏教文化史』勉誠出版、二〇一〇年
東宝記刊行会編『国宝東宝記　原本影印』東京美術、一九八二年
西弥生「描かれた東寺の灌頂――東寺蔵「弘法大師行状絵」の一齣」遠藤基郎編『年中行事・神事・仏事』生活と文化の歴史学2、竹林舎、二〇一三年
福島金治「称名寺所在御流関係聖教目録」阿部泰郎・福島・山崎誠編『守覚法親王と仁和寺御流の文献学的研究』金沢文庫蔵御流聖教、勉誠社、二〇〇〇年改訂版
藤原重雄「行列（日本の）」黒田日出男責任編集『歴史学事典』三・かたちとしるし、弘文堂、一九九五年
藤原重雄「行列図について――鹵簿図・行列指図・絵巻」『古文書研究』五三、二〇〇一年
宮次男「東寺本弘法大師行状絵巻――特に第十一巻第一段の成立をめぐって」『美術研究』二九九、一九七五年
山岸常人「東寺の伽藍指図について」『中世寺院の僧団・法会・文書』東京大学出版会、二〇〇四年。初出一九九五年
湯浅吉美「東寺観智院金剛蔵『伝法灌頂相承略記』（兼意撰）の翻刻」『成田山仏教研究所紀要』三三、二〇一〇年

12　開港場横浜の祭礼

木下直之

一　洲干弁天

意外なことに、『江戸名所図会』は江戸にとどまらず神奈川・横浜・金沢八景の先までを視野に収める。品川万松山東海禅寺に始まる巻之二は、読者を南へ南へと連れ出し、江戸湾に浮かぶ烏帽子島・夏島・猿島・裸島へといたらしめる。天保五年（一八三四）刊だから横浜開港までまだ二五年ある。そのころの横浜がはて「名所」かと訝る現代の読者もあるかと思うが、御覧のとおり、同書は「横浜弁財天社」を見開きの図入りで大きく取り上げている（図1）。

本文にいわく、「芒《のげ》新田横浜村にあり。ゆゑに土人、横浜弁天とも称せり。別当は真言宗にして、同所増徳院奉祀す。祭礼は十一月十六日なり。安置するところの弁財天の像は、弘法大師の作にして、江の島と同木なり。この地は洲崎にして、左右ともに海に臨み、海岸の松風は波濤に響きをかはす。もつとも佳景の地なり。海中、姥島など称する奇巌ありて、眺望はなはだ秀美なり(1)」。

図は戸部山あたりからの眺望を示す。「芒村」（と図には示されている）の奥に新田開発の進む様子がうかがわれるも

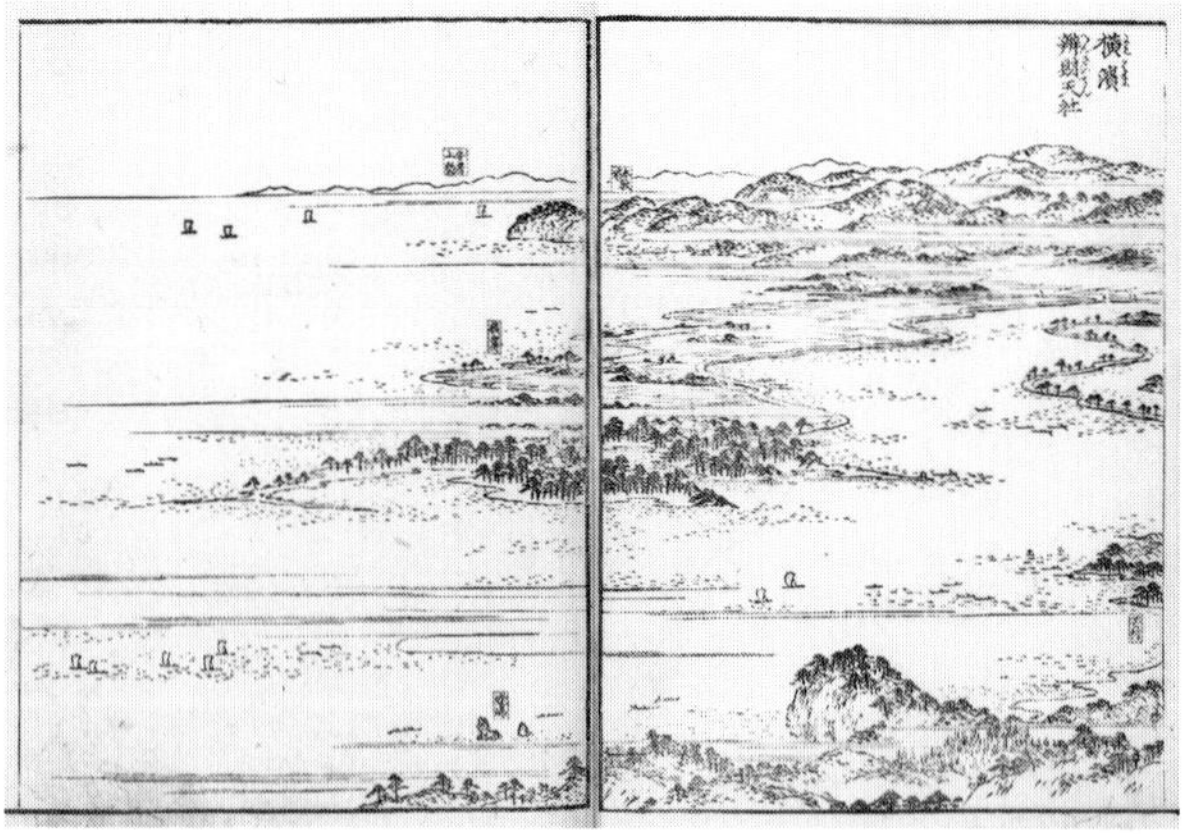

図1　「横浜弁財天社」『江戸名所図会』巻之二

のの、まだまだ入江は健在で、帆を掛けた舟がのんびりと出入りしている。文政年間に成った『新編武蔵風土記稿』巻之七十七によれば、弁天社は久良岐郡横浜村の鎮守である。社地は「洲乾の出洲にあり」、社中には前立の像のみを置き、神体は元禄年間より村の東南にある別当増徳院仮殿に安置してきたとし、祭礼が一一月十六日であることの由来は明らかにしない。(2)

弁天社と横浜村を洲がつないでいた。入江は洲乾《しゅうかん》湊と呼ばれ（洲干湊とも書き）、ゆえに洲干《しゅうかん》弁天の名がある。この地に開港場建設を幕府が決めたのは、安政六年（一八五九）二月だった。前年六月十九日に調印された日米通商修好条約ほか五カ国条約は、その第三条で「安政六未年六月二日（西洋紀元千八百五十九年七月一日）」の神奈川開港を定めていた。

しかし、アメリカ公使ハリスは文字どおりに神奈川宿を、日本側は東海道から離れかつ戸部山によって隔絶された横浜村を開港地とすることを求め、開港の年が明けても互いの主張を譲ろうとしなかった。ハリスは幕府の思惑を見抜き、江戸にも長崎同様の出島を作ろうとしていると非難した。(3)結局、開港日までは開港地決定を棚上げにし、その間に、幕府は横浜村の開港場建設を急いだ。既成事実をつくってしまおうとする作戦である。外国奉行兼神奈川奉行村垣淡路守範正が、三月九日に野毛と戸部の役宅の地ならし、六月一一日には「波戸場始、役々住居道橋等残仕事皆出来」と日記に記したとおり、わずか三カ月の工事で開港場は完成を見た。(4)そして、幕府は新たに出現した町に江戸から商人を呼び集めるならば、開港場の貿易を統制できると考えた。

開港直後の七月の「横浜開港地割元図」によれば、出身地のわかる商人七一人のうち、江戸からの移住者がほぼ半数の三四人を占めている[5]。前年暮れから幕府は横浜に移住・出店する江戸商人を募り、開港場建設に着手した三月にはすでに海岸通の地所の割渡しは終わっていた。そのころの「神奈川開港地割元図」が三井文庫に残されており、それによれば洲干弁天と運上所の間が日本人商人に割り当てられ、本町一丁目と二丁目の交わる角に江戸駿河町の越後屋八良右衛門が入った。越後屋こと三井の誘致には当人よりも幕府の方が熱心で、三井を元締めとすることで横浜の経済の掌握をねらったのだった[6]。

これら江戸商人に加えて、各地から一攫千金をねらった「所謂山師にて冒険射利の輩」が集まってきたのは、運上所役人を務めた福地桜痴『懐往事談』が伝えるとおりである[7]。すなわち、洲の上に出現した急拵えの町の住人とは、出自を異にする商人たちの寄り合い所帯にほかならない。

二　開港一周年

万延元年六月二日（一八六〇年七月一九日）、横浜は開港一周年を迎えた。この日、洲干弁天にて祭礼が盛大に執り行われたことを、太田久好『横浜沿革誌』はつぎのように伝える。

開港一周年ナルヲ以テ横浜洲干弁財天（横浜元町増徳院別当ヲ兼ヌ従前祭典ハ八月十五日）祭礼ノ典挙行ス（爾来此日ヲ以テ例祭トス）其祭典ノ壮観ヲ外国人ニ示サンカ為メ男女美麗ヲ尽シ山車手踊ノ警護トナリテ市街ヲ練行キ其状千歳未聞ノ賑ヒヲ為シタリ[8]

先に見た『江戸名所図会』は祭礼を一一月一六日としており大きく食い違っているが、いずれにせよ開港記念日に合わせて祭日を動かしたことがわかる。山車手踊の巡行があり、それは外国人の目を強く意識したものであった。それにしても、わずか一歳になったばかりのこの都市の祭りをいったい誰が担うことができたのだろうか。

前年秋にニューヨーク・トリビューン紙の特派員として来日し、ウォルシュ商会に出資したアメリカ人フランシス・ホール Francis Hall が日記に貴重な証言を残してくれた。(9) 祭りは前日の六月一日（西暦七月一八日）から始まった。神奈川に住んでいたホールはこの日の朝に横浜に上陸した。町は華やかに飾り立てられ、人であふれかえっていた。商店の前には見物席が設けられ、洲干弁天の祭礼（a religious festival）というよりは休日の祝祭（a holiday fete）のようだ。これは、横浜開港以来最初の祭りを開くように The Governor（神奈川奉行）が特別に認めたからだと明言している。

ホールは親しい日本人商人の桟敷に座らせてもらい、そこから行列を見物した。行列の見ものは山車であった。ホールはそれを「a triumphal car surmounted by a tower of several stories on top of which was some allegorical or historical person or scene（さまざまな物語を塔のように飾り立てた凱旋車で、その頂きは寓意的なあるいは歴史的な人物や場面になっている）」と表現する。目の前を八台の山車が行き、さらに、そのあとに遊女たちを乗せた四台の屋台が続いた。それらの特徴を簡単にまとめてみよう。

一番　人工の岩山、紛い物の滝、松林、その中に虎が身をかがめ、巨大な龍がいる。すべてが紙で出来ており、高さは二五から三〇フィートほどもある。

二番　一層目に囃子方を乗せた塔、さまざまな大きさとかたちの太鼓、三味線を奏でる。その上に美しい絹と造花で飾られた天蓋がかぶさり、頂きには色鮮やかな女性像が立つ。髪を肩まで垂らし、豪華な衣装に身を包んでいる。戦で名を上げ死後神格化された古代日本のヒロイン（木下注＝神功皇后か）の姿である。一二から一五フィートもある松の木が背後に生えている。囃子方の中に長いヒゲの狐姿の男が立ち、しきりと獣の仕草をしている。二頭の牛が曳く。

三番　巨大な鐘を頭上に掲げた色鮮やかな Nippon demi-god を戴く塔、囃子方と狐の面をかぶった踊り手が乗っている。

四番　塔は少し魅力に欠ける。さまざまな提灯を吊るした天蓋

五番　舞台になる人造の橋が架かる。橋の上に役者が現れ、パントマイムを演じる。

六番　人造の樹木と草花からなる美しい丸屋根

七番　巨大な笛吹きを載せた天蓋を牛が曳く。囃子方が乗っている。仮面の人物がグロテスクな身振りで観客を沸かせる。

八番　江戸の町をゆく大名行列をからかったもの。殿様の代わりに威張った狐が駕籠に乗っている。道化のように化粧をした女装の男たちが付き従う。

九番〜一二番　部屋に見立てた小さな屋形を載せた車。そこには遊郭の女たちが演者として乗っている。彼女たちを世話する娘たちもいる。そして、芝居やパントマイムや踊りを演じる。いずれも熟練した遊女たちである。

ホールはこの祭りに三千両の経費がかかったと聞いた。それはおよそ四千ドルにあたる金額で、商人と奉行所が折半して負担したが、それとは別に商人たちが店の設えや祭りの遂行に要した費用は千五百ドルを下らないはずだと推測する。

日本人の祭礼に対する莫大な蕩尽に驚きを隠さない。と同時に、身分制度が固定された社会にあっては、いくら稼いだところでそれによって所属する階級を変えることはできないのだから、祭礼への蕩尽こそ幸福を実現させるための生活の知恵なのだと解釈する。

そして、ホールは、女たちの着物、髪型や化粧、踊り、音曲と楽器、曲芸師たちの軽業、見物人相手の水売りや物売りなどの様子を二日間にわたって克明に描写する。

これほど詳しい記録を日本側の記録には見出すことができないのは、祭礼のスタイルそれ自体は当時の日本人にとってさほど珍しいものではなかったからだろう。実際、ホールはこの時期には同じような祭りを全国で見ることができると書いている。江戸から押し寄せた大勢のひとびとにとって祭は現在進行中の出来事に過ぎず、それを横浜の歴史の中にとらえるという発想は希薄だった。故老たちがようやく横浜開港時の思い出を語るようになるのは半世紀が過ぎてからだ。

開港五〇周年をにらんで『横浜貿易新聞』が企画連載した「開港側面史」では、少なくとも四人の故老が万延元年の開港一周年祭を語っている(10)。彼らの証言を突き合わせると、太田久好のいう「其祭典ノ壮観ヲ外国人ニ示サンカ為メ」には政治的な意図があったことがうかがわれる。

「開港一周年祭というが、万延元年の六月二日に、この弁天様にありました。なんでも金をかけて精一杯に賑やかにして、外国人を驚かせというお上よりの内意でもあり、そのころは金のたくさん儲かるときだから、われさきにと立派にして、中には緋呉呂服の股引を穿いて出て、股も陰嚢も赤肌にして、医者にかかつたという滑稽もあつたくらいで、その前後、今に五十年、あれくらいな大祭はありません。（後略）」（七十六翁某談）

「（前略）六月朔日から、精一杯賑やかに、弁天様の御祭りをして異人に見せて驚かせろということで、町々の役人を、御上の役人の御役宅へお呼び出しで、内々御言附けになつたという事でしたが、そのころは、横浜へ異人が来たばかりで、実にお金が儲かりまして、横浜では切れ草鞋まで金になると江戸では申したくらいの景気のよいときではあり、ことに、お上から内々の御頼みというので、町中気狂いのようでした。(後略)」(神奈川町杵屋小三談)

「(前略)万延元年の開港一周年の祭に、当時名主の石川徳右衛門・太田屋源左衛門・島田三郎氏の祖父・小野光景氏の父、吉原では岩亀の五名が発起とあつて、神輿を改造しました。その神輿の真柱は、欅の一尺角程のもので、それに抽出をつけて、御魂代を入れるに供し、その側面に年号月日と右五名の姓名を刻して、朱を入れ、美事に出来《しゅったい》しましたが、その総重量は四百貫ということでした。それで、年々相撲を雇つたり、何かして担がせましたが、とかく喧嘩などがあつたものですから、明治三年六月一日の祭礼には、神輿は水主《かこ》のほかは担がせぬ事にし、(後略)」(某老人談)

「開港後、初めての六月二日に弁天のお祭りを立派にしたいものだと、前年からの相談で、赤坂奴を呼び寄せようの、何のと、評定が長びいて、いよいよとなつて、褌も縮緬では面白くないから、舶来の呉呂にしようということになつて、白と赤と紫との三色を捻つてやつたところが、さあ、締めて見ると痛くて歩ければこそ、少しも動くことが出来ないので、縮緬に取替える人もありましたが、急の事で、色も揃わず、わざわざ江戸まで買いに行くやら大騒ぎをしました。(後略)」(鈴木隣松翁談)

七十六翁某のいう「外国人を驚かせというお上よりの内意」を示す直接の資料は見つからないものの(「内意」ゆえにか)、折しも六月十六日(西暦八月二日)に、イギリス公使館エル・ユースデンとアメリカ公使館書記官代理ヘンリー・ヒュースケンから、それぞれ外国奉行宛てに「祭礼見物につき好意感謝」の書簡が送られている。このうちヒュ

ースケンのものを掲げておこう。(11)

「第九十一号
（万延元年六月十六日）
千八百六十年第八月二日、江戸に在る合衆国の使臣館ニて
外国事務奉行足下に呈す
余、セーネ・エキセルレンシー亜国ミニストルに代りて、此都の祭礼見物のため、懇切に計らひたる感謝、取敢す貴政府に証せんことを、足下に願ふ、且家屋も弁理宜敷、詰合役人の好意又我輩食物之設けありて、此首都の立派なる行列を、昨日、余、見物し、楽敷時を過し、爰ニ余か正直の其感謝を加へさるを得す、恐惶敬白
使臣館の現任セケレターリス
ハ・セ・イ・ヒュースケン」

残念ながら、ヒュースケンが見た祭礼は、本人が「昨日」と明かしているとおり、六月一五日に執り行われた江戸の山王祭であって横浜のそれではなかった。『武江年表』も同年六月一五日条にわざわざ「異国人、辰の口御作事方定小屋に於て、見物をゆるさるる」と明記しているくらいだからよほど評判になったのだろう。(12)
ちょうど一年前の六月二九日に、幕府は山王・神田両祭礼を市中景気引き立てのために盛大に執り行うよう命じた。これにより、安政二年（一八五五）から禁じていた山車や附祭などの「御曲輪内江引入」を許した。その触書の文面には「今般外国貿易御取開、外国人居留之者も有之候ニ付而ハ、市中諸色潤沢不致候而ハ難相成儀ニ付」とあり、江戸の繁栄ぶりを外国人に強く印象づけようとする配慮が働いている。(13)とはいえ、その年九月一五日の神田祭を見物し

たいというアメリカ公使館からの申し出は拒絶し、回答をヒュースケンに伝えたのは祭前日になってからだった(14)。だからこそ、翌年の山王祭では見物が許され歓待されたことを感謝したのだった。

三　祭の担い手

神奈川宿の医者佐藤汶栖の『金川日記』には、六月朔日条に「今日より三日横浜鎮守御祭礼夫ニ付入用と為て御奉行より金千両被下尤夷人来居候間不見苦江戸祭礼之通ニ可致との事ニ付壱町内弐百両も掛金致其華麗之祭礼古今未曾有と申事に候」と記されている(15)。フランシス・ホールの推定金額はあながち間違いではなかった。ホールによれば、二日目には運上所の前に神奈川奉行と役人たちの見物席が設けられ、その前を行列が通過して行った。

そうまでして神奈川奉行が祭礼を実現させた理由は、単に「外国人居留之者」に横浜の繁栄ぶりを見せるというだけではなかった。当時の神奈川奉行はもっと切実で深刻な問題に直面していたからだ。それは横浜で相次いだ外国人殺傷事件である。開港後の一年間に三件の殺傷事件が起こり、五人が殺されていた。

安政六年七月二七日　ロシア艦アスコルド号の士官と水夫が本町三丁目で斬殺

十月一一日　フランス領事館中国人下僕、弁天通で斬殺

安政七年二月　五日　オランダ船クリスティアン・ルイ号船長とヘンリエット・ルイサ号船長が本町四丁目と五丁目の間で斬殺

このほかにも、同年一月七日にはイギリス公使館通弁伝吉（ふだんから洋装だった）が江戸東禅寺の公使館近くで刺殺された。また、三月三日に起こった水戸浪士らによる井伊直弼暗殺事件も、在日外国人に大きな衝撃を与えた。閏三月一二日には、水戸藩士六〇人余が横浜の外国人を襲撃するという噂が流れ、警備の松山藩と越前藩が火事装束の

人夫を繰り出し万一に備えた(16)。こうした事件が起こるたびに、各国公使館は外国奉行および神奈川奉行に犯人逮捕と横浜における警備強化を強く求めた。

その一方で、この時期には横浜居留地の拡張が進められていた。神奈川奉行は二月二四日に横浜村の農民に立ち退きを命じ、閏三月一一日には貸与する地所の五カ国均分案を各公使館の要求どおりに示した。神奈川奉行は安全確保を名目に領事館の横浜移転を勧めている。しかし、協議の結果を若年寄宛てに報告した神奈川奉行上申書には、アメリカ領事の発言として「元来横浜は御開港地ニ無之、同所え引移候而は条約に悖り候」とあり、同国が未だ横浜を条約上の開港地（神奈川）とは認めていないことがわかる(17)。

それゆえに、実質的には開港場として機能している横浜の開港一周年には、この新興都市の繁栄と安全とを盛大な祭によって内外に示す必要があったのである。ホールは初日の日記を、「Strangest of all, there were no fight, no scenes of brutality（何よりも奇妙なことは一件の喧嘩も、一件の暴力沙汰もなかったことだ）」と締めくくっている。

先に、日本人はホールほどには詳しく祭礼の様子を記録しなかったと書いたが、『金川日記』のほかにも二点、当日の光景を書き留めた資料が伝わっている。貴重な証言なので、その全文を引用しておこう。

「六月朔日、横浜町弁財天祭礼、江戸山王宮・明神宮ノ祭礼ノ如クニ出来候テ江戸芸人入込、高輪牛町自牛数来リテ出《ダシ》ヲ引、其外右ニ順ジ諸事江戸祭礼ノ如シ、近在ワ云ニ不及、御府内自老若男女見物人夥敷出、横浜町ワ勿論、神奈川町近辺迄群集為ケル」『安政六年七月〜七年六月　横浜開港場見聞記(18)』

「中六月朔日・二日洲乾弁才天の祭礼ニ付、運上所より市中江金子被下、横浜惣町江金弐千両配分申候、中々見事の祭礼にて有りしなり、左ニ出せる絵図ハ其時見たりし大がいなり、此年洲乾弁才天之祭礼、本町・太田丁・

本村町・港崎町にて凡出し印七八本も出たり、踊屋台五ツ六ツ、地車踊台四ツ五ツ、其外町々店々の警固、娘・子供の鉄棒引、実に江戸の両祭礼のごとし、町々の景色ハ壱丁目通り・本町通り・弁天通りいつれも桟敷を打、高張・軒提灯・幕・毛氈、店前に埒を打廻し、目ををどろかす計りなり、六月二日祭礼当日朝五ツ時頃、本社より榊・四神・太鼓・獅子・楽人七八人舞楽の装束を着し、鳥兜を被り、太鼓・横笛・笙・ひちりきの類をならして道楽なり、太鼓・四神之類ハ白丁烏帽子にて是をもつ、次ニ神輿壱基土地の若ひ衆是をかく、はちまき・紺はらかけ・三尺帯・もめん絞りの筒袖、儒《ママ》伴《ママ》太躰此形になり、弁天通りより吉原前を東へ御高札場わき通り海岸へ出、運上所前より同脇へ出、西へ大通り、夫より何方へ行しや知らず、此八ツ時頃又芝居町の脇にて神輿を見たり、別当歩行にて神輿の跡に付添ふ、町々よりくり出す出し印・ねり物も大躰右の順に順せしなるべし、なれとも定まりし上覧所ハ運上所の前波止場の海岸にて、其外に別して引まハるべき順なく、日のくれるまで引次第に引ありくゆへ、仕舞にハ踊子も警固もむちやくちやになり、日のくれるゆへ、よんどころなく祭礼も仕舞しなり、一向たわいなき祭礼なり」『えひすのうわさ』[19]

横浜の祭礼は江戸の山王祭・神田祭をまねた。すなわち、神輿の巡幸に、山車、踊屋台、地車踊台、練り物が従い、そこに芸人が加わるというスタイルの踏襲である。

この「出し印七八本も出たり、踊屋台五ツ六ツ、地車踊台四ツ五ツ」という証言は、ホールが目にした数とほぼ符合する。踊屋台と地車踊台の違いは判然としないが、神田祭においても、舞台と楽屋を載せた踊屋台、舞台のみの簡素な踊屋台、徒《かち》囃子を取り込んだ底抜け屋台など複数のタイプの屋台が曳き回されている。

行列は洲干弁天を出発したあと弁天通りを進み、「吉原」すなわち港崎町へと向かう一本道の入口あたりで方向を東に転じ、高札場を抜け、運上所の脇を通過し、本町の大通りを再び洲干弁天に向かって上った。運上所をはさんだ反対側に展開する外国人居留地には入っていない。日本人町には弁天通・北仲通・本町・南仲通・海岸通の五本の通りしかなく、氏子の町をぐるぐると巡る山王祭・神田祭のようなわけにはいかなかった。「其外に別して引まハるべき順なく」、「仕舞にハ踊子も警固もむちゃくちゃに」なったのにはこうした事情があったのである。このことは、「on the first day of the spectacle there was no order to the procession（祭の初日は行列に何の秩序もなかった）」というホールの観察とも一致する。ホールが日本の祭の運行を理解できなかったのではない。もともと横浜の祭は即成ゆえに巡行路も定まらず、秩序立っていなかったのである。江戸と横浜の歴史の有無がここに端的に表れていた。

そもそもお上より命じられた祭礼であり、山王祭・神田祭のように氏子が町ごとに山車や附祭を出すという状況にはなかった。横浜は急ごしらえの都市である。江戸のみならず各地から集まってきた商人は、もちろん洲干弁天の氏子ではない。わずか一年余で、横浜の住民（江戸であれば江戸っ子）という意識をどれほど持つことができただろうか。

万延元年ごろの横浜は九町から成っていた。町名と名主を以下に示す。横浜町一丁目（金指六左衛門）、同二丁目（田沢徳兵衛）、同三丁目（同）、同四丁目（清五郎、文久元年九月より島田源兵衛）、同五丁目（同、文久元年九月より小野兵助）、元横浜町（半右衛門）、太田町（源左衛門）、戸部町（庄右衛門）、港崎廓（佐藤佐吉）。この七人の名主の上にふたりの惣年寄、保土ヶ谷宿名主の苅部清兵衛と横浜村名主の石川徳右衛門がいた。横浜町会所は運上所の裏にあり、惣年寄はそこで勤務した[20]。

先に引いた洲干弁天の神輿新調の発起人「名主の石川徳右衛門・太田屋源左衛門・島田三郎氏の祖父・小野光景氏の父、吉原では岩亀の五名」（某老人談）は、惣年寄石川徳右衛門、太田町名主源左衛門、それに岩亀楼主人佐藤佐吉の三人が一致する。残る島田は島田源兵衛、小野は小野兵助に違いない。

祭礼もまた彼らを中心に準備が進んだと推測できるが、さて山車までを短期間に調達できたのだろうか。このころになると山王祭・神田祭の山車は二層あるいは三層の櫓の上に人形を載せるせり出し型（現代では江戸型山車と呼ぶ）

が増えており、それまでの万度型や笠鉾型の山車よりも大掛かりなものとなっていた。ホールは「car（車）」と「tower（塔）」を、つくりものを乗せた屋台や踊屋台とせり出し型の山車に使い分けているようだ。あらためてホールの描写を比べると、滝の流れる岩山を乗せた一番目のcarがつくりものの屋台、一層目に囃子方を乗せ、二層目の頂きに人形を飾り立てた二番目のtowerがせり出し型の山車を指している。

つくりもの主体の屋台ならば短期間での製作も可能だろうが、山車となると人形を含めて製作には費用も手間もかかる。「横浜開港側面史」に載った田澤武兵衛なる者のつぎの回顧談は、山車を持たない横浜の町がわざわざ江戸から山車を、それも何度も借りたという事実を教えてくれる。田澤の年齢から推定して、開港直後のころの記憶だと考えてよい。また、先に引いた「江戸芸人入込、高輪牛町自牛数来リテ出《ダ》ヲ引《シ》」（『安政六年七月〜七年六月　横浜開港場見聞記』）という証言も、横浜の祭礼が江戸に大きく依存していたことを示している。山王祭も神田祭も山車は高輪牛町の牛に曳かせたからだ。

「わたくしは嘉永二年、横浜村字北口で生れましたが、屋敷《いえ》は、ただいまの三十番商館のところにありました。わたくしが八、九歳のころは、祭礼でもありますと、すぐに江戸神田の山車屋中村屋から山車を借りてきて曳いたものです（後略）」[21]

もうひとつ、港崎遊郭なくしてこの祭礼は成り立たなかった。当時の横浜の住人は、商人とともに遊郭関係者が多数を占めていた。この点においても、山王祭・神田祭とはその性格を異にする。江戸では町人の娘たちが踊り子を演ずることが多かったからだ。ホールは娘たちの踊りに魅せられ、その身振り、とりわけ手踊りの指先の動き、着物、髪型、化粧などの美しさを克明に描写したが、彼女らが「female players from the houses of prostitution（遊郭の踊子たち）」や「girls from the joroya houses（女郎屋の娘たち）」であると明言している。さらに杵屋小三なる人物が、遊郭挙げて踊屋台を出し、その上で演じた踊りが「蜘蛛の拍子舞」であったことを詳しく教えてくれる。[22]

横浜における開港場の建設と遊郭の建設は同時に進行した。両者は不可分の関係にあった。遊郭の建設によって外国人を神奈川から横浜に引き寄せることを目論み、そのモデルを江戸の吉原に求めたからだ。それゆえに、吉原同様、遊郭は外国人居留地からも日本人町からも隔離されたかたちで、太田新田の沼地の中に建設された。安政六年六月二日の開港には間に合わず、建設を急がせた外国奉行は、運上所近くの外国人貸長屋三間を仮遊女屋として貸し付け、神奈川宿から飯盛女を派遣させ、六月一〇日には開店させている。その営業を請け負ったのが品川宿旅籠屋の佐吉にほかならない。一一月に入って港崎遊郭は完成、一二月二九日に佐吉は港崎町名主を命ぜられた。[23]

こうして開港一周年を記念した祭礼は滞りなく終わった。まるで主催者の思惑どおりに、祭のわずか二日後に、オランダは神奈川奉行に対し領事館を神奈川から横浜に移すことを伝えた。[24] 翌文久元年（一八六一）三月二四日に、領事館建設に向けて、洲干弁天の西北海面を埋め立てる工事が始まった。[25] 併せて日本官舎三十余棟も建設されることになり、かつての名勝はすっかりその景観を変えてしまった。

四　どんたく

その後も横浜は発展を続け、祭ではなく日常の光景を見ようと見物人が押し寄せるようになる。何もかもが珍しかったからだ。すると、そのための地図やガイドブックが必要になる。

橋本玉蘭斎誌・五雲亭貞秀画図『横浜開港見聞誌』前編（初編・二編・三編）三冊は文久二年（一八六二）の刊行、残念ながら洲干弁天の祭礼にはふれないが、開港場の賑わいを臨場感たっぷりに描写している。[26] 吉田大橋を渡ればす

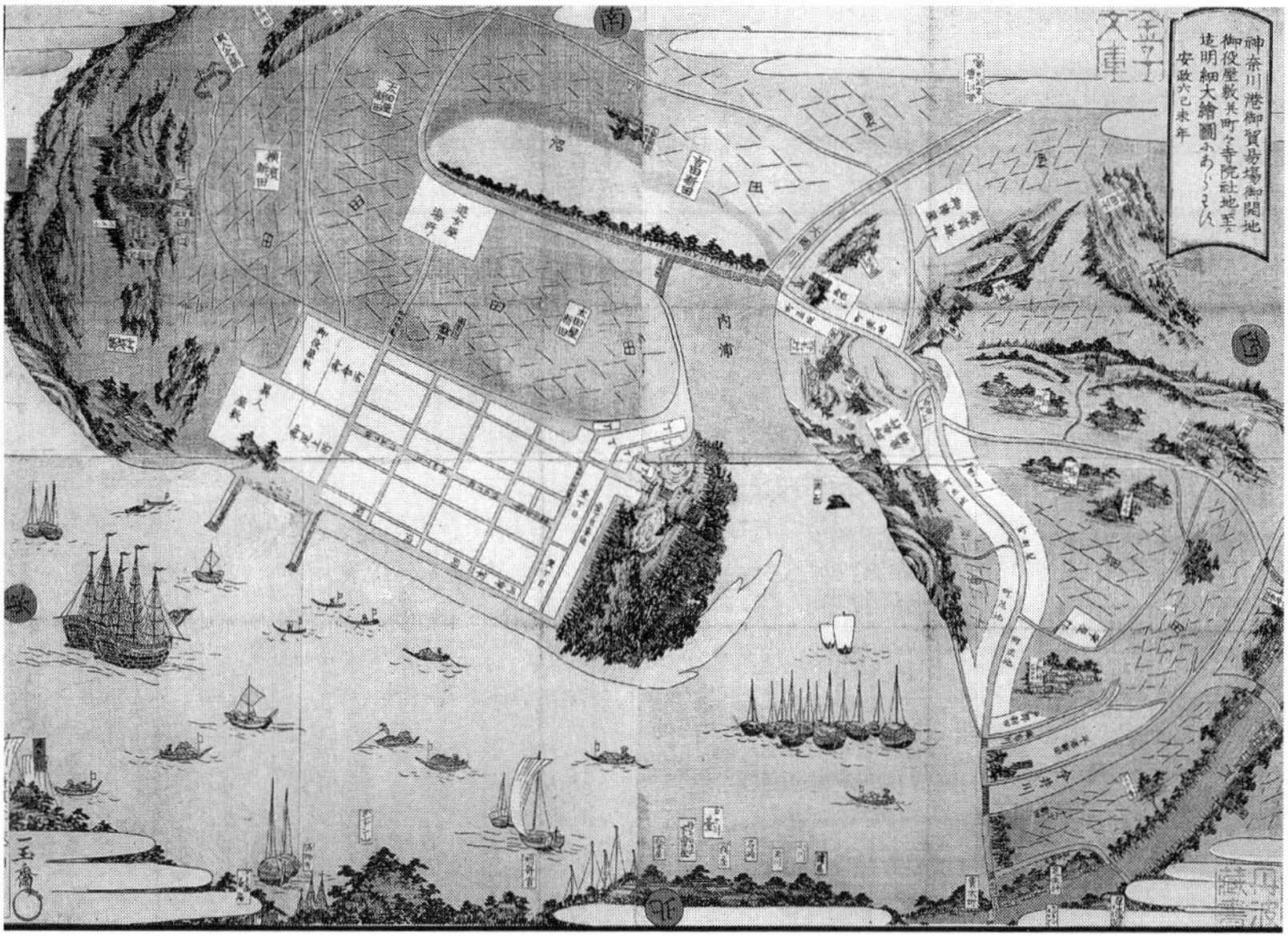

図2　「神奈川港御貿易場御開地御役屋敷并町々寺院社地ニ至ル迄明細大絵図にあらわす」（『横浜浮世絵と近代日本——異国“横浜”を旅する』展図録，神奈川県立歴史博物館，1999年より）

ぐに洲干弁天である。茶店の並ぶ境内の様子、隣接する「横浜異人屋敷阿蘭陀コンシーユル住所」などを絵入りで示す。

先に引いた田澤武兵衛の話は、六月二日へと祭日を移した洲干弁天の祭礼が毎年続いたように読める。しかし、そのつど横浜開港を祝ったわけではないだろう。もし開港記念日が横浜に定着していたなら、開港時より観察を続けてきた橋本玉蘭斎（五雲亭貞秀と同一人物）が見逃すはずはない。貞秀が横浜を描いた最初の錦絵「神奈川港御貿易場御開地御役屋敷并町々寺院社地ニ至ル迄明細大絵図にあらわす」（図2）は、安政六年の発行だからだ[27]。

むしろ『横浜開港見聞誌』が伝える横浜の祭礼らしきものは「どんだく」である。主に日本人町を紹介する初編から外国人居留地へと目を転じた二編第四図でその様子を描く（図3）。それは、外国人の男女七〇人余が、五カ国のそれぞれの国旗を立て、ラッパや太鼓を奏でながら海岸通を行列して歩く光景で、傍らにはつぎの説明が付されている。「此日どんだくと云て

図 3　「どんだく」（橋本玉蘭斎誌・五雲亭貞秀画図『横浜開港見聞誌』二編）

休日なれば、異人男女つどひ集て遊行音曲、又は鉄砲を揃ひ持て足先を並べ調練す[28]」。音楽に合わせて行進し、それが横浜名物となった。

「どんだく」あるいは「どんたく」はオランダ語の「zondag」、すなわち日曜日の意で、日曜日（聖書由来の休息日）という概念のない日本人には休日の意で受け止められた。再びホールの日記に戻れば、彼が祭見物のために横浜に上陸したところ、外国人はみな日本人から「*konichi Nippon Suntaki* "Today is Japanese Sunday"（今日は日本のどんたく）」と声を掛けられ歓迎されたと書いている。そして、それは「a recreation day being always their idea of Sunday（彼らが日曜日を休日と見なしている）」からだと解釈した。

『横浜開港見聞誌』二編は末尾でもう一度「どんたく」を取り上げる。外国人たちが輪になって踊る様子と拍子をとる大太鼓を描いた二図を掲げ、七月に港崎町の遊女たちが始めた盆中踊りをうらやましく思った外国人が休日に踊り、八月八日には「大どんたく」と称して波止場の広場で踊ったと説明する。たまたまこの日に横浜を訪れた貞秀が本町で目撃した光景だった。子どもも混じり、手拍子を揃え、足のふり廻しも揃え、くるりくるりと廻っていた。どこの国の踊りかと問うと、踊り手は「今日どんたくにて踊る」とだけ答えたという。貞秀は、蝦夷地にも鶴の子を纏い、丸くなって手拍子に合わせて廻る踊りがあることを引き合いに出し、古代からどの国にもこのような踊りがあるものだと感心した(29)。

五　軍楽隊

『横浜開港見聞誌』四編の冒頭に貞秀は「亜墨利加人調練行列之躰」二図を見開き二面にわたって掲げた。最後に「横浜渡来亜墨利加油絵之玉板連発行歩之図」と書き入れたとおり、それはガラス油絵からの模写であったが、同編序で「十八二十人集りて、ドンタク《休日》此日鉄炮を持出、其少きまなびは二三度見ること有て、此絵に合せ見る時は異るはなく」と断言している。人数が異なるばかりで、自ら横浜で見た光景と違わないからこの絵を最初に示すという。ここでもまた、調練行列が「どんたく」と結びつけて語られている。軍楽隊に率いられる行列の見所は「先その足揃へ、鉄炮の仕方またよく、足も揃ひて沓音も一声のごとくにひゞきて美事なり」であった(30)。

規律正しい行進は威圧へと容易に転じる。「開港側面史」には、イギリス軍が「赤隊」と呼ばれ、「おりおりは戸部や野毛の方へ隊伍を整え、鉄砲かついで示威的運動に出てくるものですから、番所にいる警護の武士どもはおおいにこれを恐れたものです」という故老の話が載っている(31)。

こうした軍隊の行進が横浜名物になるのは、一方に規律の取れない日本の武士の行進があったからだ。軍隊の行進にせよ「どんたく」の行列にせよ、美しく整然と歩くためには楽隊が不可欠だった。そして、日本の軍隊にはそれが欠けていた。

横浜への外国軍隊の進駐は、文久三年（一八六三）五月五日のフランス軍上陸によって本格的に始まり、同年一一月半ばにはイギリス軍が上陸した。この時、イギリス軍は軍楽隊を先頭に横浜から神奈川までを行進、東海道が攻撃可能という軍事的プレゼンスを示した(32)。

こうした外国軍の行進に日本人がはじめて接したのは、ちょうど一〇年前、嘉永六年六月九日（一八五三年七月一四日）に行われたアメリカ海軍ペリー提督の久里浜上陸時である。軍隊の初上陸は朝鮮通信使、琉球使節、オランダ商館長などの儀礼化された行列とは比較にならず、一触即発という緊張を日米双方にもたらした。

その六日前に浦賀沖に姿を現したペリー艦隊は幕府の求める長崎回航を拒否し、あくまでも江戸で、ペリー提督と対等の高官に大統領親書を直接手渡そうとした。結局日本側が折れて、急遽久里浜に応接所が建設された。九日の夜が明けると、艦隊は万一の場合に備え、応接所を砲撃できる位置へと移動した。

上陸したアメリカ軍は、海兵隊百人、水兵百人、それに軍楽隊二隊、士官を加えると総勢三百人に達した。公式記録『ペリー艦隊日本遠征記』によれば、前日にペリー提督は艦長を旗艦に集め、「供ぞろえをできるだけ威風堂々と誇示するため、上陸可能な士官は全員盛装して出頭し、応接所まで提督に随行するよう命令」していた。もちろん、全員が武装していた。

「とくに筋骨たくましい屈強な水兵が二人選ばれ、合衆国国旗と幅の広い三角旗とを捧げ持った。礼服を着た二人の少年が提督の先に立って、緋色の布に包まれた、提督の信任状と大統領の親書を収めた箱を運んだ」。「提督の両側には背の高い立派な体格の黒人が行進した。この二人は一分のすきもなく武装して、提督の護衛にあたったのである。この日のためにとくに選ばれたこの二人は、艦隊きってのハンサムな黒人だった。もちろん、こういうことはすべて効果を狙ってのことであった(33)」。

浜辺から応接所まではわずかな距離ではあったが、少し迂回をして、五千人を超える日本の武士たちに、軍楽隊の

図4　久里浜上陸を伝える「ペリー上陸図」(ハイネ画，国立歴史民俗博物館蔵)

演奏に合わせて進む完全武装の行列を見せつけた。この時に、「ヤンキー・ドゥードゥル Yankee-Doodle」など複数の愛国歌が演奏されたという[34]。

翌年の再来時にはさらに江戸に近づくことを求め、横浜村が応接所となった。会見は嘉永七年二月一〇日(一八五四年三月八日)に行われた。「提督は、ありとあらゆる準備を整えて、二回目の日本上陸の儀式を派手なものにするために必要な行列を仕立てた。日本人のような儀礼好きでうわべを飾る国民に、このような見世物が及ぼす意義と精神的な影響を、提督はよく分かっていたのである」。

今度の行列は五〇〇人に上った。「軍楽隊が軽快な曲を奏で、横列に並んだ完全武装の海兵隊が、青と白の制服に身をかため、威風堂々と隊伍を組み、銃剣をきらめかせて捧げ銃をする中を、提督は直属の幕僚と、容姿端麗な水兵の護衛隊と多数の属官を従えて、海岸を行進していった[35]」。

これら上陸時の行列の様子は、ペリー艦隊の遠征に同行した画家ヴィルヘルム・ハイネ Wilhelm Heine

によって描かれ、公式記録や『日本遠征画集』(“Illustrations of the Japan Expedition” 1855) に収められた（図4）。

一方、日本側にも、目撃者多数ゆえに、写本も含めると文字や画像による膨大な記録が残されている。津山藩や松代藩などは、現地に御用絵師まで派遣した。庶民による記録もあれば、庶民に向けたかわら版も多数出回った。ある禅僧の日記と伝えられる『亞墨理駕船渡来日記』は、横浜上陸の様子を、軍楽隊に注目しこんなふうに絶賛している。

「楽人四隊これあり。其数、大太鼓・小太鼓二人、横笛大小二人、無名子（大羅巴の事なり）二人、中の羅巴二人、智耶理美魯（声を長く引く笛なり）二人、笙一人、留鉦一人、右の通り一組に十三四人も組合申し候。（中略）四ヶ所の楽人ハヤシ始め候と海軍隊の役人の指図に随ひ行列を始め申し候。其様子或は廻り、或は進み、又は三段・四段に並び、又は鉄砲を杖つき、或は立膝して鉄砲を膝の上にて眼量眼直抔仕り候様子は全く軍陣の備へ懸け引きの由。挙げ足、下げ足、進歩、退歩、離散、会合、規矩に準縄し寸分も違はず。皆調練如法言語に断絶」(36)。

そして、筆者は日米の行列比較論をこんなふうに展開する。すなわち、アメリカ軍の整然とした退去ぶりに目を見張り、「日本東都抔にて諸侯方登城・下城の折柄、先を争ひ肩臂を張り突き倒しても追い抜けて先へ立たんとするに引きくらべ候へば雲泥の相違これあり」と判定、さらに、もし行列を横切る者がいれば身を寄せて通させ、日本のように、行列の供先を切ったなど横切りしたのだとうるさいことはいわないと感心する(37)。

行列を横切る（実際には下馬しない）ことで起こった最たる悲劇が、八年後の生麦事件にほかならない。イギリス軍とフランス軍の横浜駐屯は、こうした外国人殺傷事件からの居留地防衛を名目とした。開港一周年を盛大に祝ったあとの横浜は、外国軍を駐留させ、生麦事件、薩英戦争、四カ国連合艦隊による下関攻撃、横浜鎖港問題など幕末に向かって政治的および軍事的緊張を高める一方で、開港祭を年中行事化させる余裕はなかっただろう。

図5　“The Far East” 創刊号（1870年5月30日）より

六　慶応三年の横浜復興

つぎに洲干弁天の祭礼が記録に現れるのは慶応三年（一八六七）六月二日のものである。太田久好『横浜沿革誌』が「弁財天祭礼ノ為メ市街ヨリ山車手踊等ヲ出シ横浜役所前へ順次練込〈開港以来始メテ奉行並各国コンシユル縦覧ス〉所作ヲ為ス〈其賑ヒ万延元年ノ祭典ニ十倍セリト云〉」と伝える(38)。ただし、開港以来はじめて奉行が縦覧したとする記述は間違っている。

ではなぜ、この時期に開港一周年の十倍もの規模の祭礼が実現したのだろうか。それには前年一〇月二〇日に起こり横浜関内の大半を焼いたいわゆる「豚屋火事」からの復興という意味合いが大きかった。これを機に港崎遊郭は廃され（公園に変わり）、遊郭は太田町仮宅での営業を経て吉田新田（吉原町と称する）で慶応三年五月二九日に再開した(39)。四日後に迎えた洲干弁天祭礼に遊郭挙げて参加し、横浜の開港と復興を重ね合わせて祝ったことはいうまでもない。

しかし、明治政府の神仏分離令によって、明治二年、洲干弁天は厳島神社と改称され場所を羽衣町へと移した。江の島と同木の弁天像は元町の増徳院に引き取られ、横浜総鎮守の座を翌年三月に野毛山に建立された伊勢皇大神宮に譲ることになる。それを祝った祭礼が同年四月一四日に盛大に挙行された[40]。"The Far East"創刊号に貼付された二枚の写真"THE O MATSURI-THE CROWD"（左）と"THE CAR OF TENSHIO DAIJIN"（右）（図5）は、一八七〇年五月三〇日という発行時期から判断するとこの時の光景だろう。

明治維新をはさんだ慶応三年と明治三年の祭礼とでは何が変わらず、何が違っていたのか。さらに、それは明治四二年に迎える開港五〇年祭にどうつながっていくのか。これら興味の尽きない問題は稿を改めて論じたい。

（1）市古夏生・鈴木健一校訂『新訂江戸名所図会』二、ちくま学芸文庫、一九九六年、二八二頁

（2）蘆田伊人編『新編武蔵風土記稿』第四巻、雄山閣、一九五七年、八〇―八二頁

（3）「二月八日神奈川宿本陣対話書」『大日本古文書　幕末外国関係文書之二十二』東京大学出版会、一九七三年覆刻、三八三頁。また初代駐日イギリス公使ラザフォード・オールコックも「許可なくしては近づけないように大砲で押しこめ、あるいは家畜を閉じこめるのと同じように、かれらのあまり好ましくない客人たちを隔離し、つめこんでおくにふさわしいと考えられるすべての条件を具備していた」と表現している（『大君の都――幕末日本滞在記』中巻、山口光朔訳、岩波書店、一九六二年、一八頁）。

（4）「村垣淡路守公務日記之十六」『大日本古文書　幕末外国関係文書』附録之七、東京大学史料編纂所、一九六七年、五五頁。この経緯について、オールコックは「それは、知らないあいだに計画され、なにか他の結果のために、最初の到来者たち〔外国人の貿易業者〕によってあまりにもたやすく支持され、また土着の当局者たちによってあまりにも頑強に主張されてきた」と書いている（前掲『大君の都――幕末日本滞在記』一九頁）。

（5）『横浜市史』第二巻、横浜市、一九五九年、二二九―二三〇頁。

（6）同前、二二〇―二二一頁。

（7）福地桜痴『懐往事談』民友社、一八九四年、七頁。

（8）太田久好『横浜沿革誌』太田久好発行、一八九二年、五〇頁。

（9）"Japan through American eyes, the journal of Francis Hall 1859-1866 Kanagawa and Yokohama" Princeton University

Press, 1992, pp. 197-204.

(10) 「開港側面史」『横浜貿易新聞』一九〇七年一一月二四日〜一九〇九年一二月七日連載、のちに石井光太郎・東海林静男編『横浜どんたく』全二巻、有隣堂、一九七三年として復刻された。引用箇所は『横浜どんたく』上巻二七六頁、二八五—二八六頁、二八七頁、同下巻一二〇頁。

(11) 「六月十六日　米国公使館書記官代理ヒュースケン書翰　外国奉行へ　祭礼見物につき好意感謝の件」『大日本古文書　幕末外国関係文書之四十』東京大学史料編纂所、一九八四年、二二九—二三一頁。これに先立つ六月一一日に、外国奉行は英米仏公使に山王祭見物を誘っている（『大日本古文書　幕末外国関係文書附録之八　対話書』東京大学史料編纂所、二〇一〇年、二四二—二四九頁）。

(12) 今井金吾校訂『定本　武江年表』下巻、ちくま学芸文庫、二〇〇四年、一二七頁。

(13) 石井良助・服藤弘司編『幕末御触書集成』第五巻、岩波書店、一九九四年、二六八—二六九頁。

(14) 『大日本古文書　幕末外国関係文書附録之七』東京大学史料編纂所、一九六七年、一六二—一六五頁。

(15) 佐藤汶栖「金川日記」『郷土よこはま』第五巻第五号第六号合併号、横浜市図書館郷土資料室、一九六一年、六三頁。

(16) 同前六二頁。

(17) 「三月二十四日　神奈川奉行上申書　若年寄へ　横浜転居につき各国領事と対話の件」『大日本古文書　幕末外国関係文書之三十八』東京大学史料編纂所、一九八〇年、四六—四八頁。

(18) 『安政六年七月—七年六月　横浜開港場見聞記』（『神奈川県史　資料編十　近世（七）』神奈川県弘済会、一九七八年、六四〇頁）。

(19) 「万延元年六月　横浜洲乾弁天祭礼の様子書上」『えひすのうわさ』（『神奈川県史　資料編十　近世（七）』神奈川県弘済会、一九七八年、五九七—六〇二頁）。

(20) 斎藤多喜夫「幕末期横浜の都市形成と太田町——太田屋新田西部地区造成関係資料を中心に」『横浜開港資料館紀要』第四号、一九八六年、七〇頁。および『横浜町会所日記——横浜町名主小野兵助の記録』横浜開港資料館、一九九一年、一一一—一一八頁。

(21) 前掲『横浜どんたく』下巻、一九七三年、一一四頁。

(22) 同前上巻、二八五—二八六頁。

(23)『横浜市史』第二巻、横浜市、一九五九年、二〇九―二一一頁。
(24)同前七七〇頁。
(25)前掲『横浜沿革誌』七一頁。
(26)橋本玉蘭斎『横浜開港見聞誌』、一八六二年（青木茂・酒井忠康校注『美術』日本近代思想体系十七、岩波書店、一九八九年所収）。
(27)『横浜浮世絵と近代日本――異国〝横浜〟を旅する』展図録、神奈川県立歴史博物館、一九九九年、図二〇。
(28)前掲『美術』三一七頁。
(29)同前、三二二頁。
(30)同前、三四三―三四四頁。
(31)前掲『横浜どんたく』上巻、一三五―一三六頁。
(32)J・R・ブラック、ねず・まさし他訳『ヤング・ジャパン』第一巻、平凡社、一九七〇年、二五三頁。
(33)オフィス宮崎編訳『ペリー艦隊日本遠征記』万来舎、二〇〇九年、五五八頁。
(34)笠原潔『黒船来航と音楽』吉川弘文館、二〇〇一年、一四―二四頁。
(35)前掲『ペリー艦隊日本遠征記』一五一―一五二頁。
(36)西川武臣『亞墨理駕船渡来日記』神奈川新聞社、二〇〇八年、八四―八五頁。
(37)前掲『亞墨理駕船渡来日記』一〇〇頁。
(38)前掲『横浜沿革誌』九九頁。
(39)同前、九七―九八頁。
(40)同前、一三七頁。

13　一八世紀北京の行列と祝典
——万寿盛典における演劇利用について

村上正和

はじめに

一七一三年（康熙五二）、康熙帝の還暦を祝うため、各役所や諸王らは北京西北の暢春園から故宮の神武門までの道を飾り、臨時の舞台を設け、歌舞音曲を奏でた。康熙帝は飾り立てられた道のりを通って、故宮まで戻るというパフォーマンスを行った。皇帝・皇太后の誕生日を万寿節といい、特に皇帝の節目の長寿を慶賀するために行われた祝典を、万寿盛典という。

それから三八年後の一七五一年（乾隆一六）、そして一七六一年（乾隆二六）と一七七一年（乾隆三六）に、乾隆帝は皇太后のために同様の祝典を行っている。この間、乾隆帝は自身の祝典よりも皇太后の方を優先させていた。しかし皇太后が亡くなった後、一七九〇年（乾隆五五）には自身の八〇歳を祝うために、万寿盛典を盛大に挙行する（この時は、暢春園ではなく円明園から出発した）。万寿盛典は本来、皇帝の六〇歳、七〇歳といった節目の長寿を祝うためのものであり、日本の参勤交代のように、定期的に必ず行われるものではなかった。しかし乾隆帝と皇太后が長寿を誇ったため、実際には一八世紀を通じて繰り返されていたことになる。

黒田日出男・ロナルド・トビ共編『行列と見世物』では、近世の行列を「王権の行列」「外交の行列」「祭りの行列」という視点から分析している(1)。それを踏まえると、万寿盛典は皇帝がパレードを行ったという点で王権の行列であり、朝鮮やベトナムからも使節が派遣されていたという点では外交儀礼としての意味を持つ。さらには、数多くの劇団や芸人が集められて、行列の進む空間が大々的に演出されていたという点で、祭りとしての性格も持っていたといえる。一七九〇年の万寿盛典が京劇形成のきっかけになったことは広く知られており、先行研究においては、特に演劇史研究からの紹介・考察が行われてきた(2)。

本章ではその成果を踏まえつつ、一八世紀北京の行列として、この万寿盛典を取り上げたい。多角的なアプローチが可能な万寿盛典であるが、本章でその全ての面について分析していく余裕はないため、特に演劇利用という観点から具体的な様子を紹介していきたい。また本章においては、必ずしも行列そのものだけに焦点を合わせるのではなく、行列を迎えるための演出まで含めて議論の対象としている。万寿盛典は皇帝の行列と、演劇利用を中心とした空間演出とが一体となったものであり、両者を分けて考えることはできないと思われるからである。

本章で対象とする時期は、一八世紀全体に及ぶ。一八世紀、康熙帝・雍正帝・乾隆帝・嘉慶帝と四人の皇帝が代替わりをし、それぞれ演劇政策の変更が行われている。これまでは個別の祝典が持つ華やかさや規模の大きさが注目されてきたが、本章では通時的な観点から、一八世紀という時間軸の中で繰り返された行列と祝典についてどのように考えられるのか、述べていきたいと思う。

議論に入る前に、本章で用いる絵画資料について簡単に説明しておく。一七一三年に最初の万寿盛典が行われた後、政府によって康熙の『万寿盛典図』(『六旬万寿盛典図』)が描かれた。これには康熙帝を迎え入れる官員や北京住民らの様子、当時の街並み、臨時に設けられた舞台などが細かに描かれている。『万寿盛典図』には薬材商・酒屋・料理屋といった北京の商店の様子も描かれており、都市風俗画としての性格も持つ。祝典が行われて後、『万寿盛典図』の版画と、関連する上諭・詩文をまとめた『万寿盛典初集』が編纂された。「初集」とあるのは、十年ごとに「二集」「三集」と続けていく意思を示したものであるが、康熙帝が亡くなったため、それはかなわなかった。『万寿盛典初集』は後に四庫全書にも収録され、本章でもこれを用いている(3)。また絹に描かれた彩色の絵巻もあったが、火災のため失われてしまい、現在では乾隆年間に描き直されたものが北京の故宮博物院に保存されている。

康熙帝の時と同様に、乾隆帝の万寿盛典においても、版画版の乾隆『万寿盛典図』を収録した記念出版が行われた。それが『八旬万寿盛典』で、こちらも四庫全書に収録されている。ただ同じ版画とはいっても、康熙の版画が、朱圭という清代有数の刻工によって作成された精緻なものであるのに対し、乾隆の刻工は不詳で、その出来映えも一見してわかるほどに劣っている。しかし描かれている舞台や出し物は、康熙の『万寿盛典図』同様に豊富である(4)。また一七六一年の祝典に際しては、『崇慶皇太后聖寿慶典図巻』が描かれており、現在は北京の故宮博物院に所蔵されている(5)。

一　康熙帝の万寿盛典と雍正帝

一七一三年三月、還暦を迎える康熙帝は皇太后と共に、北京西北の暢春園から故宮に帰還した。皇子・皇孫ら二五名が付き従い、「過剰な警備はせずに、臣民はみな天顔を仰ぎ見ることができた」という(6)。通常、一般の人びとは皇帝の姿を目にすることはない。康熙の万寿盛典は、人々の前に皇帝自身が姿を見せた貴重な機会であった。

『万寿盛典図』には、康熙帝が乗っている輿、飾り立てられた道のり、芝居を上演している舞台の様子、そしてそれらを見物している人々の姿などが細かに描かれている。図は長大であるため、以下ではその一場面を切り取る形で

図１　康熙帝の乗る輿
（人々がひれ伏し，官員が下賜品を配っている．図の手前には，蘇州府が準備した舞台がある．『万寿盛典初集』巻四二）．

図２　皇太后の乗る輿
（輿には紋様が描かれている．図の右側にあるのは礼部の舞台．『万寿盛典初集』巻四一）．

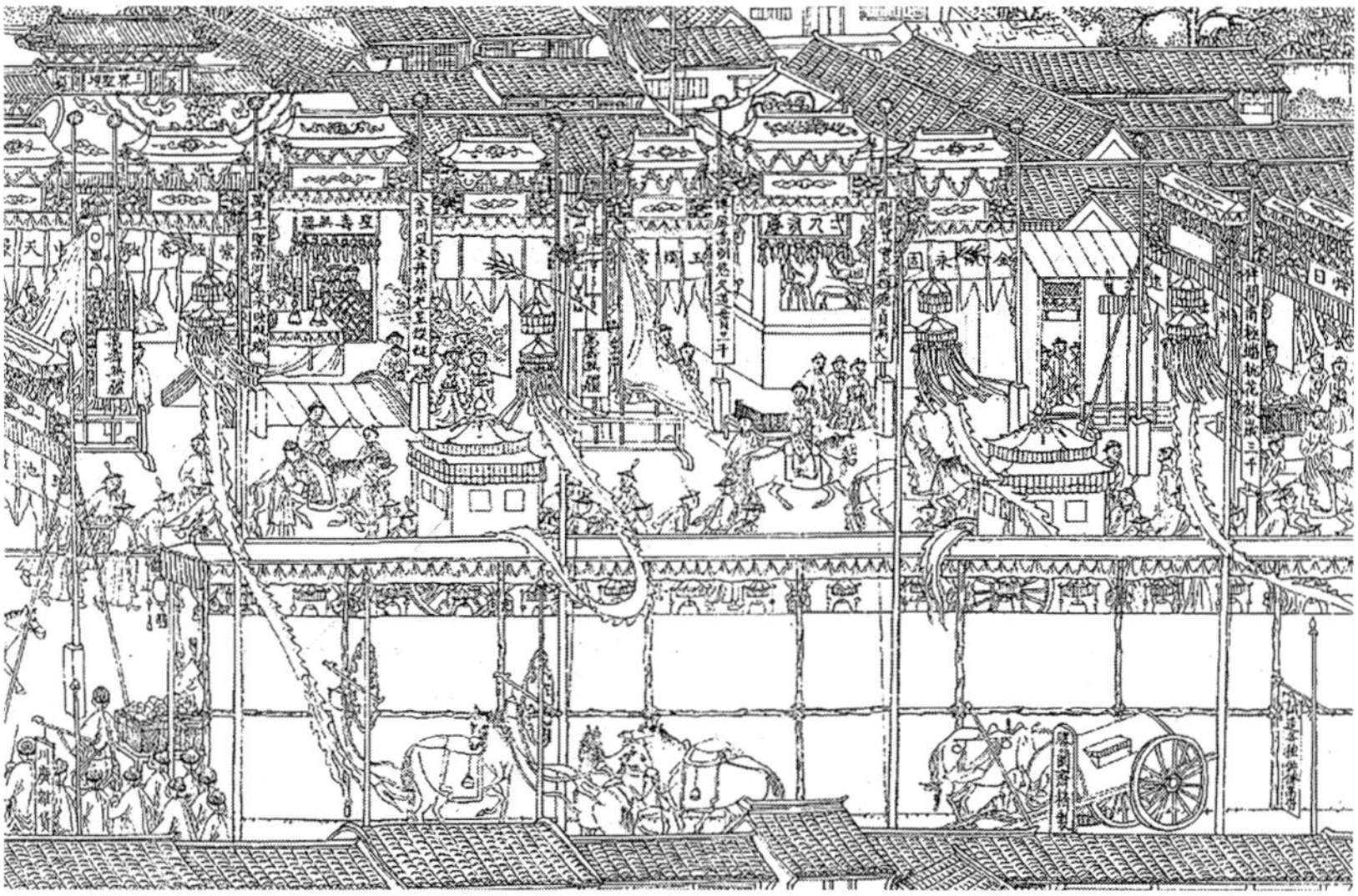

図 3　皇太后に続く后らの輿

（図の左側には「川広雑貨」（四川・広東の雑貨）の看板が出されている．『万寿盛典初集』巻四一）．

図 4　耕図遊廊と織図遊廊

（賑やかに観覧している人々の姿が描かれている．『万寿盛典初集』巻四二）．

図5　象の隊列

（人々が象を見物している．図の中央付近には鞭を持った兵士の姿も描かれている．『万寿盛典初集』巻四一）．

紹介してみたい。図1に描かれているのは、康熙帝の乗った輿である（ここでは康熙帝自身の姿は描かれていない）。道の左右には、ひれ伏す人々と、下賜品を配っている官員の姿が描かれている。

図2は、康熙帝に先行していた皇太后の輿である。やはり左右に人がひれ伏しているほか、図の右側には礼部が準備した舞台がある。舞台の額には「共楽昇平」とある。図4は、『耕織図』を題材にした「耕図遊廊」と「織図遊廊」である。「織図遊廊」は残念ながら裏側しか見えないが、「耕図遊廊」には、農作業をしている様子が描かれている。道の左右で『耕織図』を演出したのである。図5は象の隊列で、見物している家族連れの楽しそうな姿も描かれている。なお象の隊列は乾隆の万寿盛典でも作られており、同じように人々を驚かせていた。

康熙の万寿盛典については、祝典にかけられた費用や、集められた劇団数といった詳細はわからない。しかしながら、『万寿盛典図』には各役所や諸王が準備した四五の舞台と、一五の歌台・故事台が描かれて

図 6　荘親王の舞台

（芝居が上演されており，多くの人々が見物に集まっている．馬に乗る者，子供を連れている者もいる．『万寿盛典初集』巻四一）．

いる[7]。一例として、荘親王が準備した舞台を図6に示す。こうした舞台が道の左右に連続して設けられていたのである。

この万寿盛典の一〇年後、一七二三年に雍正帝が即位する。一七三五年に五八歳で没した彼は父親のような万寿盛典を行い得なかっただけでなく、旗人が演劇に親しまないよう、訓戒を繰り返している。劇場そのものの閉鎖や移転を命じるようなことはしていないが、雍正帝は旗人の生活態度そのものに強い不満を抱いており、その劇場通いを浪費として繰り返し叱責した。

実際に劇場に出入りする旗人の摘発も厳しく行われていて、芝居の上演中に踏み込んで現場を押さえることもあった。そのため一七二八年（雍正六）には雍正帝自身が、「本当に逮捕したいのなら、建物から出てくるのを待つか、その相手を覚えておいて、懲罰しにゆけばよい。建物内に進入して逮捕すれば、経営者は営業を妨げられ、人々はみな驚き騒いでしまう」と、取り締まりの行き過ぎを抑えるように命じてもいる[8]。叱責が繰り返された結果、雍正帝自身も行き過ぎと判

図7　長蘆節節高歌台
（判別しにくいが，歌台の中に「長蘆節節高歌台」と記されている．『万寿盛典初集』巻四二）．

断するほど、厳しく摘発が行われていたのである。

　その結果として、二つの変化が生じる。一つは、節節高と呼ばれる芸能の流行である。節節高が具体的にどのような芸能であったのか、その歴史や演目については不明であるが、康熙の万寿盛典でも用いられていた。『万寿盛典初集』では「節節高は、童子を扮装させ、人の肩の上に立たせて、高いところから歌舞をさせる」と説明されている(9)。少なくとも万寿盛典に節節高が用いられ、そして図7に示されているように大勢の人が見物していたことは確かであろう。雍正帝が訓戒を繰り返した結果として、この節節高が北京の旗人の間で広まっていったのである。一七三四年（雍正一二）、節節高に関して、「私が見るところ、近来八旗に属する者たちは、芝居見物をして浪費する以前の風習については、やや慎むようになった。しかしなお、好んで小唱を聴いている。節節高や要孩児（引用者注…山西省一帯で行われている地方戯）と呼ばれているものは、値段が安く、人数も少ないものである。もしも大がかりな芝居であれば、まだ忠孝節義を題材とした物語を上演することで、人に勧善懲悪を理解させることができる。しかしこれらは巧みに淫猥な言葉を操る様を見せつけるもので、幼い無知な者が非常に好んでいる。……貧しく年若い旗人の中には、時に学ぶ者さえいる。民人でこれらを好む者はまだ少なく、旗人で好む者は非常に多い(10)」と報告されている。雍正帝の訓戒によって、旗人らの演劇愛好はやや収まりを見せた。しかしより少人数で、値段も安い節節高のような芸能が旗人の間で流行していたのである。

　もう一つの変化は、寺廟の利用である。同年、旗人らが劇場や酒場を避けて寺廟を利用し、酒を飲みながら芝居を楽しんでいると報告されている[11]。劇場に行けない旗人が寺廟を借りて宴会を開き、芝居を楽しんでいたのである。雍正帝は旗人の劇場通いを戒め、禁じていた。しかし結果的に演劇とは別の芸能に旗人を近づけ、劇場とは異なった場での演劇活動をもたらしたのであった。

二　一八世紀後半の北京演劇と乾隆帝

1　乾隆『万寿盛典図』の世界

ただし旗人の足が劇場から遠のいたといっても、一時的なものにすぎない。乾隆年間になると、旗人の劇場通いは復活していき、一七三八年（乾隆三）には芝居を趣味にするだけでなく、劇団に入っている旗人さえいると報告されている[12]。乾隆年間になっても、旗人が清朝支配の根幹であること、そして武芸や質朴さが彼らに求められていたことに変わりはない。しかし乾隆年間には、乾隆帝とその母親の長寿を祝うために盛大な祝典が繰り返され、これによって北京の演劇は一気に華やいでいくことになる。

以下、乾隆の『万寿盛典図』に依拠して、万寿盛典の様子を見てみたい。図8は芝居を、図9は皿回しや軽業をしている場面である。そして図10が、乾隆帝の輿である。版画の質は異なるものの、乾隆年間の万寿盛典も大規模かつ華やかに行われていた。また図11のように、龍を模した龍船まで作られ、人々の見物に供されていた。

それでは、乾隆年間の一連の祝典に際して、どれだけの劇団が集められていたのだろうか。全ての回についてはわからないが、一七六一年と一七九〇年については、具体的な数が記された史料が残されている。それを整理したのが、表1と表2である。

表1は一七六一年に集められた劇団の数と、支払われた報酬額である。劇団の規模に従って大・中・小と分けられ

図８　芝居が上演されている一場面
（見物人の中には，ラクダに乗った親子連れもいる．『八旬万寿盛典』巻七七）．

図９　芝居と軽業
（図の右側では軽業と皿回しが行われており，見物人も集まっている．『八旬万寿盛典』巻七七）．

図 10 乾隆帝の輿
（輿では翰林院の官僚が跪いている．『八旬万寿盛典図』巻七八）．

図 11 龍船と見物客
（龍船は康熙の『万寿盛典図』には登場しない．『八旬万寿盛典』巻七七）．

表1　1761年時の劇団と報酬

劇団規模	劇団数・金額（銀両）	合計金額（銀両）
大班	11班・各200両	2200両
中班	5班・各150両	750両
小班	4班・各100両	400両
歌童	125班・各20両	2500両
雑要等	52名	394両

（乾隆刊『内務府慶典成案』巻二より作成）

表2　1790年時の劇団・劇団員数

類別	人数	賞給銀（銀錁）
京城（北京）戯曲人	3265名／班頭10名	戯曲人1両／班頭2両
両淮（江蘇）戯曲人	2162名／班頭8名	同上
浙江戯曲人	875名／班頭4名	同上

（『乾隆朝上諭檔』第15冊，乾隆55年8月8日より作成）

ているものの、各劇団の人数は明記されていない。それでも劇団数が二〇にも及ぶ以上、相当数の俳優が北京に集っていたと推測される。

表2に示されているのは、一七九〇年に集められた劇団員数と報酬額である。表1と違って、劇団員六三〇二名という具体的な人数と地域が記されている。南方から集められた人数も多いが、それでも半数は北京の演劇関係者であったことがわかる。この中には、後に北京の一流劇団として名を馳せる三慶班も含まれていた。

2　在華イエズス会宣教師アミオと燕行使徐浩修

それでは、繰り返される祝典を体験した当時の人々は、どの様な感想を持ったのだろうか。一七五一年の祝典を体験した趙翼は、「皇太后の乗る輿が郊外の庭園から北京に向けて出発し、皇帝は自ら馬に乗って先導した。……文武の官僚から大臣とその夫人、北京の男女に到るまでみなが正装しており、途上にはひれ伏す人々で満ちあふれていた。皇太后は、催し物があまりにも壮大で華麗過ぎるのをみて、浪費を嫌い、宮中に入るとすぐに撤去を命じた」、沿道には「数十歩ごとに舞台があり」、南北の劇や音楽が設けられて、人々は「蓬莱の仙島に入り込んだかのようである」などと記している。

舞台以外にも趣向を凝らした様々な催し物が準備されていたが、その中でも広東省が用意した翡翠亭は、孔雀の尾で屋根を作っていたという。浙江省のあずまやは鏡湖と名づけられ、その名の通り天井に大きな鏡をはめ込み、四方には無数の鏡を魚の鱗のようにちりばめていた。趙翼は鏡湖を見て「人が一度その中に入れば、一身が千百億の身にもなり、左慈（引用者注…三国時代の道士）の分身のようなもので、真に天下の奇観である」と感嘆している。また祝典全体についても、「これらの盛大な催しは何千何百年という長い時間の中でも体験できないものであるのに、私は実際に見ることができた。大いなる幸福でないとどうして言えようか」と記している。その驚きと感動が窺えよう[13]。この趙翼と同じように祝典を賞賛しているのが、在華イエズス会宣教師のフランス人アミオ Jean=Joseph Marie Amiot（銭徳明）である。

アミオは一七一八年にフランスで生まれ、神学校やコレージュで神学・天文学・中国について学んだ後、イエズス会士として布教のため中国へ向かった。一七五〇年にマカオに到着した後、清朝政府にラテン語・ロシア語の翻訳官として仕えることとなる。そしてアミオは自身の体験や、中国の歴史・文化に関する報告を本国に向けて送っていった[14]。

中国に到着した翌年、一七五一年にアミオは北京で皇太后のための祝典を体験する。彼は率直な驚きと感嘆を込めてその時の具体的な様子を記し、本国に伝えた（以下の記述は矢沢利彦編訳『イエズス会士中国書簡集三　乾隆編』平凡社、東洋文庫二一〇、一九七二年、第九書簡に基づく）。

アミオによると、北京や近隣の省から画家・彫刻家・建築家・建具師が動員され、三ヶ月にわたって準備が行われていた。各王や役所には各々の持ち場があり、「宮廷の一行が入城することになっている西の門（西直門）から宮門までの間は、ただもう豪華な建物、柱廊、小亭、円柱列、回廊、戦利品を飾った階段桟敷ならびにその他のシナ式建築作品ばかり」という様相を呈していたのである。建物だけでなく葡萄棚や花壇も作られ、アミオは「これらの大部分のなかにはいろいろな熟度の葡萄の実をならせた葡萄の棚がありました。他のもののなかにはその果実や、四季の花をつけたほとんどすべての種類の樹々がありました」と記している。

舞台の中には、かなり趣向を凝らしたものもあった。それを示すのが、「桃亭」である。「桃亭」についてアミオは、

「巨大な形の果物を並べました。その果物の中にも子供が入っておりました。それは時々開き、見物人たちにそのなかみを見せました」と記す。アミオ自身は、この「巨大な形の果物」が桃亭であるとは明記していないけれども、乾隆『万寿盛典図』に桃亭が描かれており、恐らくは同様の光景がみられたと思われる（図12）。なお、『崇慶皇太后聖寿慶典図巻』にも、果物を模した舞台が描かれている。[15]さらに子供たちに猿などの動物の皮を着させて、扮装させてもいた。

以上のように祝典には、趣向を凝らした舞台や演出が準備されていた。ここで注目したいのは、政府によってなされた北京住民を動員するための通行管理である。

儀式の行われる日の数週間前に、道路《これが当地では極端に幅が広いのです》は徒歩者と騎乗者、往くものと来るもの、すなわち一言にして言えば、当時この首都にあったこの驚くべき多数のひとびとが容易にこの見せ物を見て楽しめるようにするために、三部分に分けられるということが規定されました。他の両部分よりもずっと広い中央部は騎乗者または供廻りの一行の通るものと決められ、片側は往くひとと、他の側は来るひと用に割り当てられました。

政府は人々の観覧のために専用の兵士を配備して、大通りの通行をコントロールしていた。これによって、「何千ものひとびとは、こういった用心がなかったならば、一五日かかっても恐らく見物することができなかったと思われるものを数時間かかって穏やかに見ることができた」のである。どれほどの人が集まったのか、具体的な数はわからない。しかし一七九〇年には、政府は大勢の人が集まったために米価が微増したとして、価格調整を命じている。[16]

さらに興味深いのは、女性が見物するための特別な日が設けられていたことである。アミオは、次のように述べる。

主として一婦人のために用意されたこの見世物を婦人連中が見る機会がないということは不合理であるというので、皇帝は婦人たちのために数日を指定し、見物の機会をお与えになりました。この数日間は男性はひとりもそ

図 12　桃亭
（桃をかたどった舞台が作られ、中で芝居が上演されている．『八旬万寿盛典』巻七八）．

こに姿を現わすことは許されませんでした。……こうしてすべてのひとびとがこの国の一切の儀礼作法をそこなうことなしに満足し、その好奇心を満たしたのです。

女性は通常、男性と並んで劇場で観劇することはできず、自宅に劇団や芸人を呼ぶなどしていた。しかしこの時は、男性の外出を禁止することで、女性に観劇の機会を与えたのである。(17) 政府は行列のために、様々な催し物を用意し、北京の都市空間の性格を大々的に変化させた。そしてそこに女性も含めた大勢の人々を集めて、兵士を配置して通行をコントロールし、皇帝・皇太后のための祝典を成功させたのである。ロナルド・トビの「四見の原理」に従えば、まさに「見セル」ための準備と配慮が周到になされていたことになる。(18) そして「見セラレタ」アミオは、目を見張るような演出、舞台の数々、さらには人々の観覧に配慮した政府の対応、礼儀正しく見物する人々の姿などを賞賛し、清朝の隆盛を示す一例としてヨーロッパに伝えたのである。

これと対照的なのが、一七九〇年に燕行使の一員として北京を訪れていた徐浩修である。徐浩修は天文学に精通し、英祖・正祖に仕えて『東国文献備考』編纂に携わるなど、文化事業に貢献した人物として知られる。[19]正祖が即位した一七七六年にも北京を訪れており、今回は二度目の来京であった。

アミオは盛大に挙行された祝典に感嘆していたが、徐浩修の感想は異なっていた。彼は盛京将軍からの進物を積んだ八〇両もの車両や、チベットから送られた金の仏像が円明園の門外に連なっているのを目にする。乾隆帝の長寿を祝うために莫大な予算が費やされている状況に対して、彼は「民が困窮し財が尽きてしまうのは、理の当然である」と述べる。[20]故宮へ到る道のりについても、各役所や商人らが趣向を凝らした結果、「ますます奢靡になった」、「思うに、古よりこれらの奇巧淫技はなく、天下の財力は尽くここに用いられたのであろう」と批判的に記している。[21]万寿盛典の壮大さに感嘆しつつも、批判的に捉えているのである。中華を慕い、満洲人の王朝である清朝に批判的であった朝鮮知識人と、フランス本国に中国情報を積極的に発信し、満洲語も習得していたフランス人宣教師との間で、行列や祝典への評価は対照的なものとなっていた。見せられた側の反応がここまで違っていることは、当時の国際的な中国評価や知的状況を考える上でも興味深い事例といえよう。

北京に集められた劇団の中には、そのまま残って活躍するものもあった。新たな劇団は人目をひくし、劇団が増えていけば、規模の大小はあるにせよ劇場も増えていく。そのため一七六二年（乾隆二七）には、繁華街である前門外の劇場が以前よりも増加し、旗人官員・兵士が足繁く通っているという理由で、改めて入場禁止が通達されている。[22]一七六五年（乾隆三〇）に燕行使の随員として北京を訪れた洪大容は、外城の繁華街である前門外には十数の劇場があり、規模の大きなものは銀八万両・九万両もの建設費をかけていると記している。[23]建設費の信憑性については疑問が残るが、この頃に外城で十余の劇場が存在していたことは確かであろう。

そして一七七四年（乾隆三九）になると、「内城には合計すると九つの劇場が以前から存在しているが、これ以上の増加を認めない」と、内城での劇場開設が禁じられている。[24] かつて政府は、一六七一年（康熙一〇）という早い段階に、内城での劇場開設を禁止したこともあった。[25] しかし乾隆年間に祝典を繰り返していく中で、一七七四年の時点で、旗人の居住空間である内城に九つの劇場が存在していたのである。乾隆帝は内城の劇場増加に歯止めをかけようとするものの、従来からある劇場について移転や閉鎖を命じているわけではない。この状況を一変させたのが嘉慶帝である。

三　嘉慶帝による風俗取り締まり

1　一七九九年の禁令

乾隆帝は、祖父である康熙帝の在位年数を超えないため、一七九五年（乾隆六〇）に退位する。こうして即位したのが嘉慶帝であるが、実際に権力を握っていたのは乾隆帝と、その寵臣である軍機大臣の和珅一派であった。しかし一七九九年（嘉慶四）一月、乾隆帝が亡くなると、嘉慶帝はわずか二週間ほどの間に和珅を失脚させて自殺を命じ、財産を没収した。そして信頼する者たちを要職につけ、自ら「維新」と呼んだ政治改革と、一七九六年（嘉慶元年）に発生し、拡大していた白蓮教反乱の鎮圧立て直しに乗り出す。[26]

嘉慶帝の行った改革の一つに、内城の劇場取りつぶしがある。親政を初めてわずか三ヶ月後、一七九九年四月に出した上諭の中で、嘉慶帝は以下のように命じている。

以前は、北京の内城では劇場を開設することはなかった。後に調査禁止に努めなかったため、様々な手段で開設されて、その数は日ごとに増加していった。八旗の子弟が入り浸り、財産を浪費し、習俗は日ごとに浮蕩に流れ、生計は日ごとに苦しくなっていく。一月の初め、多くの大臣や科道官が、内城の劇場開設禁止を求めてきた。朕はそのために歩軍統領の定親王綿恩に二度にわたって尋ねてみると、太平を飾る事であるから、禁止すべきでないと称した。太平の有り様というが、何故歌舞のようなつまらないものによって、太平を飾り立てることになるのか。ましてや内城にひとたび劇場が開設されると、各地区の役人たちが言いがかりをつけ、金銭を要求し、私腹を肥やす手段とするだろう。朕がまた知るところでは、歩軍統領衙門の役人はその間に得られる利益があって、開設禁止を願わない。綿恩は禁止すべきでないと強く述べるが、その意図は誠に不可解である。[27]

嘉慶帝は近来の内城の劇場増加と、八旗の遊蕩・生活苦を指摘して、「内城の全ての劇場は永遠に経営を禁止し、開設も認めない」と、新設の不許可ではなく、全面的な取りつぶしを命じたのである。しかも、歩軍統領衙門（北京の治安維持や巡邏を職務とする組織）の長が反対したにもかかわらず、それを押し切っている。

綿恩のように演劇を太平の象徴とする見方は、特別なものではない。康熙・乾隆の『万寿盛典図』に描かれた、街中に臨時の舞台を建てて皇帝の長寿を祝う場面や楽しげに見物する人々の姿はまさに清朝の繁栄を象徴するものといえよう。政府はそれを多くの人々に見せるために念入りに準備をし、『万寿盛典図』としてその様子を描き、さらに康熙の『万寿盛典初集』、乾隆の『八旬万寿盛典』という紀念出版まで行い、清朝の繁栄を後世に留めたのである。

また一七八五年（乾隆五〇）に御史の孟生蕙が、子供を使って「淫詞」を歌わせる芸能の取り締まりを求めた時も、「演劇や歌舞は太平の盛事」であるのに対して、「淫詞邪曲をおこなうもの」と説明している。政府は彼の提案を退けるのであるが、その際に劇団や一般の芸能は、「太平の盛時に欠かせないものである」とも述べている。[28]乾隆年間には、演劇を平和と繁栄の象徴とみなす認識が政府内でも一般化していたといえる。しかし親政を始め、白蓮教反乱鎮圧に取り組まなければならなかった嘉慶帝はこうした認識を否定し、演劇のような瑣末なものでは太平は示せないと述べて、内城の劇場閉鎖を命じたのであった。

2　万寿節をめぐる交渉

しかもこの時、劇場経営だけでなく、茶館での芸能演唱も一律に禁止されることになる。もともと内城の茶館で、出し物を提供すること自体は禁止されていなかった。しかし次第にエスカレートしていって、劇団による公演まで行われるようになっていたため、一七九九年にあわせて禁止されてしまったのである。そのため後に、茶館経営者らが芸能演唱許可を求める請願を出し、歩軍統領の禄康がそれを受けて嘉慶帝に上奏して、一部活動が認可されることになった(29)。

しかし隠れた芝居上演があり、一八〇六年（嘉慶一一）に許可は取り消され、以後の請願も受け入れられなかった。三年後、嘉慶帝が五〇歳という区切りの誕生日を迎える。万寿盛典は行われなかったが、このタイミングで芸人数十人と茶館経営者らが生活苦を訴え出て、「今幸いにも万寿聖節に巡り会い、普天の下、臣民で慶祝を喜び、皇恩に浴さない者はおりません」と、皇帝の誕生祝いを踏まえた請願を行っている。

これを受けた禄康は彼らに同情を示し(30)、嘉慶帝も各種芸能は貧民の生計維持の手段であり、「街頭での演唱と、茶館内での演唱とは、まったく区別がない。以前通り茶館内での営業を認めるが、各茶館で芸能を名目にしての芝居上演は許さない」と許可を出した(31)。あくまでも演劇は認めないという原則は堅持したままで、嘉慶帝は茶館内での芸能演唱を認めたのであった。

しかし修正がなされた後、一八一一年（嘉慶一六）には内城での芝居上演が報告され(32)、禄康は嘉慶帝に怠慢を責められている。この時嘉慶帝は、「内城の劇場開設については、旗人が日ごとに遊惰に流れてしまうので、例を定めて禁止している。禄康は人にそそのかされて、しばしば開設を願い出たが、朕はみな退けて認めなかった」とも述べている(33)。禄康は茶館での芸能演唱許可だけでなく、劇場開設も繰り返し働きかけていたが、嘉慶帝は決して認めなかったのである。

一方、同年九月には、御史の景徳が近来の取り締まりが厳しすぎるので、万寿節にあわせて内城での芝居上演を許可してはどうかと上奏した。しかし嘉慶帝は「妄言」、「犬の鳴き声」と激怒し、彼を免職にして盛京への移住を命じている。この事件について礼親王昭槤は、「御史の景徳は商人から多額の賄賂を得て上奏し、城中は清冷であり、都人は締め付けに苦しんでいるので、万寿節の一〇日内であれば内城での芝居上演を許し、人々に恵みを与えるよう求めた。上奏を見ると嘉慶帝は激怒し、即日流刑とし、その上奏に朱で「犬の鳴き声」と記した。時にこれを「犬吠御史」と言った」と記している(34)。ここで言われている商人とは、劇場経営者であろう。嘉慶帝の禁令によって、生活に困窮した彼らが、景徳に働きかけたのだと考えられる。

このように北京の演劇に対して厳しい姿勢を見せていた嘉慶帝もまた、一八一九年（嘉慶二四）に還暦を迎える。嘉慶帝もまた円明園からパレードを行いはしたが、そのときの様子は絵図に描かれているわけではない。嘉慶帝自身も「各役所が道々を飾り立てて音楽を奏で、北京の男女や車馬が遊覧し、ほとんど街を塞がんばかりになったけれども、朕はそれを喜ばしくは思わない」と述べている(35)。

この嘉慶万寿盛典に関して注目したいのは、陝西省の元生員である楊鍾岳の訴えである。彼は、万寿盛典に乗じて賊が反乱を起こそうとしていると訴え出てきたのである。

一八一八年（嘉慶二三）、楊鍾岳は歩軍統領衙門に、壇を設けて雨乞いをするよう願い出た。その時、北京西山に賊匪がいると書き記していたため、刑部の取り調べを経て、楊鍾岳は生員の資格を剝奪されて原籍地に戻され、杖刑・徒刑となったが、昨年恩赦によって釈放された。しかしなお改悛せず、占いに「盗賊が来侵し、緊縛すれば諸侯に封ぜられる」と出たため、すぐに来京した。その時たまたま祝典のために西直門外が飾り立てられているのを見て、西北の山に盗賊が潜んでいるので、大砲を設けて軍を配備すべきと書き記して、都察院に提出した(36)。楊鍾岳の供述によると、彼は万寿盛典のために大勢の人で賑わっているのを目にして、この中に盗賊が潜んでいるのではないか、そして自分が出世するという占いは当たっているのではないかと考えたのである。[37] 楊鍾岳の言動は、もとより荒唐無稽なものである。しかし一八一三年（嘉慶一八）には、実際に天理教徒が反乱を起こして宮中に侵入している。万寿盛典とは本来、皇帝の長寿を祝い、歌舞音曲をそろえて人々がそれを観覧することで、清朝の平和と繁栄を再確認する場である。そのクライマックスは、皇帝の行列に他ならない。しかしそれが地方の元生員を刺激し、占いの結果もあって、皇帝暗殺の危険性を訴えさせてしまったのであった。

おわりに

一八世紀、康熙帝と乾隆帝、そして乾隆帝の皇太后の長寿を祝うために、北京を舞台とした祝典が繰り返された。その中で行列を出迎えるために演劇・芸能が大々的にそろえられたのである。

康熙帝の万寿盛典は盛大に行われたが、雍正帝は旗人の劇場通いを厳しく取り締まっており、また万寿盛典も行われなかった。しかしこの間、康熙帝の万寿盛典にも利用された節節高の流行が見られた。次の乾隆帝は大規模な祝典を繰り返し、清朝による平和と繁栄を強調するため演劇や芸能を大々的に利用していた。

本章では言及できなかったが、行列という観点から見たとき、あわせて注目すべきは頻繁に行われた清朝皇帝の各地への巡幸、即ち王様の行列である。その具体例としては、木蘭囲場と熱河の避暑山荘でモンゴル王公とともに軍事演習を行う北狩、盛京付近のヌルハチやホンタイジの陵を詣でる東巡、五台山への西巡、さらには北京から長江デルタ下流域まで皇帝の行列が巡幸していく南巡などが挙げられる。康熙帝は一六八四年（康熙二三）から一七〇七年（康熙四六）にかけて六度、乾隆帝もまた一七五一年から一七八四年（乾隆四九）まで六度の南巡を行っており、さらに康熙と乾隆の『南巡図』も描かれている。こちらも清朝の仁政や社会の繁栄を示すキャンペーンと理解できるもの

であり、江戸期の日本同様に清代中国もまた行列の時代を迎えていたと言えるだろう。(38)

時代や地域を問わず行列とは規模が大きく、行列を迎える側も準備に相応の時間と労力をかけるものと思われるが、一七九〇年に六三〇二名もの劇団員が動員されていたように、またアミオが賞賛し徐浩修が批判したように、一連の祝典の盛大さと規模は目を見張るものがあった。舞台の中には、桃をかたどるなど趣向を凝らしたものも設けられていた。象の隊列も用意された。通行整理のための兵士を配置し、女性のための観覧日を設定するなど、政府は人々に見せるための配慮を周到にしていたといえる。さらに政府は、当日の様子を康熙と乾隆の『万寿盛典図』として版画にした上で、四庫全書にも収録したのである。単に行列が通るだけでなく、後世の人々まで対象として、見せることに何よりも力を注いでいたのだといえよう。これによって、演劇を平和と繁栄の象徴とみなす認識が広がっていったと思われる。

しかしその認識を否定したのが嘉慶帝である。乾隆帝の長い治世が終わり、親政を始めた嘉慶帝は内城の劇場経営を全面的に禁止し、万寿節に芝居上演を認めるよう願い出た御史を処罰した。嘉慶帝も約三〇年ぶりの万寿盛典を行っているものの、管見の限りでは絵図は残っておらず、何らかの催しはあったけれども、その詳細は不明である（加えて、嘉慶帝もまた南巡に行こうとしたが、官員らの反対にあって断念している）。嘉慶万寿盛典の研究は今後の課題となるが、祝典が繰り返された一八世紀北京における行列の時代は、嘉慶帝によって終わりを告げたといえるのではないだろうか。

（1）黒田日出男・ロナルド・トビ共編『行列と見世物』朝日新聞社、一九九四年。

（2）万寿盛典図については、磯部彰主編『中国地方劇初探』多賀出版、一九九二年。牛川海『乾隆時期劇場活動之研究』華岡出版有限公司、一九七七年。朱家溍「《万寿図》中的戯曲表演写実」同『故宮退食録』下、北京出版社、一九九九年。櫻

木陽子「康熙《万寿盛典》戯台図考釈」『中華戯曲』第四〇輯、二〇〇九年二期などの研究が行われている。小野勝年「康熙万寿盛典図について」(『仏教芸術』六七号、一九六八年)、「康熙万寿盛典図考証」(『ビブリア　天理図書館報』五二号、一九七二年)は康熙『万寿盛典図』を取り上げた先駆的な研究である。また近年では、磯部彰編『清朝宮廷演劇文化の研究』勉誠出版、二〇一四年)が国家事業の一環として清朝宮廷演劇を捉える視点を提示している。

(3) 近年では、瀧本弘之『清朝北京都市大図典　康熙六旬萬寿盛典図(完全復刻)・乾隆八旬萬寿盛典図(参考図)』(遊子館、一九九八年)が版画版を影印出版している。また万寿盛典図に描かれた街並みについては、熊遠報「一八世紀における北京の都市景観と住民の生活世界　康熙六旬『万寿盛典図』を中心に」(『東洋文化研究所紀要』第一六四号、二〇一四年)が詳細に論じている。

(4) 瀧本弘之『清朝北京都市大図典　康熙六旬萬寿盛典図(完全復刻)・乾隆八旬萬寿盛典図(参考図)』一二頁。

(5) 趙楊『清代宮廷演戯』(紫禁城出版社、二〇〇一年)、朱誠如編『清史図典』第七冊(紫禁城出版社、二〇〇二年)に一部が掲載されている。

(6) 『万寿盛典初集』巻四〇、『景印文淵閣四庫全書』第六五三冊、台湾商務印書館、一九八三年。

(7) 櫻木陽子「康熙《万寿盛典》戯台図考釈」参照。

(8) 『上諭内閣』雍正六年四月二〇日『雍正朝漢文諭旨匯編』第九冊、広西師範大学出版社、一九九九年。

(9) 『万寿盛典初集』巻四三。

(10) 『雍正朝漢文硃批奏摺匯編』第二六冊、雍正一二年九月一九日、江蘇古籍出版社、一九九一年。要孩児は曲牌名としても存在しており、『九宮大成南北詞宮譜』巻一〇にも収録されている。

(11) 『宮中檔雍正朝奏摺』第二三輯、雍正一二年八月二八日、国立故宮博物院、一九七七―一九八〇年。

(12) 『高宗純皇帝実録』巻七七、乾隆三年九月、中華書局、一九八六年。乾隆後半には旗籍の俳優として、白二や八達子らが活躍していた(呉長元『燕蘭小譜』巻三、巻五、張次溪編『清氏燕都梨園史料』中国戯劇出版社、一九八八年)。

(13) 趙翼『簷曝雑記』巻一、慶典、中華書局、一九八二年。

(14) アミオの経歴については、新居洋子「イエズス会士アミオのみた乾隆帝と清朝官僚」(『中国　社会と文化』二六号、二〇一一年)参照。

(15) ただしこちらは桃ではなく、蜜柑(仏手柑)かと思われる(朱誠如編『清史図典』第七冊、三九五頁)。

(16) 中央研究院所蔵、内閣大庫檔案、099536-001、乾隆五五年八月。
(17) 康煕『万寿盛典図』には、女性の姿が周囲から見えないように配慮された観劇席が描かれている。磯部彰主編『中国地方劇初探』一七二頁。
(18) ロナルド・トビ『「鎖国」という外交』小学館、二〇〇八年、二三四頁。
(19) 川原秀城『朝鮮数学史――朱子学的な展開とその終焉』東京大学出版会、二〇一〇年、二〇一頁。
(20) 徐浩修『熱河紀遊』八月二日、『韓国漢文燕行文献選編』第二四冊、復旦大学出版社、二〇一一年。
(21) 徐浩修『熱河紀遊』八月一二日。
(22) 中央研究院所蔵、内閣大庫檔案、078033-001、乾隆二七年六月。
(23) 田仲一成『中国演劇史』東京大学出版会、一九九八年、三八〇頁。また金文京「朝鮮燕行使が見た清朝の演劇」（磯部彰編『清朝宮廷演劇文化の研究』勉誠出版、二〇一四年）はハングルで書かれた『乙丙燕行録』を用いて、洪大容の北京演劇体験を論じる。
(24) 光緒『欽定大清会典事例』巻一一六〇、歩軍統領、啓文出版社、一九六三年。
(25) 光緒『欽定大清会典事例』巻一〇三九、戯館。
(26) 嘉慶改革については、近年以下の研究が発表されている。唐屹軒「嘉慶皇帝的国家治理及其自我論述」（『東呉歴史学報』第二八期、二〇一二年）、韓承賢（廖振旺訳）「文治之下的抗議　嘉慶四年蘇州士人的集体抗議与皇帝的反応」（『中央研究院近代史研究所集刊』第七五期、二〇一二年）、Wang Wensheng, *White Lotus Rebels and South Chaina Pirates: Crisis and Reform in the Qing Empire*, Cambrige Mass: Harvard University Prsss 2014。
(27) 『嘉慶道光両朝上諭檔』第四冊、嘉慶四年四月初二日、広西師範大学出版社、二〇〇〇年。
(28) 『金吾事例』章程巻五、会議御史孟生蕙條奏五款、『故宮珍本叢刊』第三三〇冊、海南出版社、二〇〇〇年。
(29) 中国第一歴史檔案館所蔵、軍機処録副奏摺、03-1524-015、嘉慶一四年七月七日。
(30) 同前。
(31) 『嘉慶道光両朝上諭檔』第一四冊、嘉慶一四年七月初七日。
(32) 中国第一歴史檔案館所蔵、軍機処録副奏摺、03-1602-043、嘉慶一六年六月一五日。
(33) 『嘉慶道光両朝上諭檔』第一六冊、嘉慶一六年六月一五日。

(34) 昭槤『嘯亭続録』巻四、犬吠御史、中華書局、一九八〇年。
(35)『嘉慶道光両朝上諭檔』第二四冊、嘉慶二四年一〇月一三日。
(36)『嘉慶道光両朝上諭檔』第二五冊、嘉慶二五年正月一二日。
(37)『嘉慶道光両朝上諭檔』第二四冊、嘉慶二四年一〇月一五日。
(38) 岸本美緒「清朝皇帝の江南巡幸」同『地域社会論再考――明清史論集二』研文出版、二〇一二年。

〔補記〕本章は二〇一三年九月に初稿を提出したものである。二〇一四年一〇月刊行の拙著『清代中国の演劇と社会』の一部と重複することをお断りしておく。公益財団法人松下幸之助記念財団ならびに日本学術振興会科学研究費補助金(26884015)の助成を受けたものである。

14 「班次図」とその周辺
――朝鮮時代後期の行列図

六反田　豊

一　前近代朝鮮の行列図と「班次図」

前近代の朝鮮人を描いた行列図として日本でもっともよく知られているのは、おそらく朝鮮通信使に関するものだろう。周知のように朝鮮通信使とは一五世紀前半から一九世紀前半にかけて朝鮮国王が日本に派遣した外交使節であり、とくに江戸時代に相当する一七世紀以降の時期に徳川将軍のもとへ派遣された全一二回の使節が有名である。

毎回五〇〇人近くの使節団を組んで朝鮮半島南端の釜山浦《プサンポ》を出発した彼らは、海路、対馬をへて瀬戸内海に入り、大坂で徳川幕府の用意した御座船に乗り換えて淀川を遡上した。淀で上陸したのちは陸路により江戸をめざしたが、その行列は約八〇〇人の対馬藩士をはじめ日本側随行者を加えた三〇〇〇人ほどの大規模なものだった〔李　一九九二、三頁〕。

この大行列の姿が絵画として記録されることになったわけである。行列の全体像を詳細に描いた絵巻の類いがそのもっとも代表的なものだが、ほかにも江戸時代に制作された「洛中洛外図屏風」に通信使一行の行列が描き込まれたものがいくつか存在する。

しかしいうまでもなく、これら朝鮮通信使の行列図はいずれも日本国内で日本人絵師により描かれたものである。ではこれに対して朝鮮国内で朝鮮人自身が描いた行列図にはどのようなものがあるのだろうか。

前近代の朝鮮で描かれた行列図が日本で詳しく紹介されたことは、これまでほとんどなかった。その理由の一つとして、朝鮮の場合には芸術作品として鑑賞の対象とされるような絵画類のなかに行列を画題とするものが少数しか現存しないという事実がある。そもそも前近代の朝鮮絵画は、現存する作品の種類や数が日本や中国に比べて相対的に少ない。そしてその傾向は時代をさかのぼるにつれて顕著となる。朝鮮時代（一三九二―一九一〇）の場合には、後期にあたる一七世紀以降であれば多種多様な絵画が比較的多く現存するが、前期の一六世紀以前では種類も数も大きく減少する。高麗時代（九一八―一三九二）においても、一三世紀前後に制作された仏教絵画類がある程度まとまって残っている以外には数えるほどの作品しか伝わらない。さらにそれ以前の時代になると、古墳壁画や金属器類の線刻画などを中心としてわずかなものが残るにすぎない〔安 一九八七〕。

こうした前近代朝鮮絵画の伝存状況を反映してか、行列を描いた絵画も管見のかぎり朝鮮時代前期より前の時代のものはまったく確認できない。朝鮮時代後期、それもようやく一八世紀末になっていくつかの作品が現れるようになるが、その数はきわめて少ない。

しかしだからといって、前近代の朝鮮において行列を描くという行為自体が活発ではなかったのかといえば決してそのようなことはない。少なくとも朝鮮時代には、国家的な行事にかかわる行列を対象にして大量の行列図が描かれたとみてよい。これまた一六世紀以前のものは現存しないが、一七世紀以降に描かれた行列図は今も多くが残っている。「儀軌《ぎき》」という官撰の記録物に附図として収録された「班次図《はんじず》」がそれである。

「儀軌」に収録された「班次図」は、後述のようにもともと国家機関が担当業務の必要から作成したものであるこ

図1「安陵新迎図」(国立中央博物館『檀園金弘道』通川文化社，ソウル，1992年より)

ともあり、かつては芸術作品として評価・論評されることもなかった。ところが一九九〇年代の終わりごろから、韓国ではその色遣いの鮮やかさや精密な描写、あるいは歴史資料としての重要性などが指摘され始め、これを文化遺産として高く評価する動きが顕著となった。

　本章では、これまで日本ではほとんど紹介されることのなかったこの「班次図」を中心にしながら、それ以外のものも含めて、朝鮮時代後期に描かれた行列図の特徴や歴史的背景などについて簡単な素描を試みることにする。

二　「安陵新迎図」——地方官の赴任行列図

「班次図」について述べる前に、まずは芸術作品としての絵画類における「行列図」の一例として、一七八六年に描かれた「安陵新迎図《あんりょうしんげいず》」[1](図1)を紹介しておきたい。その跋文によれば、本図は楽《ヨ》山軒《サンホン》と号する人物が乙巳年(一七八五)の春に安陵《アルルン》の守令《しゅれい》[2]として赴任する父親に随行したさい、新迎の行列の威儀盛大なさまを目にし、その翌年、画工の金士能《キムサヌン》にそれを描かせたものだという。

　安陵は平安道安州《ピョンアンドアンジュ》(現在の平安南道安州市)の別称である。また新迎とは守令の赴任に関する儀礼の一つで、新守令の赴任先の地方官府から派遣された郷吏《きようり》(3)・軍官や奴婢《ぬひ》などが王都の漢城《ハンソン》（現在のソウル市）に出向いて新守令を迎え、任地まで案内することをいう。任地へ向かう新守令一行は威儀を整えた行列を作って行進した。本図は、安州を治める守令すなわち安州牧使《あんしゅうぼくし》の赴任時におけるそうした行列の姿を描いたものである。

作者の金士能とは朝鮮時代後期の画家としてつとに有名な金弘道《キムホンド》のことである（士能は字《あざな》）。ただし韓国の美術史学界では現在、本図は金弘道の手による実物ではなく後世の模写と推定している〔李 二〇〇四、一九七頁〕。一方、本図の主人公である新任の安州牧使は、その赴任時期から申思運という人物であることが判明している〔同、一九八頁〕。

さて本図には、安州牧使一行の行列が先頭から最後尾まで鮮やかな色彩で詳細かつ生き生きと描かれている。全体で六メートルを超える長軸の絵巻であり、行列を構成する人員は二〇〇人を超えるが、そのそれぞれに職名などの註記が施されている。

行列の先頭に立つのは清道旗《せいどうき》をはじめとする各種の旗幟を手にした兵士たちである。その後ろに中軍・執事などの軍官や太鼓・喇叭などをもった楽隊の面々、郷吏や地方官府所属の奴・妓生・童妓などが続き、やがて従者に守られた双轎《そうぎよう》という名の輿が現れる。安州牧使の乗った輿である。その後ろにやや間を置いて続く坐車という名の輿は夫人の乗り物と考えられる。坐車の背後には牧使が帯同する親族や使用人・妓妾などの姿もみえる。

ただし、行列を構成するこれらの人びとのすべてが漢城から安州までの全行程を移動したわけではない。先頭に立つ旗幟をもった兵士や楽隊、それに馬上の軍官と従者の一部は、牧使一行が安州の官衙から五里（約二キロメートル）(4)の地点まで達したさいに行列に合流した〔李 二〇〇四、二〇八―二一三頁〕。これにより行列は任地を目前にして威厳と壮麗さを増し、住民たちに新牧使の赴任を強く印象づける効果をもたらしたものと想像される。

地方官の赴任にさいして描かれた行列図は、いまのところ本図以外には現存するものが確認されていない。本図の場合、前述のように父親の新迎の行列が威儀盛大なものだったことに感銘を受けた新守令の子息が、後日画工に依頼してその姿を描かせたものである。つまり本図の作成は新守令の子息が私的な動機からおこなったものであり、当時守令の赴任にさいして必ずこのような行列図が公式に描かれたわけではない。

もちろん本図以外に守令の新迎図がまったく描かれなかったとは断言できない。しかしかりにほかにも新迎図が描かれる場合があったとしても、それはごくまれなことではなかったかと思われる。いわば偶然の産物ともいえる本図は、前近代の朝鮮における数少ない芸術作品としての行列図の一つであると同時に、朝鮮時代後期における守令新迎の実態を今日に伝える歴史資料としても重要な存在であるといえよう。

三　「班次図」――「儀軌」に附された国家的行事の行列図

1　「班次図」と「儀軌」の語義

さてここからは、いよいよ本章の主題でもある「班次図」についてみていく。冒頭でも述べたように、「班次図」は朝鮮時代に編纂された「儀軌」という名の官撰記録に附図として収録されたものである。「安陵新迎図」が私的な動機から制作された行列図だったのとは対照的に、こちらは国家権力の手で公式に制作された行列図ということになる。

「班次」とは席次・順序を意味し、韓国で刊行された漢字語辞典では「班次図」のことを「国家の儀式で文武百官が列を作って並ぶ順序を示した図式」〔檀国大学校東洋学研究所編　一九九五、四〇一頁〕と説明する。しかし朝鮮時代に「儀軌」の附図として描かれた「班次図」は基本的に国家や王室の行事における行列図であり、「班次図」＝行列図とみなしてさしつかえない。「儀軌」の附図としての「班次図」は前述のように現存するものも多く、朝鮮時代の行列図を代表する存在といっても過言ではない。

ところで「班次図」の特徴とその歴史的性格を考えるためには、これを附図として収める「儀軌」とはいったいどのような記録物だったのかを理解しておく必要がある。

「儀軌」という語は日本ではあまり聞き慣れない。二〇一〇年八月、日本政府は長らく宮内庁書陵部が所蔵してきた「朝鮮王朝儀軌」をはじめとする朝鮮半島由来の古典籍を韓国に引き渡すことを発表し、翌年一二月までにそれは実現した。この件は新聞やテレビでも大きく取り上げられたが、日本人の多くはおそらくそのとき初めて「儀軌」という語を耳にしたのではなかっただろうか。

一方、仏教関連の各種儀式の規定や方法なども「儀軌」と呼ばれる。「儀軌」という語の意味としてはむしろこちらが一般的だろう。しかし朝鮮時代における官撰記録としての「儀軌」は、むろんそうした仏教関連の書冊ではない。韓国の歴史研究者である韓永愚氏（ソウル大学名誉教授）によれば、「儀軌」という語は「儀礼の軌範となる書冊」を意味する〔韓 二〇〇五、三二頁〕。だとすると「儀軌」の語義自体は仏教における「儀軌」とさほど異なるところはない。あるいは仏教における「儀軌」から借用した可能性も完全には否定できないかもしれない。しかしながら内容面からみれば、朝鮮時代の「儀軌」は仏教の「儀軌」とはまったく無関係である。

2　朝鮮時代の「儀軌」の概要

では朝鮮時代の「儀軌」とはどのような記録物なのだろうか。ごく簡単にいえば、それは国家や王室で挙行される儀礼や大規模事業など、国家的な重要行事に関する一部始終を詳細に記録した一種の報告書である[5]。

「儀軌」に記録されたのは、国王をはじめとする王室の婚礼や葬礼、世子の冊立儀礼、中国からの勅使の迎接、王室関連の器具・備品類の整備、宮闕や都城の造営、慶事にさいして宮中で催される宴会などについてである。これら各種行事の期間中に国王が担当官府に発した命令書や関係官府間を往来した公文書の写し、各種業務の分担状況、担当官員の名簿、雇用労働者の名簿と勤務日数や報酬額、関連器具・物品の一覧、経費支出内訳、功績ある者の褒賞状況などを、文章だけでなく図版を用いて記録した書冊が「儀軌」である。

こうした「儀軌」は朝鮮建国当初の一四世紀末から編纂されたと考えられるが、一六世紀以前のものは現物が残っていない。現存最古の「儀軌」は一六〇〇年編纂の『懿仁王后殯殿魂殿《いじんおうごうひんでんこんでん》都監《とかん》儀軌《ぎき》』と『懿仁王后山陵《いじんおうごうさんりょう》都監《とかん》儀軌《ぎき》』(6)で、以後一七世紀に入ると多くの「儀軌」が編纂されるようになり、とくに一八世紀以降その種類と数が爆発的に増加した。現存する「儀軌」の大半は一八世紀以降に編纂されたものである。それらのうち最新のものは一九二九年編纂の『純宗孝皇帝純明孝皇后《じゅんそうこうこうていじゅんめいこうこうごう》祔廟《ふびょう》主監《しゅかん》儀軌《ぎき》』(7)とされる。

「儀軌」の編纂は儀軌庁《ぎきちょう》という臨時の機関が担当した。通常、国家や王室の重要行事が挙行されるさいには当該行事の運営にあたるために都監《とかん》という臨時機関がまず設置された。都監には中央各官府から官員・下吏らが出向し、当該行事の準備とその運営に関する一切の業務を処理した(8)。当該行事が完了すれば都監は当然解散となるが、すると今度は儀軌庁というやはり臨時の機関が設けられた。そしてこの儀軌庁が、都監で作成された当該行事に関する記録をもとに当該行事の報告書である「儀軌」を編纂したのである。

「儀軌」は本来、手写本の形で同一内容のものが五―九部ほど作成された。しかし「儀軌」の種類と数が急増する一八世紀末以降には、手写本だけでなく金属活字による刊本の「儀軌」も出現した。同一内容のものが複数部作成されたのは、国王が閲覧するための御覧《ぎょらん》用「儀軌」のほかに、議政府《ぎせいふ》・春秋館《しゅんじゅうかん》・礼曹《れいそう》(9)といった中央官府や地方各地に置かれた記録保管施設である史庫《しこ》などに保存するためである（これを分上《ぶんじょう》用という）。

同一内容の「儀軌」であっても、御覧用と分上用とでは表紙の材質・装丁や料紙の材質・体裁などさまざまに差がつけられた。たとえば御覧用の表紙は絹布を用い、その上に題簽を貼付して書題が書かれたが、分上用では麻布張りの表紙に書題を直接墨書した。また御覧用が草注紙《そうちゅうし》という高品質の韓紙に朱色の罫線を引いた料紙を使用したのに対し、分上用では品質の劣る楮注紙《ちょちゅうし》に黒色の罫線を引いた料紙が用いられた。

また分上用「儀軌」が中央の諸官府や史庫に保管されたのとは異なり、御覧用「儀軌」は宮中に保管された。一七七六年、正祖《チョンジョ》（在位一七七六—一八〇〇）の即位とともに昌徳宮《しょうとくきゅう》内に奎章閣《けいしょうかく》[10]が設けられるとそこが保管場所に指定されたが、奎章閣の外部施設として江華島《カンファド》に外奎章閣《がいけいしょうかく》が設置された一七八二年以後はすべてそちらへ移管された。ところが一八六六年、朝鮮政府によるフランス人宣教師処刑への報復としてフランス軍が江華島を武力で占領したさい（丙寅洋擾《へいいんようじょう》）、外奎章閣は火を放たれ、保管されていた御覧用「儀軌」はことごとくフランスへ持ち去られてしまった。韓国ではソウル大学を中心に一九九一年からそれらの返還運動を始めたが〔李 一九九四、三三—一〇八頁〕、ようやく二〇一一年になってパリ国立図書館に所蔵されていた一九一種二九六冊の御覧用「儀軌」が無期限貸与という形で一四五年ぶりに帰還を果たした[11]。

韓国内諸機関が所蔵する「儀軌」にフランスから戻された御覧用「儀軌」と日本からの引き渡し分（八一種一六七冊）とを合わせると、現存が確認される「儀軌」は六〇〇種を超え、冊数も三八〇〇冊あまりに達する。その大部分は韓国のソウル大学奎章閣韓国学研究院（五四六種二九四〇冊）と韓国学中央研究院蔵書閣（二八七種四九〇冊）の所蔵であり〔永島 二〇一一、一二九頁〕、冊数だけでいえばこの両者で全体の九割を占める。朝鮮時代の「儀軌」は、類書が日本や中国など他の東アジア諸国にはみられないこと、「班次図」をはじめとする附図の豊富さと彩色の鮮やかさ、附図を含めた記録内容の精密さや正確さなどから、韓国では一九九〇年代末ごろから注目され始め、現在では朝鮮時代の記録文化を代表する貴重な歴史的遺産として、『朝鮮王朝実録《ちょうせんおうちょうじつろく》』[12]とともに高い評価を受けている。二〇〇七年にはユネスコの記憶遺産にも登録された。

3　「班次図」とその特徴

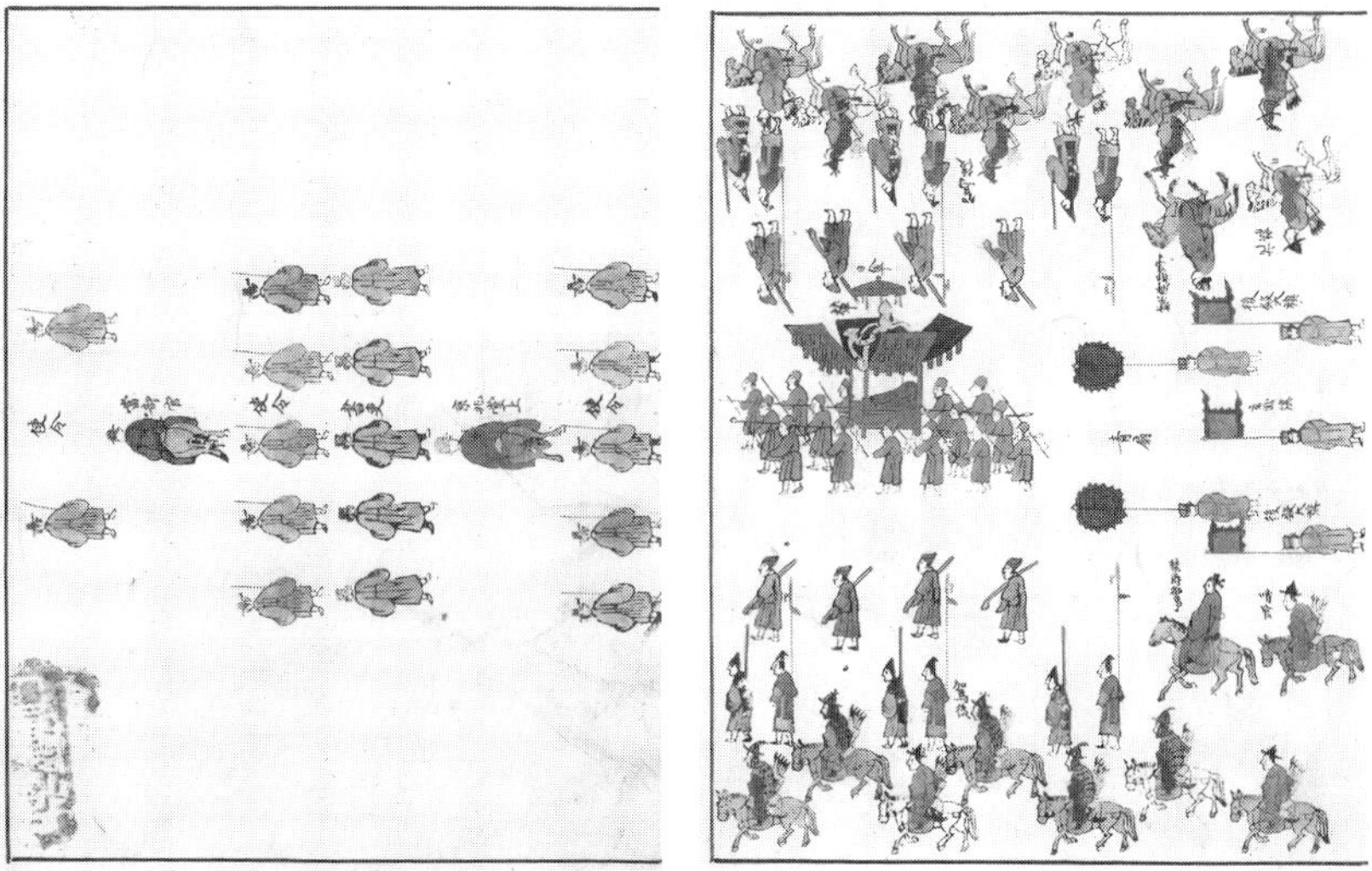

図2　『英祖貞純后嘉礼都監儀軌』所収「班次図」
（申炳周『66歳の英祖，15歳の新婦を迎える』孝兄出版，ソウル，2001年より）

「儀軌」についての説明がいささか長くなったが、以下では本題に戻って「儀軌」に収録された「班次図」が実際にはどのようなものなのかをみていきたい。例として『英祖貞《えいそてい》純后《じゅんごう》嘉礼《かれい》都監《とかん》儀軌《ぎき》』[13]の末尾に収められた「班次図」をあげておこう（図2）。

本書は一七五九年、このときすでに六六歳の老齢に達していた英祖《ヨンジョ》（在位一七二四―七六）が当時一五歳の貞純王后《チョンスンワンフ》金《キム》氏を継妃に迎えたさいの婚礼行事についての記録である。この行事のために臨時に設置された嘉礼都監によって作成された関係記録にもとづき、行事の完了後、儀軌庁が編纂したものということになる。

さてその附図の一つである「班次図」に描かれているのは、英祖が新婦である貞純王后をその実家に迎えに行く親迎儀礼のさいの行列である。「儀軌」は巻子本《かんすぼん》ではなく料紙を袋綴じにした線装本《せんそうぼん》の形態なので、「班次図」もまた複数丁にわたって描かれることになる。本図の場合は行列の先頭から最後尾までが二五丁半にわたって描かれており、それらを横につなぐと長さは六メートルを超える。

この長い行列を構成する人員の総数は一二〇〇人近くに達

する。本図では、それらの人物や旗幟・馬・車駕などが細かく彩色されて描かれ、しかも必要に応じてそれらに註記が施されている。その点では本図もまた前出の「安陵新迎図」と同様である。しかし全体の構図や個々の人物・馬などの描写に着目すると、本図は「安陵新迎図」とはかなり趣を異にしていることがわかる。

まず構図についていうと、「安陵新迎図」では行列を構成する人物や馬などの立つ向きと図の天地とがすべて一致しているのに対し、本図では行列の両端と中央部とで人物・馬などの立つ向きが描き分けられている。すなわち本図では、進行方向に対して行列の左側（図の下端部）の人物や馬は図の天地と同じく頭部が上で足が下にくるように描かれているが、行列の右側（図の上端部）の人物や馬は図の天地とは逆向き、つまり倒立した形で描かれている。そしてこれら行列左右の人物や馬はすべて横を向いている。一方、行列の中央部を歩く人物や馬は、一部の例外を除き図の天地に対して頭部を左にして横たわった形で描かれ（進行方向側に頭部がくる）、しかもすべて後ろ向きでこちらに背面をみせている。

行列の中央部における一部の例外とは、国王の乗った輦をはじめとする車駕類とその担ぎ手である。これらは行列の中央部に位置しながらも他の人物や馬などとは異なり、図の天地と同じ向きに立ち、側面をこちらに向けた姿で、しかもやや上部より見下ろしたような角度から描かれている。

要するに本図では、行列を描くにあたって左・右・後方の三つの視点が設定され、行列内の位置に応じてそれが切り換えられているのである。こうした構図は現存する「儀軌」に収録された大部分の「班次図」に共通する。一部に例外もあるが、行列をこのような構図で描くことは、「班次図」の一般的特徴の一つとみてよいだろう。

次に個々の人物や馬などの描写についても、本図と「安陵新迎図」とでは大きな違いがみられる。端的にいって、本図に描かれた人物にはまったく表情や動きがみられず、画一的ないしは単調である。

たとえば行列の先頭を行く「使令」「書吏」と註記された人物をみると、後ろ姿の彼らは背格好も手足の位置もまったく同一に描かれている。両者で異なるのは被り物だけである。また行列の中央、国王の乗った輦の担ぎ手も、顔の向きや表情、背格好などすべて同じである。これは表情豊かな人物描写がなされている「安陵新迎図」とは対照的である。人物にかぎらず馬の場合にも、脚の運びや首の向きなど、どれも判で押したように同じである。

本図にみられるこのような構図や人物・馬などの描写は、「班次図」のそもそもの制作目的と深く関連していると考えられる。「儀軌」は国家的な重要行事の一部始終を記録した報告書であるとさきに述べたが、注意すべきは、その附図である「班次図」は当該行事での実際の行列を記録したものではないことである。そもそも「班次図」はそうした目的で制作されたのではない。では「班次図」は何のために、いつ描かれたのだろうか。

「班次図」が対象とする行列は、通常一〇〇〇人を超す多数の人員で構成される文字どおりの大行列である。しかも国家的重要行事の行列ということになれば、当日、実際の行列を組むにあたって万が一にも遺漏や錯誤があってはならない。そこで行事の挙行に先立ち、行列参加者が各自の役割や位置を確認しておく必要があった。「班次図」は元来そのために描かれたのである。したがってそれは行事当日よりも前に準備された。本図の場合も、実際の英祖の親迎儀礼は一七五九年六月二二日（陰暦、以下同じ）に挙行されたが、本図が制作されて英祖に献じられたのはその六日前の一四日だった〔申 二〇〇一、三八頁〕。

こうした「班次図」の制作目的ゆえに、行列に参加する人物や馬の位置、あるいは各人の衣装・装束や旗幟などの情報を正確に描くことこそが「班次図」に課せられた最大の使命だった。本図における特徴的な構図や人物・馬などの描写は、「班次図」に求められたそうした使命に由来するものだったとみてよい。

「班次図」がそうした使命を忠実に果たしたものであることは、本図を一見すればよく理解できる。個々の人物や馬などの描写は画一的で単調でも、行列全体を見渡すとその編成の詳細とともにこの行列の壮大さが手に取るように伝わってくる。それは本図の正確かつ精密で客観的な描写によるところが少なくないように思われる。

ちなみに、本図をはじめとする「班次図」は、中央官府の一つで、国家や王室にかかわる絵画・図版類の作成をおこなう図画署《ずがしょ》所属の画員によって描かれた。図画署には著名な画家が画員として多数所属しており、「班次図」やその他の各種記録画の制作に携わった。「安陵新迎図」を描いた金弘道もそうした図画署の画員を務めた人物の一人である。

四　『園幸乙卯整理儀軌』の「班次図」——正祖の華城行幸行列図

1　一七九五年の正祖の行幸

朝鮮時代に制作された数多くの「儀軌」とその附図としての「班次図」のなかで、『園幸乙卯整理儀軌《えんこういつぼうせいりぎき》』(14)とこれに収録された「班次図」ほどよく知られているものはない。韓国では現在、本書および本図が朝鮮時代の「儀軌」と「班次図」を代表するものとしてしばしば取り上げられている。そこで本章でも、これらについてふれておくことにしよう。

本書は一七九五年閏二月に正祖（在位一七七六―一八〇〇）が母の恵慶宮洪《ヘギョングンホン》氏をともなって父の荘献世子《チャンホンセジャ》（思悼《サド》世子）の墓所である顕隆園《ヒョルリュンウォン》（隆陵《ユンヌン》。現在の京畿道《キョンギド》華城《ファソン》市所在）が位置する華城（現在の京畿道水原《スウォン》市）に行幸したさい、往復の途上および顕隆園や華城行宮《あんぐう》で挙行された各種の儀礼や宴会などの諸行事の内容を記録したものである。そして本書に収録された「班次図」は、漢城・華城行宮間を往復した正祖一行の行列を描く。

正祖は前出の英祖の孫であり、英祖の後を継いで一七七六年に即位した。彼の父であり英祖の子でもある荘献世子は政争に巻き込まれて一七六二年に非業の死を遂げ、当初その墓所は漢城北方の楊州《ヤンジュ》（現在の京畿道楊州郡）に設けられたが、正祖は一七八九年にこれを現在の水原市南方に位置する花山《ファサン》に移し、顕隆園と命名した。そのさい花山の麓にあった水原都護府《とごふ》の官衙と民家をそのやや北方の八達山《パルタルサン》の麓に移転し、一七九三年にはこれを都護府から留守府《りゅうしゅふ》[15]に昇格させた。さらにその翌年から同地で新都城の建設に着手した。この新都城は一七九六年に完成したが、現在ユネスコの世界文化遺産にも登録されている水原の華城がそれである。

荘献世子の墓所移転後、正祖は毎年顕隆園墓参と称して華城へ行幸した。しかし父の冥福祈願だけが行幸の目的ではなく、往復の途上で民情を視察し、民からの訴えを直接聞くためでもあった。また大規模な行列が定期的に動くことによって道路や橋梁の整備・補修が進む、大勢の兵士を随行させることで王都周辺の防衛体制の点検や軍事訓練の機会がもてる、などの副次的な効果もあり、さらに行幸先において国王臨御のもと科挙の臨時試験である別試を実施し、人材登用をはかることも企図されていた〔韓 一九九八、一〇六頁〕。

こうした目的に加え、このときの行幸はこれまでにない特別な意味をもっていた。まず一七九五年が荘献世子の生誕六〇年つまり還暦の年であると同時に母の恵慶宮が還暦を迎える年でもあったため、それを祝賀する行事の一環をなしていた。しかもこの年は正祖の即位二〇年目でもあり、そこで正祖はこの行幸によってそれまで積み上げてきた自身の業績を誇示し、臣民の忠誠心を高めることで、彼の進める政治改革に拍車を掛けようとした〔韓 一九九八、一〇六—一〇七頁〕。

こうして一七九五年閏二月九日、総勢一七〇〇人あまりの人員と八〇〇頭あまりの馬、それに正祖と恵慶宮の輿などからなる大行列が漢城の昌徳宮を出発し、この行幸のために漢江《ハンガン》に架設された舟橋《しゅうきょう》を渡って一路、華城行宮をめざした。行列は途中始興《シフン》（現在のソウル市衿川《クムチョン》区始興洞）で一泊し、翌日の夕刻に華城行宮に到着した。正祖と恵慶宮は同地で四泊し、その間正祖は水原郷校《きょうこう》の大成殿《たいせいでん》[16]参拝、別試の実施、顕隆園への墓参、軍事演習視察、恵慶宮洪氏の還暦宴の開催、鰥寡孤独《かんかこどく》[17]や老人への米穀の下賜など、多くの公式行事をこなしたほか、建設途上の華城城郭を視察したり随行した臣下たちと弓の腕を競いあったりした。そして一五日に帰路に就き、一六日に昌徳宮に還御した。

2　『園幸乙卯整理儀軌』の「班次図」にみる正祖の行幸行列

さてこのような正祖一行の行幸に関する諸事を管掌するために、前年の一七九四年一二月に整理所という臨時官府が設けられた。「園幸乙卯整理儀軌」という本書の書名は、「乙卯」年（一七九五）に挙行された「園幸」すなわち顕隆園への行幸に関する「整理」所での業務内容を記録した「儀軌」という意味である。

全八冊からなる本書は、金属活字によって印刷された最初の「儀軌」でもある。「班次図」をはじめとする附図類は巻首としてそのうちの第一冊に収録されているが、これらの図版類も手写ではなく木版印刷された。そのため本図は原則的に彩色されていない。本図の下絵に当時の画員が彩色したと推測される「班次図」が別に現存するが、状態は決して良好とはいえず、顔料が褪色した箇所が散見され、染みも随所に目立つ。

本図は他の多くの「儀軌」の「班次図」に比べれば、無彩色であるという点で見劣りするかのようにも思える。にもかかわらず本書および本図が朝鮮時代の「儀軌」を代表する存在として知られるようになったのは、前出の韓永愚氏が一九九四年に本書の彩色された「班次図」を新たに制作し、広く紹介したことによる。韓氏は巻紙状の韓紙に本図を印刷し、それに前述の彩色「班次図」やこれとは別の「水原行幸班次図《すいげんぎょうこうはんじず》」[18]という巻子本の彩色「班次図」を参考にしながら色を挿し、さらに行列を構成する個々の人物のうち主要な者数十名について姓名の註記を加えるなどして全長二五メートルにおよぶ新しい「班次図」を制作した〔韓 一九九八、一一八頁、同 二〇〇七、三〇―三一頁〕。そしてその新版「班次図」をもとに正祖の華城行幸に関する解説書を上梓したり〔韓 一九九八、同 二〇〇七〕、新版「班次図」自体を縮印して折り本の形態で刊行したり〔韓 二〇〇〇〕することで、本書と本図の存在を世に知らしめ、その価値を高く評価するとともに正祖の華城行幸のもつ歴史的意義を強調した。

韓氏のこうした活動は、本書・本図のみならず、朝鮮時代における記録文化の精華として「儀軌」そのものが韓国で注目を浴びるようになる契機をつくったものと評されよう。

ではここで『園幸乙卯整理儀軌』所収の「班次図」を実際にみてみよう。図3として掲げたのは韓氏による新版「班次図」ではなく、ソウル大学奎章閣韓国学研究院所蔵の『園幸乙卯整理儀軌』に収録されたオリジナルの無彩色「班次図」の一部である。本図は全体で三一丁半、そのすべてを横につなぐと長さは五メートルを超える。

いまこれをみると、さきにみた『英祖貞純后嘉礼都監儀軌』所収の「班次図」とは大きく異なる点が二つあるのに気づく。その一つは、本図では行列を構成する人物や馬などがすべて図の天地と同じ向きで描かれている点である。換言すれば、本図では行列を描く視点が固定されているのである。前述のように朝鮮時代に編纂された「儀軌」の附図としての「班次図」はどれも基本的に『英祖貞純后嘉礼都監儀軌』所収の「班次図」と同様の構図で描かれており、本図のような構図の「班次図」はほかに例をみない。

『英祖貞純后嘉礼都監儀軌』所収の「班次図」と本図との大きな相違点の二つ目は、個々の人物や馬などの描写である。『英祖貞純后嘉礼都監儀軌』所収の「班次図」では、人物や馬などの描写は一様に画一的で単調だったが、本図では、同じ肩書きや地位の人物であっても顔の表情や手の位置などがそれぞれ微妙に異なって描かれている。馬についても脚の運びに微妙な違いが確認でき、あたかも実際に歩いているかのような印象を受ける。

本図においてなぜ他の「班次図」とは異なったこのような構図や描写が採用されたのか、その理由は不明とせざるをえない。もしかすると、本図が前出の金弘道の指揮のもと、彼の影響を受けた金得臣《キムドゥクシン》・李寅文《イインムン》・張漢宗《チャンハンジョン》・李命奎《イミョンギュ》らによって描かれたものである〔韓 一九九八、一〇八頁〕ことが関係しているのかもしれない。いずれも図画署の画員であると同時に当時を代表する著名な画家たちである。本図においても彼らの芸術的なセンスが発揮されたといえようか。

美術史の専門家ではない筆者にはこの点についてこれ以上立ち入る能力はないが、少なくとも、本図におけるこの

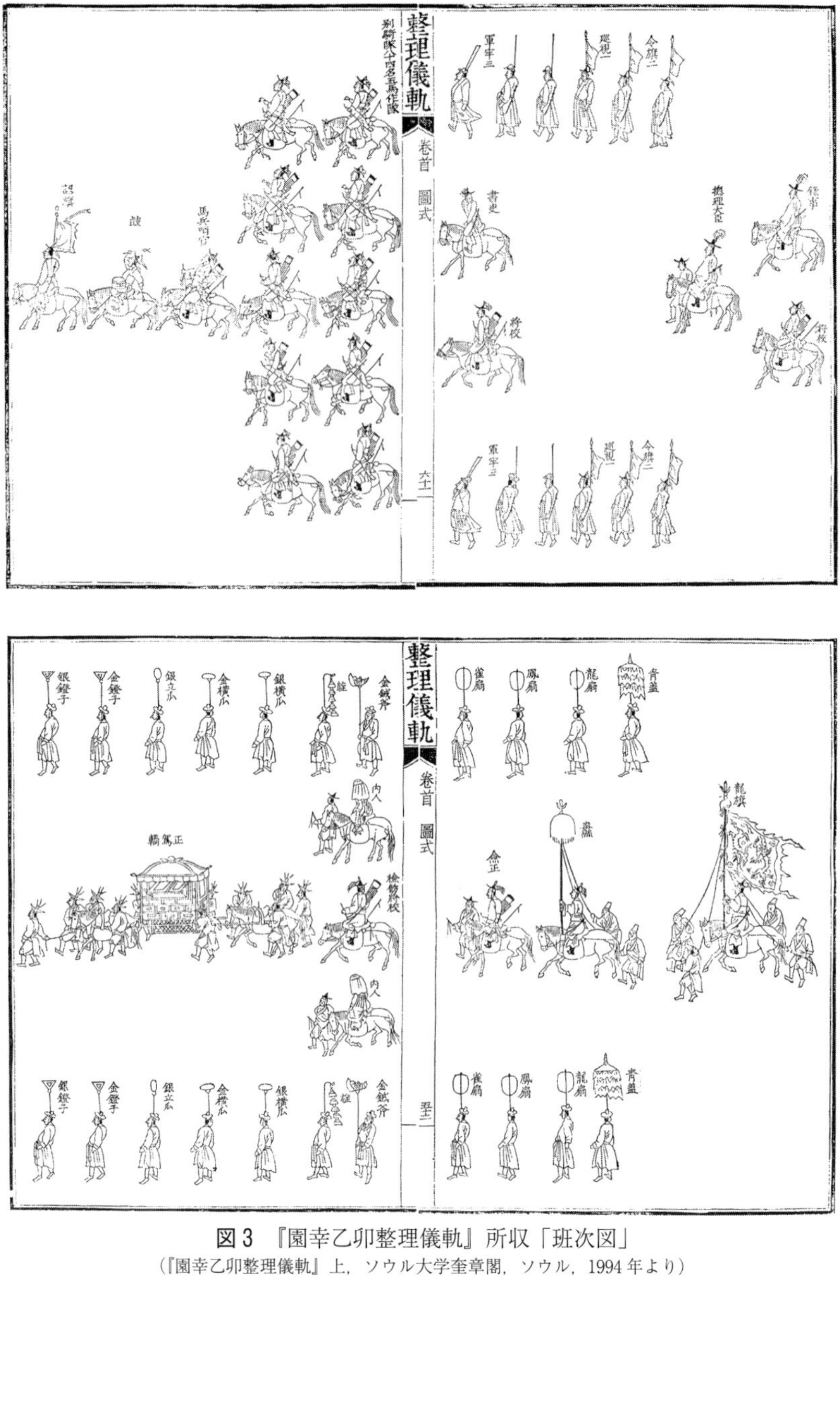

図 3　『園幸乙卯整理儀軌』所収「班次図」
(『園幸乙卯整理儀軌』上，ソウル大学奎章閣，ソウル，1994 年より)

ような構図や描写が、描かれた行列に生き生きとした躍動感を与えていることは疑いない。そしてそこには、「班次図」を行列の配置を事前に確認するための図面としてだけではなく、そうした本来の機能をも維持しながら、このときの正祖の行幸の壮麗さを後世に伝える記録画としても鑑賞できるように仕立てようとした制作者、あるいはその背後にある正祖の意図が読み取れはしないだろうか。

もっとも、本図にみられたような構図や描写は、その後の「班次図」には継承されなかった。現存する本書以後の「儀軌」に収録された「班次図」は、前述のように『英祖貞純后嘉礼都監儀軌』の「班次図」と同様の描かれ方がなされているものばかりのようである。その意味では、本図は朝鮮時代に編纂された「儀軌」附図としての「班次図」のなかでひとり異彩を放つ存在であるということができる。

ところで一七九五年における正祖の行幸行列を描いた行列図は、本図以外にもいくつか存在する。さきに言及した「水原行幸班次図」もその一つである。本図は長さ一五メートルあまりの巻子本だが、行列全体を後方からの視点で描いている点が特徴的である。つまり国王や恵慶宮の輿などを除き、行列の人物や馬などはすべて後ろ姿で描かれている。

また正祖が崔得賢《チェドゥッキョン》・金得臣・李命圭・張漢宗・尹碩根《ユンソククン》・許寔《ホシク》・李寅文などの図画署画員に命じてこのときの行事の主要場面を描かせ、それを八曲の屏風絵に仕立てた「正祖大王陵幸図《せいそだいおうりょうこうず》」（一名「華城陵幸図」）(19)のうちの二扇にも正祖一行の行列が描かれている。「始興還御行列図《しこうかんぎょぎょうれつず》」「鷺梁舟橋渡渉図《ろりょうしゅうきょうとしょうず》」がそうである（図4・5）。

前者は閏二月一五日、華城行宮を発って帰路に就いた正祖一行の行列が始興行宮まで戻ってきた場面を描いたものであり、後者はその翌日、漢江の鷺梁津《ノリャンジン》に架設された舟橋を渉って漢城へ向けて進む行列の様子を描いている。いずれも図の上部から下部へ向けて行列の進むさまが鳥瞰されており、縦長の画面に行列全体をうまく納めている。また周囲の風景も丹念に描き込まれており、とくに行列の両脇でこれを見物する庶民の様子まで細かく描かれている点

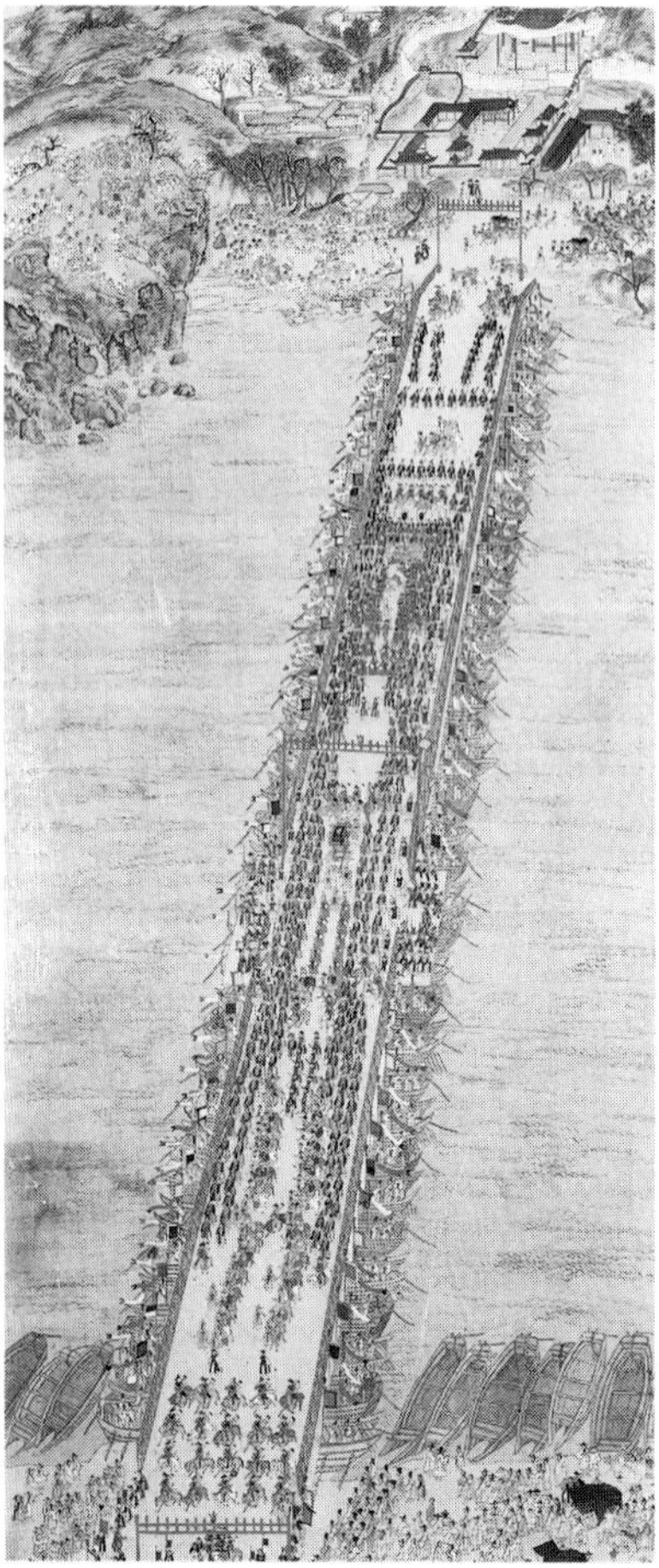

図 5 「正祖大王陵幸図」より
「鷺梁舟橋渡渉図」

図 4 「正祖大王陵幸図」より
「始興還御行列図」

（韓永愚『正祖の華城行幸，その八日』孝兄出版，ソウル，1998 年より）

が興味深い。

この屏風絵が実際の行列を写実的に記録したものかどうかは必ずしも定かでないが、前近代の朝鮮における数少ない絵画としての行列図のなかで、この作品がもっとも有名なものであることにはちがいない。「班次図」だけでなく、絵画によっても行幸の様子が詳細に記録されたことは、このときの行幸が正祖にとってやはり特別な意味をもつものだった事実を示すものといえよう。

以上、本章では「儀軌」所収の「班次図」を中心として朝鮮時代後期に描かれた「行列図」についてみてきた。紙幅の関係で十分意を尽くせなかったところもあるが、日本ではあまり馴染みのない隣国の伝統文化の一端を示すことはできたものと思う。ソウルの国立故宮博物館や国立中央博物館などには各種の「儀軌」が展示されており、「班次図」の実物をみることもできる。韓国に旅行する機会にはぜひこれらの施設を訪ね、朝鮮時代の行列図の世界にじかにふれることを勧めたい。

（1）絹本彩色。国立中央博物館（韓国）所蔵。
（2）朝鮮時代の地方行政単位である邑（格に応じて府・大都護府・牧・都護府・郡・県などの別あり）に派遣された地方官の総称。
（3）各邑の行政実務を国家に対する役として世襲で担った階層の人びと。
（4）朝鮮の一里は約四〇〇メートル。日本の一里の一〇分の一に相当する。
（5）以下「儀軌」の概要については、とくに断らないかぎり〔金文植・申炳周 二〇〇五〕による。
（6）各一冊。写本。ソウル大学奎章閣韓国学研究院所蔵。宣祖（在位一五六七―一六〇八）妃である懿仁王后朴氏の葬礼に関する記録。
（7）全一冊。写本。韓国学中央研究院蔵書閣所蔵。純宗（在位一九〇七―一〇）とその妃である純明孝皇后閔氏の神主（位牌）を宗廟に奉安する儀式についての記録。ただしこれは日本の植民地期に朝鮮王家の事務を管掌した李王職《りおうしょく》が編纂したもの。
（8）都監は、嘉礼都監（国王・王子の婚礼）や山陵都監（国王・王妃の陵墓造営）といったように、それぞれ担当する行事の内容を示す名称がつけられた。
（9）議政府は国政の最高機関、春秋館は史書を編纂する官府、礼曹は国家・王室の儀礼や外交・科挙などを管掌した行政官府。
（10）国王の御製・御筆を保管するとともに、漢籍を蒐集し、優秀な臣下を選抜して学問研究に従事させた機関。
（11）これ以外に、一九九三年に一冊だけ韓国に引き渡されたものとして『慶園園所都監儀軌』（一八二二年編纂、文化財庁所蔵、ソウル大学奎章閣韓国学研究院で管理）がある。
（12）初代太祖から二五代哲宗に至る朝鮮歴代国王の治績を記録した官撰の年代記。
（13）全二冊、写本、ソウル大学奎章閣韓国学研究院・韓国学中央研究院所蔵・国立中央博物館（韓国）所蔵。最後のものはパリ国立図書館旧蔵本。
（14）全五冊、銅活字本、ソウル大学奎章閣韓国学研究院・韓国学中央研究院ほか所蔵。
（15）旧都や行政・軍事上の重要拠点に置かれた行政府の一種。
（16）郷校は朝鮮時代、儒教の教育と振興のために全国各邑に設けられていた官学であり、大成殿は郷校内にあった孔子や中国・朝鮮の儒者の位牌を祀る建物。
（17）配偶者を失った男女、孤児、身寄りのない者のこと。
（18）ソウル大学奎章閣韓国学研究院所蔵。紙本彩色。
（19）八曲。絹本彩色。国立故宮博物館・湖巌美術館（いずれも韓国）ほか所蔵。

参考文献（＊を附したものは朝鮮語文献）

安輝濬（藤本幸夫・吉田宏志訳）『韓国絵画史』吉川弘文館、一九八七年
ＮＨＫ取材班編『朝鮮王朝「儀軌」百年の流転』ＮＨＫ出版、二〇一一年
＊韓永愚『正祖の華城行幸、その八日』孝兄出版、一九九八年
＊韓永愚『班次図』孝兄出版、二〇〇〇年

＊韓永愚『朝鮮王朝儀軌』一志社、二〇〇五年
＊韓永愚『「班次図」でついて行く正祖の華城行幸』孝兄出版、二〇〇七年
＊金文植・申炳周『朝鮮王室記録文化の華　儀軌』トルベゲ、二〇〇五年
＊国立中央博物館編『檀園金弘道』通川文化社、一九九二年
＊申炳周『六六歳の英祖、一五歳の新婦を迎える』孝兄出版、二〇〇一年
＊檀国大学校東洋学研究所編『韓国漢字語辞典』巻三、檀国大学校出版部、一九九五年
永島広紀「『朝鮮王朝儀軌』とは果たして何か？」ＮＨＫ取材班編『朝鮮王朝「儀軌」百年の流転』ＮＨＫ出版、二〇一一年
李進熙『江戸時代の朝鮮通信使』（講談社学術文庫）講談社、一九九二年
＊李泰鎮『王朝の遺産――外奎章閣図書を訪ねて』知識産業社、一九九四年
＊李デファ「朝鮮後期守令赴任行列についての一考――〈安陵新迎図〉を中心として」『歴史民俗学』一八、韓国歴史民俗学会、二〇〇四年

あとがき

これまでに述べたことを繰り返すようで恐縮だが、「近世は行列の時代」ということをはじめて明確に指摘し、この視点から近世社会の特質に迫ろうとしたのは、黒田日出男・ロナルド＝トビ共編『行列と見世物』（朝日百科日本の歴史・別冊11「歴史をみなおす」朝日新聞社、一九九四年）だった。そこでは、大きく行列を、「王権」に関わる支配者の行列、「外交の行列」、「〈祭り〉の行列」に分けて、できる限り画像で示そうとしており、誌上の展示といった観さえあった。そのなかで強調されていた、「〈祭り〉の行列」が近世の行列の特徴であるという指摘も魅力的だった。『行列と見世物』というタイトルだから当たり前だとは言え、行列は常に見世物的要素を持つという点に注目すると、「外交の行列」（＝異国人の行列）や「王権」に関わる支配者の行列（＝ここではおもに武士の行列）が、〈祭り〉の行列において仮装行列の演目になっていくような側面を（本来的に）持っていること、そしてこうした仮装行列を含めた祭礼行列を担うのがそれこそ都市の町人たちであったから、結果的に近世の都市文化の到達点を示すものとなったこと、などを学ぶことができた。とくに、私自身は、町人たちが〈祭り〉の行列を一方的に「見せられる」のではなく、自らも参加して「見せる」「見られる」関係のなかに自らの身を置いているのだ（置くことができるのだ）と捉えることができるという点で大きな示唆を受けた。権力者の行列とそれを迎える側との関係については、「馳走」という観点から少しだけだが考えたことがあったし（「盛砂・蒔砂・飾り手桶・箒――近世における「馳走」の一つとして」『史学雑誌』九五編八号、一九八六年）、単に両者間の視線の交錯について指摘するだけでは意味がないと考えていたので、こうした指摘は参考になった。こののち、参勤交代を含めた「大名行列」については、多くの研究が生まれ、企画展示も盛んに行われた。外国人の行列についても、少なくとも朝鮮通信使と琉球国王の使節についての研究や展示は行われたし、近世の祭礼研究についても、画像資料の刊行も含めて大きく進展した。にもかかわらず、それを統合的に考えるという黒田・トビの視点や指摘はかならずしも十分に継承されてこなかったのではないか、と思う。

実は、二〇一二年、国立歴史民俗博物館で「行列にみる近世」という企画展示を行ってみて、『行列と見世物』のなかで示された論点や使用されている画像資料がほぼ二〇年を経ても色褪せていないことにあらためて驚いたが、同時にせっかくの論点をもう少し先に進めなければならないと痛感した。とくに、同書のなかで紹介されている画像資料のいくつかについて、実際に、ある展示空間に一緒に並べてみること、さらに新しいデジタル技術を使って、そのいくつかの長大な行列画像全体を比較することで、新しい発見があるのではないかと期待もした。たとえば、本書でも近藤が取り上げた「赤穂城請取脇坂淡路守行列図」は、全九巻から成り、全てを合わせると一〇〇メートルを越える絵巻である。すべてを一度に見る機会はこれまでには無かったはずである。この絵巻は、元禄一四年に赤穂藩主浅野内匠頭長紀が起こした刃傷事件で改易された赤穂城の受け取りに向かう竜野藩（脇坂氏）の行列を描いたものである。いわゆる赤穂事件であるが、城地の請け取りという言わば戦闘をも前提とした行列で、しかもその軍役のありかたや装備・衣装および実際の行動についての詳細な記録も同時に残されており、本来戦闘集団であった武士たちがいかなる軍事的行進をするのか、という点では、重要な資料群の一つである。画像としても、たとえば菱川師宣が描いた「武士行列図」などとも共通する描き方をしており、戦闘者としての武士の行列を示しているのではないか、と思い込んでいた。少なくともこのちしばしば描かれる、参勤交代時の、実際の戦闘が想定されていないかのようにのんびりとした大名行列図とは異なるはずだと考えていたので、まずは、行列の全容をデジタル画像によってみることができるようにしようとしたのである（本物を並べて概観することは物理的に不可能）。ところが、本書の近藤論文で喝破されているように、よく見ると、やはりすぐに戦闘できるような行列ではなく、武器はきちんと仕舞い、行装を整えた行列として描かれているのである。それどころか、さすがに鎗を「投げあって」はいないものの、「振って」歩いているように描かれる。さらに、総勢が左手と左足を同時に出して歩く（「ナンバ歩き」）で描かれており、武士の行列を描くときの当時の絵師の約束ごとどおりに描かれているとも言えそうである。武威を強調しているとは言え、鎗を振り振り練り歩く大名行列とそれほど大きな違いはなく、少なくとも描かれた記録としては、近藤の言うとおり、実際の戦闘がなくなった「平和な時代」の武士集団の行列の姿にすぎない、ということになる。しかし、このように一目ではみることのできない行列図を、できるだけ一堂に会して、できる限り全体がわかるようなかたちで展示するだけで、こうした新たな論点を獲得することもできるのだということをあらためて知ったわけである。

本書は、さらにそれを少しでも展開しようという試みに賛同して下さった方たちから刺激的な原稿をいただくことができた。貴重な原稿をお寄せいただいた執筆者のみなさんに改めて感謝申し上げたい。同時に、編集作業が大幅に遅れ、当初の出版計画が大きく遅れてしまった。とくに、当初の執筆期限に間に合わせて下さった執筆者のみなさんにはお詫びの言葉もない。

ところで、現在でも、実はわたしたちは権力者の「行列」からは自由ではないのかもしれない。驚くほど手足一体となって行進する軍事パレードを、見物して悦に入るような人びとが存在するという気持ち悪さはともかくとして、王室や皇室による行列やパレードも、いったん作法を守らされて（道の両側で、旗を振ったり手を振ったりして）迎えると、知らない間に、祝祭空間のなかにいるような高揚感をいだくという「政治性」のなかに組み込まれてしまうこともたしかである。一方で、自らの主張を実際にプラカードなどで表明しつつ集団で行進するときの一体感や高揚感は、たとえそれがすぐには報われないような示威行動であっても、インターネット上での交流では味わえない、生身の人間同士の共同関係を実感させることにつながる。本書では、考察の対象を基本的には近世の時点（一七世紀から一九世紀）にとどめているので、これからも人びとが経験するであろう「行列」、さらには「行進」の持つ意味について触れることができなかったが、一度近世の行列を振り返ることで、こうした点について考える手がかりになれば、望外の幸せである。

二〇一五年七月

久留島　浩

執筆者一覧（執筆順）

久留島浩　国立歴史民俗博物館館長（日本近世史）
深井甚三　富山大学名誉教授（日本近世史）
岩淵令治　学習院女子大学教授（日本近世史）
近藤好和　國學院大学／和洋女子大学非常勤講師（有職故実）
ロナルド・トビ　イリノイ大学名誉教授（日本近世史・日朝関係史）
横山　學　ノートルダム清心女子大学生活文化研究所所長・教授（日本文化史）
松井洋子　東京大学史料編纂所教授（日本近世史）
福原敏男　武蔵大学教授（日本民俗学）
八反裕太郎　頴川美術館学芸員（日本美術史）
佐藤雅也　仙台市歴史民俗資料館学芸室長（日本民俗学）
藤原重雄　東京大学史料編纂所助教（日本中世史）
木下直之　東京大学大学院教授（文化資源学）
村上正和　東京大学大学院研究員（中国近世史）
六反田豊　東京大学大学院教授（朝鮮中世・近世史）

描かれた行列――武士・異国・祭礼

2015年10月23日　初　版

［検印廃止］

編　者　久留島《くるしま》　浩《ひろし》

発行所　一般財団法人　東京大学出版会

代表者　古田元夫

153-0041　東京都目黒区駒場 4-5-29
電話 03-6407-1069　Fax 03-6407-1991
振替 00160-6-59964

印刷所　株式会社暁印刷
製本所　誠製本株式会社

ISBN 978-4-13-020154-4　Printed in Japan